Excel 2007

Sehen und Können

IGNATZ SCHELS

Markt+Technik

Bibliografische Information der Deutschen Bibliothek
Die Deutsche Bibliothek verzeichnet diese Publikation in der Deutschen Nationalbibliografie; detaillierte bibliografische Daten sind im Internet über http://dnb.ddb.de abrufbar.

Umwelthinweis:
Dieses Buch wurde auf chlorfrei gebleichtem Papier gedruckt.

10 9 8 7 6 5 4 3 2

09 08

ISBN 978-3-8272-4144-3

Umschlaggestaltung: Marco Lindenbeck, webwo GmbH, mlindenbeck@webwo.de
Lektorat: Birgit Ellissen, bellissen@pearson.de
Korrektorat: Marita Böhm, München
Herstellung: Martha Kürzl-Harrison, mkuerzl@pearson.de
Satz: text&form GbR, Fürstenfeldbruck
Druck und Verarbeitung: Media Print Informationstechnologie, Paderborn
Printed in Germany

Liebe Leserin, lieber Leser,

lernen Sie mit diesem Buch *Bild für Bild* das faszinierende Kalkulationsprogramm Microsoft Excel 2007 kennen. Ich zeige Ihnen, wie Sie die Programmoberfläche mit Registern, Befehlen und Symbolen bedienen können, wie Tabellen und Diagramme entstehen und wie Zellen, Zeilen und Spalten formatiert werden. Die wichtigsten Kalkulationstechniken und die besten Funktionen erkläre ich Ihnen immer an einem Praxismodell. Und zu jedem Thema finden Sie eine Menge Tipps und Tricks.

Üben Sie mit den vorgestellten Beispielen und bald werden Sie Excel sicher beherrschen.
Ich wünsche Ihnen viel Erfolg und viel Spaß!

Ihr Autor
Ignatz Schels

1 Starten, einrichten, loslegen 11

2 Mit Tabellen arbeiten 27

3 Tabellenblätter und Arbeitsmappen 51

Inhaltsverzeichnis

4 Schriften, Farben und Muster – Tabellen formatieren

5 Seitenlayout und Druck

6 Formeln und Funktionen

Inhaltsverzeichnis

11 Spezialtechniken 233

12 Externe Daten und Office-Verknüpfungen 257

13 Excel und das Internet 273

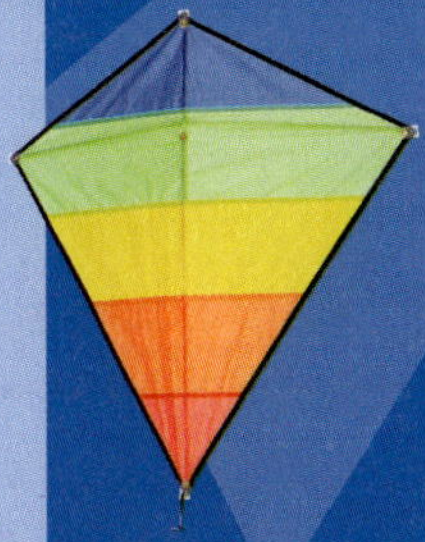

Lexikon 281

1

Mappe1.xlsx - Microsoft
Start
Einfügen
Seitenlayout
Formeln
Daten
Überprüfen
Ansicht
Einfügen
Calibri
11
Standard
Zwischenablage
Schriftart
Ausrichtung
Zahl
Suchen und
A1
Dokumente
Bilder
Musik
Spiele
Suchen
Zuletzt verwendet
Computer
Netzwerk
Verbindung herstellen
Systemsteuerung
Standardprogramme
Hilfe und Support
Adobe
Autostart
Canon PhotoRecord
Canon Utilities
Extras und Upgrades
Microsoft Office
Microsoft Office Access 2007
Microsoft Office Excel 2007
Microsoft Office Outlook 2007
Microsoft Office PowerPoint 2007
Microsoft Office Publisher 2007
Microsoft Office Word 2007
Microsoft Office Tools
Zurück
Suche starten
Bereit

Starten, einrichten, loslegen

Start

1

2

3

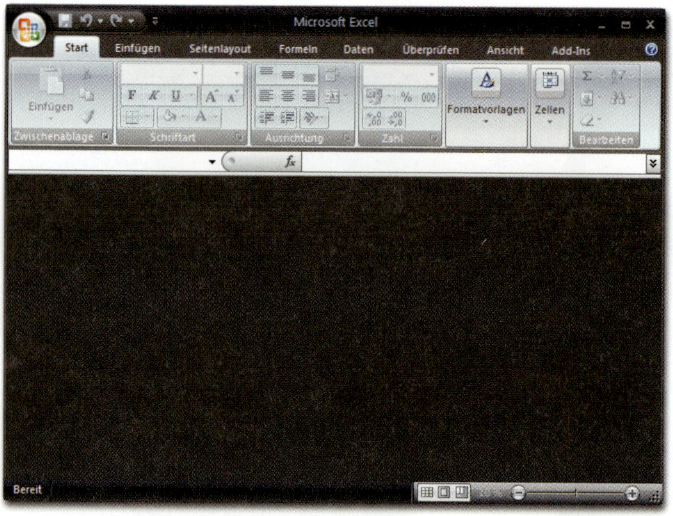

1 Klicken Sie auf das Startmenü und wählen Sie *Alle Programme*.

2 Suchen Sie den Ordner *Microsoft Office* und klicken Sie auf *Microsoft Excel 2007*.

3 Excel startet in einem neuen Fenster. Wenn keine Tabelle angezeigt wird, drücken Sie Strg+N, um eine neue Mappe anzulegen.

Excel wird über das Symbol im Microsoft Office-Ordner des Startmenüs gestartet. Sie können gleich eine erste Arbeitsmappe anlegen, falls das Programm keine anbietet.

WISSEN

4
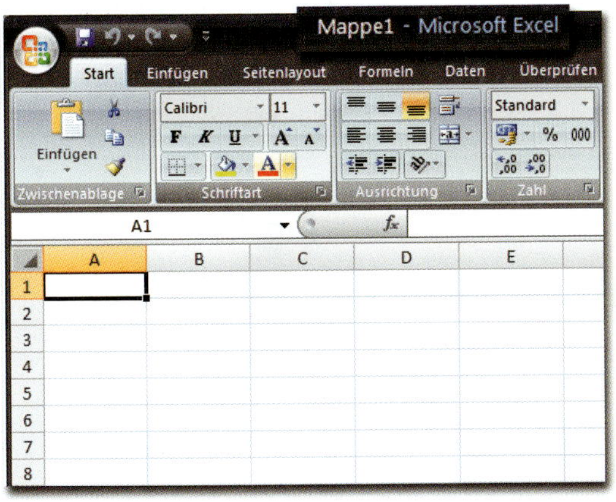

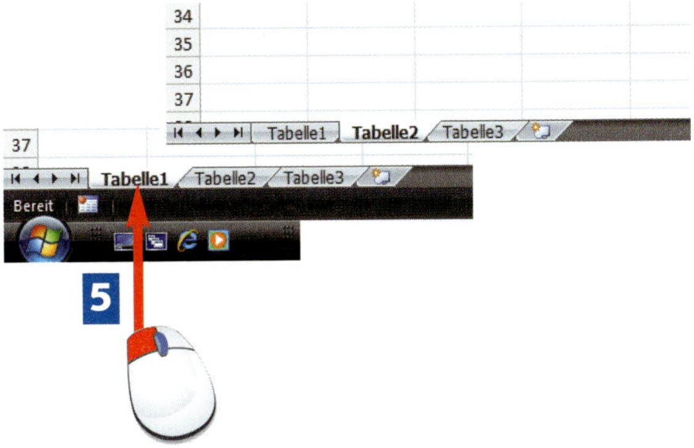

5

6
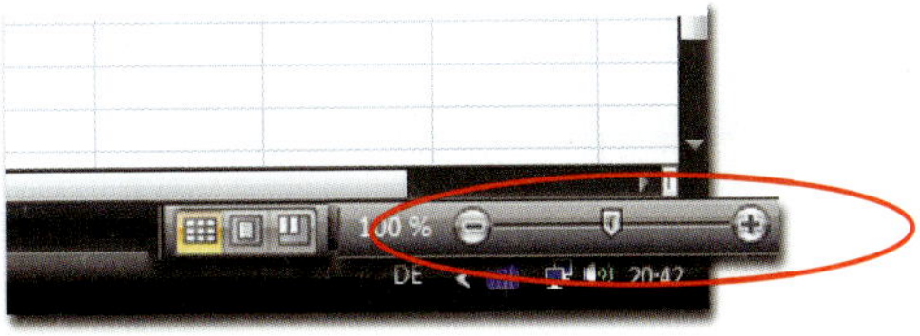

4 Jetzt bietet Excel eine Mappe mit dem Titel *Mappe1* an. Der Name wird in der Titelzeile angezeigt.

5 Links unten stehen drei leere Tabellen zur Auswahl. Klicken Sie auf das Register, um eine Tabelle zu aktivieren.

6 Rechts unten bietet das Programmfenster drei Symbole für unterschiedliche Ansichten und einen Schieberegler zum Vergrößern und Verkleinern der Tabellen (Zoom).

Ende

Excel-Tabellen werden in Arbeitsmappen zusammengefasst. Die erste neue Arbeitsmappe enthält zunächst drei Tabellen.

HINWEIS

Task: Ein aktives Programm unter Windows.

FACHWORT

In der Schnellstartleiste genügt ein Klick auf das Symbol, um Excel zu starten. Wenn Sie eine Excel-Datei doppelt anklicken, startet das Programm und präsentiert diese Datei.

HINWEIS

Start

2

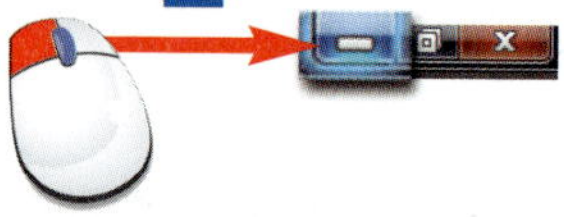

1

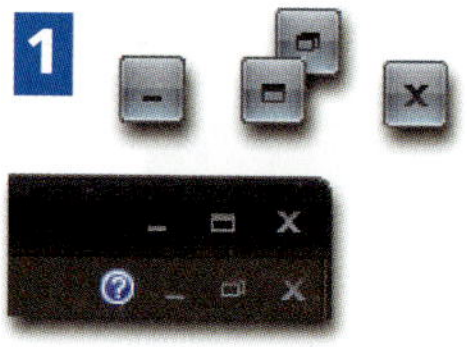

3

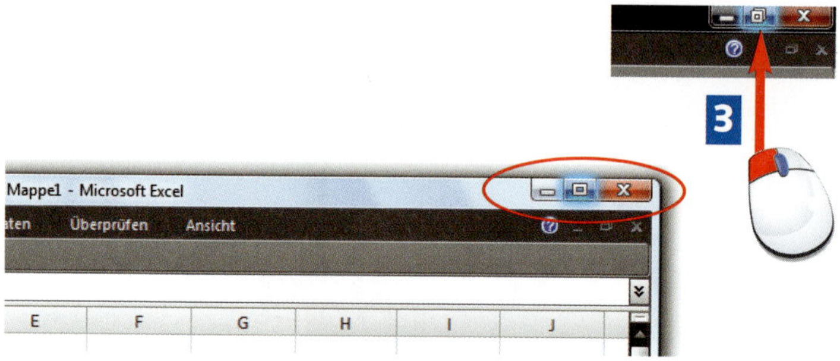

1. Diese drei Symbole am rechten oberen Fensterrand steuern das Programm- und das Arbeitsmappenfenster.
2. Das erste Symbol minimiert das Fenster auf dem Desktop. Mit dem Symbol in der Taskleiste wird es wieder aktiviert.
3. Das mittlere Symbol schaltet zwischen Fenstermodus und Vollbild um.

Wie jedes Windows-Programm wird auch Excel in Fenstern verwaltet. Lernen Sie die Fenstersymbole und die Fensteransichten für das Programm- und das Arbeitsmappenfenster kennen.

WISSEN

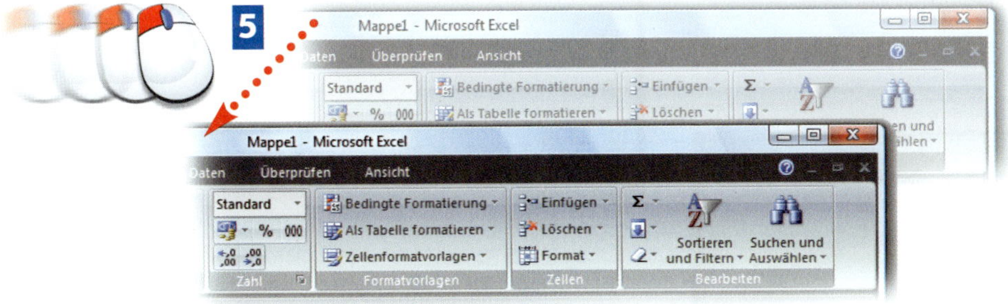

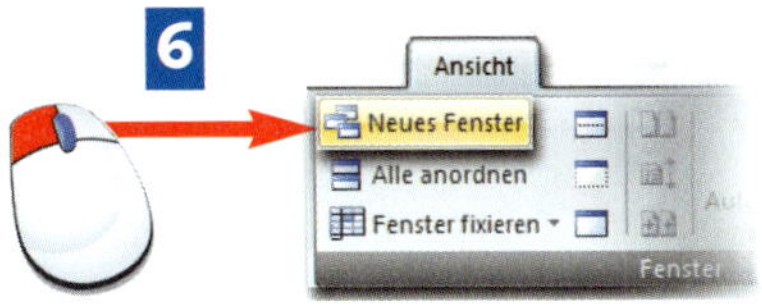

4 Mit dem Kreuzsymbol schließen Sie das Programmfenster. Sind ungespeicherte Änderungen in der Mappe, erscheint eine Meldung.

5 Im Fenstermodus lässt sich das Fenster (Excel oder Mappe) verschieben. Ziehen Sie dazu die Titelleiste mit gedrückter (linker) Maustaste.

6 Schalten Sie auf die Registerkarte *Ansicht*. Mit *Neues Fenster* erstellen Sie ein weiteres Fenster für die Mappe.

Ende

Alle anordnen auf der Ansicht-Karte ordnet die Fenster nebeneinander oder in Stapeln an. Das mittlere Fenstersymbol ist ein Wechselschalter zwischen Fenster und Vollbild.

HINWEIS

Taskleiste: Die Leiste am unteren Rand des Desktops mit Symbolen für aktive Programme (Tasks).

FACHWORT

Probieren Sie: Ein Doppelklick auf die Titelzeile des Fensters schaltet zwischen Vollbild und Fenstermodus um.

TIPP

Start

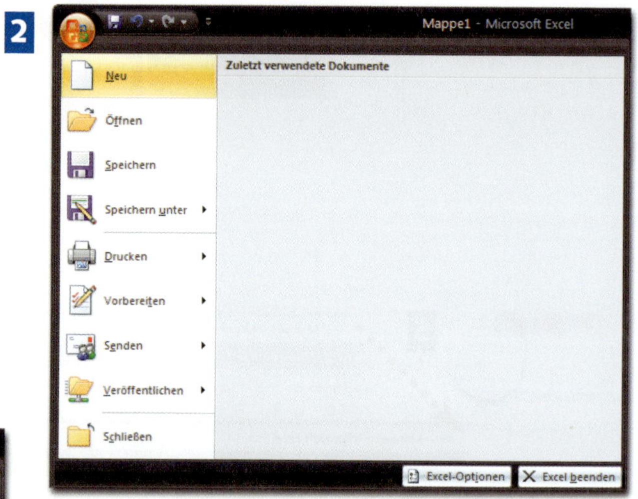

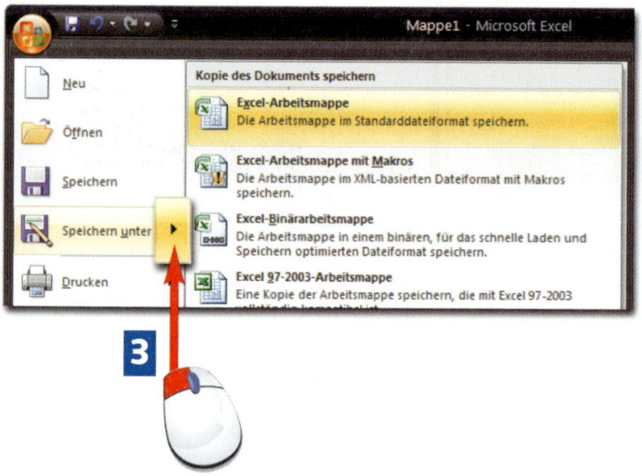

1 Das Office-Menü finden Sie unter dem Symbol links oben in der Ecke. Ein Klick darauf öffnet es …

2 … und das Menü präsentiert Symbole zum Speichern und Drucken der Arbeitsmappe oder für neue Mappen.

3 Zeigen Sie auf einen Menüeintrag, der ein Pfeilsymbol anbietet, präsentiert das Fenster eine Auswahl von Optionen.

Das Microsoft Office-Menü ist das einzige Menü in der Excel-Oberfläche. Holen Sie es über das Symbol links in der Ecke, speichern und drucken Sie die aktuelle Mappe und schalten Sie die Programmoptionen ein, wenn Sie Voreinstellungen für Werkzeuge und Ansichten des Programms ändern wollen.

WISSEN

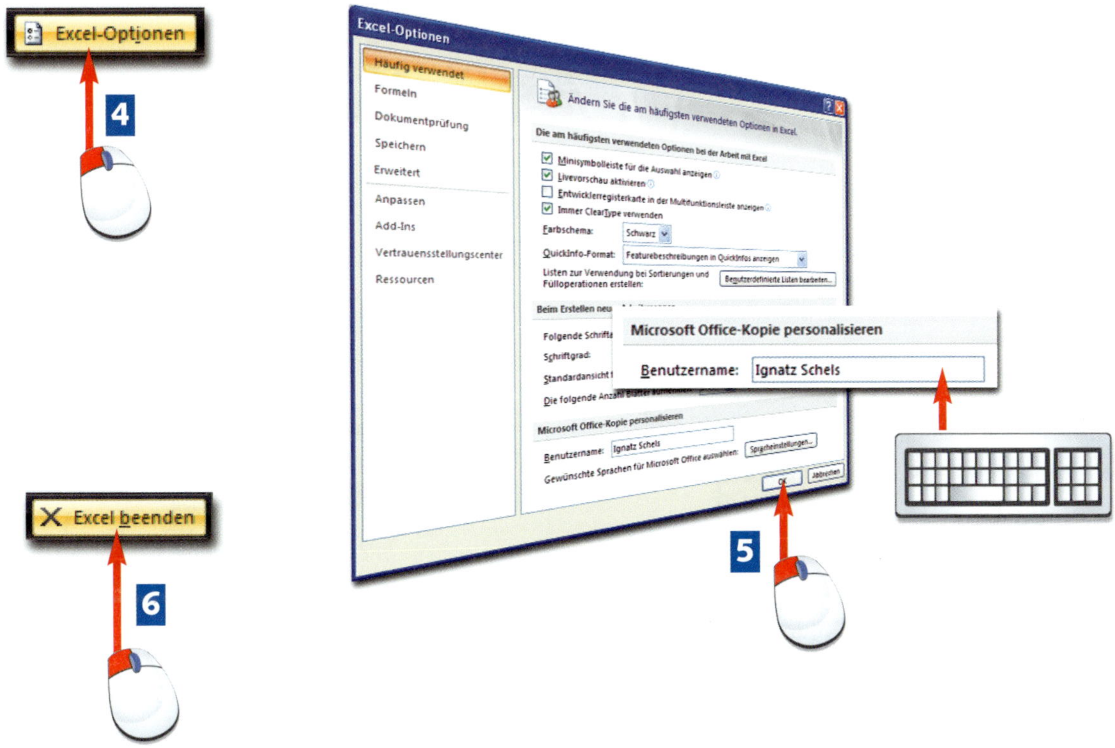

4 Klicken Sie auf die Schaltfläche *Excel-Optionen*, um das Dialogfenster mit den Optionen einzublenden.

5 Tragen Sie auf der ersten Registerkarte *Häufig verwendet* gleich Ihren Benutzernamen ein. Bestätigen Sie mit einem Klick auf *OK*.

6 Mit der Schaltfläche *Excel beenden* schließen Sie das Programmfenster und alle Arbeitsmappen.

Ende

Tastenkombination für das Microsoft Office-Menü: Alt + D

TIPP

Wenn Sie Excel beenden und nicht gespeicherte Änderungen in Tabellen haben, erscheint eine Meldung, die Sie auffordert, diese zu speichern.

HINWEIS

Start

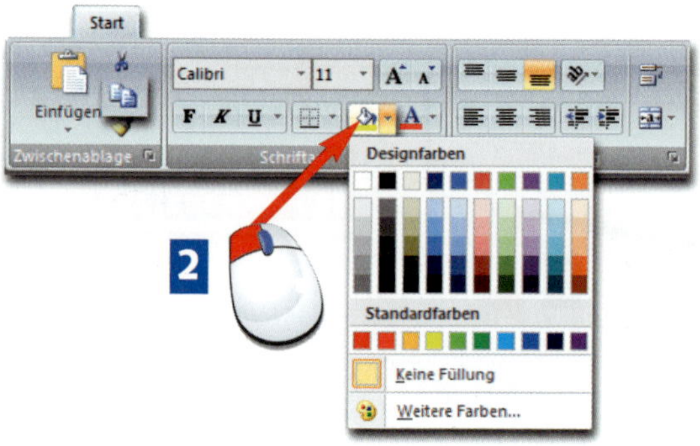

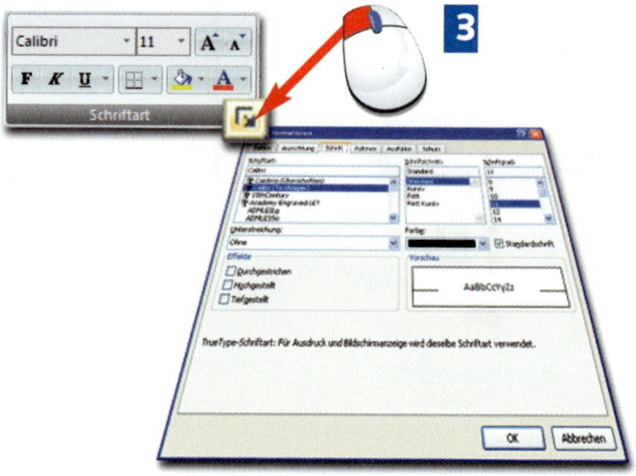

1 Um zwischen Registerkarten umzuschalten, klicken Sie auf den Reiter am oberen Rand.

2 Wählen Sie ein Symbol aus einer Gruppe oder klicken Sie auf das Pfeilsymbol, um das Auswahlmenü des Symbols zu öffnen.

3 Wenn die Gruppe ein Dialogfeldsymbol anbietet, klicken Sie es an, um das Dialogfeld zu öffnen.

Die Multifunktionsleiste ist Ihre Steuerzentrale für alle Programmfunktionen. Hier finden Sie Registerkarten, die in Gruppen unterteilt sind und die wiederum Befehlsschaltflächen anbieten. Üben Sie ein wenig mit Registern und Gruppensymbolen.

WISSEN

4

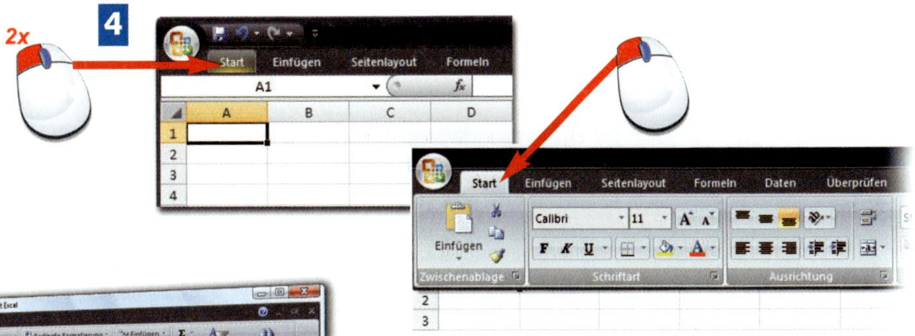

5

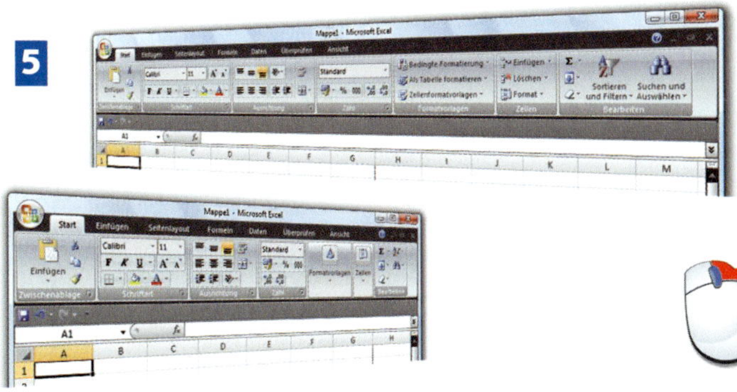

6

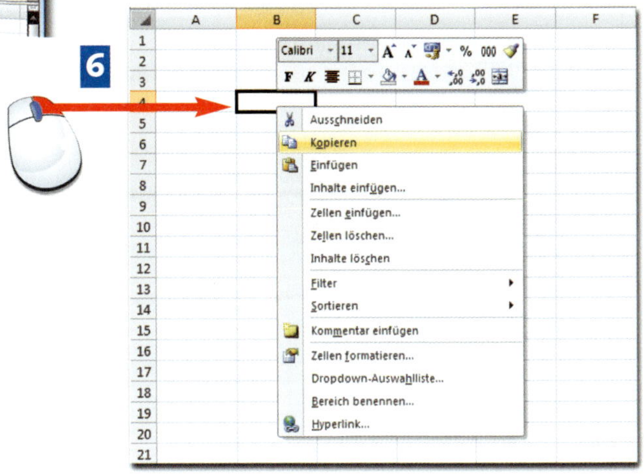

4 Ein Doppelklick auf einen Reiter schließt die gesamte Multifunktionsleiste. Klicken Sie auf einen Reiter, wird sie wieder eingeblendet.

5 Im Fenstermodus passt sich die Multifunktionsleiste an die Fenstergröße an und verkleinert Gruppen und Symbole.

6 Das Kontextmenü blenden Sie mit der rechten Maustaste ein.
Es bietet die wichtigsten Formatierungssymbole und kontextbezogene Funktionen.

Ende

TIPP

Dialogfelder fassen mehrere Symbole und Symbolgruppen zusammen.
Tastenkombination zum Ein- und Ausblenden der Multifunktionsleiste: Strg + F1

HINWEIS

Klicken Sie doppelt auf einen Reiter, um die Registerkarten permanent aus- oder wieder einzublenden.

HINWEIS

Im Kontextmenü finden Sie eine wechselnde, von der Markierung (Zellen, Zeilen, Spalten, Objekte) abhängige Auswahl an Befehlen aus unterschiedlichen Registern und Gruppen.

Die Symbolleiste für den Schnellzugriff

Start

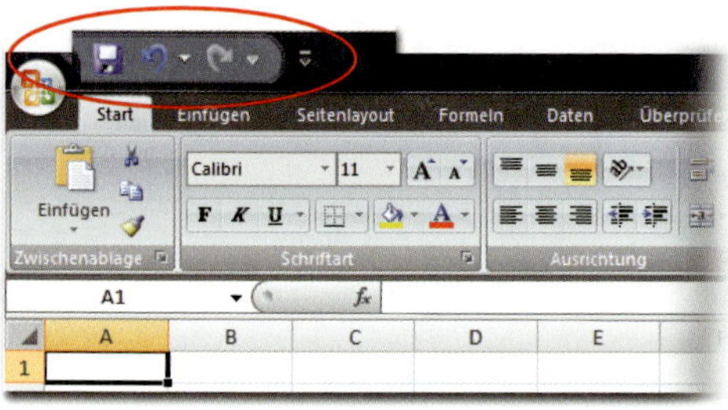

1

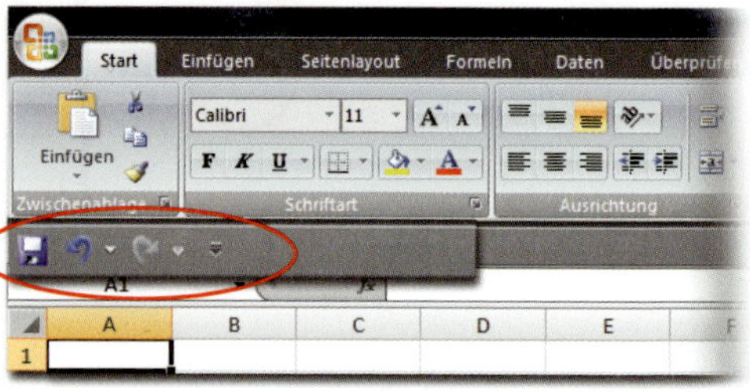

2

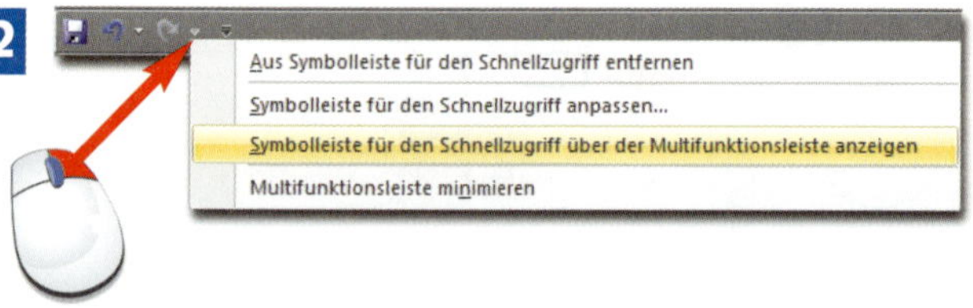

3

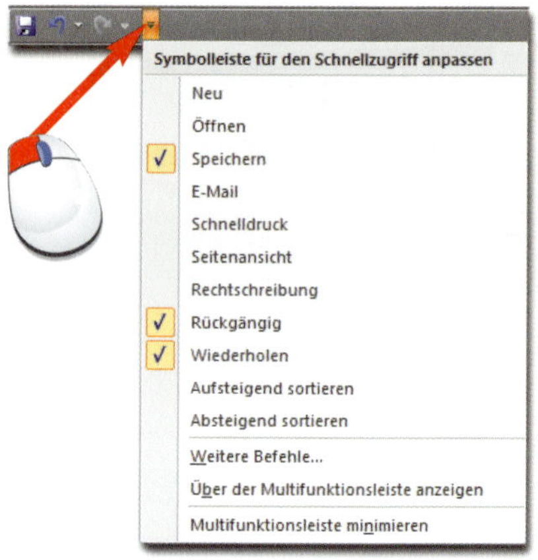

1 Diese Symbolleiste finden Sie entweder oben in der Kopfzeile oder unter der Multifunktionsleiste.

2 Klicken Sie mit der rechten Maustaste in die Leiste und bestimmen Sie die Position.

3 Mit dem Pfeilsymbol am rechten Rand öffnen Sie das Menü mit der Befehlsauswahl.

Die Symbolleiste für den Schnellzugriff ist die einzige Symbolleiste, die Sie individuell gestalten können. Das Menü bietet nur eine kleine Auswahl, im Befehlskartendialog finden Sie jeden Excel-Befehl und ein Symbol dafür.

WISSEN

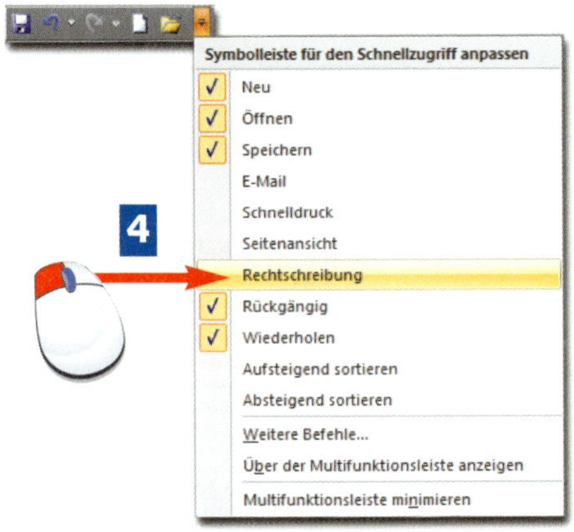

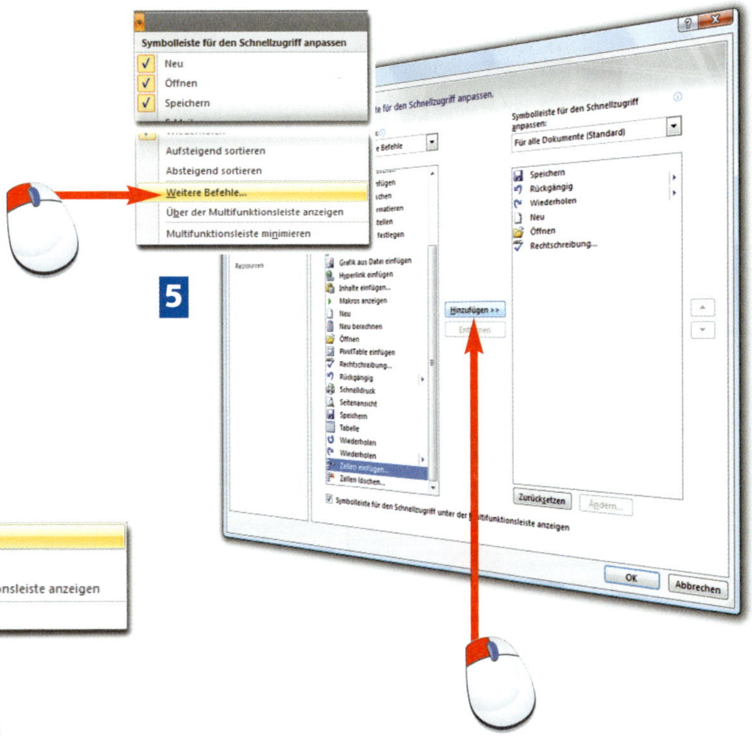

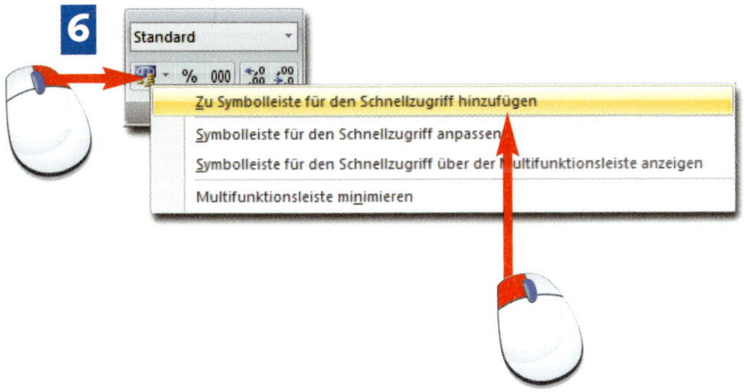

4 Klicken Sie auf einen Befehl, um dessen Symbol in die Symbolleiste für den Schnellzugriff zu holen.

5 Wählen Sie *Weitere Befehle* und holen Sie weitere Symbole aus unterschiedlichen Kategorien in die Leiste. Klicken Sie auf *Hinzufügen*.

6 So geht´s schneller: Klicken Sie ein Symbol mit der rechten Maustaste an und wählen Sie *Zu Symbolleiste für den Schnellzugriff hinzufügen*.

Ende

Die Befehlsauswahl finden Sie auch im Office-Menü unter *Excel-Optionen* auf der Registerkarte *Anpassen*.

HINWEIS

Um ein Symbol aus der Symbolleiste für den Schnellzugriff zu entfernen, klicken Sie es mit der rechten Maustaste an und wählen *Aus Symbolleiste … entfernen*.

HINWEIS

Start

1 Schnelle Hilfe erhalten Sie, wenn Sie auf das Fragezeichensymbol rechts oben klicken oder die Funktionstaste F1 drücken.

2 Die Excel-Hilfe wird in einem neuen Fenster gestartet, schalten Sie das Inhaltsverzeichnis ein.

3 Klicken Sie auf ein Ordner- oder Unterordnersymbol und lesen Sie die Hilfetexte zu den angebotenen Themen.

Wenn's mal gar nicht mehr weitergeht, lassen Sie sich von der Excel-Hilfe unterstützen. Aktivieren Sie das Hilfefenster, suchen Sie nach dem Thema per Suchfenster und Suchmenü oder gehen Sie ins Internet und stöbern Sie auf Office Online, der Microsoft-Webseite für Office-Anwender.

WISSEN

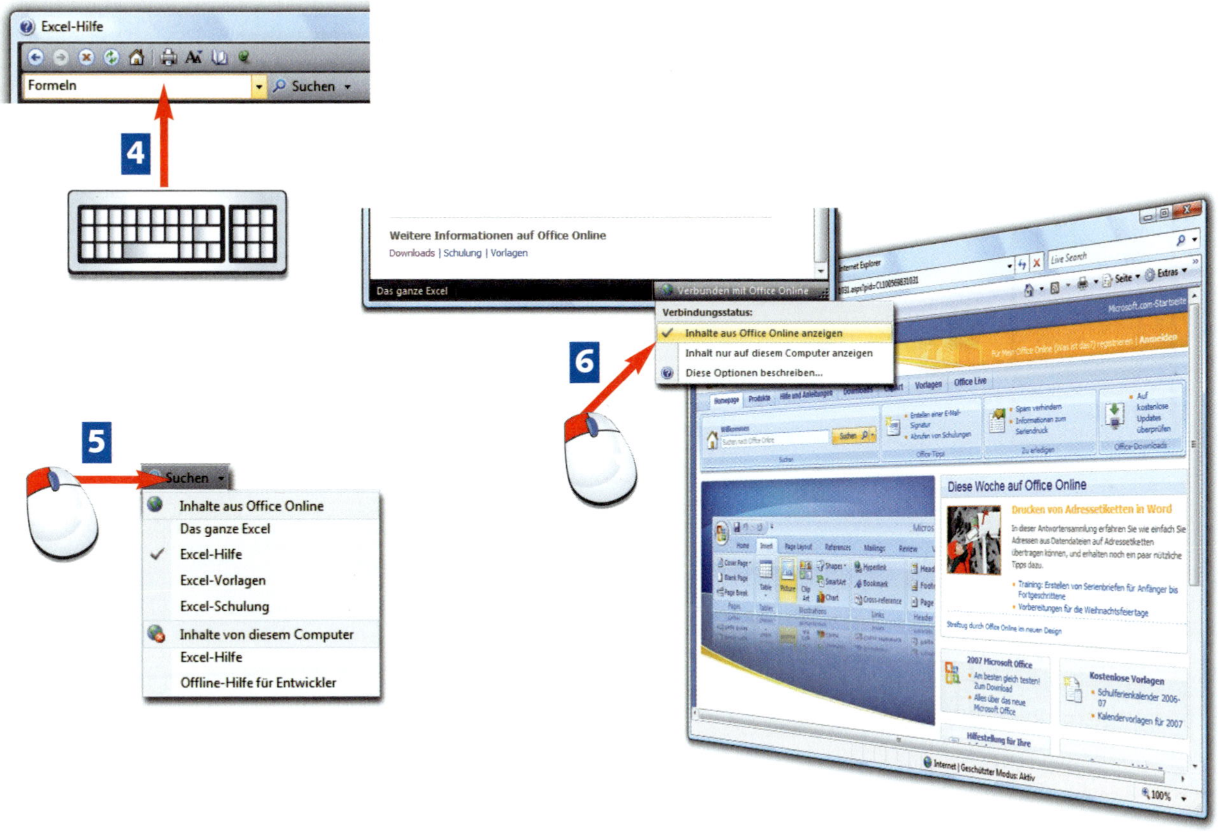

4 Geben Sie einen Suchbegriff in das Suchfenster ein und klicken Sie auf das Suchsymbol, um die passenden Themen zu listen.

5 Das Menü des Suchsymbols bietet verschiedene Bereiche an, in denen nach Hilfetexten gesucht wird.

6 Die Microsoft-Webseite Office Online bietet Downloads, interaktive Schulungen, Vorlagen, ClipArts und vieles mehr.

Ende

Drücken Sie F1, wenn ein Dialog oder eine Meldung angezeigt wird. Das Hilfefenster zeigt automatisch die zum Thema passenden Hilfetexte an.

TIPP

Das Home-Symbol bringt Sie zur Startseite des Hilfefensters. Mit dem Vordergrund-Schalter bleibt das Hilfefenster immer sichtbar.

HINWEIS

Arbeitsmappe speichern und Excel beenden

Start

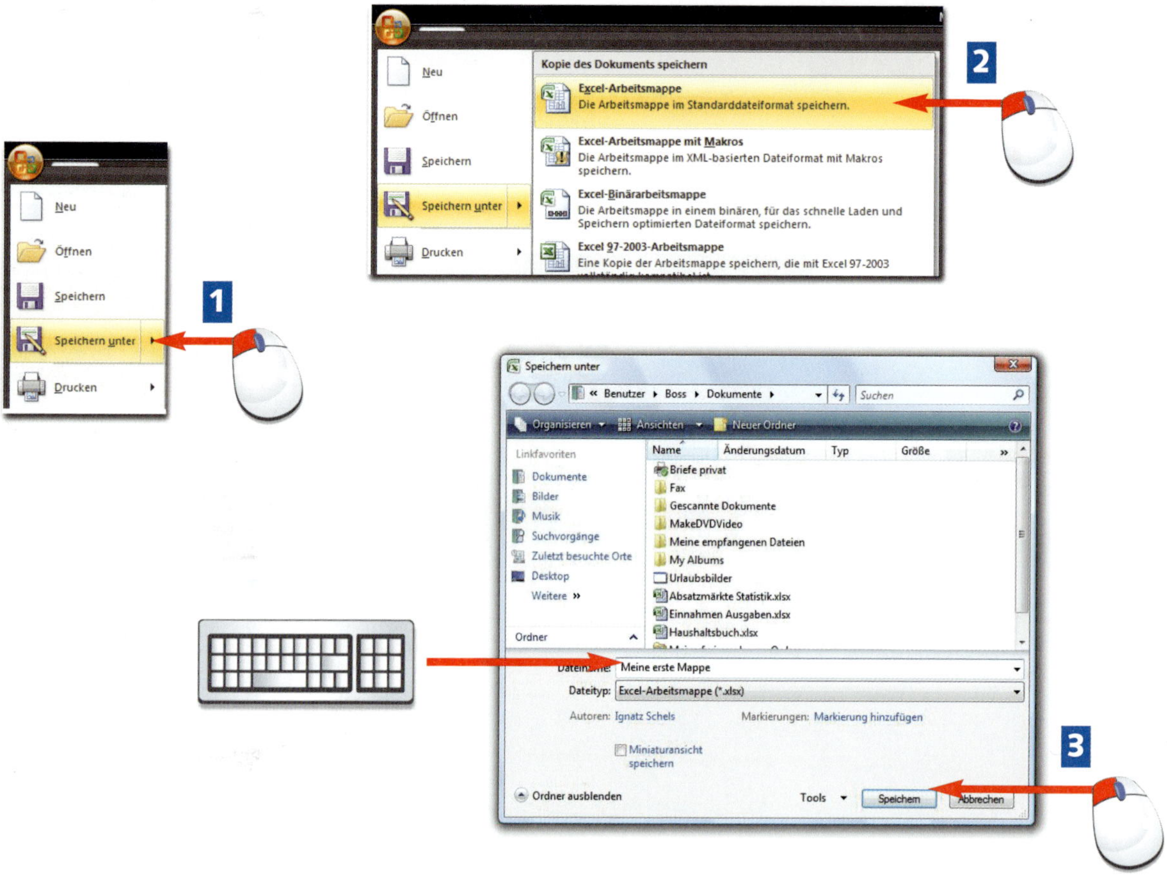

1 Aktivieren Sie im Office-Menü den Befehl *Speichern unter*.

2 Wählen Sie den Dateityp für die Excel-Datei (hier das Standardformat).

3 Der Speicherdialog wird eingeblendet, speichern Sie das Dokument im Dokumente-Ordner Ihrer Festplatte.

Speichern Sie Ihre Arbeitsmappe als Datei ab, bevor Sie Excel beenden. Sie können zwischen mehreren Dateiformaten, auch dem der Vorgängerversion Excel XP, wählen. Anschließend können Sie Excel beenden und sich eine verdiente Pause gönnen.

WISSEN

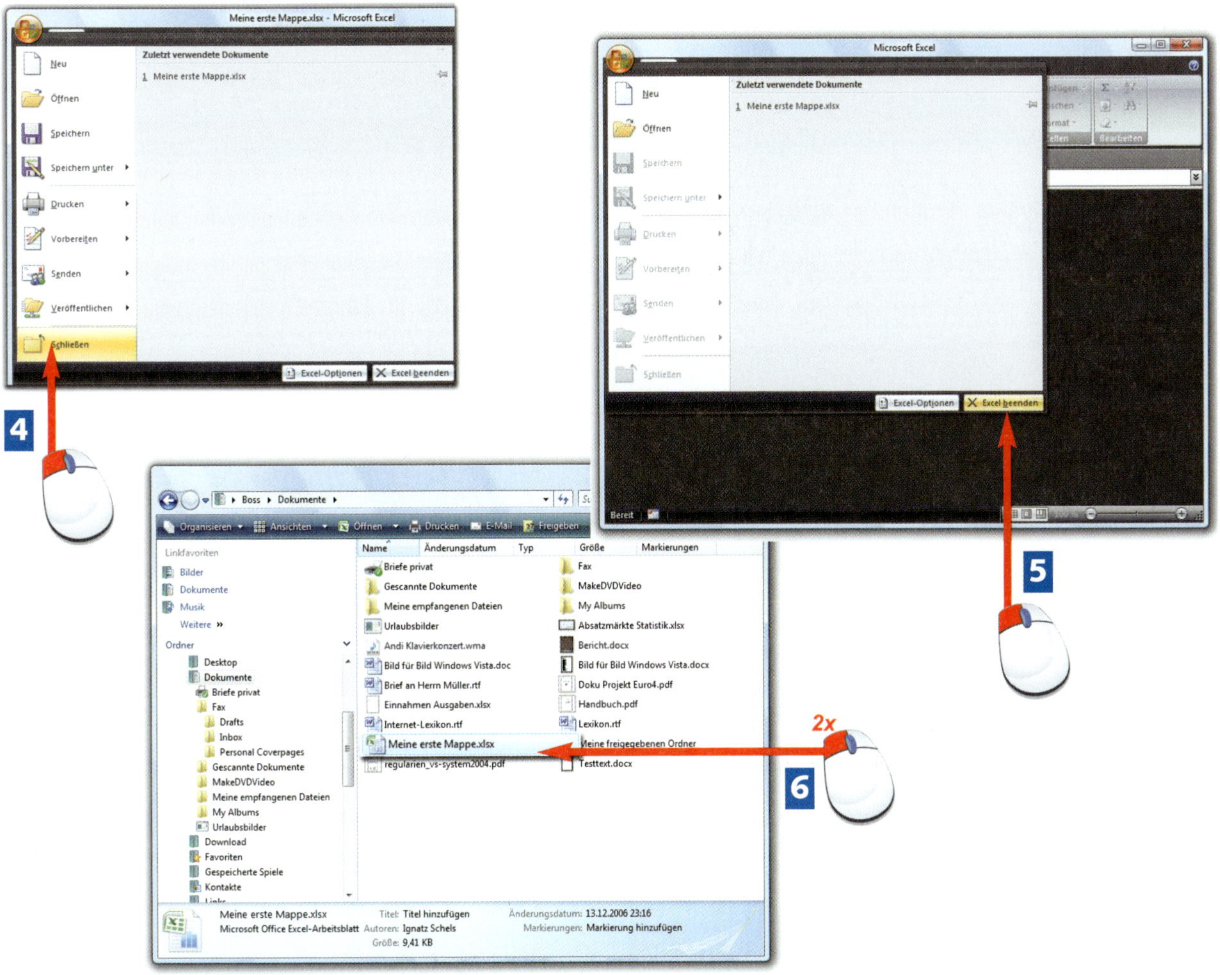

4 Jetzt können Sie die Mappe schließen …

5 … und über das Office-Menü oder mit dem Kreuzsymbol rechts oben Excel beenden.

6 Die gespeicherte Datei finden Sie im Explorer-Fenster. Mit einem Doppelklick aktivieren Sie sie zusammen mit Excel wieder.

Ende

Mit [F12] starten Sie den Speicherdialog ebenfalls.

TIPP

Die Dateiendung weist auf das Dateiformat hin:
XLSX: Excel 2007
XLS: Excel 2003/XP und ältere Versionen

HINWEIS

2

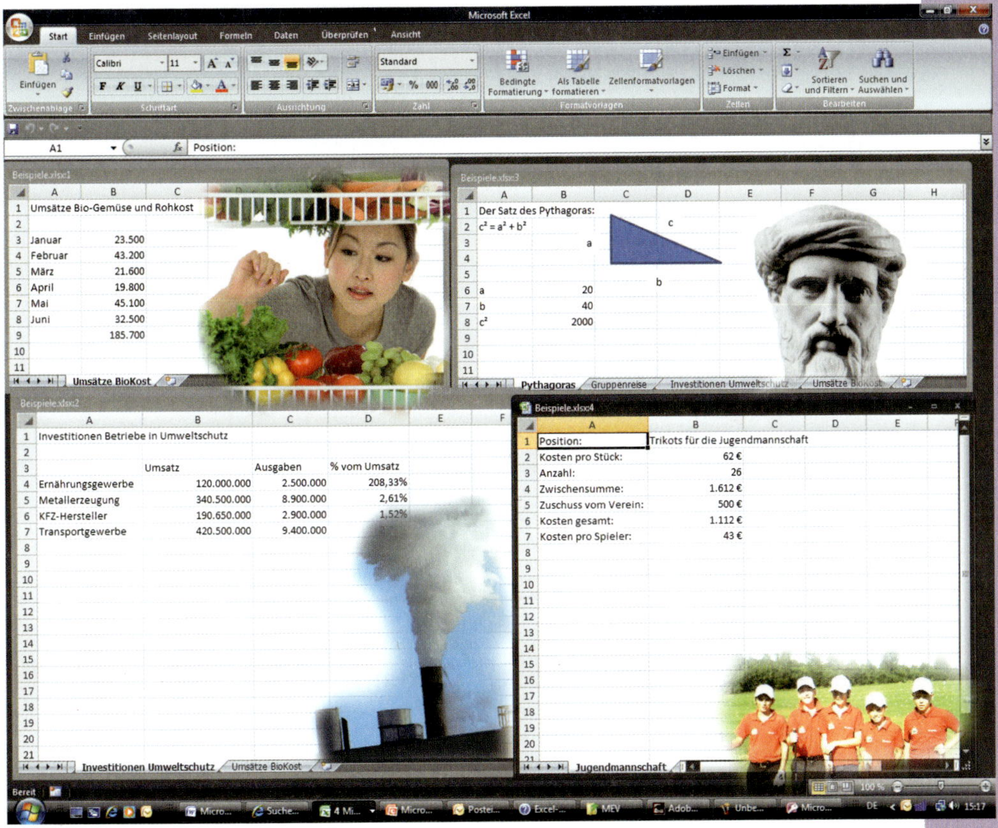

Microsoft Excel
Start
Einfügen
Seitenlayout
Formeln
Daten
Überprüfen
Ansicht
Calibri
11
Standard
Bedingte Formatierung
Als Tabelle formatieren
Zellenformatvorlagen
Einfügen
Löschen
Format
Sortieren und Filtern
Suchen und Auswählen
Zwischenablage
Schriftart
Ausrichtung
Zahl
Formatvorlagen
Zellen
Bearbeiten
A1
Position:
Umsätze Bio-Gemüse und Rohkost
Januar 23.500
Februar 43.200
März 21.600
April 19.800
Mai 45.100
Juni 32.500
185.700
Umsätze BioKost
Der Satz des Pythagoras:
$c^2 = a^2 + b^2$
a 20
b 40
c^2 2000
Pythagoras
Gruppenreise
Investitionen Umweltschutz
Umsätze BioKost
Investitionen Betriebe in Umweltschutz
Umsatz
Ausgaben
% vom Umsatz
Ernährungsgewerbe 120.000.000 2.500.000 208,33%
Metallerzeugung 340.500.000 8.900.000 2,61%
KFZ-Hersteller 190.650.000 2.900.000 1,52%
Transportgewerbe 420.500.000 9.400.000
Investitionen Umweltschutz
Umsätze BioKost
Beispiele.xlsx:4
Position:
Trikots für die Jugendmannschaft
Kosten pro Stück: 62 €
Anzahl: 26
Zwischensumme: 1.612 €
Zuschuss vom Verein: 500 €
Kosten gesamt: 1.112 €
Kosten pro Spieler: 43 €
Jugendmannschaft
Bereit

Mit Tabellen arbeiten

Zellen, Zeilen und Spalten

Start

1

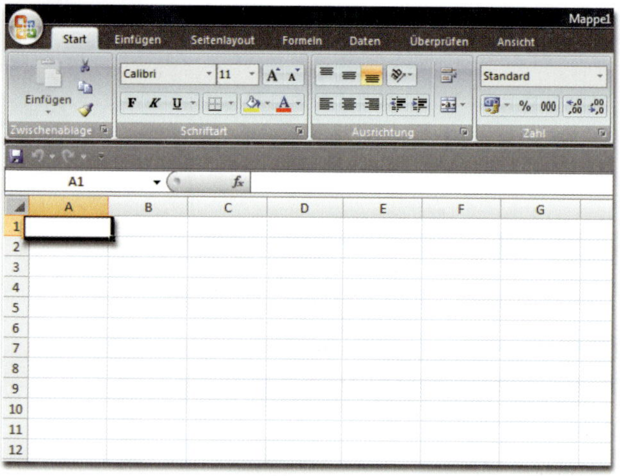

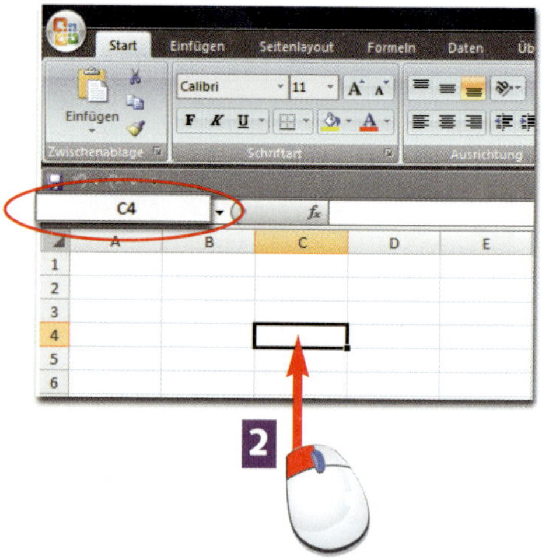

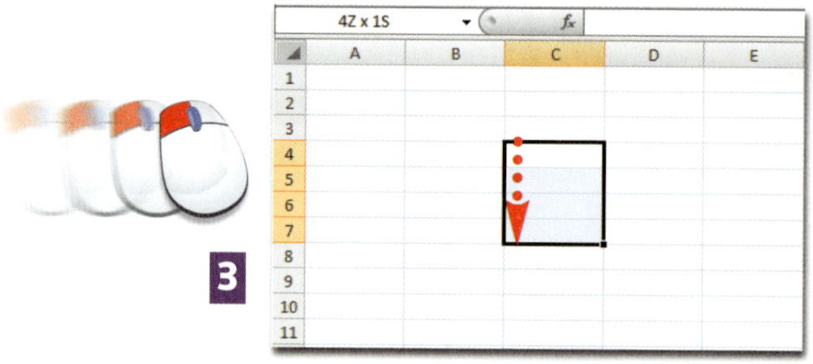

1 Bearbeiten Sie die erste Tabelle "Tabelle1", der Zellzeiger steht in der ersten Zelle namens A1.

2 Klicken Sie mit dem Mauszeiger (Kreuz) auf eine andere Zelle, um den Zellzeiger zu bewegen. Achten Sie auf die neue Zelladresse.

3 Um mehr als eine Zelle zu markieren, ziehen Sie den Mauszeiger mit gedrückter Maustaste in eine Richtung …

Alles Leben entsteht aus der Zelle, und das Prinzip gilt auch für Excel. Lernen Sie die Grundlagen der Tabellenkalkulation mit Zellen, Zellzeiger, Zeilen- und Spalteneinteilung kennen.

WISSEN

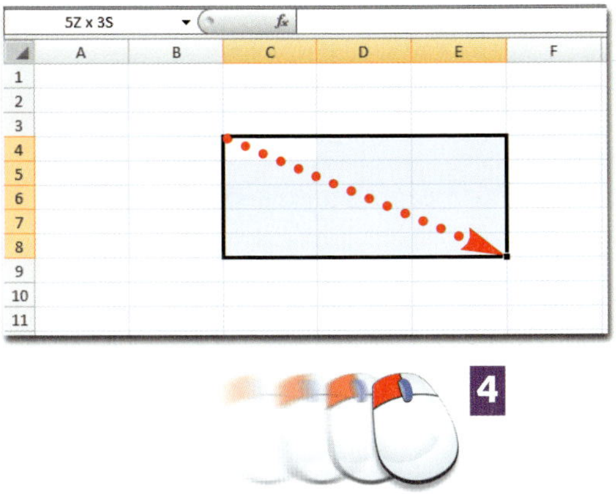

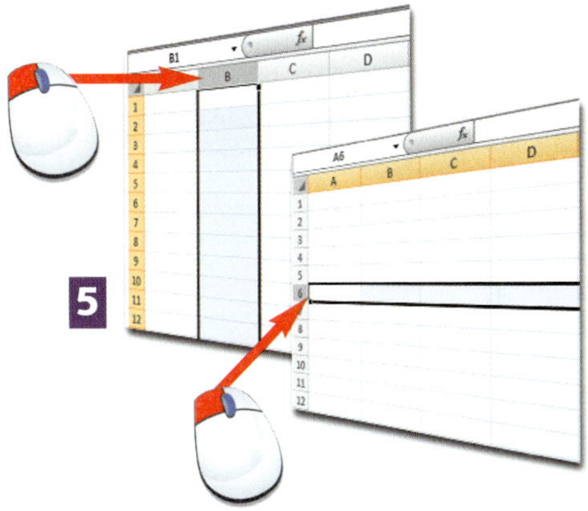

4 … oder gleichzeitig nach rechts unten bzw. links oben. Lassen Sie die Maustaste los, ist der Zellbereich markiert.

5 Um eine ganze Zeile oder Spalte zu markieren, klicken Sie auf die Zeilennummer oder den Spaltenbuchstaben.

6 Auch hier können Sie den Bereich erweitern. Ziehen Sie den Mauszeiger über mehrere Zeilennummern oder Spaltenbuchstaben.

Solange Sie beim Markieren die Maustaste gedrückt halten, können Sie die Anzahl markierter Zeilen und Spalten im Namensfeld links oben im Schnittpunkt von Zeilen und Spalten ablesen.

TIPP

Das Namensfeld links oben zeigt immer die Adresse der aktiven Zelle, d. h. der Zelle, in der sich der Zellzeiger befindet.

HINWEIS

7

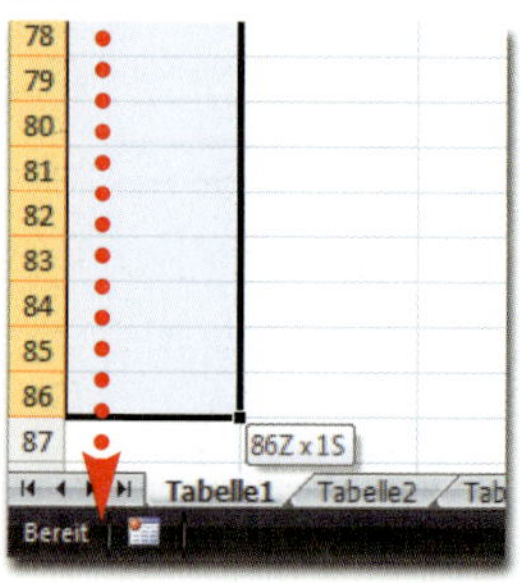

8

9

7 Ziehen Sie die Markierung über den Fensterrand hinaus, rollt die Tabelle automatisch weiter.

8 Mit den Rollbalken rechts außen und unten können Sie horizontal und vertikal rollen. Klicken Sie auf den Pfeil oder in die Leiste.

9 Benutzen Sie auch das Mausrad zwischen den Tasten, um die Tabelle zu rollen.

Gut markiert ist halb kalkuliert. Verschieben Sie den Zellzeiger und markieren Sie Zellen per Mauszeiger oder mit der Tastatur. Lernen Sie am besten beide Methoden kennen und nutzen Sie die jeweils schnellste.

WISSEN

10
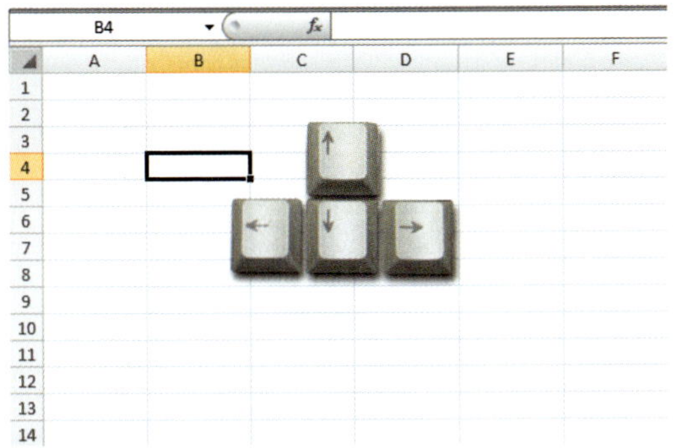

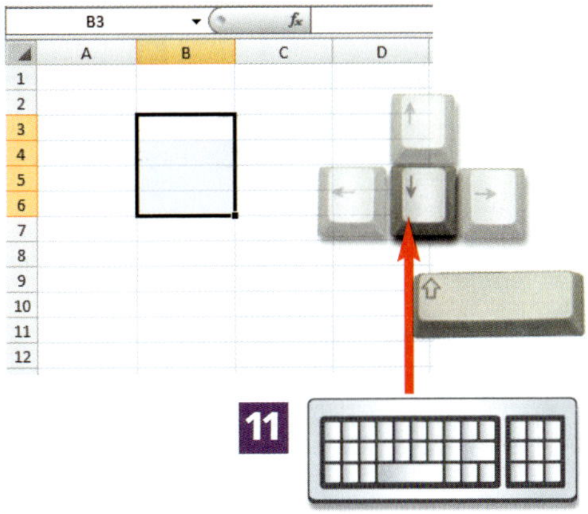

11

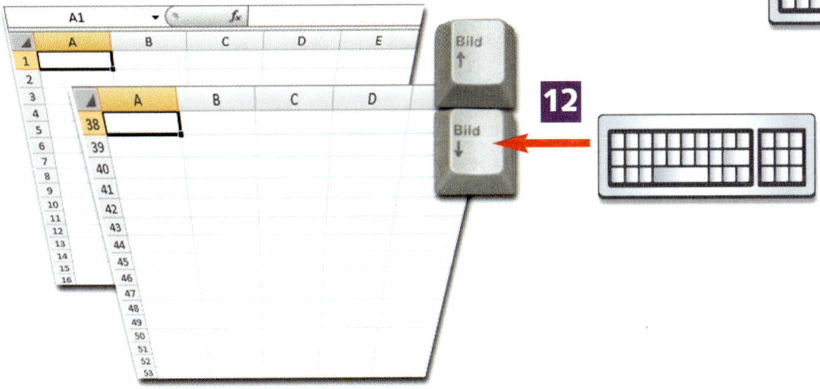

12

10 Die Pfeiltasten in der Mitte der Tastatur bewegen den Zellzeiger in alle vier Richtungen.

11 Wenn Sie gleichzeitig eine Pfeiltaste und die ⇧-Taste drücken, markieren Sie den Bereich.

12 Nutzen Sie auch die Bildtasten, um seitenweise nach unten oder nach oben zu blättern.

Ende

Wenn Sie den Mauszeiger bis zur Taskleiste ziehen, rollt die Tabelle schneller nach unten.

TIPP

Mit der ↹-Taste bewegen Sie den Zellzeiger innerhalb einer Markierung. Mit ⇧+↹ springt er rückwärts.

TIPP

Start

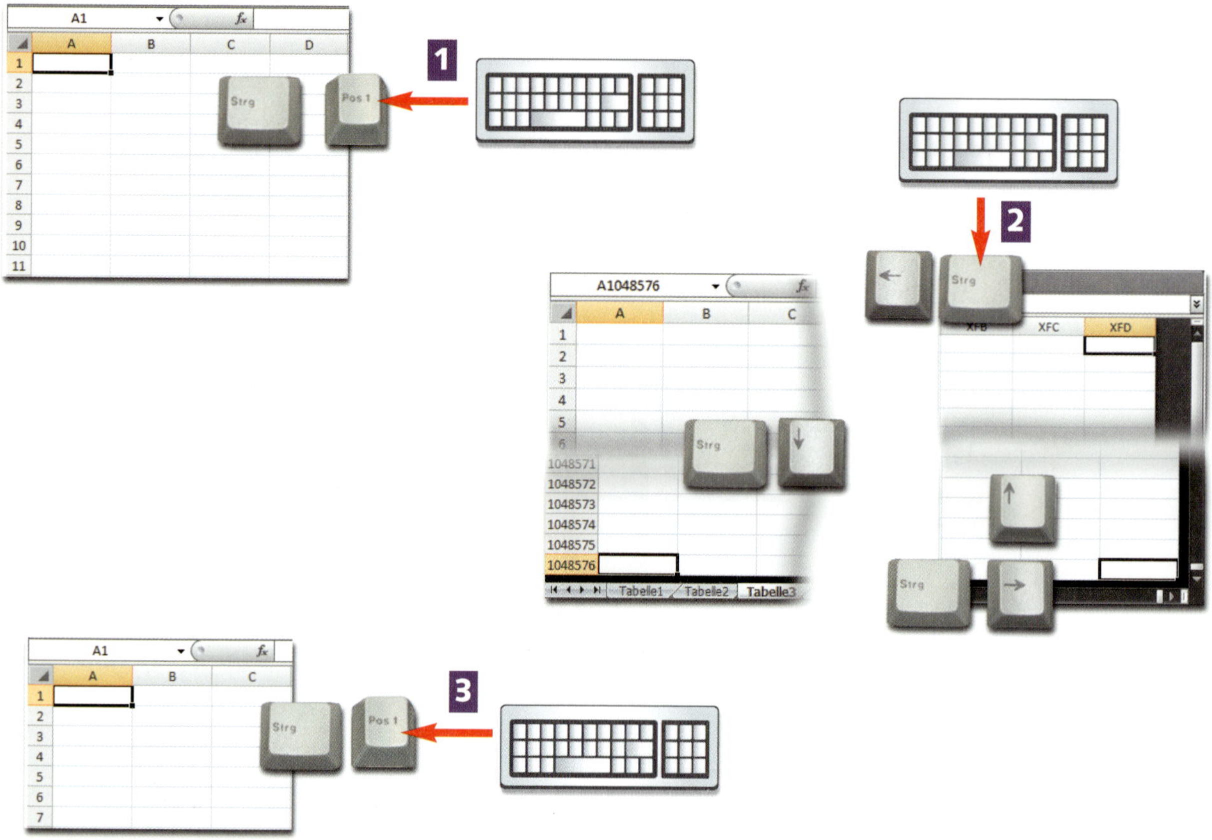

1 Drücken Sie Strg+Pos1, um den Zellzeiger nach links oben auf die Zelle A1 zu setzen.

2 Mit Strg+↓ setzen Sie den Zellzeiger in die letzte Zeile.
Strg+→ steuert die letzte Spalte an.

3 Drücken Sie Strg+Pos1, um den Zellzeiger nach oben auf die Zelle A1 zu setzen.

Eine Excel-Tabelle hat 1 048 576 Zeilen und 16 384 Spalten. Um an die Randbereiche der riesigen Tabellen zu kommen, brauchen Sie spezielle Tastenkombinationen. Lernen Sie, wie Sie den Zellzeiger auf dem schnellsten Weg durch das Zellenlabyrinth bewegen.

WISSEN

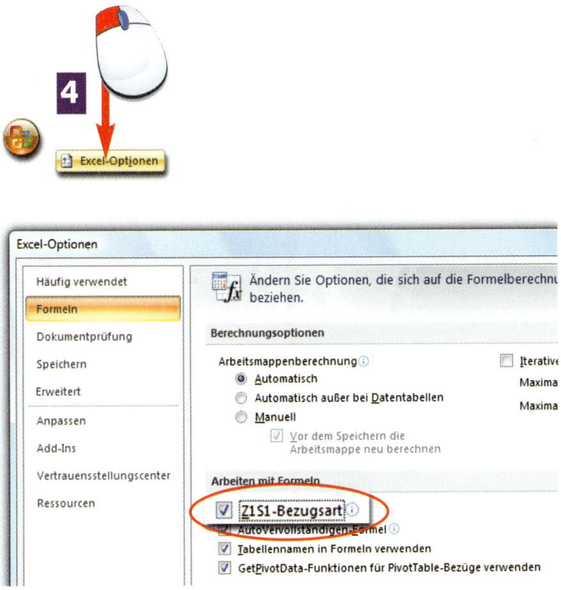

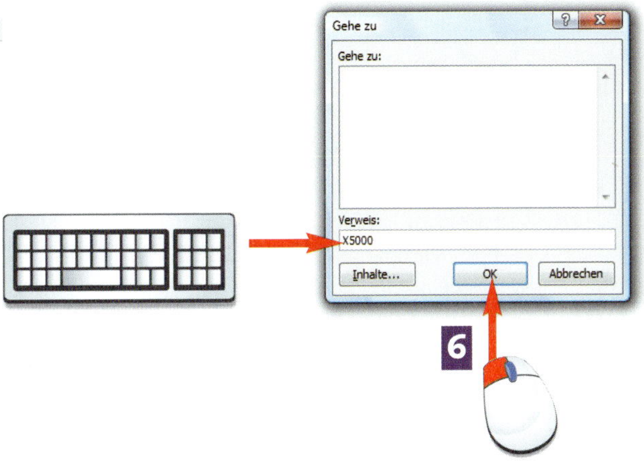

4 Schalten Sie im Office-Menü auf die Z1S1-Darstellung um, …

5 … zeigt Excel Spaltennummern anstelle von Buchstaben. Schalten Sie die Option wieder aus.

6 Für direkte Sprünge drücken Sie [F5] und geben die Zelladresse ein. Bestätigen Sie mit einem Klick auf OK oder mit der [↵]-Taste.

Ende

Schnelle Sprünge auch mit der Maus? Klicken Sie doppelt auf die Randlinie des Zellzeigers, steuert dieser die nächste erreichbare „Ecke" der Tabelle an.

TIPP

Mit gedrückter [Strg]-Taste befördern Sie den Zellzeiger an das Ende der (leeren) Tabelle oder an die letzte beschriftete Zelle.

HINWEIS

Start

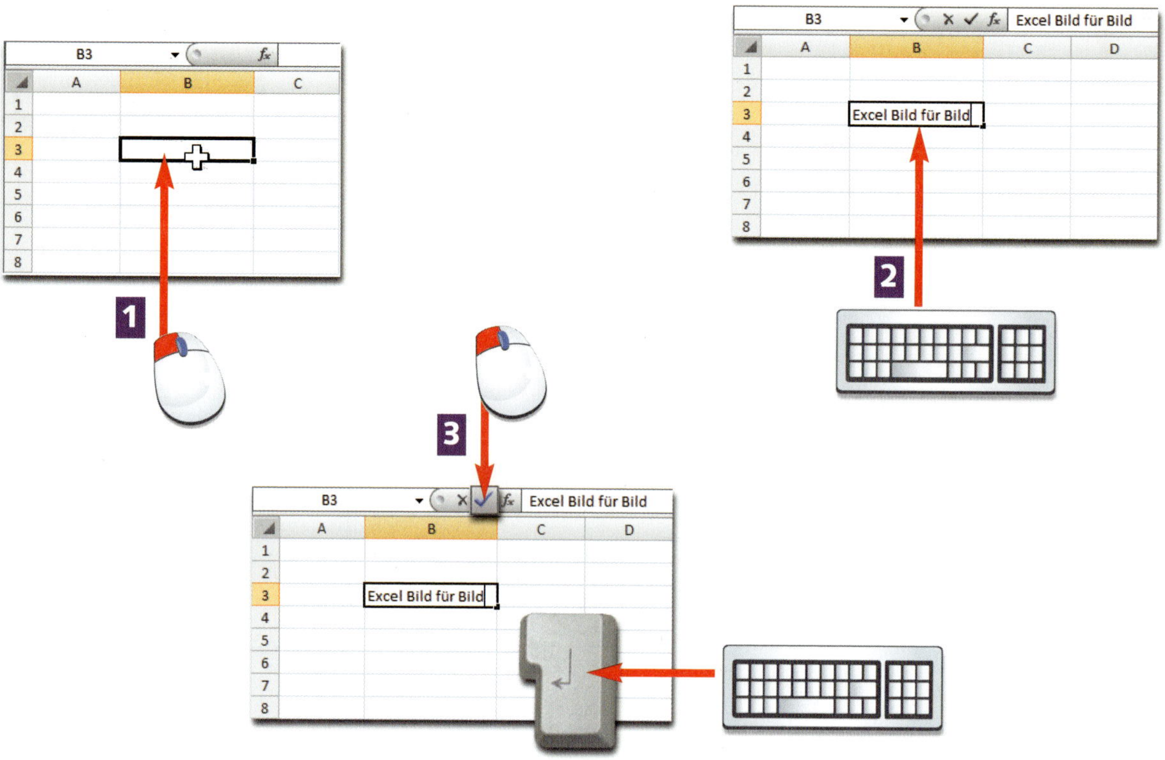

1 Um die Tabelle zu beschriften, setzen Sie den Zellzeiger in die gewünschte Zelle …

2 … und schreiben einfach los. Der eingetippte Text wird in der Zelle und in der Bearbeitungsleiste angezeigt.

3 Sie können die Eingabe abschließen, indem Sie mit dem Mauszeiger auf das Häkchen klicken oder einfach ↵ drücken.

Tabellen mit Text zu füllen ist einfach. Markieren Sie die Zelle und schreiben Sie los. Wollen Sie etwas ändern, öffnen Sie die Zelle wieder.

WISSEN

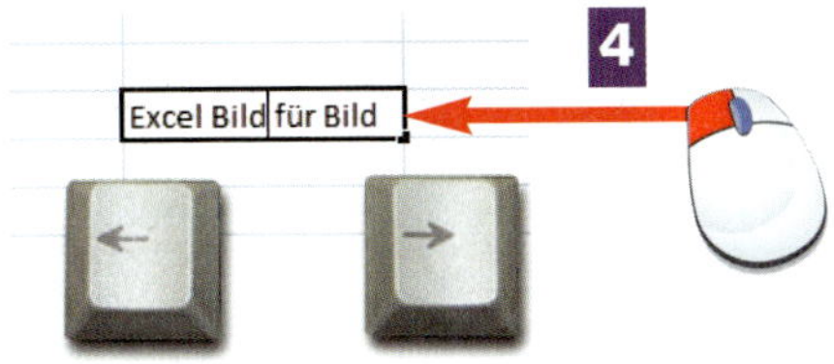

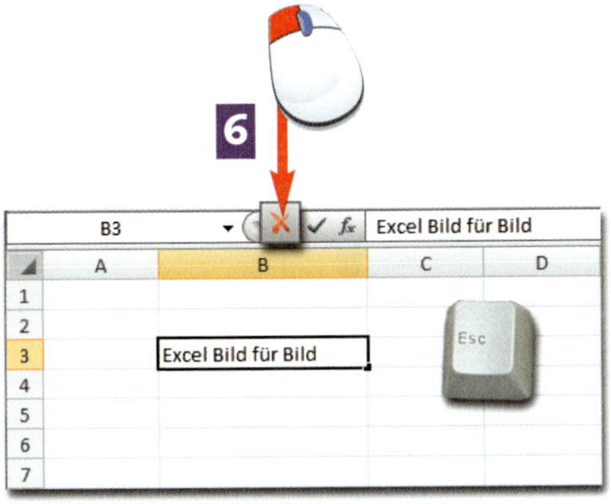

4 Setzen Sie die Schreibmarke (Cursor) wieder per Doppelklick in die Zelle, drücken Sie die Pfeiltasten und bearbeiten Sie den Text.

5 Wenn die Spalte nicht breit genug ist, zeigen Sie auf die rechte Spaltenlinie im Spaltenkopf und ziehen diese mit gedrückter Maustaste nach rechts.

6 Um eine Eingabe oder eine Änderung in der Zelle rückgängig zu machen, klicken Sie auf das Kreuzsymbol.

Schneller in die Zelle: Drücken Sie [F2].
Achten Sie auf die Zellzeigerinfo, wenn Sie die Spaltenbreite ändern, sie zeigt die Breite an (in Anzahl Zeichen und Pixel).

TIPP

Wenn Sie mit [↵] abschließen, springt der Zellzeiger automatisch in die nächste Zeile.
Haben Sie den Bereich vorher markiert, bleibt der Zellzeiger in den markierten Zellen.

HINWEIS

Eine neue Eingabe überschreibt automatisch den Zellinhalt, Sie müssen die Zelle nicht vorher löschen.

HINWEIS

Zellen beschriften und wieder löschen

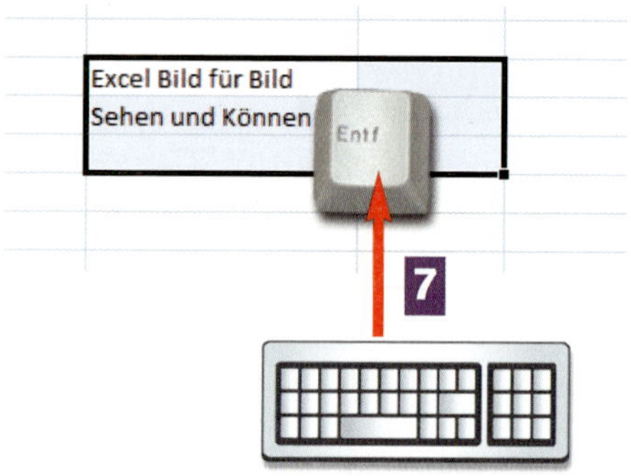

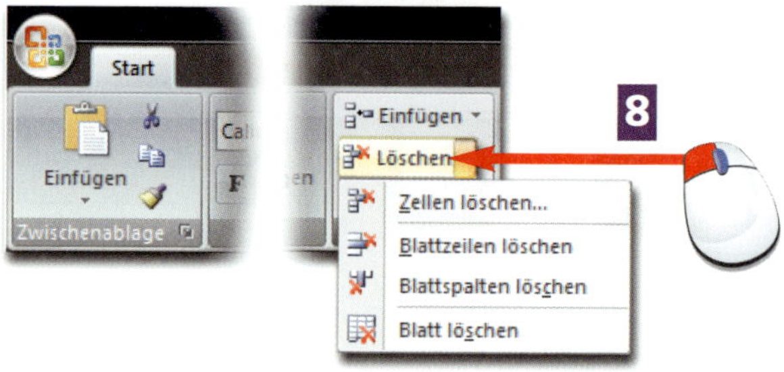

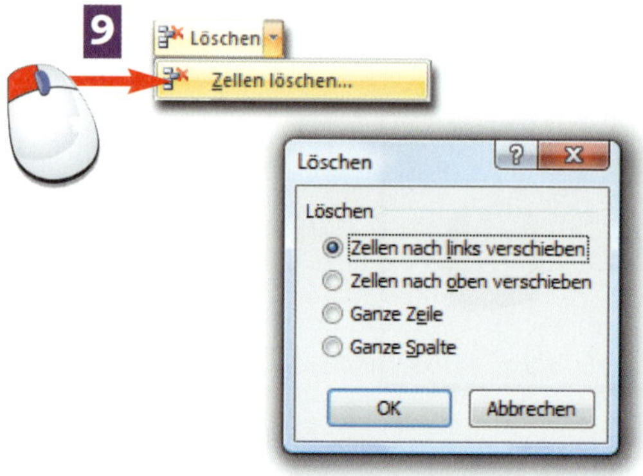

7 Mit der [Entf]-Taste löschen Sie den Zellinhalt aller markierten Zellen.

8 Unter *Start/Zellen* finden Sie einen Löschbefehl, der Zellinhalte, Zeilen, Spalten oder das ganze Tabellenblatt löscht.

9 Öffnen Sie das Symbol und entscheiden Sie, was mit dem Rest der Tabelle passieren soll.

So einfach wie die Eingabe von Text und Zahl ist auch das Löschen der Zellen. Und wenn Ihnen ein Fehler passiert, kein Problem: Mit der Rückgängig-Funktion können Sie die letzten Aktionen wieder zurücknehmen.

WISSEN

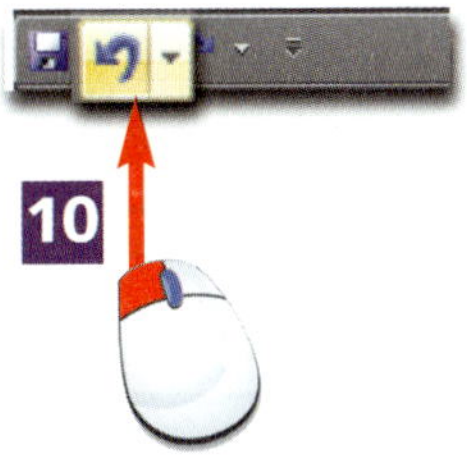

10 Wenn Sie eine Eingabe oder einen Befehl rückgängig machen wollen, klicken Sie auf das Symbol in der Symbolleiste für den Schnellzugriff.

11 Die letzte Änderung wird zurückgenommen. Sie können im Symbolmenü auch mehrere Aktionen markieren und zurücknehmen.

12 Das *Wiederholen*-Symbol bietet eine Liste der zurückgenommenen Aktionen an.

Ende

Tastenkombinationen:
Rückgängig: Alt+← oder Strg+Z
Wiederholen: Strg+Y

TIPP

Wenn Sie ganze Zeilen oder Spalten löschen wollen, markieren Sie diese vorher. Drücken Sie Entf, um den Zellinhalt zu löschen, oder Strg+- für ganze Zeilen bzw. Spalten.

HINWEIS

Bis zu 100 Aktionen lassen sich rückgängig machen. Das Wiederholen-Symbol ist erst verfügbar, wenn mindestens eine Aktion zurückgenommen wurde.

HINWEIS

Start

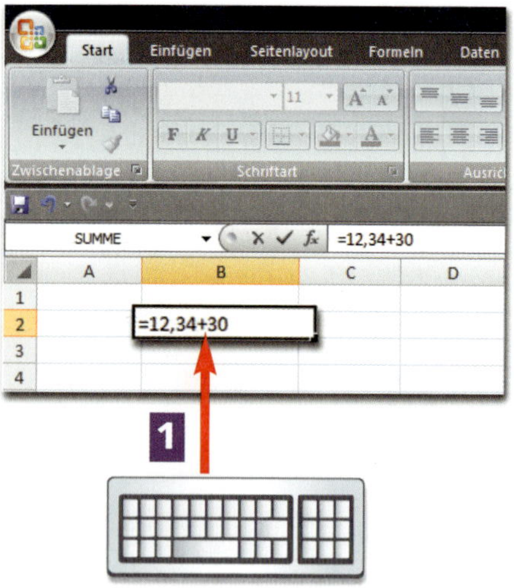

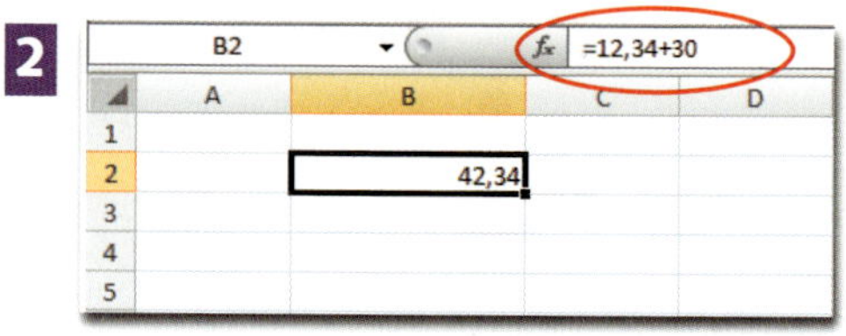

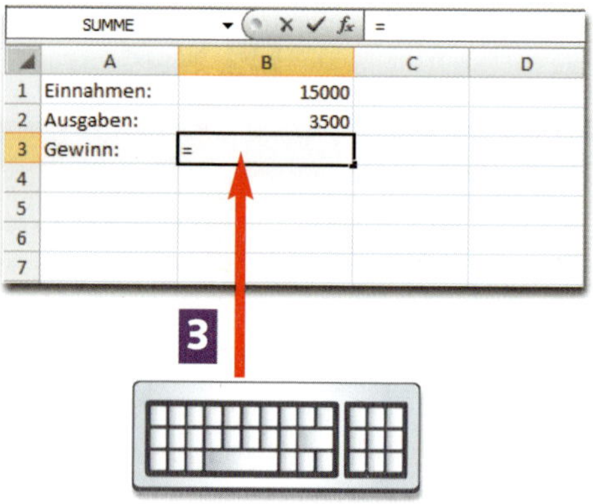

1 Eine Rechenoperation beginnen Sie mit dem =-Zeichen. Addieren Sie zum Beispiel zwei Zahlen.

2 Das Ergebnis wird in der Zelle angezeigt, wenn Sie mit ↵ abschließen. Die Bearbeitungsleiste zeigt die Formel an.

3 In Excel rechnen Sie aber nicht direkt mit Zahlen, sondern mit Zelladressen. Geben Sie zum Beispiel diese Liste ein …

Holen Sie Ihre Mathematik-Grundkenntnisse aus der Schublade, jetzt wird gerechnet. Excel verpackt alles, was zu kalkulieren ist, in Formeln, zum Rechnen werden Zahlen, Zelladressen und die Rechenoperatoren benutzt.

WISSEN

4

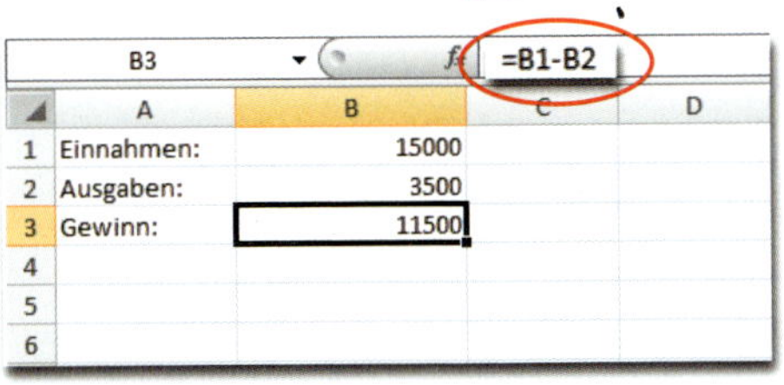

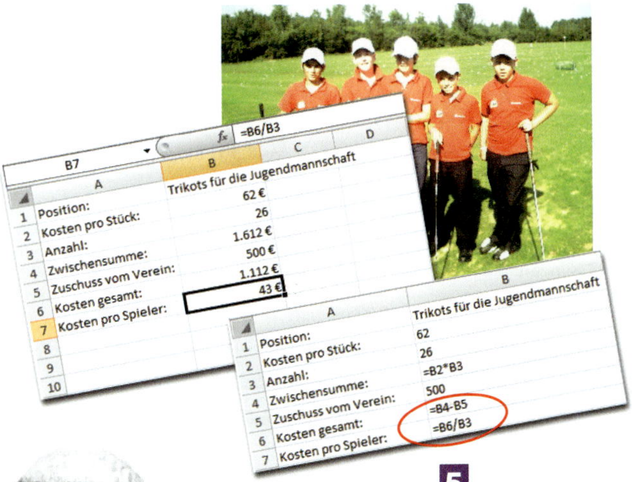

5

6

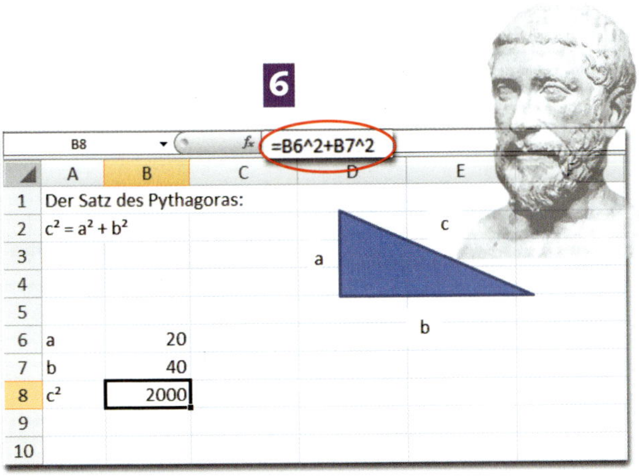

4 … und berechnen Sie die Differenz zwischen Einnahmen und Ausgaben mit Angabe der Zelladressen in der Formel.

5 Hier ein weiteres Beispiel: Berechnen Sie die Kosten mit den Grundrechenarten Multiplikation (∗) und Division (/).

6 Potenziert wird mit dem Potenzzeichen. Berechnen Sie die Länge der Hypotenuse mit dem berühmten Satz des Pythagoras.

Fehler? Wenn kein Ergebnis oder die Fehlermeldung #WERT! angezeigt werden, stimmt Ihre Formel nicht. Prüfen Sie noch mal alles nach.

TIPP

Das Potenzzeichen (^) wird erst angezeigt, wenn Sie die nächste Zahl schreiben.

HINWEIS

Geben Sie für Eurobeträge die Zahl, ein Leerzeichen und das Eurozeichen ein.
Wenn Sie Zelladressen in der Formel angeben, können Sie diese eintippen oder mit dem Mauszeiger anklicken.

HINWEIS

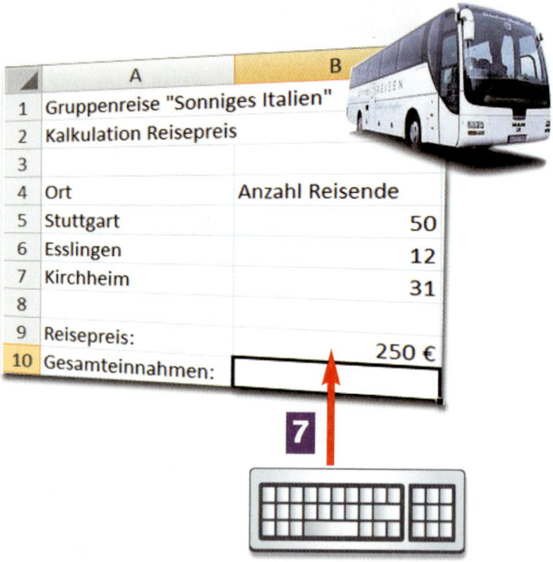

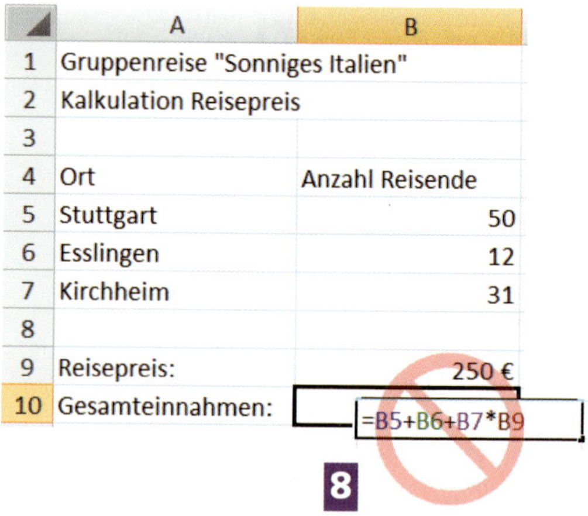

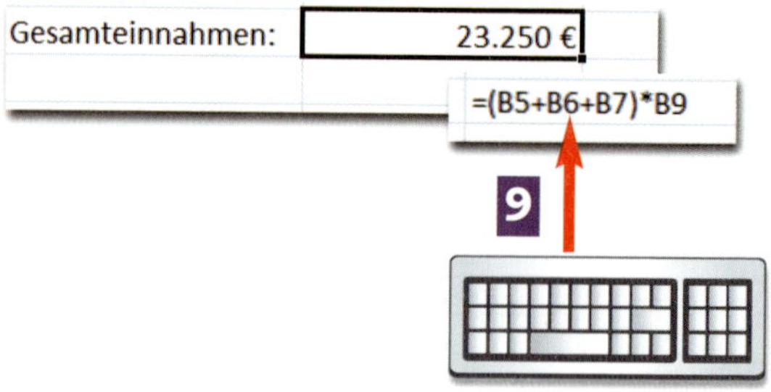

7 In diesem Beispiel berechnen Sie die Einnahmen aus einer Gruppenreise. Tragen Sie die Beschriftungen und die Zahlen ein.

8 Achten Sie auf die Punkt-vor-Strich-Regel: Diese Formel liefert das falsche Ergebnis.

9 Klammern Sie die zu addierenden Zellen ein, damit die Summe als Erste berechnet wird.

Üben Sie das Rechnen in Tabellen mit zwei Beispielen aus der Praxis: Kalkulieren Sie die Kosten einer Gruppenreise und rechnen Sie mit Prozentwerten in einer Investitionsübersicht.

WISSEN

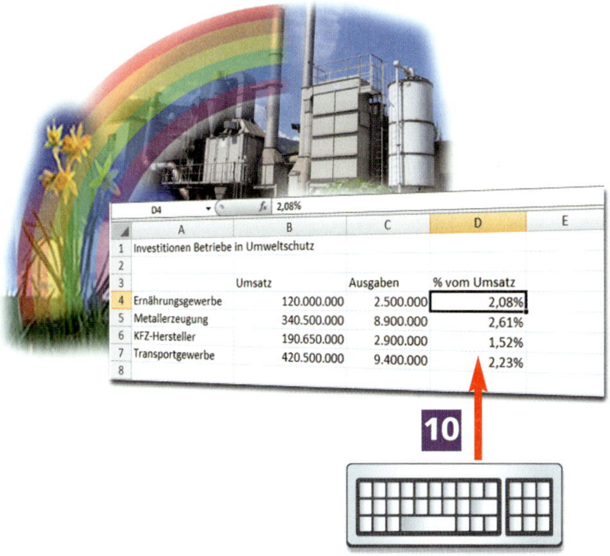

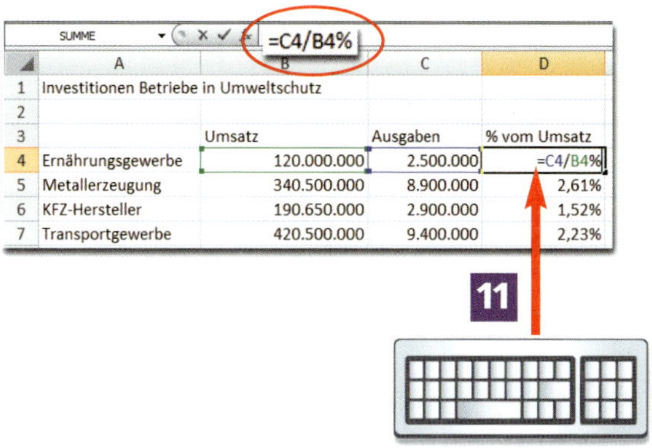

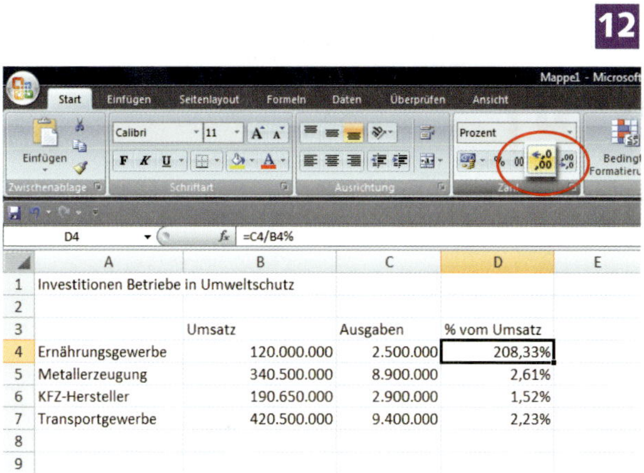

10 Hier eine Investitionsübersicht aus dem Umweltschutzbericht. Geben Sie Zahlen mit dem Prozentzeichen ohne Leerzeichen ein.

11 Um die Prozentzahl zu berechnen, dividieren Sie den Ausgabenanteil durch die Umsatzsumme. Das Prozentzeichen multipliziert das Ergebnis mit 100.

12 Mit dem Dezimalstellensymbol können Sie die Anzahl der angezeigten Dezimalstellen erweitern oder verringern.

Ende

Die Punkt-vor-Strich-Regel gilt natürlich auch in Excel-Tabellen: In einer Formel werden zuerst Multiplikationen und Divisionen berechnet, dann Addition und Subtraktion. Setzen Sie einen Ausdruck in eine Klammer, wird dieser zuerst aufgelöst.

HINWEIS

Wenn Sie in einer Zelle mit Prozenten arbeiten, wird diese mit einem entsprechenden Zahlenformat belegt. Jede neue Eingabe ist dann automatisch eine Prozentzahl.

HINWEIS

Start

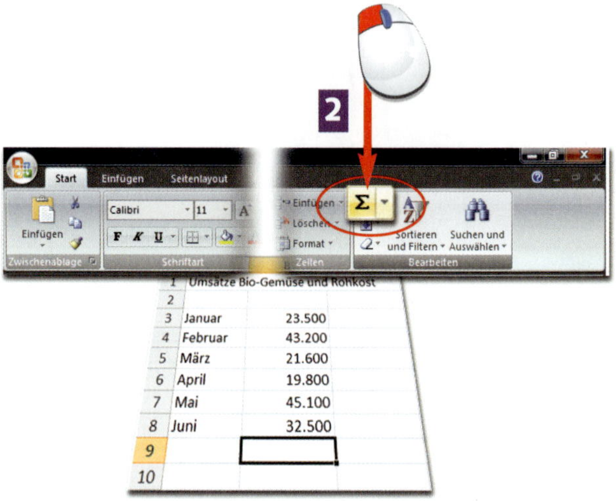

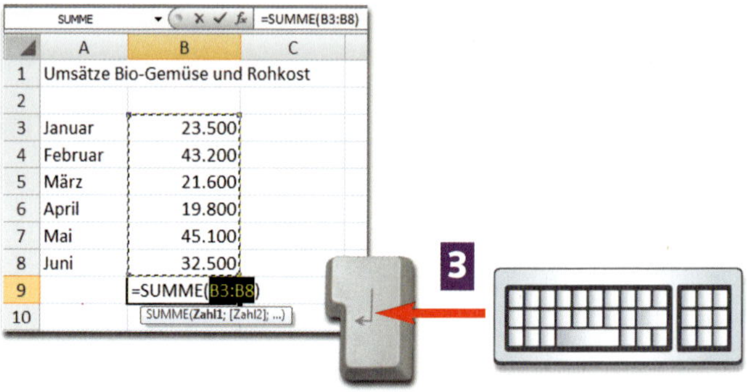

1 Ihre Firma verkauft Biolebensmittel. Geben Sie die Umsatzzahlen für das erste Halbjahr ein.

2 Setzen Sie den Zellzeiger unter die letzte Zahl und klicken Sie in der Bearbeiten-Gruppe auf das Summe-Symbol.

3 Der zu summierende Bereich wird vorgeschlagen, bestätigen Sie mit einem weiteren Klick auf das Symbol oder mit ↵.

In längeren Zahlenkolonnen müssen Sie natürlich nicht mit Plus und Minus operieren. Hier bietet Excel eine Funktion an, die den Bereich komplett summiert.

WISSEN

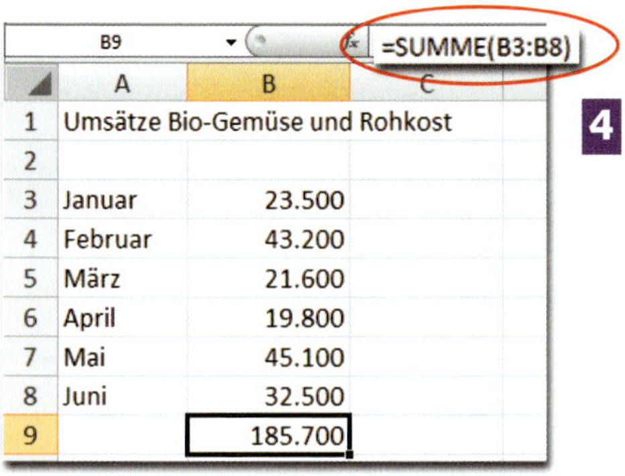

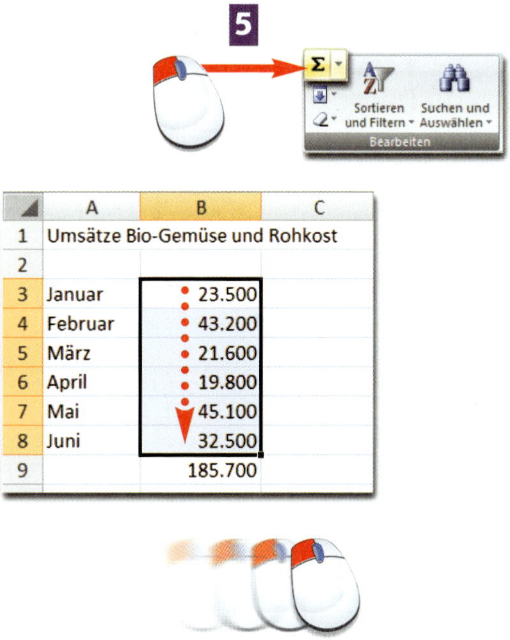

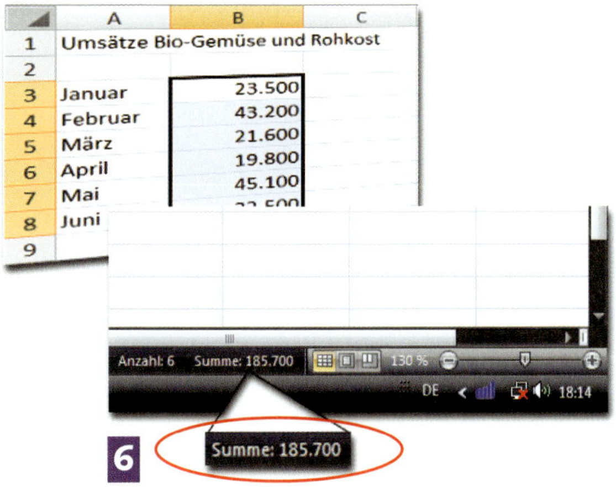

4 Die Funktion wird eingetragen, der Bereich in der Klammer wird mit Doppelpunkt zwischen der ersten und der letzten Zelle angegeben: B3:B8.

5 Sie können auch die Zahlen markieren und auf das Summe-Symbol klicken.

6 In der Statusleiste lässt sich die Summe der markierten Zahlen überprüfen und mit dem Ergebnis der Summe vergleichen.

Ende

Achten Sie auf das Trennzeichen in der Summe-Funktion: =SUMME(B3:B8) summiert von B3 bis B8 =SUMME(B3;B8) summiert die Zellen B3 und B8.

HINWEIS

AutoSumme: Bezeichnung für das Summe-Symbol in der Gruppe *Bearbeiten* der Symbolleiste *Start*.

FACHWORT

Die Statusleiste lässt sich umfangreich konfigurieren. Klicken Sie mit der rechten Maustaste in den Bereich und schalten Sie die Informationen ein, die Sie sehen möchten.

HINWEIS

Start

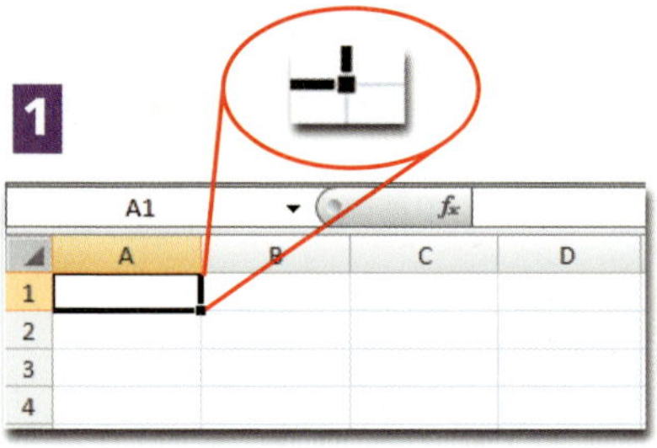

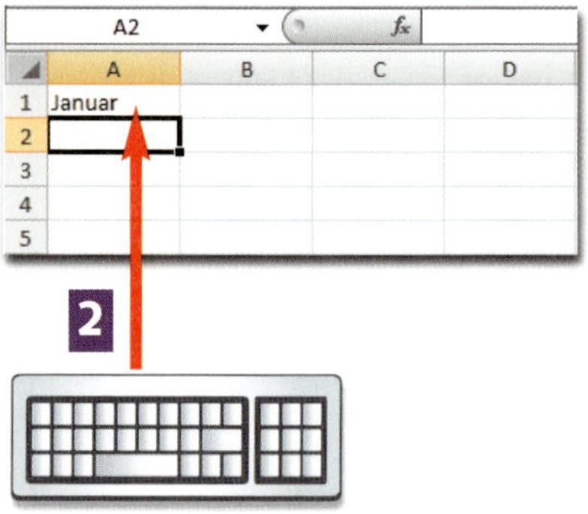

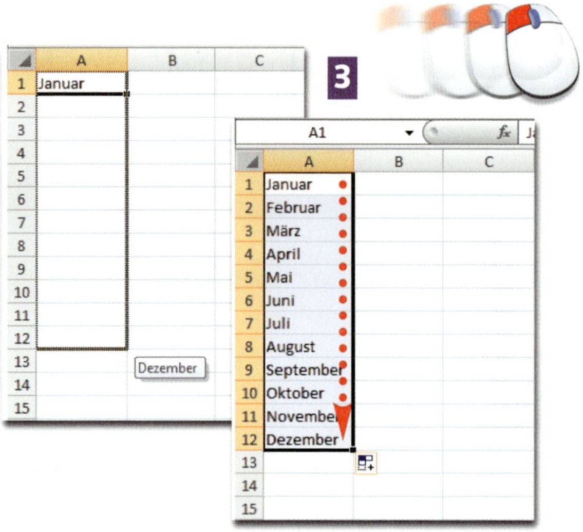

1. Das kleine Kästchen rechts unten am Zellzeiger heißt Ausfüllkästchen.
2. Schreiben Sie das Wort „Januar" in die erste Zelle der aktiven Tabelle, drücken Sie [Enter] zum Abschluss.
3. Setzen Sie den Zellzeiger wieder in die Zelle und ziehen Sie das Ausfüllkästchen nach unten bis zur Zelle A12.

Ein wichtiges und nützliches Werkzeug, das Sie oft benutzen werden, ist das Füllkästchen. Üben Sie damit und lernen Sie die verschiedenen Fülltechniken kennen.

WISSEN

4

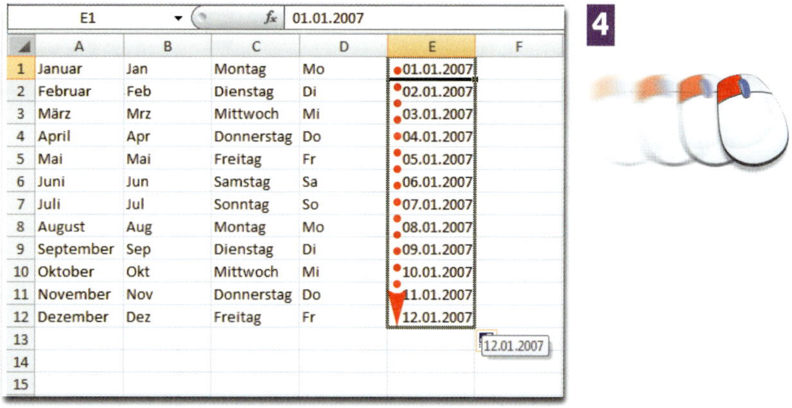

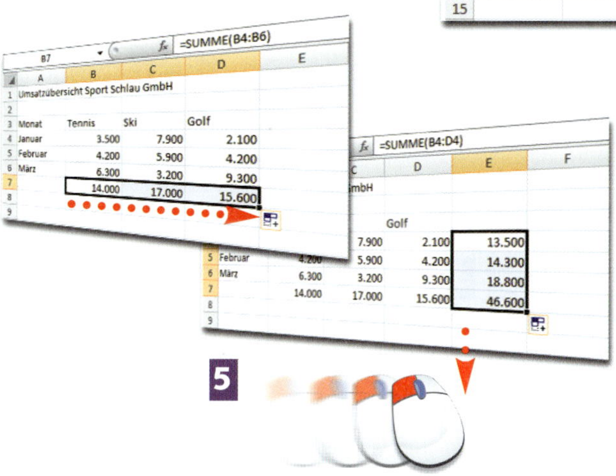

5

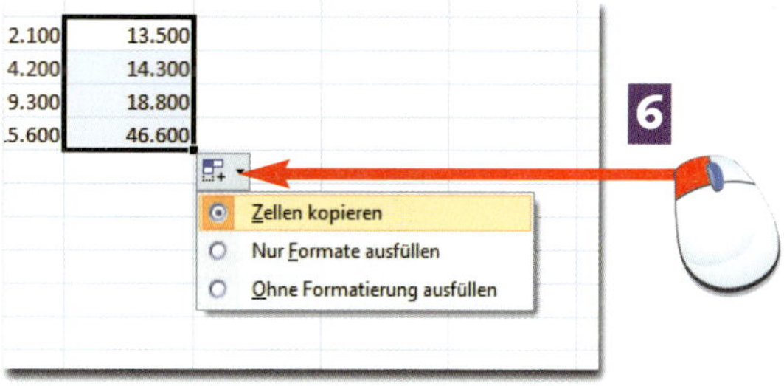

6

4 Probieren Sie weitere Füllreihen, zum Beispiel abgekürzte Monatsnamen (Jan, Feb, …), Wochentage oder Datumswerte.

5 Mit dem Füllkästchen können auch abschließende Summenformeln kopiert werden, hier zum Beispiel die Zeilen- und die Spaltensummen.

6 Das kleine Kästchen, das nach dem Ausfüllen rechts unten auftaucht, heißt AutoAusfülloptionen. Klicken Sie es an, um die Füllung zu ändern.

Ende

TIPP

In Kapitel 11 finden Sie weitere Tipps und Techniken mit dem Füllkästchen.

HINWEIS

Monate, Wochentage und Datum liefert das Betriebssystem. In einem englischsprachigen Windows starten Sie mit „January", in Österreich ist es der „Jänner".

HINWEIS

Für fortlaufende Zahlenreihen müssen Sie mindestens zwei Zahlen eingeben und markieren, damit das Füllkästchen das Inkrement erkennen kann.

Tabelle speichern

Start

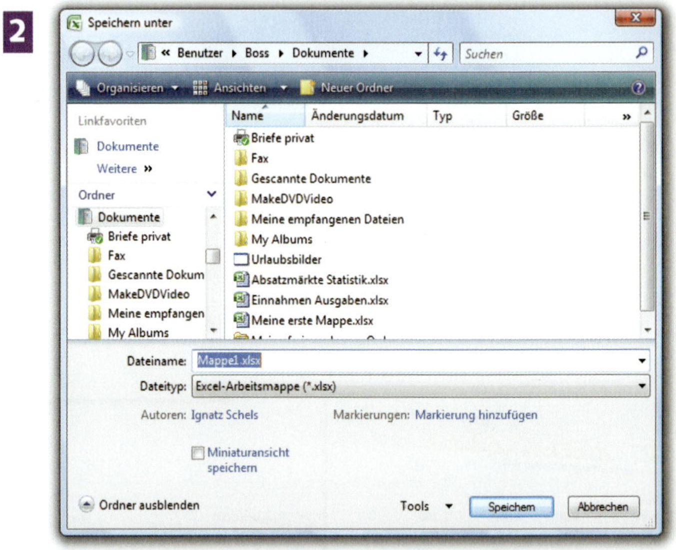

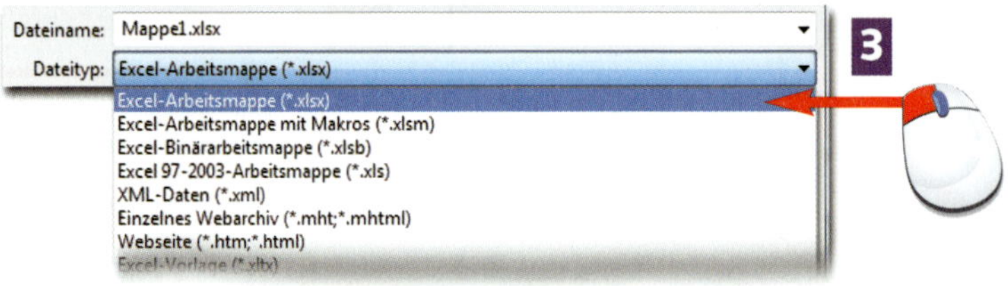

1 Speichern Sie Ihre Arbeitsmappe, klicken Sie dazu auf das Diskettensymbol in der Symbolleiste für den Schnellzugriff.

2 Der Speicherdialog wird eingeblendet, suchen Sie einen Ordner oder übernehmen Sie den vorgeschlagenen Ordner *Dokumente*.

3 Wählen Sie den passenden Dateityp. Um die Mappe mit früheren Versionen bearbeiten zu können, verwenden Sie das 97/2003-Format.

Vergessen Sie nicht, Ihre Arbeit zu speichern. Bisher haben Sie nur im Arbeitsspeicher Daten gesammelt, mit dem Speichern der Mappe werden diese auf die Festplatte gesichert. Das Speichersymbol ist immer noch eine Diskette, auch wenn längst nicht mehr auf Disketten, sondern auf Festplatten oder Wechseldatenträger gespeichert wird.

WISSEN

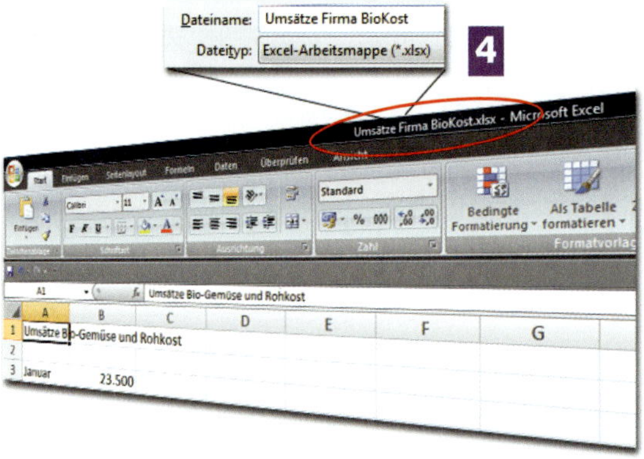

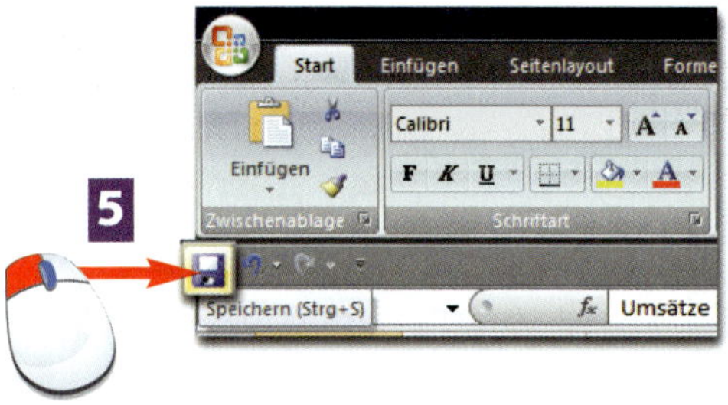

4 Geben Sie den Namen ein (ohne Dateiendung) und bestätigen Sie mit [↵]. Die neue Bezeichnung steht anschließend in der Titelzeile.

5 Um die Mappe nach weiteren Kalkulationen neu zu speichern, klicken Sie auf das Diskettensymbol oder drücken [Strg]+[S].

6 Wollen Sie die Mappe unter einem anderen Namen oder in einem anderen Ordner speichern, wählen Sie *Speichern unter* im Office-Menü.

Ende

Der Dateiname wird nur beim ersten Speichervorgang über die Diskette angefordert. *Speichern unter* fordert immer einen Dateinamen an.

HINWEIS

Excel 2007 kann zwar Dateien aus früheren Versionen lesen, Excel 2007-Dateien werden von diesen nur nach Konvertierung akzeptiert.

HINWEIS

Die Dateiendungen:
Excel 2007: XLSX
Excel 97/2003: XLS

HINWEIS

Tabelle drucken

Start

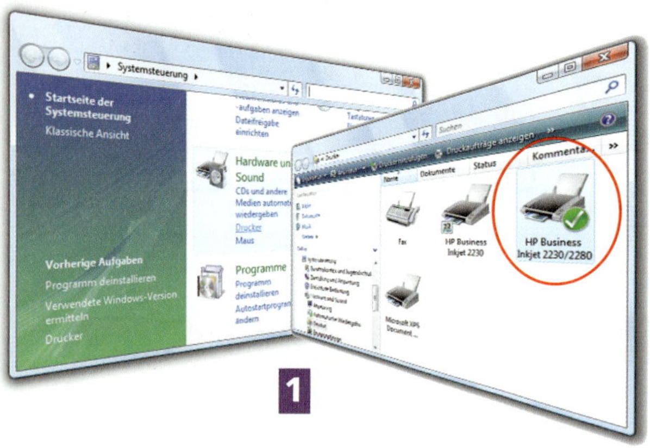

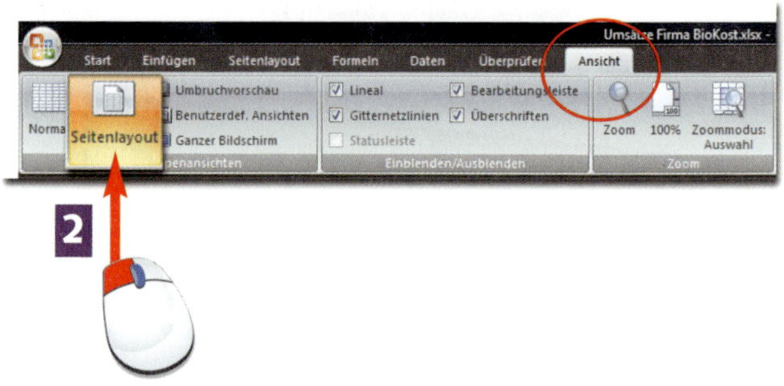

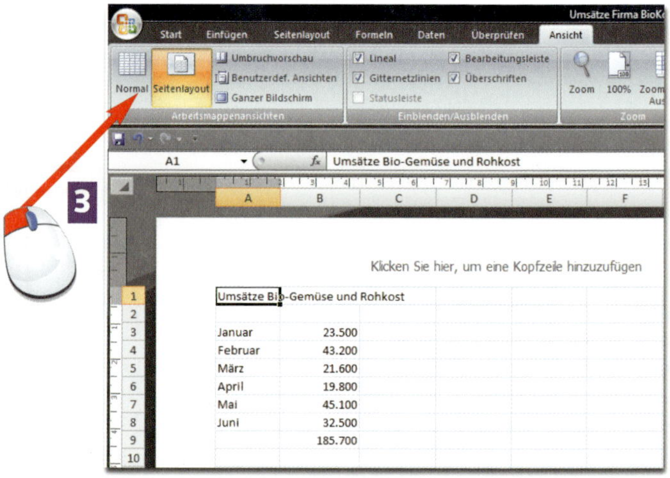

1 Für den Ausdruck der Tabelle muss ein Drucker installiert sein. Sehen Sie in der Systemsteuerung nach, ob das Gerät bereit ist.

2 Klicken Sie im Register *Ansicht* auf das Symbol *Seitenansicht*, um den Ausdruck vorher zu überprüfen.

3 Hier sehen Sie die Tabelle so, wie sie gedruckt wird. Klicken Sie auf *Normal*, um wieder zurückzuschalten.

Drucken Sie Ihre fertigen Kalkulationen aus, bringen Sie Tabellen, Rechnungen, Angebote u. a. über den Windows-Drucker zu Papier. Vorher können Sie das Ergebnis in der Seitenansicht betrachten.

WISSEN

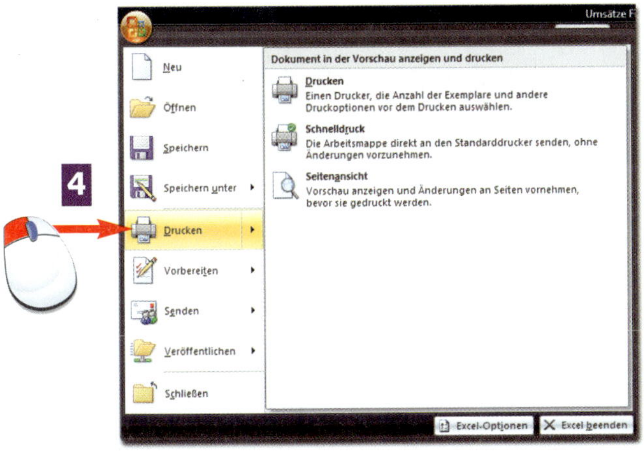

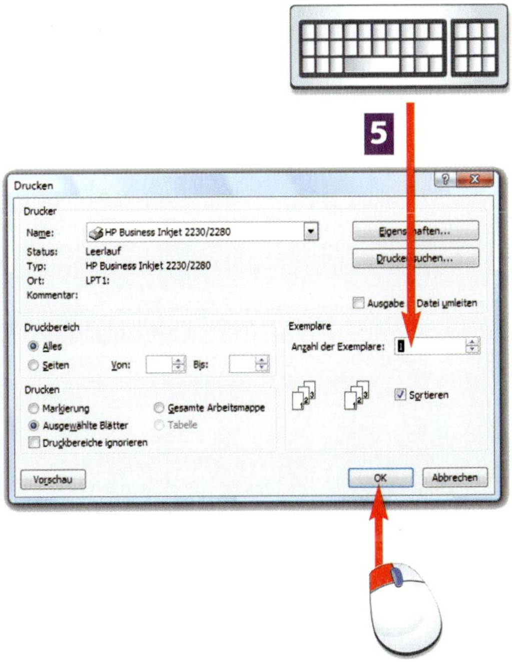

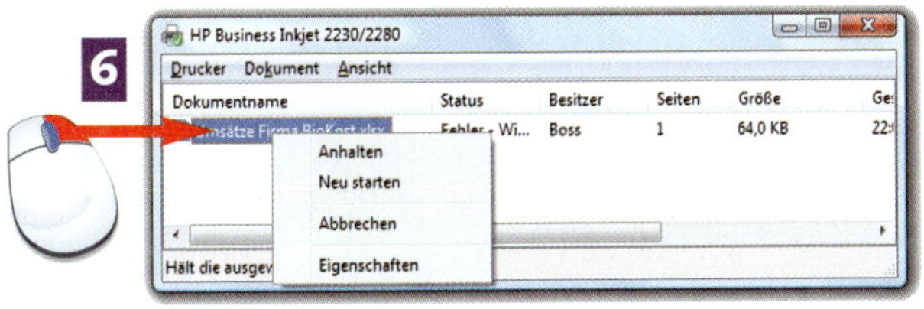

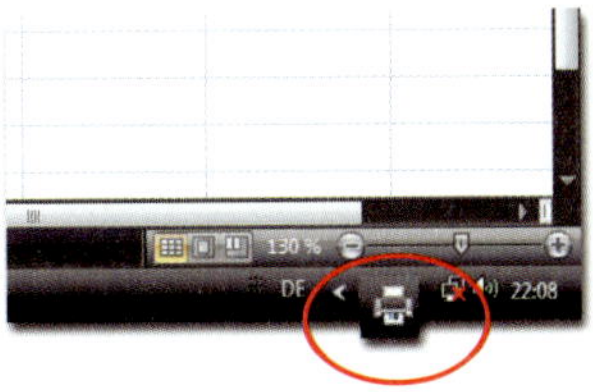

4 Wählen Sie *Drucken* im Office-Menü, um den Druck zu starten. Im rechten Teil des Fensters können Sie zwischen drei Optionen wählen.

5 Geben Sie das Ausgabeformat, die Anzahl Exemplare und weitere Druckoptionen an und klicken Sie auf *OK*, um zu drucken.

6 Alle Druckaufträge werden im Hintergrund gespeichert, Sie können sie über das Druckersymbol im Infobereich überprüfen und verwalten.

Ende

Die Umbruchvorschau ist eine weitere Druckansicht für größere Tabellen. Sie zeigt die Seitenumbrüche an, die Linien können Sie mit dem Mauszeiger neu positionieren.

HINWEIS

Die Seitenansicht ist eine Druckvorschau, sie lässt sich nur aktivieren, wenn ein Drucker installiert ist.

HINWEIS

Der Standarddrucker ist im Systemsteuerung-Fenster mit einem Häkchen am Symbol gekennzeichnet.

HINWEIS

3

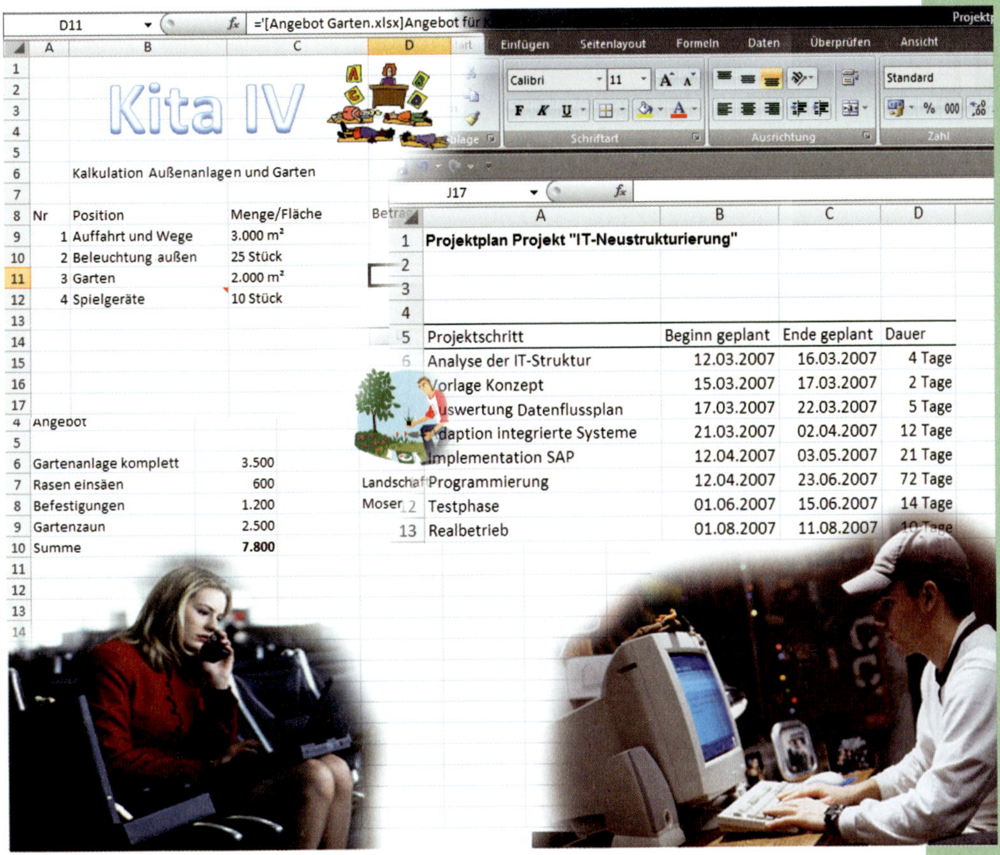
Kita IV
Kalkulation Außenanlagen und Garten
Nr Position Menge/Fläche
1 Auffahrt und Wege 3.000 m²
2 Beleuchtung außen 25 Stück
3 Garten 2.000 m²
4 Spielgeräte 10 Stück
Gartenanlage komplett 3.500
Rasen einsäen 600
Befestigungen 1.200
Gartenzaun 2.500
Summe 7.800
Projektplan Projekt "IT-Neustrukturierung"
Projektschritt Beginn geplant Ende geplant Dauer
Analyse der IT-Struktur 12.03.2007 16.03.2007 4 Tage
Vorlage Konzept 15.03.2007 17.03.2007 2 Tage
Auswertung Datenflussplan 17.03.2007 22.03.2007 5 Tage
Adaption integrierte Systeme 21.03.2007 02.04.2007 12 Tage
Implementation SAP 12.04.2007 03.05.2007 21 Tage
Programmierung 12.04.2007 23.06.2007 72 Tage
Testphase 01.06.2007 15.06.2007 14 Tage
Realbetrieb 01.08.2007 11.08.2007

Tabellenblätter und Arbeitsmappen

Arbeitsmappen neu anlegen und öffnen

Start

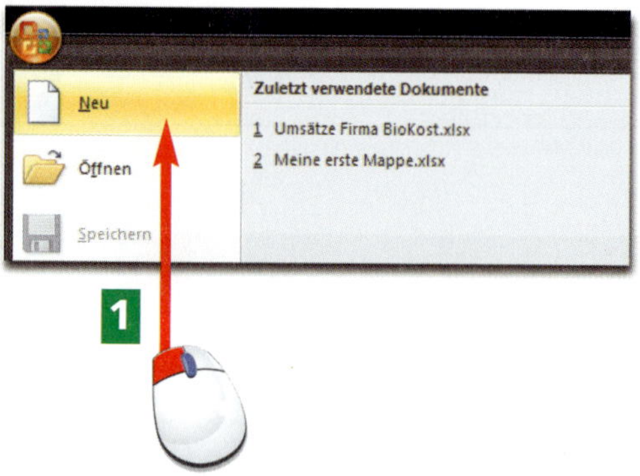

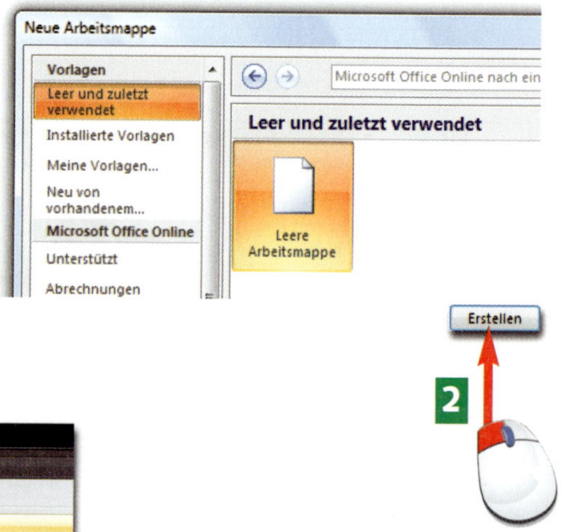

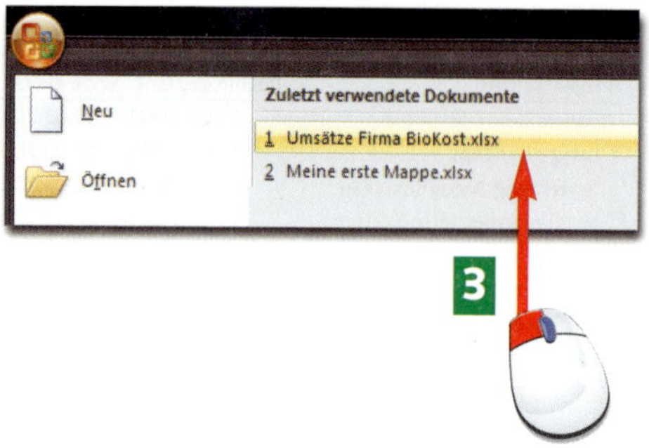

1 Klicken Sie auf das Office-Menü und wählen Sie *Neu*, um eine neue Arbeitsmappe anzulegen.

2 Wählen Sie die Vorlage *Neue Arbeitsmappe* und klicken Sie auf *Erstellen*.

3 Um eine bereits gespeicherte Mappe zu öffnen, klicken Sie diese in der Liste der zuletzt verwendeten Dokumente an.

Eine Arbeitsmappe ist eine Sammlung von Tabellen, welche und wie viele, bestimmen Sie selbst. Sie können Ihre Mappen in Excel öffnen oder mit dem Windows-Explorer direkt aus einem Ordner oder von einem Laufwerk abholen.

WISSEN

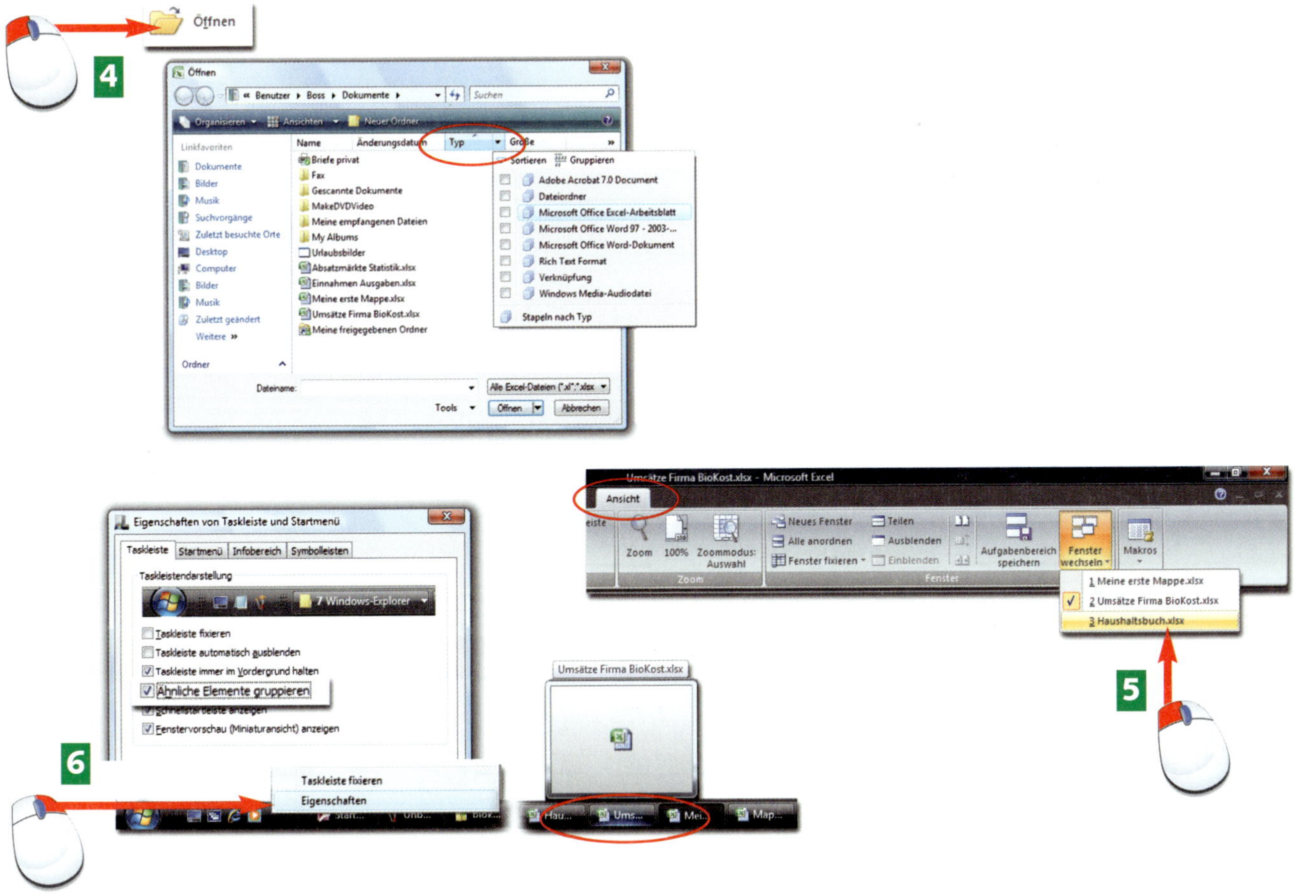

4 Wählen Sie *Öffnen*, um die Datei aus einem Ordner oder einem Datenträger zu aktivieren. Ein Klick auf den Spaltentitel *Typ* sortiert die Liste.

5 Wählen Sie *Ansicht/Fenster wechseln*, um zwischen den aktiven Arbeitsmappen umzuschalten.

6 Jede Arbeitsmappe wird als Task in der Taskleiste geführt. Gruppieren Sie über die Eigenschaften die Elemente, um sie in einem Symbol zusammenzufassen.

Ende

Tastenkombinationen:
Windows-Explorer: [Win]+[E]
Fensterwechsel: [F6] (vorwärts) oder [⇧]+[F6] (rückwärts)
Neue Arbeitsmappe: [Strg]+[N]

TIPP

Wenn Sie die Datei im Windows-Explorer-Fenster sehen, genügt ein Doppelklick auf das Symbol, um das Programm zu aktivieren und die Mappe zu öffnen.

HINWEIS

Noch eine Möglichkeit, eine Arbeitsmappe zu aktivieren: Ziehen Sie das Symbol aus dem Desktop oder aus einem Fenster auf das Excel-Symbol in der Taskleiste.

HINWEIS

Start

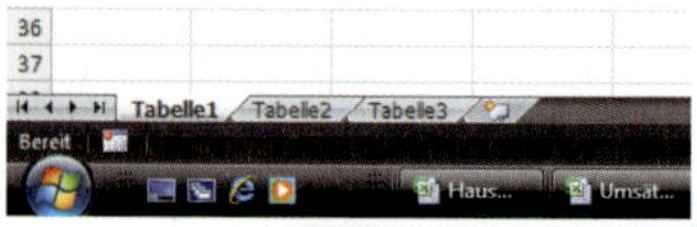

1

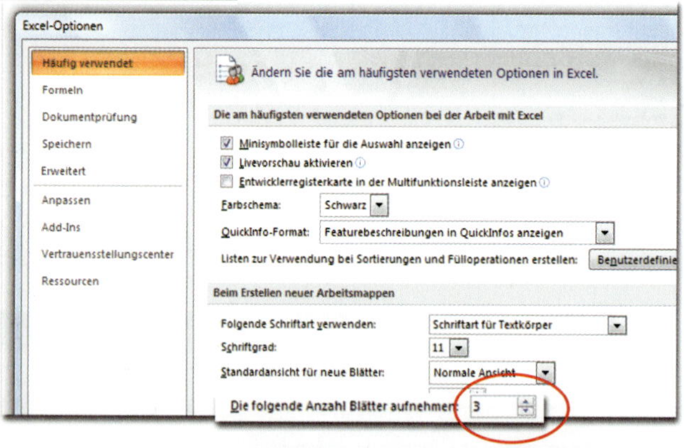

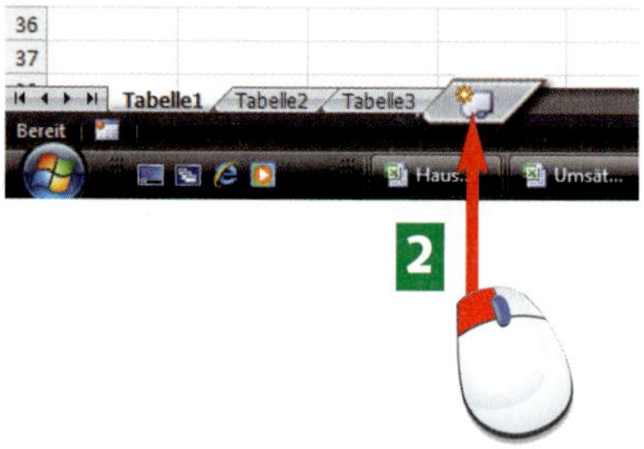

1 Eine neue Mappe enthält drei leere Tabellen. In den Excel-Optionen (Office-Menü) können Sie diese Voreinstellung ändern.

2 Klicken Sie auf das Symbol rechts in der Registerleiste, um eine weitere Tabelle einzufügen.

3 Mit *Start/Zellen/Löschen/Blatt löschen* kann die aktive Tabelle wieder entfernt werden.

Packen Sie so viele Tabellenblätter in Ihre Arbeitsmappen, wie Sie wollen. Drei sind Standard, neue Blätter lassen sich einfach einfügen. In der Registerleiste verwalten Sie Ihre Blätter.

WISSEN

4

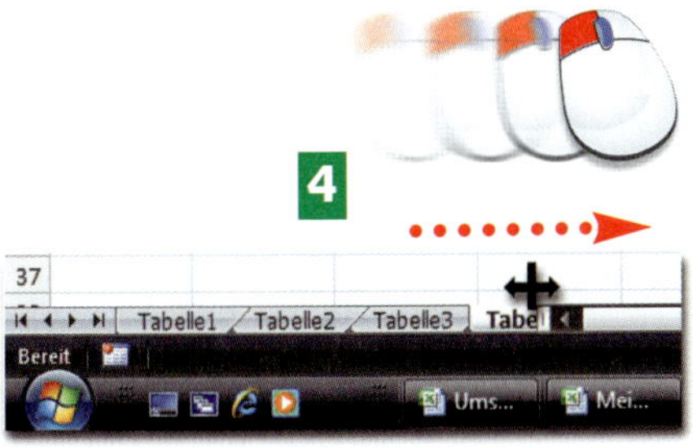

5

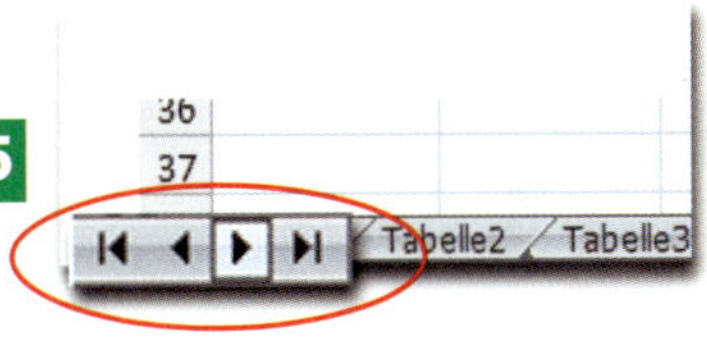

6

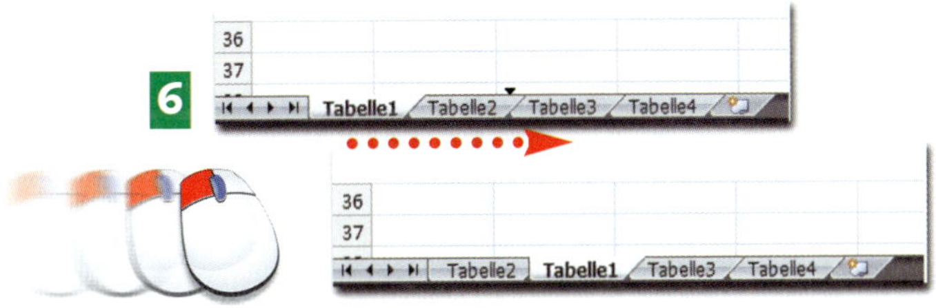

4 Ziehen Sie den Trennbalken zwischen den Tabellen und dem horizontalen Rollbalken nach rechts, um den Registerbereich zu vergrößern.

5 Mit den Navigationspfeilen am linken unteren Rand können Sie die Tabellenregister horizontal im Registerbereich scrollen.

6 Um ein Tabellenregister zu verschieben, ziehen Sie es einfach mit gedrückter Maustaste nach rechts oder links. Mit Strg wird eine Kopie daraus.

Tastenkombinationen:
Neues Tabellenblatt: ⇧+F11
Nächstes Tabellenblatt: Strg+Bild↓
Vorheriges Tabellenblatt: Strg+Bild↑

TIPP

Achten Sie beim Verschieben oder Kopieren eines Blatts auf das kleine Dreieck am oberen Registerrand. Es zeigt die Einfügeposition an.

TIPP

Die Anzahl Tabellen, die eine Arbeitsmappe enthalten kann, ist nur vom Speicherplatz abhängig, den Ihr Computersystem Excel zur Verfügung stellt.

HINWEIS

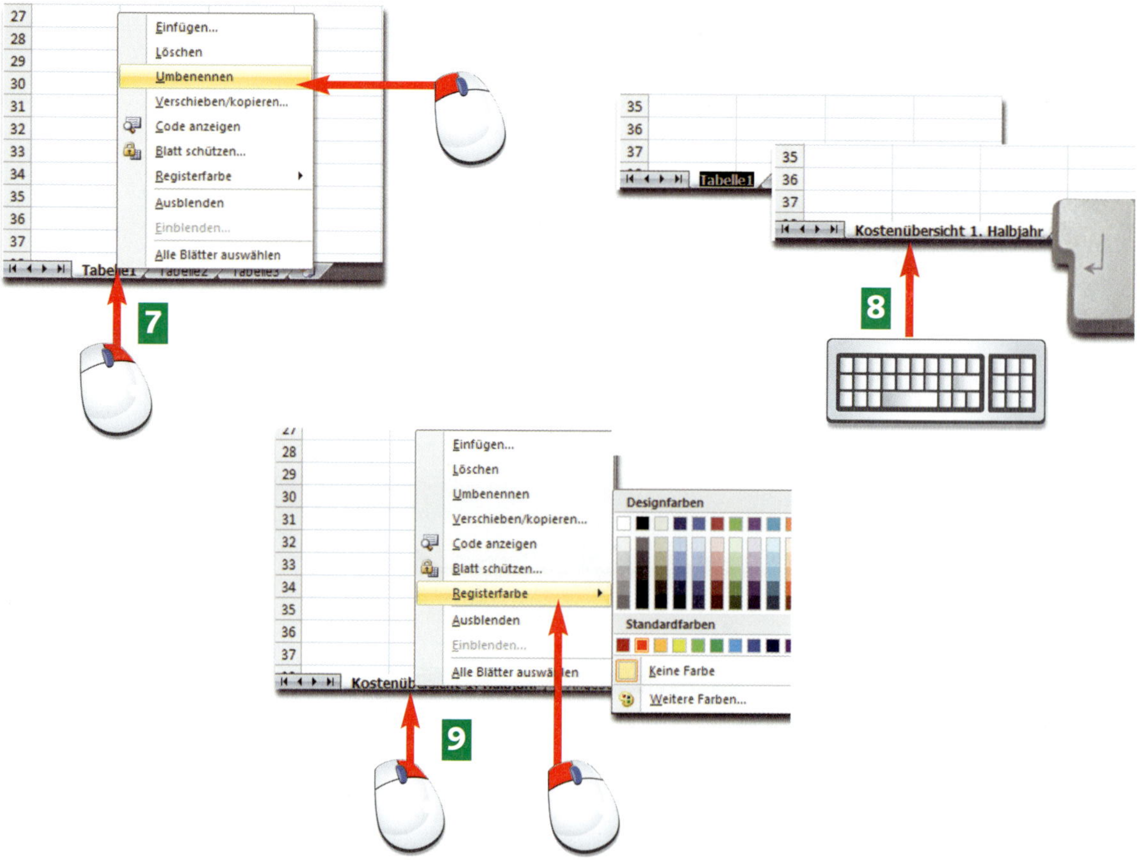

7 Klicken Sie mit der rechten Maustaste in ein Blattregister und wählen Sie *Umbenennen*.

8 Geben Sie den neuen Blattnamen ein und schließen Sie mit [Enter] ab.

9 Die Registerfarbe ändern Sie per Klick mit der rechten Maustaste auf das Register.

Geben Sie Ihren Tabellen aussagekräftige Namen, eine auffällige Farbe macht sie besser unterscheidbar. Sie können Tabellen auch aus- und einblenden, benutzen Sie dazu das Kontextmenü.

WISSEN

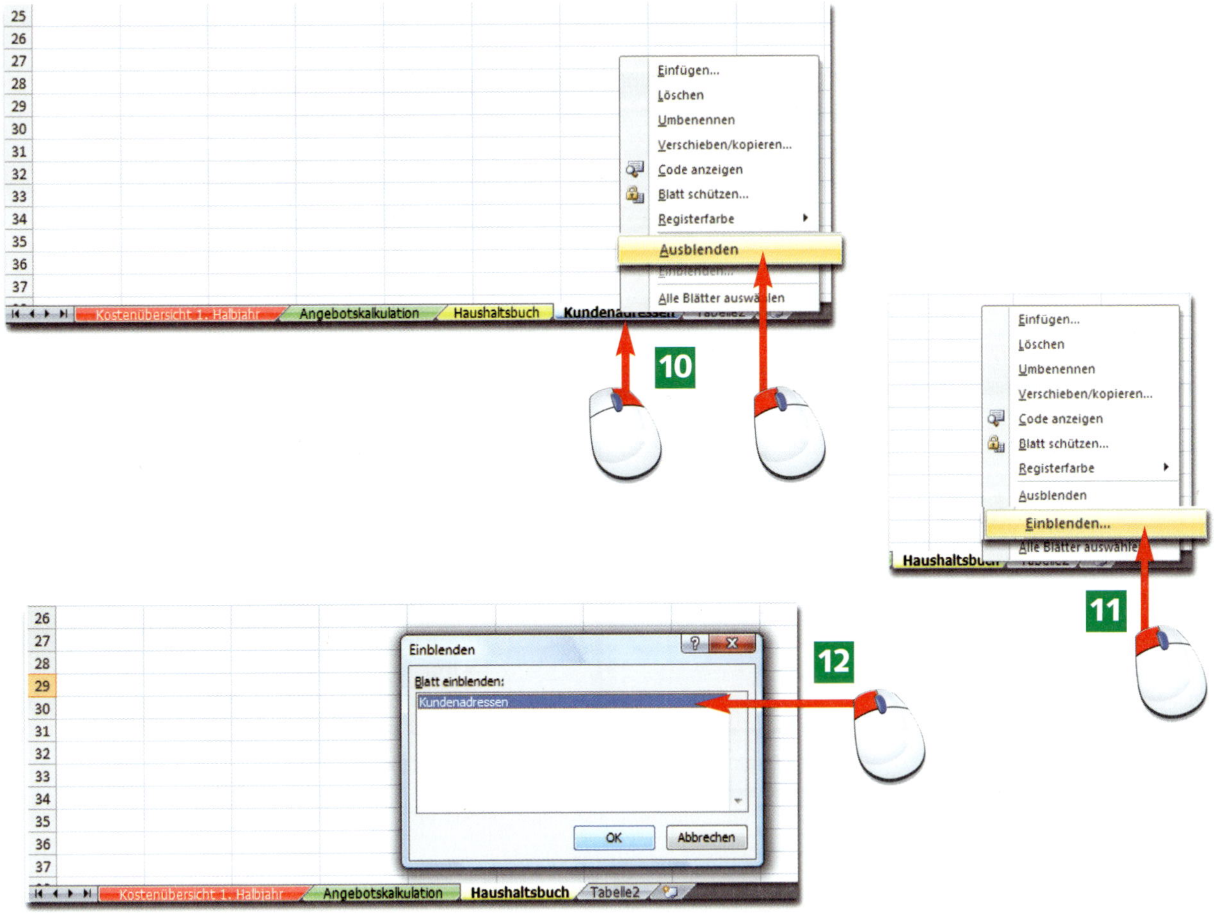

10 Um ein Blatt auszublenden, holen Sie den gleichnamigen Befehl aus dem Kontextmenü des Registers.

11 Wählen Sie ebenfalls im Kontextmenü *Einblenden* …

12 … und holen Sie ausgeblendete Tabellenblätter wieder zurück in die Arbeitsmappe.

Ende

TIPP

So benennen Sie ein Register schneller: Klicken Sie doppelt auf den Registernamen und schreiben Sie den neuen Namen.

HINWEIS

Diese Sonderzeichen sind im Tabellenregister nicht erlaubt, Excel nimmt sie bei der Eingabe gar nicht an: [,], \, *, :

HINWEIS

Wenn Sie den Registernamen ändern, dürfen Sie auch die Cursortasten (Pfeile, Pos1, Ende) nutzen und mit gedrückter Strg-Taste wortweise springen.

Start

1

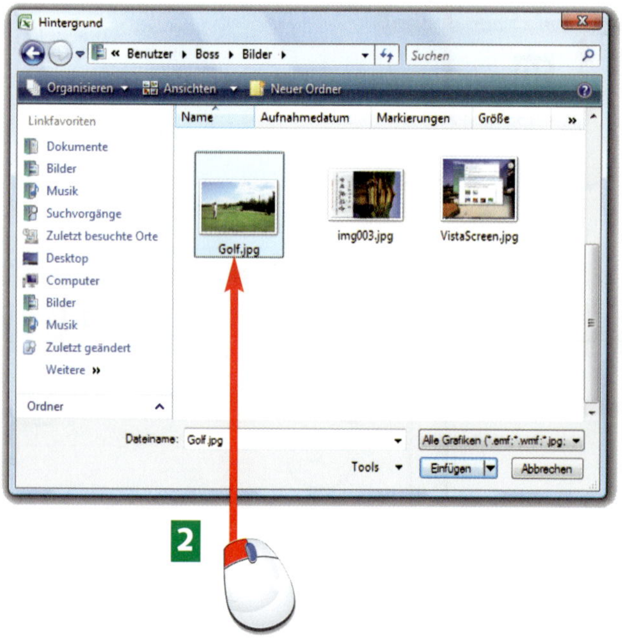

2

3

1 Mit dem Symbol *Hintergrund* aus dem Seitenlayout-Register lässt sich der Hintergrund der Tabelle mit einer Grafik schmücken.

2 Wählen Sie die Grafik, am besten eine Datei im JPG-Format, aus dem Bilder-Ordner oder einem anderen Ordner Ihrer Festplatte.

3 Die Grafik wird im Hintergrund angezeigt, Sie können die einzelnen Zellen wie gewohnt beschriften.

Gitternetze, Zeilen- und Spaltenköpfe können Sie bei Bedarf ein- und ausblenden, und ein schönes Hintergrundbild macht Ihre Tabelle zum Schmuckstück.

WISSEN

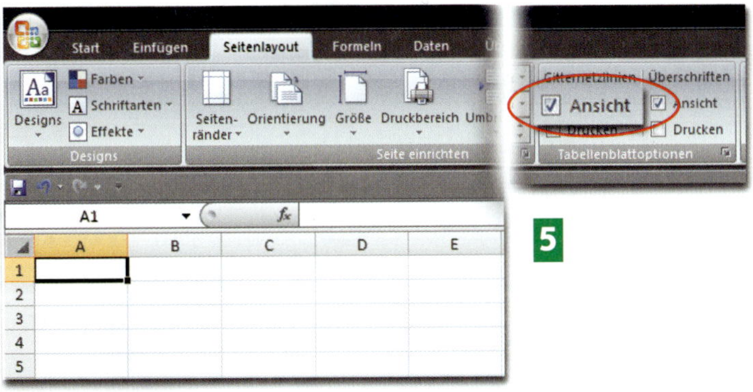

4 Mit einem Klick auf *Hintergrund löschen* entfernen Sie die Hintergrundgrafik wieder.

5 Die auf der Tabelle automatisch angezeigten Gitternetzlinien blenden Sie mit der Option *Tabellenblattoptionen/Ansicht* im Seitenlayout ein oder aus.

6 Wenn Sie die Option *Ansicht* für die Überschriften deaktivieren, werden die Zeilennummern und die Spaltenbuchstaben ausgeblendet.

Ende

HINWEIS

Das Hintergrundbild sollte mindestens Bildschirmgröße (800 x 600 oder 1280 x 768 Punkte) haben, damit es nicht „gekachelt“ werden muss.

TIPP

Das Hintergrundbild wird in die Mappe integriert, die Dateigröße nimmt entsprechend der Bildgröße zu. Achten Sie darauf, dass das Bild nicht zu groß ist.

Start

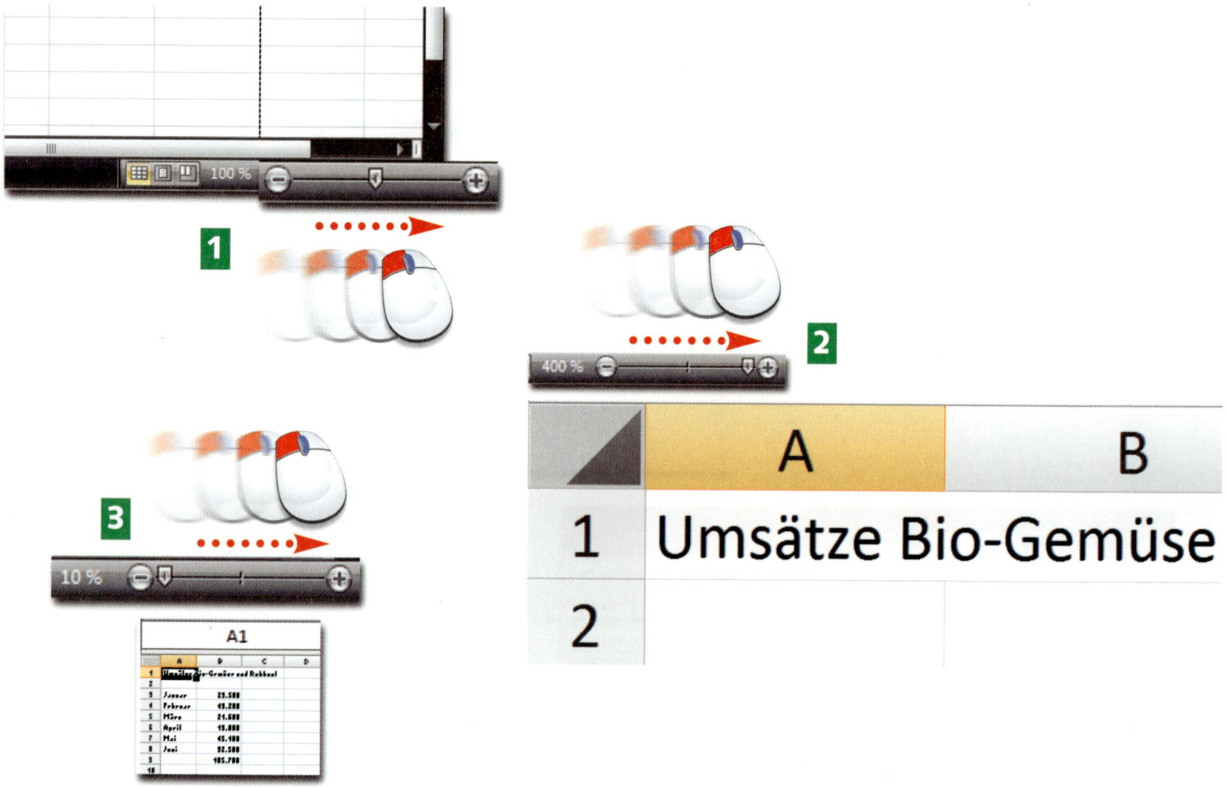

1. Mit dem Schieberegler rechts unten zoomen Sie Ihre Tabelle in eine passende Ansichtsgröße. Ziehen Sie ihn mit gedrückter Maustaste.
2. Ziehen Sie den Regler nach rechts, wird die Tabelle größer.
3. Ziehen Sie den Regler nach links, nimmt der Zoomfaktor ab und die Tabelle samt Inhalt wird kleiner.

In großen Tabellen ist der Zoom ein wichtiges Werkzeug. Stellen Sie den richtigen Zoomfaktor für ein angenehmes Arbeiten ein und drehen Sie die Ansicht zurück, um Zellbereiche schneller ansteuern zu können.

WISSEN

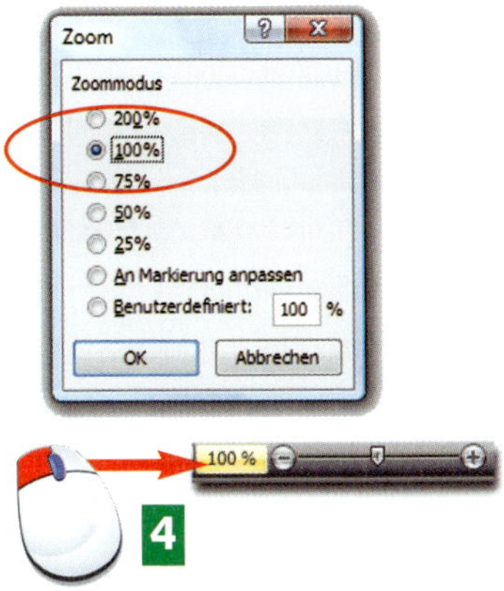

4

5

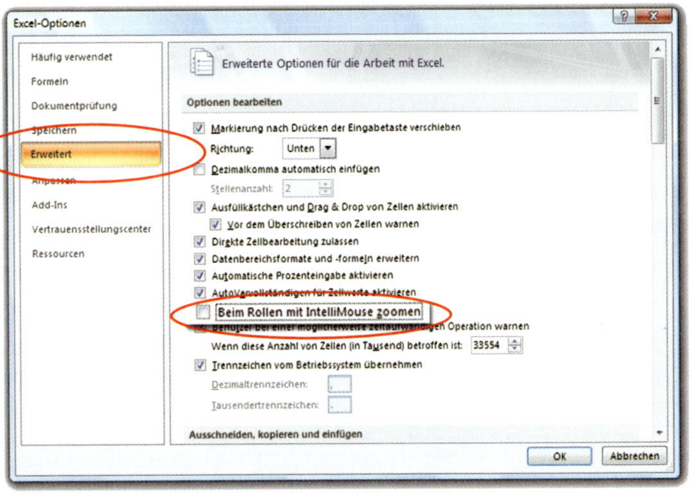

6

4 Klicken Sie auf den angezeigten Zoomfaktor und stellen Sie den Zoom über ein Dialogfenster ein.

5 Im Office-Menü finden Sie unter *Excel-Optionen* eine Option, die den Zoom über das Mausrad ermöglicht.

6 Sie können ohne diese Option auch per Maus zoomen: Drücken Sie die Strg-Taste und drehen Sie am Mausrad.

Ende

Mit dem Tabellenblatt werden auch die Zeilennummern und Spaltenköpfe gezoomt.

HINWEIS

Bis zu 400 % lässt sich der Zoom vergrößern, der kleinste Zoomfaktor ist 10 %. Achten Sie auf den Mauszeiger: Er bleibt immer auf dem Bildschirm sichtbar, egal, welchen Zoomfaktor Sie einstellen.

HINWEIS

Start

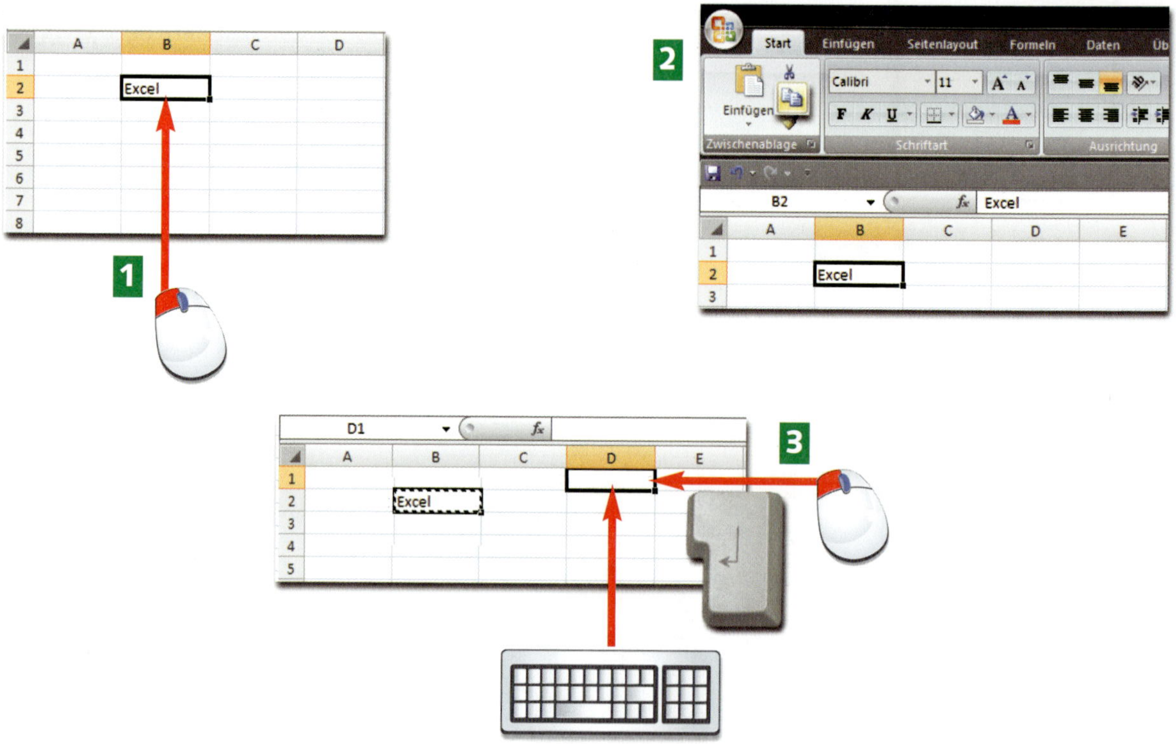

1 Um eine Zelle oder einen Bereich aus mehreren Zellen zu kopieren, markieren Sie diesen zunächst.

2 Klicken Sie auf das Kopiersymbol der Gruppe *Start/Zwischenablage*.

3 Der Kopierbereich wird umrandet, setzen Sie den Zellzeiger in die Zielzelle und drücken Sie Eingabe.

Um Zellen zu kopieren oder zu verschieben, benutzen Sie die Vier-Stufen-Technik: 1. Markieren, 2. Kopieren (oder Ausschneiden), 3. Ziel markieren, 4. Eingabetaste zum Abschluss.

WISSEN

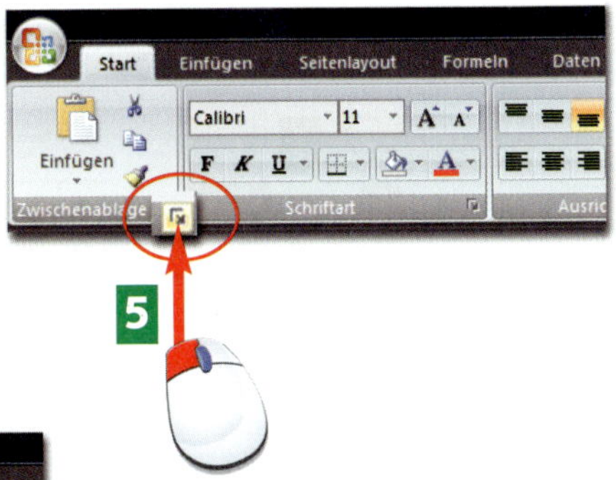

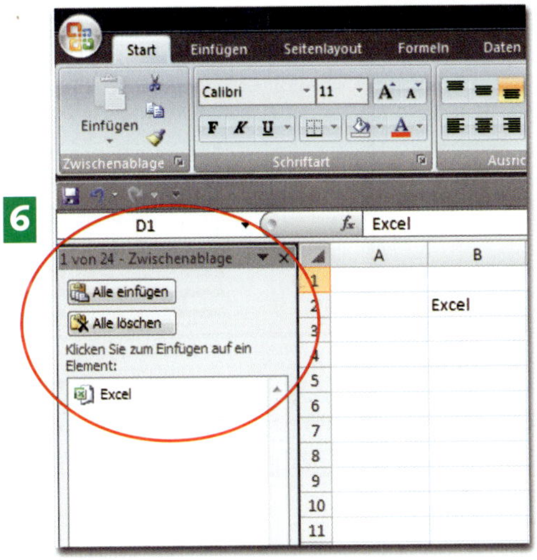

4 Wollen Sie die Markierung ausschneiden, verwenden Sie das Symbol mit der Schere.

5 Ein Klick auf das Gruppensymbol der Zwischenablage blendet diese als Aufgabenbereich ein.

6 In dieser Liste finden Sie die zuletzt kopierten Zellen oder Objekte, und aus dieser Liste können Sie gezielt ältere Kopien in die Tabelle holen.

Ende

Schnelle Tastenkombinationen gelten für alle Office-Programme:
Kopieren: Strg + C
Ausschneiden: Strg + X
Einfügen: Strg + V

TIPP

Schließen Sie die Zwischenablage mit einem Klick auf das Kreuzsymbol rechts oben an der Liste.

HINWEIS

Wenn Sie nicht mit ↵, sondern mit der Einfg-Taste abschließen, können Sie die Kopie an weiteren Positionen absetzen.
Den Kopierrahmen entfernen Sie, wenn er stehengeblieben ist, mit der Taste Esc.

HINWEIS

Start

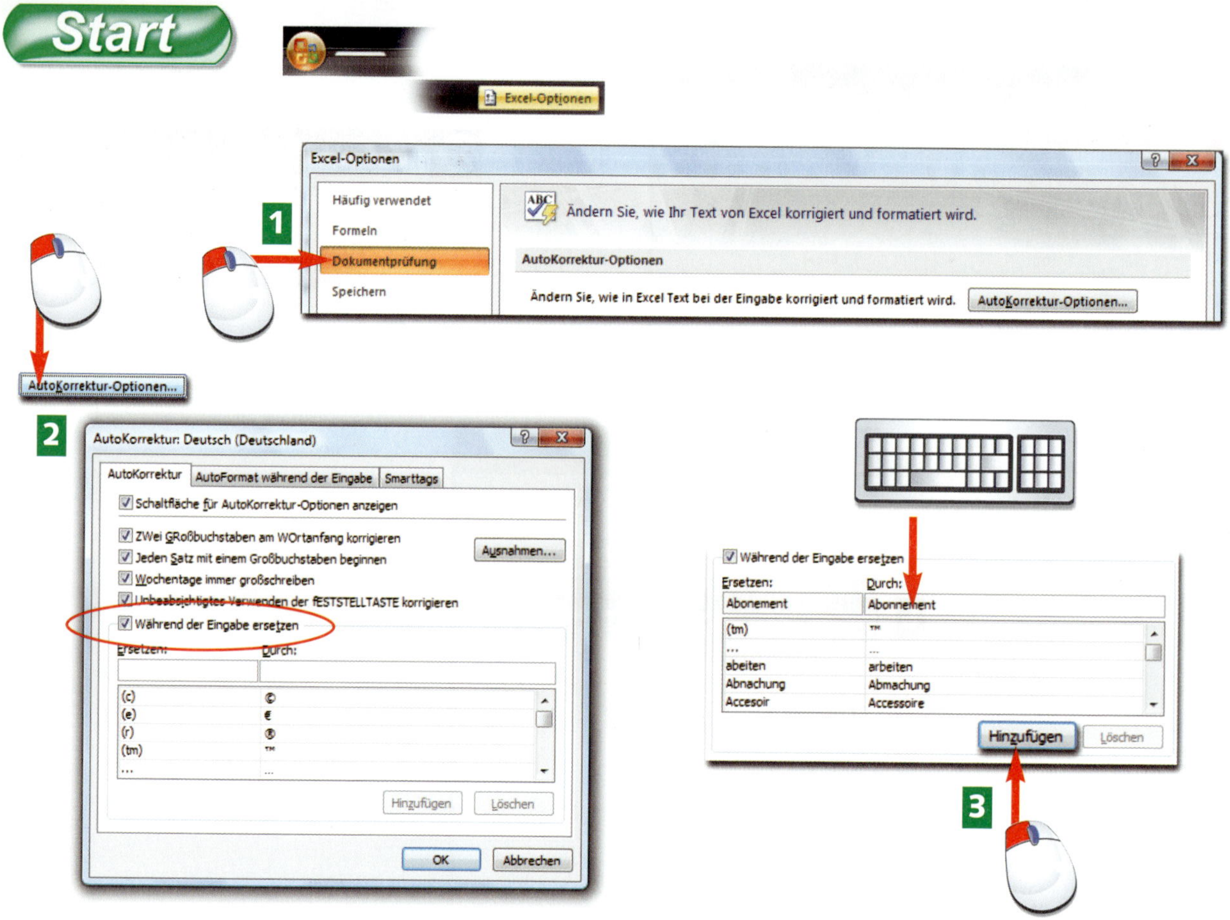

1 Öffnen Sie die Excel-Optionen aus dem Office-Menü und wählen Sie *Dokumentprüfung*.

2 Klicken Sie auf *AutoKorrektur-Optionen* und kreuzen Sie die Option *Während der Eingabe ersetzen* an.

3 Um einen neuen Eintrag aufzunehmen, tragen Sie den falschen Begriff in das linke Feld ein und den richtigen daneben. Klicken Sie auf *Hinzufügen*.

Excel korrigiert häufig vorkommende Tippfehler schon bei der Eingabe. Nehmen Sie Ihre Lieblingstippfehler dazu und definieren Sie nützliche Smarttags aus dem Office-Angebot.

WISSEN

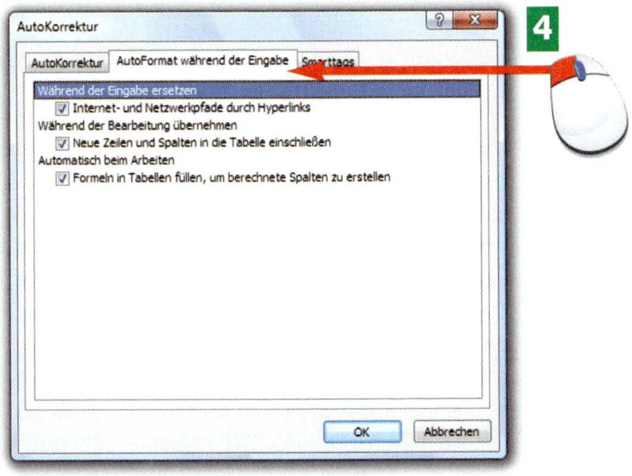

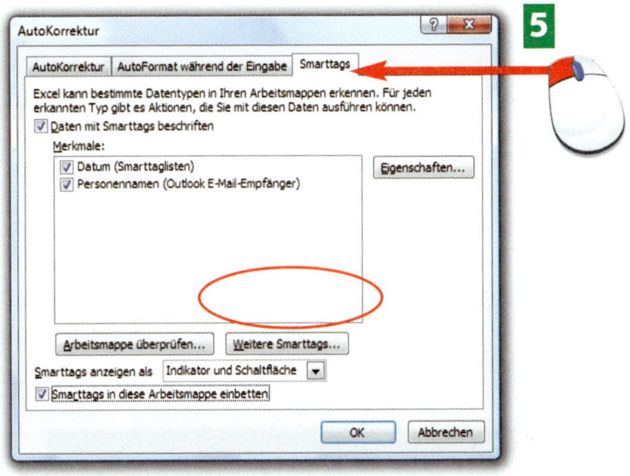

4 Auf der zweiten Registerkarte finden Sie AutoFormate, die Excel während der Eingabe von Daten anwendet.

5 Die dritte Registerkarte listet alle Smarttags auf, die im Office-Paket verfügbar sind. Bestimmen Sie deren Eigenschaften und die Anzeigeform für Smarttags.

6 Klicken Sie auf *Weitere Smarttags* und holen Sie zusätzliche Smarttags von der Internetseite des Office Marketplace.

Ende

Um eine definierte AutoKorrektur wieder zu löschen, markieren Sie den Eintrag in der Liste und klicken auf *Löschen*.

TIPP

Smarttags werden übergreifend für alle Office-Programme, also auch Word, Access, Powerpoint etc., zur Verfügung gestellt.

HINWEIS

Start

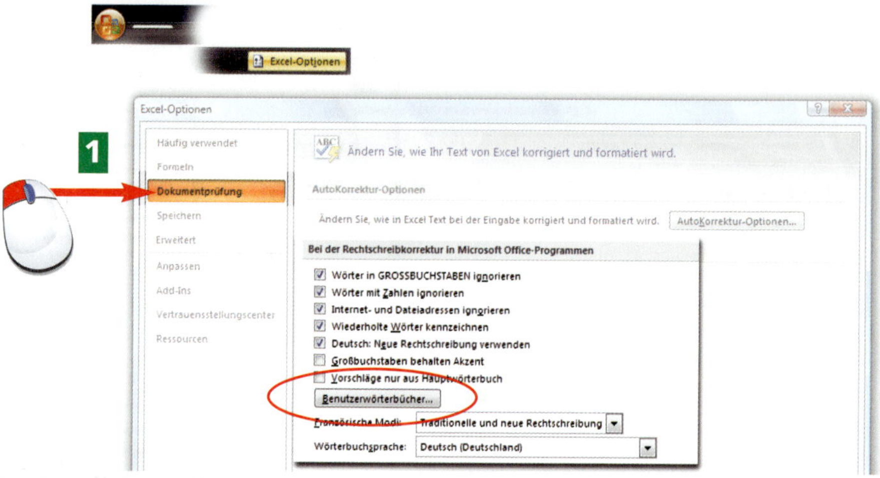

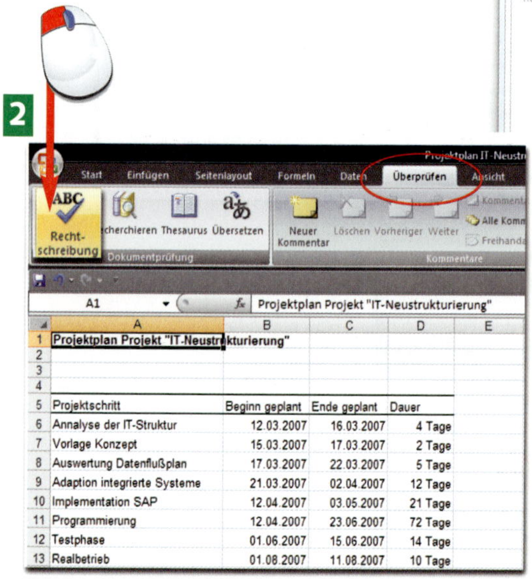

1 Überprüfen Sie im Office-Menü unter den Excel-Optionen, ob alle Optionen für die Rechtschreibprüfung gesetzt sind.

2 Schalten Sie um auf das Register *Überprüfen* und klicken Sie auf Rechtschreibung.

3 Das erste falsch geschriebene Wort wird angezeigt, klicken Sie auf *Ändern*, um den Vorschlag aus dem Wörterbuch zu übernehmen.

Mit der Rechtschreibprüfung finden Sie Tippfehler und fehlerhafte Texte in der gesamten Tabelle oder im markierten Bereich. Excel vergleicht alles mit einem integrierten Wörterbuch, fehlende Einträge können Sie einfach einfügen.

WISSEN

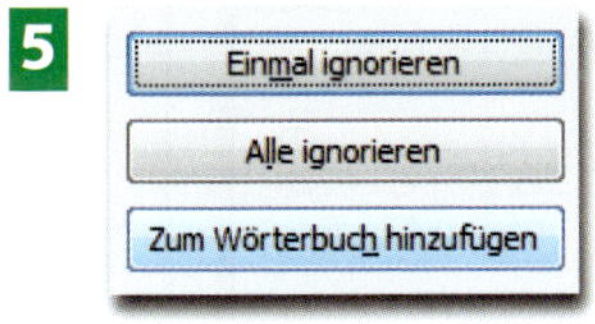

4 Wenn das Wort nicht im Wörterbuch steht, nehmen Sie selbst die Änderung vor und klicken auf *Ändern*.

5 Einmal *Ignorieren* lässt den angezeigten Begriff unverändert, mit *Alle ignorieren* wird er nicht mehr als falsch geschrieben angemahnt.

6 Nach Überprüfung der Tabelle erscheint eine abschließende Meldung, klicken Sie auf *OK*, um die Rechtschreibprüfung zu beenden.

Ende

Klicken Sie auf *AutoKorrektur*, wenn Sie ein korrigiertes Wort in die Liste der AutoKorrekturen aufnehmen wollen.

HINWEIS

Über die Schaltfläche *Optionen* gelangen Sie in die Excel-Optionen, hier können Sie Wörterbücher anlegen oder verwalten.

HINWEIS

Start

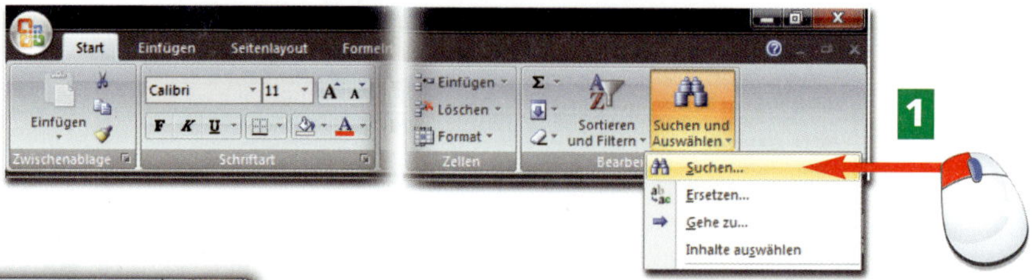

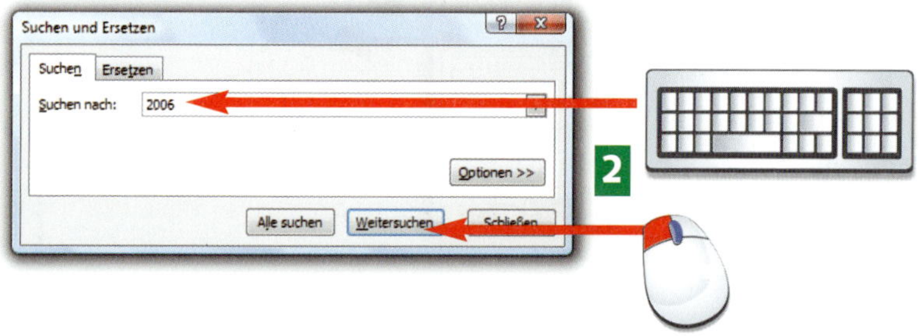

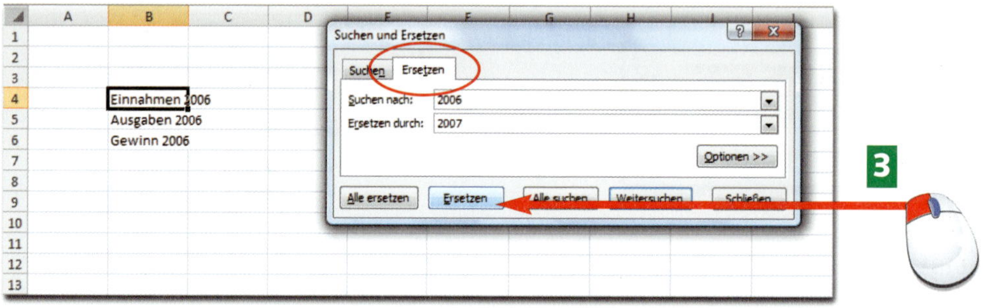

1 Setzen Sie den Zellzeiger in die erste Zelle der Tabelle und wählen Sie *Start/Suchen und Auswählen/Suchen*.

2 Geben Sie den Suchbegriff in das Eingabefeld ein und klicken Sie auf *Weitersuchen*.

3 Schalten Sie um auf *Ersetzen* und tragen Sie einen Ersatzbegriff ein. Mit einem Klick auf *Ersetzen* wird der nächste Begriff ersetzt.

Wenn Sie eine alte Tabelle auffrischen müssen, werden Sie die Suchen/Ersetzen-Funktion brauchen. Geben Sie den Suchbegriff ein und ersetzen Sie automatisch alle Fundstellen in der Tabelle. Die Auswählen-Funktion bietet die Möglichkeit, Zellen direkt anzusteuern oder gezielt Texte und Zahlen, Formeln oder Formate zu markieren.

WISSEN

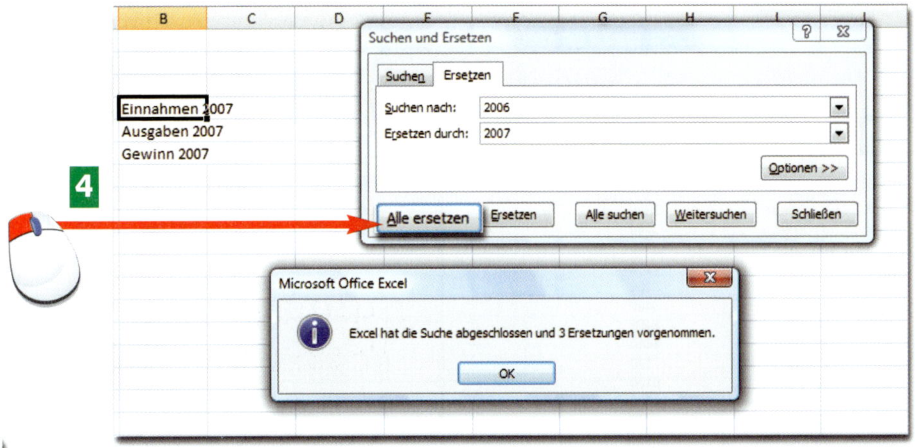

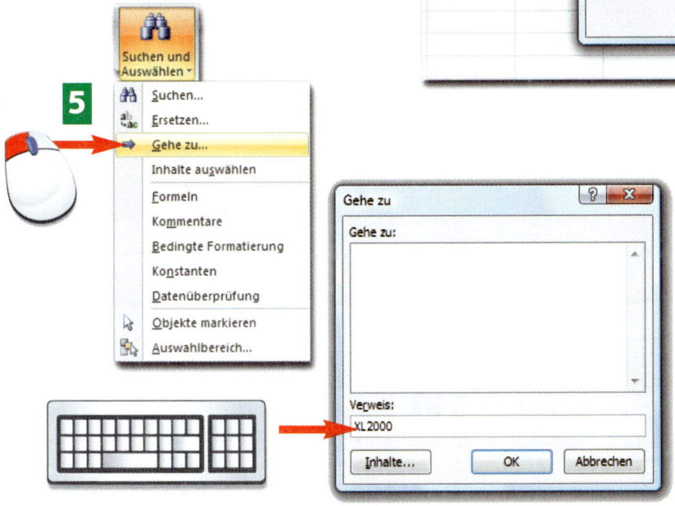

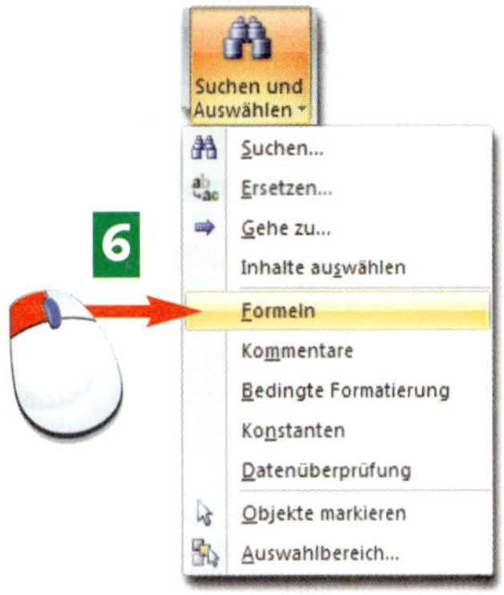

4 *Alle Ersetzen* tauscht alle Fundstellen gegen den Ersatzbegriff aus. Zum Abschluss erscheint eine Meldung.

5 Wählen Sie *Suchen und Auswählen/Gehezu* und tragen Sie eine Zelladresse oder einen Bezug ein.

6 Mit dem Auswählen-Symbol können Sie auch alle Formeln, Konstanten (Text und Zahl), Kommentare oder Bedingungsformate markieren.

Ende

Markieren Sie nur dann Zellbereiche, wenn Sie in diesen suchen und ersetzen wollen. Setzen Sie den Zellzeiger nach A1, wenn Sie die ganze Tabelle meinen.

TIPP

Mit der Schaltfläche *Optionen* können Sie auch Formatierungen suchen und ersetzen oder den Suchbegriff für die ganze Zelle bestimmen. Kreuzen Sie *Groß-/Kleinschreibung beachten* an, um die Schreibweise zu berücksichtigen.

HINWEIS

Start

1

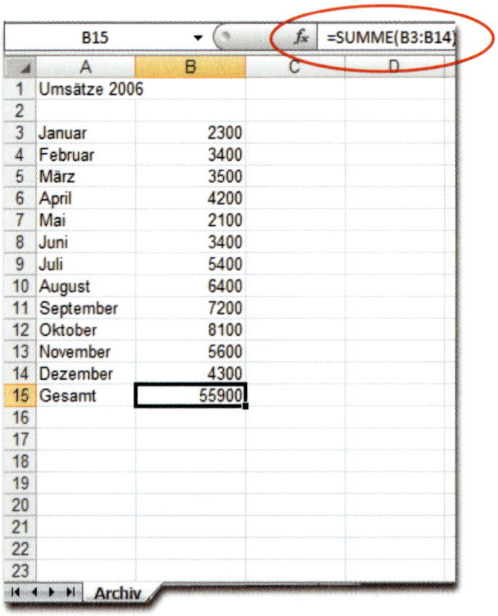

2

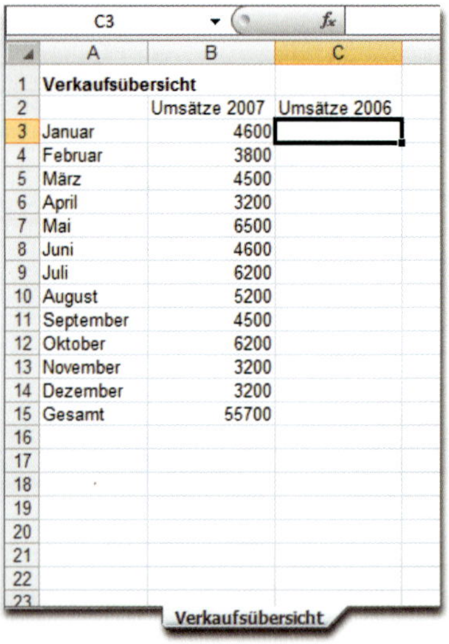

3

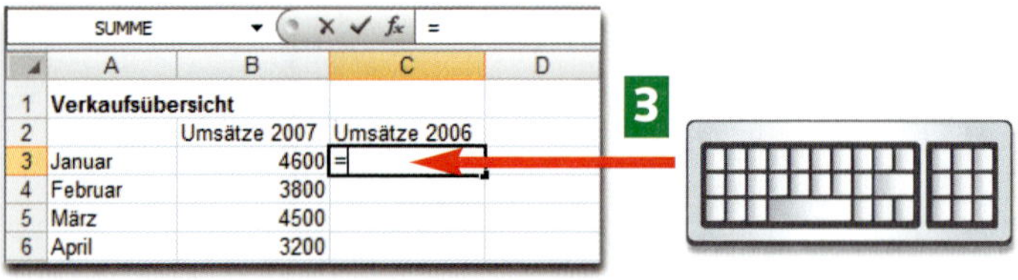

1 In der Tabelle *Archiv* sind die Umsätze des Vorjahres gespeichert, die Gesamtsumme steht in Zelle B15.

2 Die aktuellen Umsätze befinden sich in der Tabelle *Verkaufsübersicht*. Zum Vergleich brauchen Sie den Vorjahresumsatz aus dem Archiv.

3 Markieren Sie die Zelle, in der die Verknüpfung stehen soll, und geben Sie ein =-Zeichen ein.

In der Praxis sind die Daten häufig auf verschiedenen Tabellen verteilt. Holen Sie die Werte aus externen Zellen einfach mit einer Verknüpfung in die Tabelle.

WISSEN

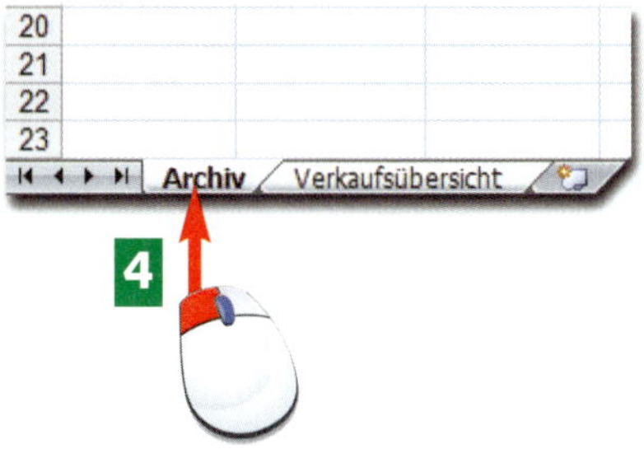

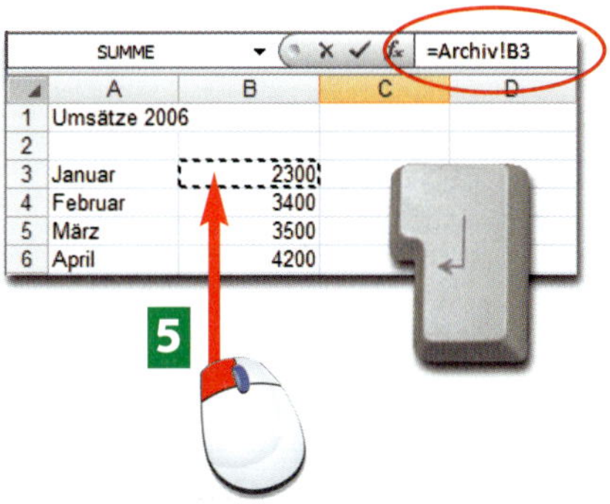

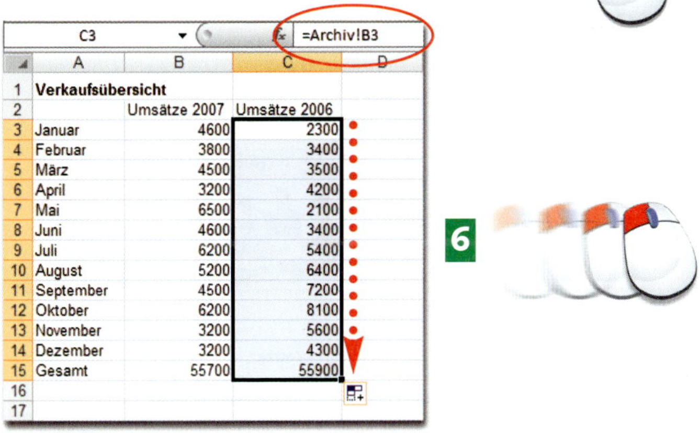

4 Schalten Sie um auf das Tabellenregister *Archiv* …

5 … und klicken Sie auf den ersten Vorjahresumsatz. Schließen Sie mit der [↵]-Taste ab.

6 Die Verknüpfungsformel wird erstellt, Sie können die Formel mit dem relativen Bezug nach unten kopieren.

Eine Verknüpfung ist ein Zellbezug mit Angabe der Tabelle. Das Ausrufezeichen verbindet Tabelle und Zelle: *=Tabelle!Zelle*

HINWEIS

Ihre Verknüpfungen bleiben korrekt, wenn die Tabellen umbenannt oder die Zellen verschoben werden.

HINWEIS

7

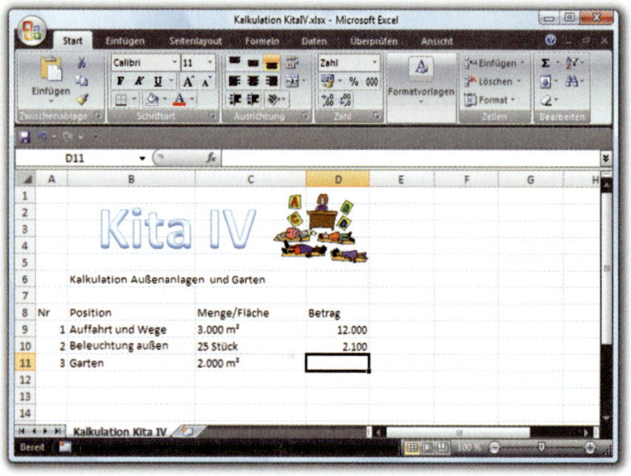

8

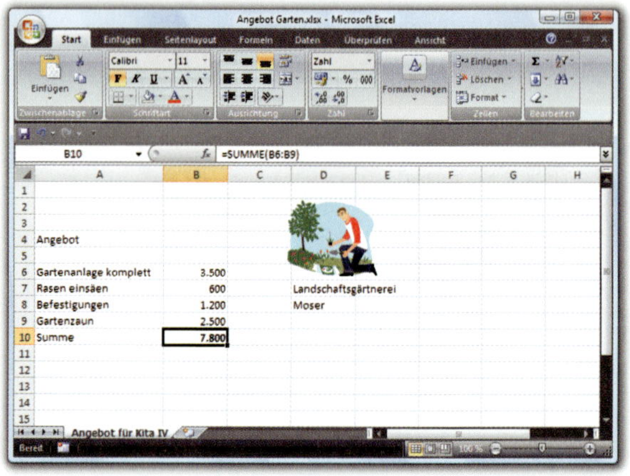

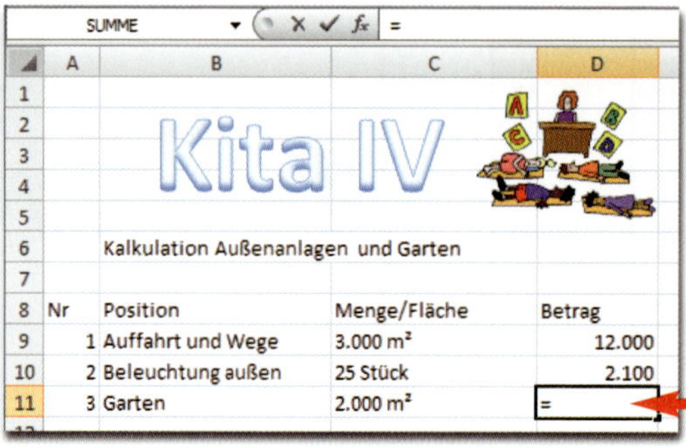

9

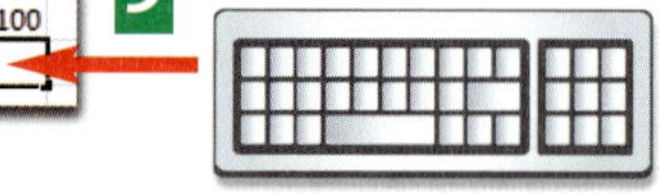

7 In dieser Kalkulation sind die ersten beiden Positionen besetzt, die dritte sollte aus einer anderen Arbeitsmappe geholt werden.

8 Das ist die zweite Arbeitsmappe, in der die Positionssumme steht. Aktivieren Sie beide Mappen.

9 Starten Sie die Verknüpfung in der ersten Mappe wieder mit einem =-Zeichen in der Zielzelle.

Verknüpfungen zwischen Arbeitsmappen sind etwas aufwändiger herzustellen. Öffnen Sie die beteiligten Mappen und konstruieren Sie die Formel über die Fenster hinweg.

WISSEN

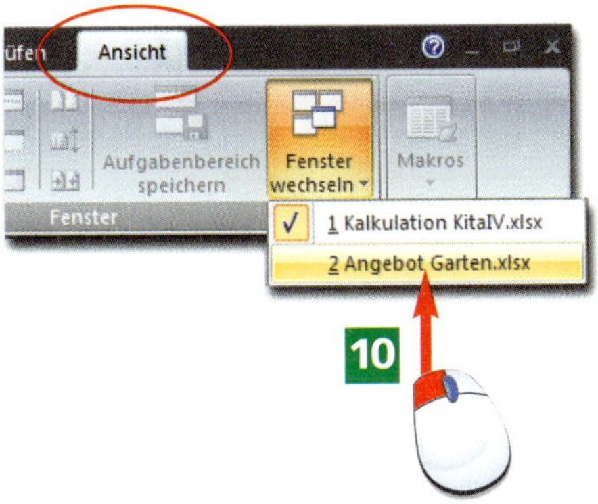

10

11

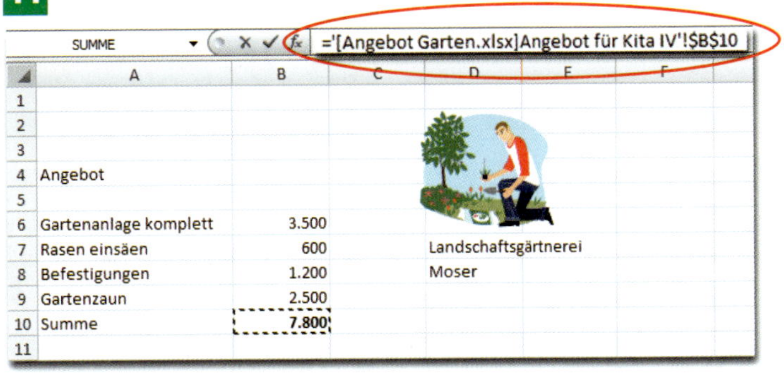

12

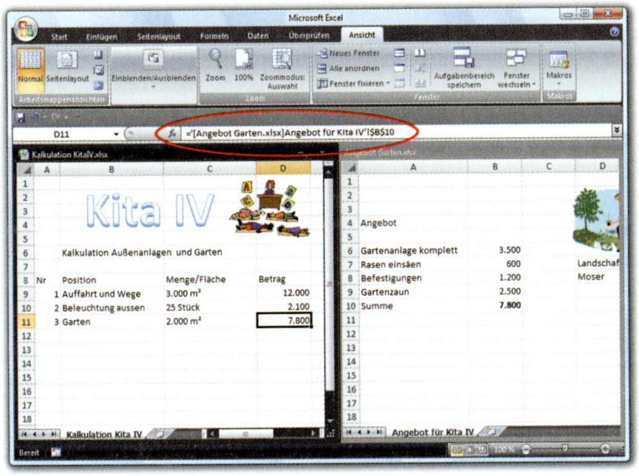

10 Wechseln Sie über *Ansicht/Fenster wechseln* zur zweiten Arbeitsmappe …

11 … und markieren Sie die gewünschte Zelle. Mit der Eingabetaste schließen Sie die Aktion ab.

12 Die Verknüpfung enthält den Namen der Mappe, der Tabelle und den Bezug auf die Zielzelle.

Ende

TIPP

Stellen Sie die Fenster mit *Ansicht/Fenster* und *Alle anordnen* nebeneinander, dann können Sie die Verknüpfung per Mausklick herstellen.

TIPP

Tastenkombination für Fensterwechsel: Strg + F6

HINWEIS

Das Ergebnis der Verknüpfung bleibt erhalten, wenn die Zielmappe geschlossen wird. Excel speichert den gesamten Pfad (Laufwerk und Ordner) in der Verknüpfungsformel.

Start

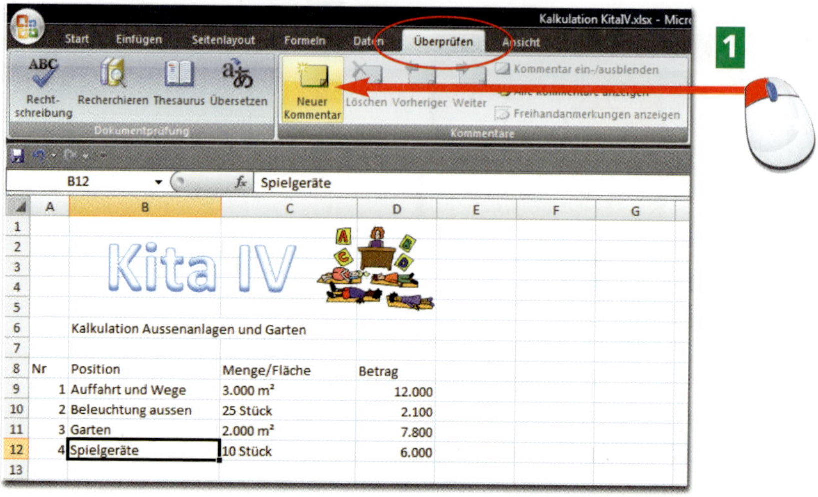

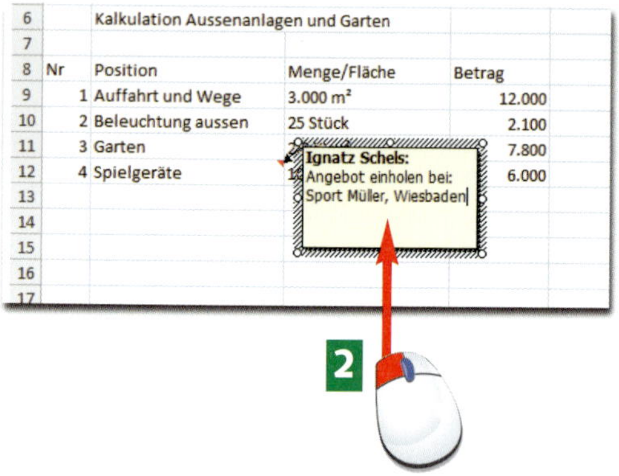

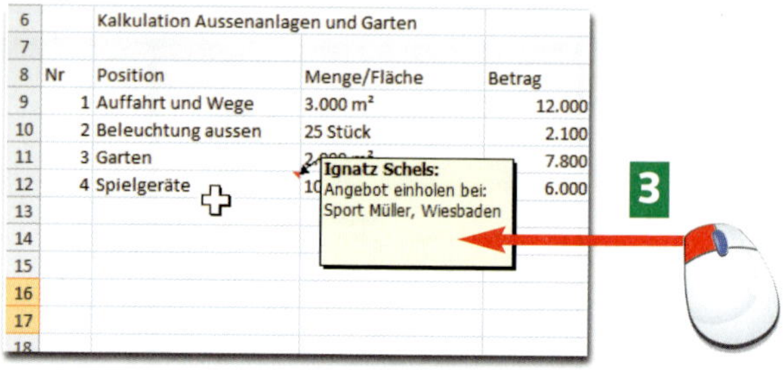

1 Markieren Sie die Zelle, die Sie mit einem Kommentar versehen wollen, und klicken Sie im Register *Überprüfen* auf *Kommentare/Neuer Kommentar*.

2 Geben Sie den Kommentar in das Kommentarfeld ein. Klicken Sie auf eine beliebige Zelle, um die Eingabe abzuschließen.

3 Der Kommentar wird sichtbar, wenn der Mauszeiger auf die Zelle mit dem Indikator (rotes Dreieck) zeigt.

Anmerkungen, Hinweise und wichtige Infos zu einzelnen Zellen schreiben Sie am besten in Kommentare. Ein kleines rotes Dreieck zeigt an, wo ein Kommentar steht, mit dem Mauszeiger auf der Zelle wird der Kommentartext eingeblendet.

WISSEN

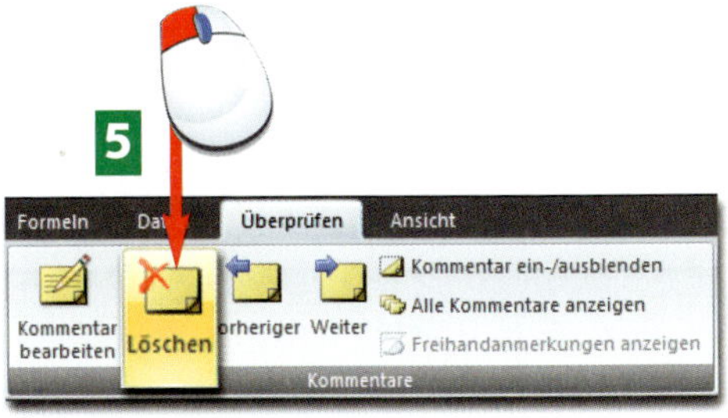

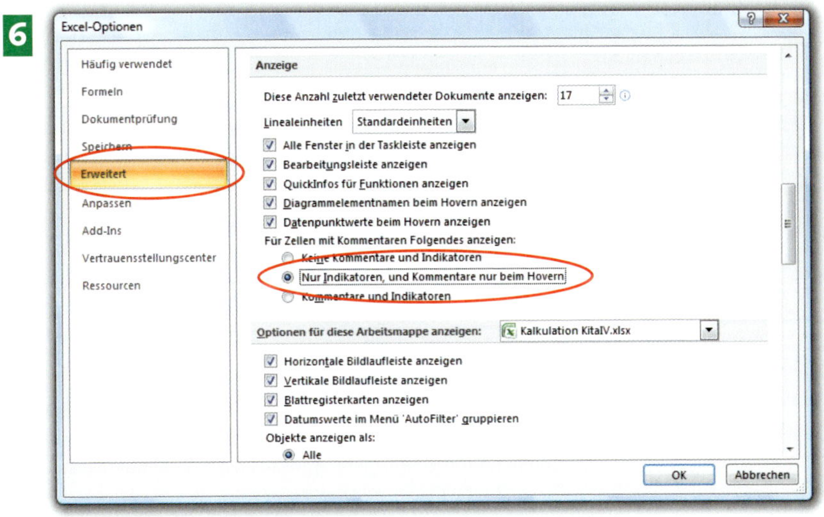

4 Um den Kommentar zu bearbeiten, klicken Sie auf das erste Symbol unter *Überprüfen/Kommentare*.

5 Löschen Sie einen Kommentar mit dem Löschen-Symbol aus der Kommentar-Gruppe oder einfach mit der Entf-Taste. Markieren Sie ihn dazu per Klick auf die Randlinie.

6 In den Excel-Optionen (Office-Menü) finden Sie in der Kategorie *Erweitert* die Einstellungen für die Anzeige von Kommentaren.

Ende

In der ersten Zeile des Kommentarfelds steht automatisch der Benutzername, der in den Excel-Optionen (Office-Menü) eingetragen ist.

HINWEIS

Um die Kommentare zu drucken, lassen Sie sich alle anzeigen. Im Dialogfeld unter *Seitenlayout/Seite einrichten* können Sie einstellen, wo die Kommentare gedruckt werden.

HINWEIS

4

Schriften, Farben und Muster – Tabellen formatieren

Start

1

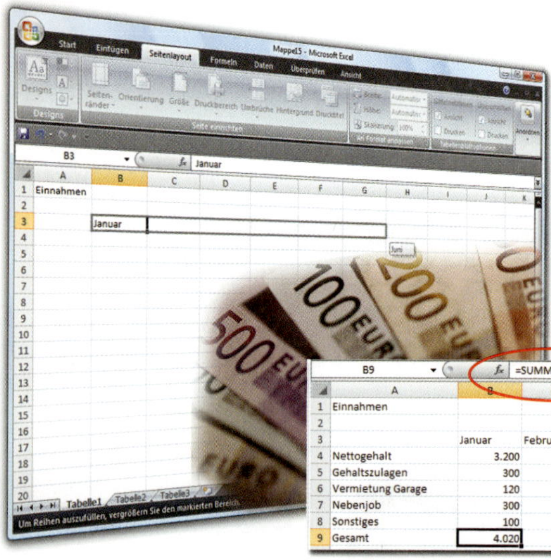

2

B9 | =SUMME(B4:B8)

	A	B	C	D	E	F	G	H	I	J	K	L	M
1	Einnahmen												
2													
3		Januar	Februar	März	April	Mai	Juni	Juli	August	September	Oktober	November	Dezember
4	Nettogehalt	3.200	3.200	3.200	3.200	3.200	3.200	3.200	3.200	3.200	3.200	3.200	3.200
5	Gehaltszulagen	300											1.500
6	Vermietung Garage	120	120	120	120	120	120	120	120	120	120	120	120
7	Nebenjob	300	300	300	150	150	150	150	150	150	300	300	300
8	Sonstiges	100	200				500						
9	Gesamt	4.020	3.820	3.620	3.470	3.470	3.970	3.470	3.470	3.470	3.620	3.620	5.120

3

11	Ausgaben						
12		Januar	Februar	März	April	Mai	Juni
13	Miete	650	650	650	650	650	650
14	Auto	350	350	350	350	350	350
15	Strom	120	130	130	120	90	90
16	Wasser	65	65	65	65	65	65
17	Telefon/Handy	85	85	85	85	85	85
18	DSL Flatrate	30	30	30	30	30	30
19	Lebensmittel	600	450	500	650	600	450
20	Kino/Theater/Stadion	65	35	40	120	40	150
21	Sonstiges	300	300	300	300	300	300
22	Gesamt	2265	2095	2150	2370	2210	2170

1 Legen Sie mit Strg + N eine neue Arbeitsmappe an. Die erste Tabelle erhält die Registerbezeichnung *Einnahmen und Ausgaben*.

2 Erstellen Sie ab Zelle A1 eine monatliche Einnahmenübersicht und summieren Sie die Einnahmen mit der Funktion *SUMME()*.

3 Schreiben Sie ab Zelle A11 eine Ausgabenübersicht, ebenfalls mit einer Monatsreihe, und summieren Sie auch diese mit der Summe-Funktion.

In diesem Praxisbeispiel können Sie testen, was Sie bisher gelernt haben. Erstellen Sie eine Tabelle zur Berechnung der monatlichen Einnahmen und Ausgaben in Ihrem Haushalt. Dieses Haushaltsbuch stellt die Einnahmen den Kosten gegenüber und berechnet, was übrig bleibt.

WISSEN

4

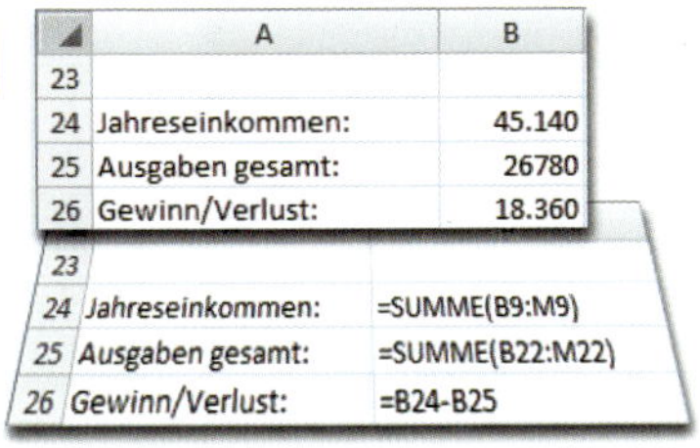

	A	B
23		
24	Jahreseinkommen:	45.140
25	Ausgaben gesamt:	26780
26	Gewinn/Verlust:	18.360

23		
24	Jahreseinkommen:	=SUMME(B9:M9)
25	Ausgaben gesamt:	=SUMME(B22:M22)
26	Gewinn/Verlust:	=B24-B25

5

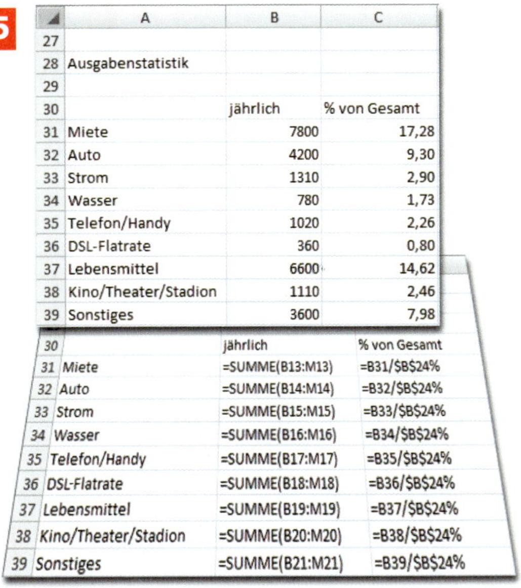

	A	B	C
27			
28	Ausgabenstatistik		
29			
30		jährlich	% von Gesamt
31	Miete	7800	17,28
32	Auto	4200	9,30
33	Strom	1310	2,90
34	Wasser	780	1,73
35	Telefon/Handy	1020	2,26
36	DSL-Flatrate	360	0,80
37	Lebensmittel	6600	14,62
38	Kino/Theater/Stadion	1110	2,46
39	Sonstiges	3600	7,98

30		jährlich	% von Gesamt
31	Miete	=SUMME(B13:M13)	=B31/$B$24%
32	Auto	=SUMME(B14:M14)	=B32/$B$24%
33	Strom	=SUMME(B15:M15)	=B33/$B$24%
34	Wasser	=SUMME(B16:M16)	=B34/$B$24%
35	Telefon/Handy	=SUMME(B17:M17)	=B35/$B$24%
36	DSL-Flatrate	=SUMME(B18:M18)	=B36/$B$24%
37	Lebensmittel	=SUMME(B19:M19)	=B37/$B$24%
38	Kino/Theater/Stadion	=SUMME(B20:M20)	=B38/$B$24%
39	Sonstiges	=SUMME(B21:M21)	=B39/$B$24%

6

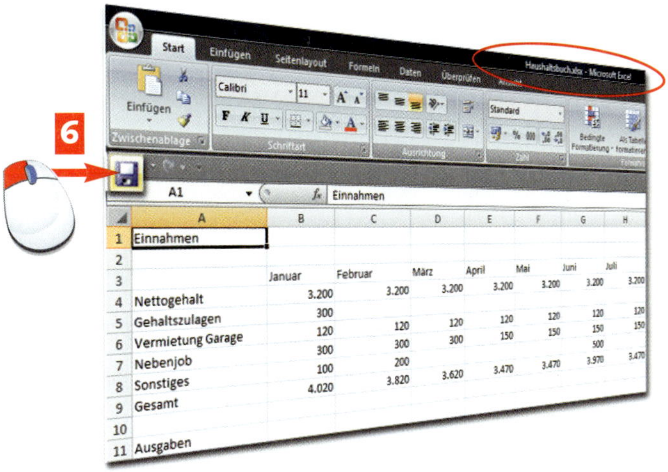

4 Berechnen Sie ab Zelle A24 das Jahreseinkommen, die jährlichen Ausgaben und die Differenz zwischen Einnahmen und Ausgaben.

5 Erstellen Sie ab Zelle A28 eine Ausgabenstatistik, die Ihnen die prozentualen Anteile der einzelnen Kosten an den Gesamtkosten zeigt.

6 Speichern Sie Ihre Arbeitsmappe mit einem Klick auf das Diskettensymbol in der Symbolleiste für den Schnellzugriff, nennen Sie sie *Haushaltsbuch.xlsx*.

Ende

Die Monatsreihe erstellen Sie mit dem Füllkästchen, auch die Summenformeln lassen sich damit kopieren.

HINWEIS

Die Prozentwerte können Sie auf 2 Dezimalstellen runden. Verwenden Sie das Symbol aus *Start/Zahl* oder diese Funktion: *=RUNDEN(B31/$B$24%;2)*

HINWEIS

Start

2

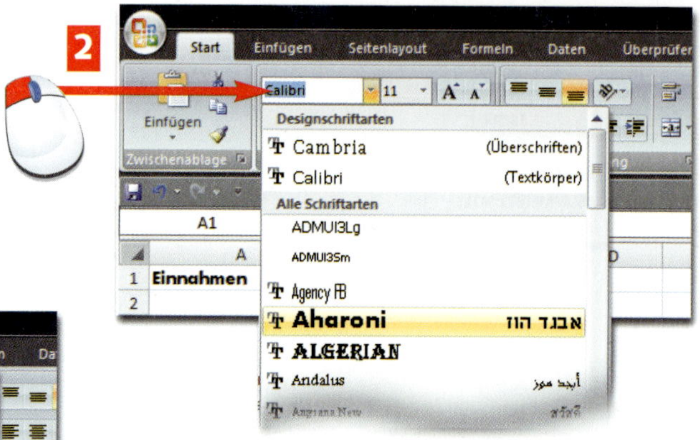

1

3

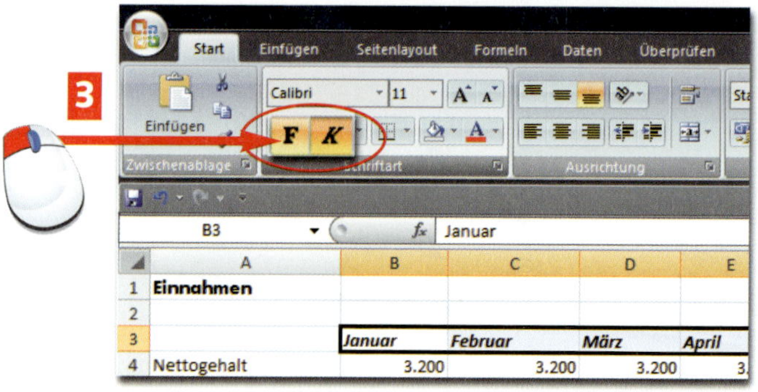

1 Markieren Sie die erste Zelle mit der Überschrift „Einnahmen". Wie alle Zellen der Tabelle ist sie in der Schrift Calibri, Größe 10, formatiert.

2 Wechseln Sie unter *Start/Schriftart* auf eine andere Schriftart und stellen Sie eine höhere Schriftgröße ein.

3 Mit diesen Symbolen können Sie die (zuvor markierte) Monatsreihe fett oder kursiv auszeichnen.

Calibri heißt die Standardschrift im Office-Paket, die Schriftartenliste bietet aber noch viele weitere „Fonts". Verleihen Sie Ihren Tabellen mit unterschiedlichen Schriftarten und Schriftgrößen eine ansprechende Optik. Aber Vorsicht: Nicht zu viele verschiedene Schriften verwenden („Zirkusplakat" …).

WISSEN

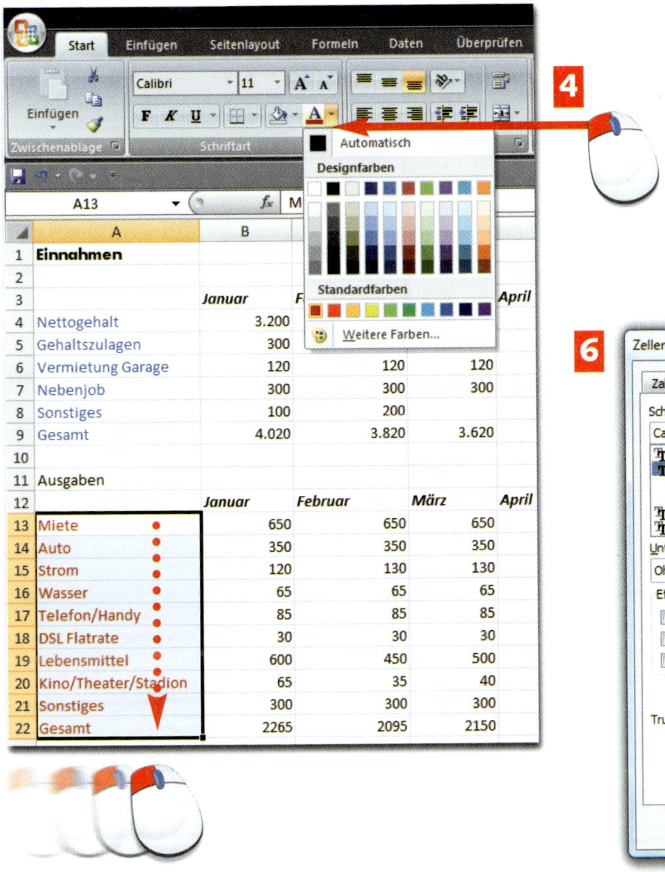

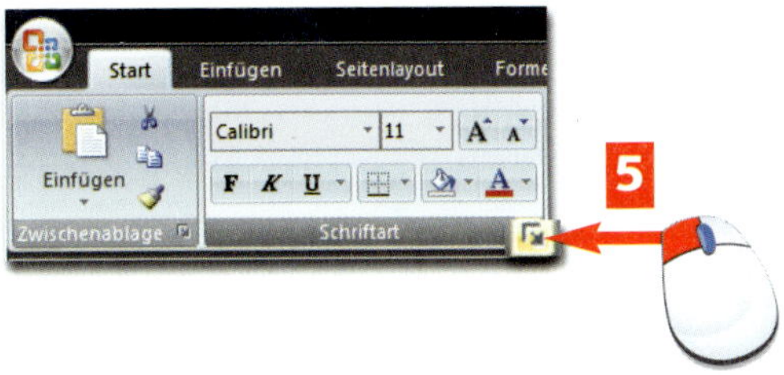

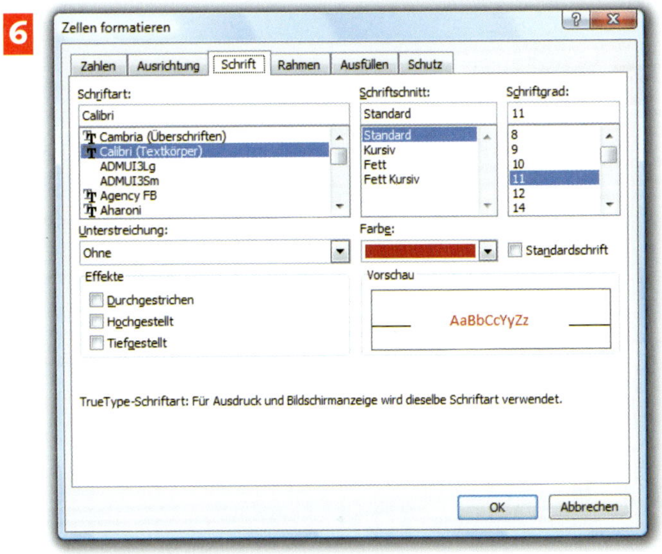

4 Die Beschriftungen der Einnahmen und Ausgaben erhalten zur besseren Unterscheidung eine andere Schriftfarbe. Holen Sie diese aus dem Schriftfarbensymbol.

5 Klicken Sie auf das Dialogfenstersymbol …

6 … und blenden Sie damit den Dialog ein, der alle Schriftformatierungen zusammenfasst.

Eine mit Doppel-T gekennzeichnete Schrift ist eine TrueType-Schrift. Diese Schriften sind druckerunabhängig und das Schriftbild auf dem Bildschirm ist identisch mit dem Druckbild.

HINWEIS

In den Excel-Optionen stellen Sie unter *Häufig verwendet* die Standardschrift und -schriftgröße ein.

HINWEIS

Die Schriftgröße wird im typografischen Maß „Punkt“ gemessen: 1 Punkt = 0,375 mm

HINWEIS

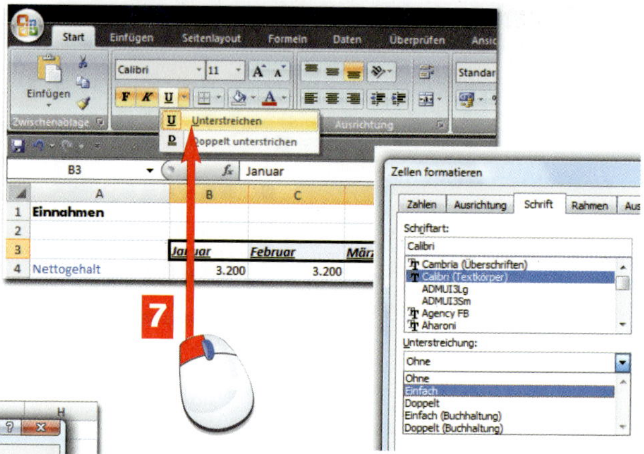

7

8

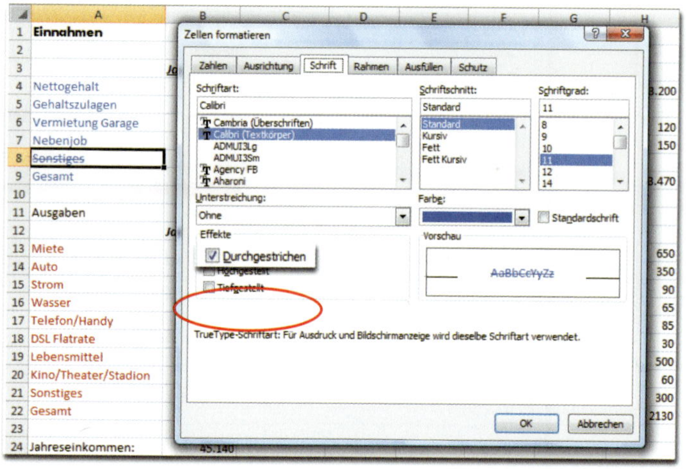

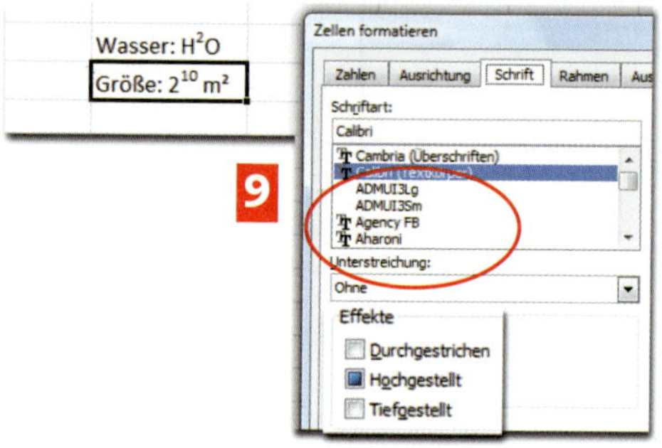

9

7 Unterstreichen Sie den Text in den markierten Zellen mit dem Symbol oder aus dem Dialog.

8 Das Format *Durchgestrichen* wird nur im Dialog angeboten.

9 Hoch- und Tiefstellungen brauchen Sie häufig bei geometrischen Angaben.

Schriftformate wie Unterstreichungen und Hoch-/Tiefstellen bietet Excel ebenfalls an. Wenn das Schriftenangebot nicht ausreicht, installieren Sie sich eine neue Schrift unter Windows.

WISSEN

10

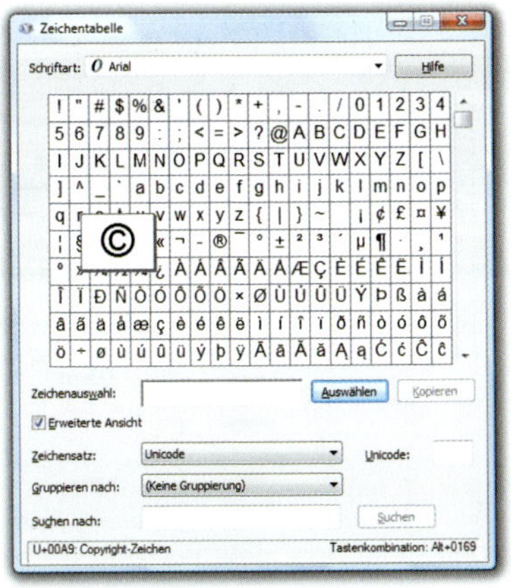

11

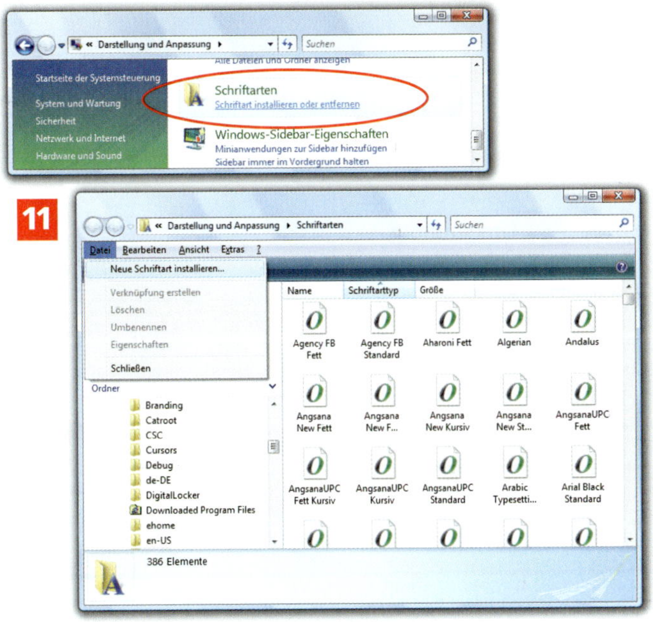

12

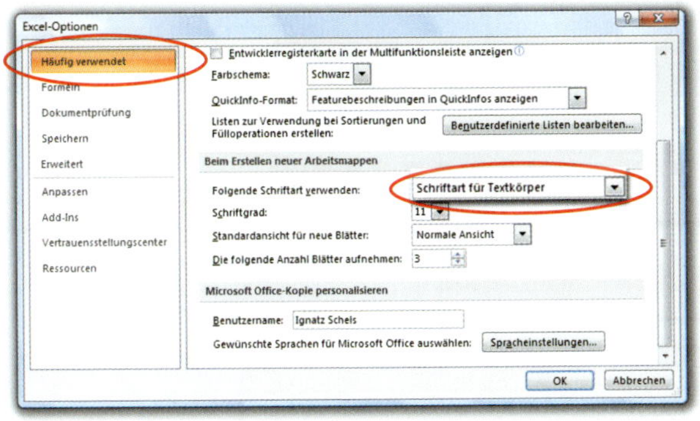

10 Alle weiteren Zeichen, die nicht auf der Tastatur zu finden sind, holen Sie über *Einfügen/Symbol* aus der Zeichentabelle von Windows.

11 Über die Systemsteuerung können Sie eine neue Schrift installieren, zum Beispiel die CI-Schrift Ihres Unternehmens.

12 Tragen Sie die neue Schrift in den Excel-Optionen als Standard ein.

Ende

TIPP

Die hochgestellten Zahlen 2 und 3 produzieren Sie schneller mit der AltGr-Taste. Alle weiteren Sonderzeichen können Sie aus der Zeichentabelle kopieren: *Start/Alle Programme/Zubehör/Systemprogramme*.

FACHWORT

Font: engl. für Schriftart.

HINWEIS

Achten Sie darauf, dass Anwender Ihrer Tabellen vielleicht die verwendete Schrift nicht installiert haben. Liefern Sie im Zweifelsfall die Font-Datei mit.

Start

1

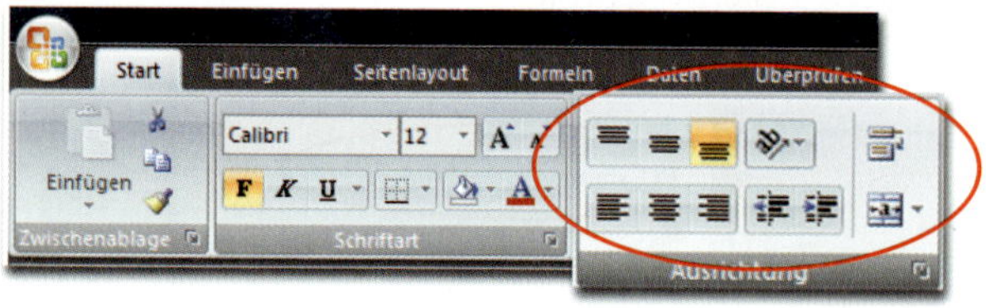

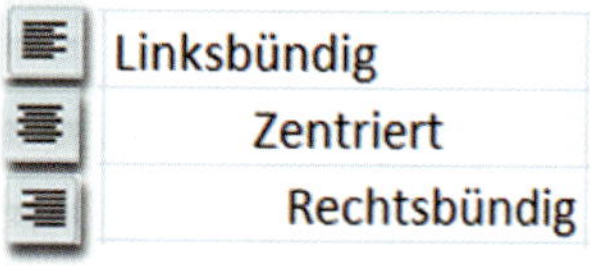

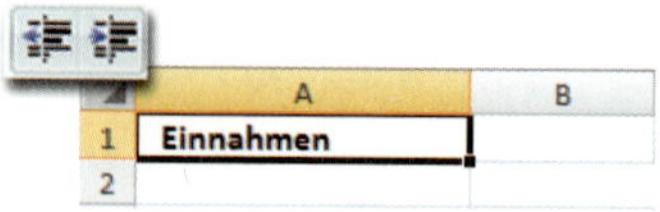

2

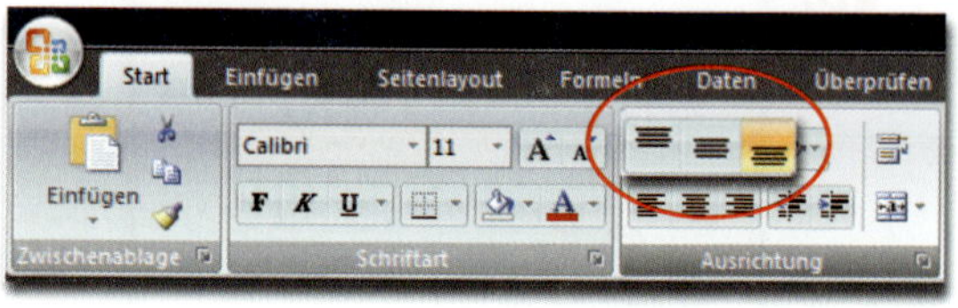

3

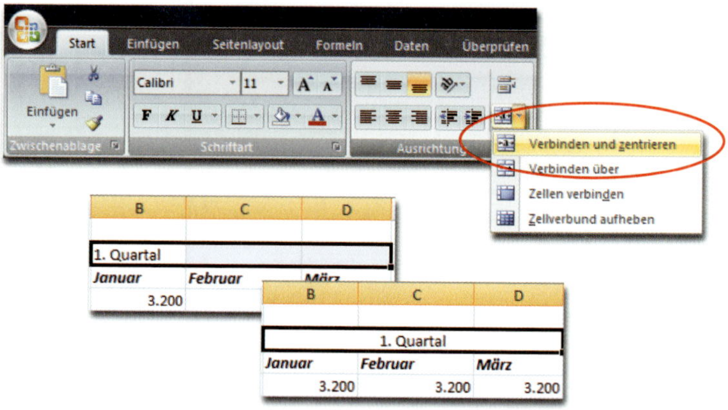

1 Mit diesen Symbolen ändern Sie die Ausrichtung des Zellinhalts oder den Einzug (Abstand vom linken Zellenrand).

2 Diese Symbole regeln die vertikale Ausrichtung bei größeren Zeilen. Ziehen Sie die untere Zeilenlinie nach unten, um die Zeile zu vergrößern.

3 Mit diesem Symbol verbinden Sie mehrere markierte Zellen zu einer Zelle.

In der Excel-Tabelle steht Text standardmäßig linksbündig, Zahlen sind rechtsbündig in der Zelle. Sie können diese Automatik aufheben und jede Zelle so ausrichten, wie es Ihnen gefällt. Stellen Sie Texte schräg oder senkrecht, wenn Sie Platz sparen wollen oder einfach mehr Abwechslung in der Tabellenoptik haben möchten.

WISSEN

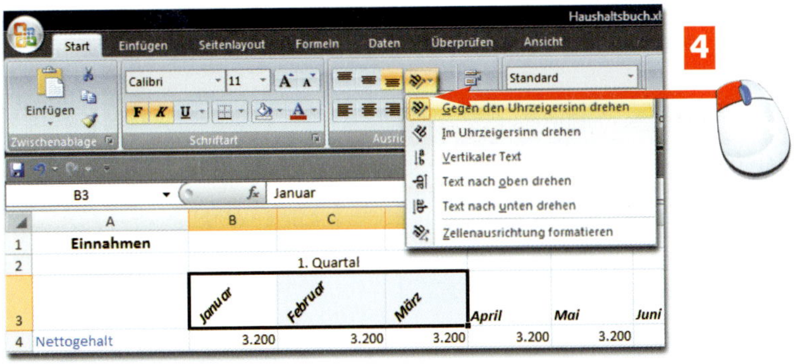

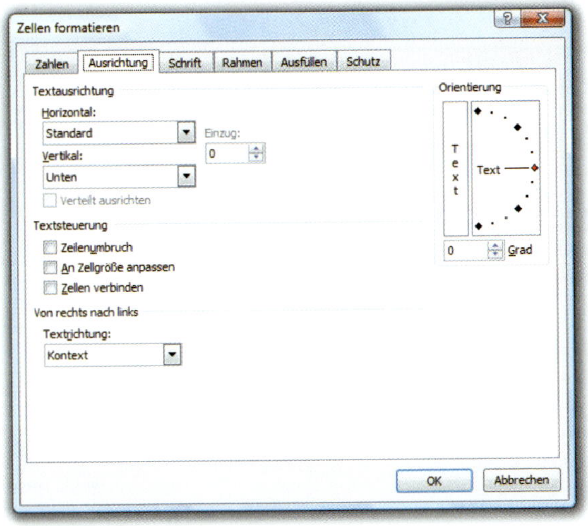

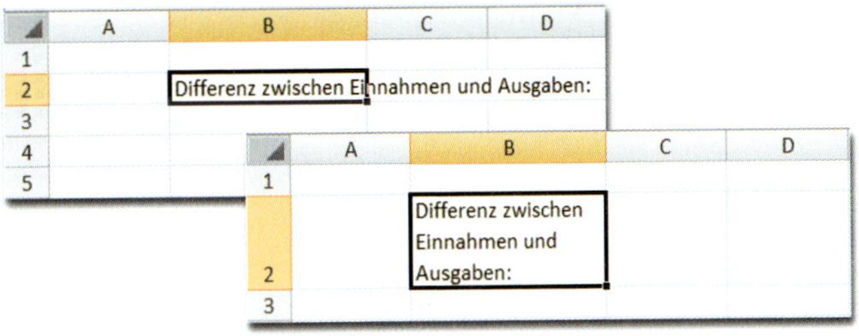

4 Stellen Sie mit diesem Symbol den Zellinhalt schräg oder senkrecht.

5 Der Zeilenumbruch sorgt dafür, dass der Text horizontal umbrochen wird. Dazu wird die Zeilenhöhe automatisch angepasst.

6 Klicken Sie auf das Dialogsymbol der Gruppe *Ausrichtung* und lassen Sie sich alle Ausrichtungsoptionen im Dialog anzeigen.

Ende

TIPP

Ein gezielter Zeilenumbruch an der Cursorposition im Text wird mit Alt+↵ eingefügt.

HINWEIS

Heben Sie Zellverbindungen wieder auf, indem Sie die ganze Zeile markieren und die Option *Zellen verbinden* entfernen.

HINWEIS

Die Option *An Zellgröße anpassen* sorgt dafür, dass der Inhalt so weit verkleinert wird, bis er vollständig in die Zelle passt.

Start

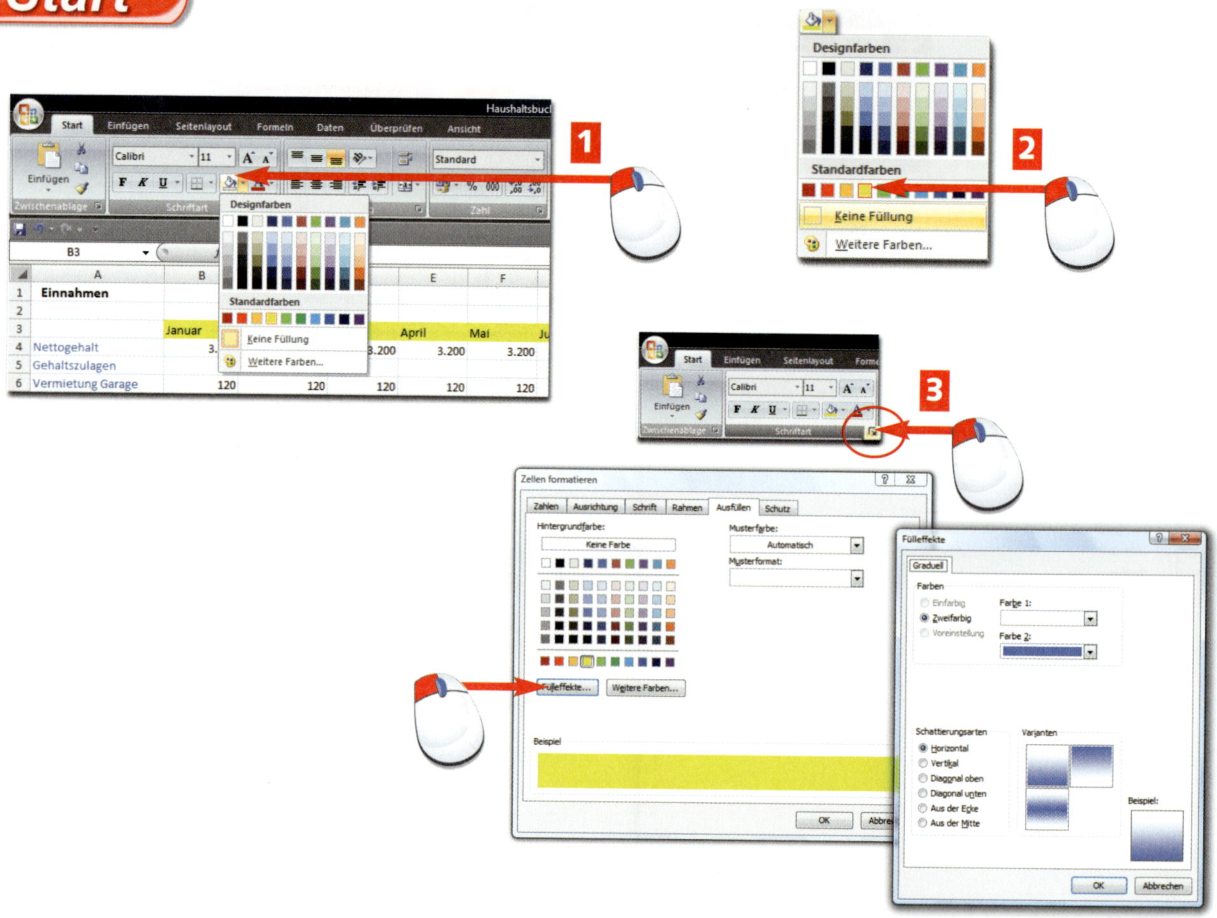

1 Um die markierten Zellen einzufärben, öffnen Sie das Füllkanne-Symbol in der Gruppe *Schriftart*.

2 Zeigen Sie auf die gewünschte Farbe, sie wird im Hintergrund sofort zugewiesen. Mit einem Klick auf das Farbfeld weisen Sie die Farbe zu.

3 Klicken Sie auf das Dialogfeldsymbol. Auf der Registerkarte *Ausfüllen* finden Sie weitere Fülleffekte wie Farbverläufe und Muster.

Jetzt kommt Farbe ins Spiel. Zellmuster, Rahmenlinien und Schraffuren machen –- richtig dosiert – Tabellen besser lesbar und heben Wichtiges hervor. Aber auch hier gilt: Weniger ist mehr …

WISSEN

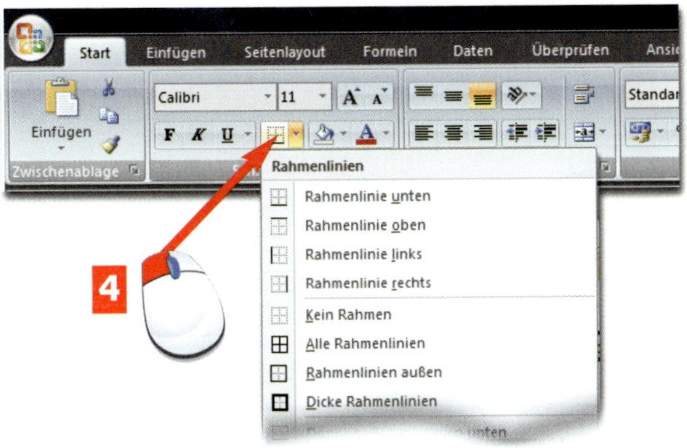

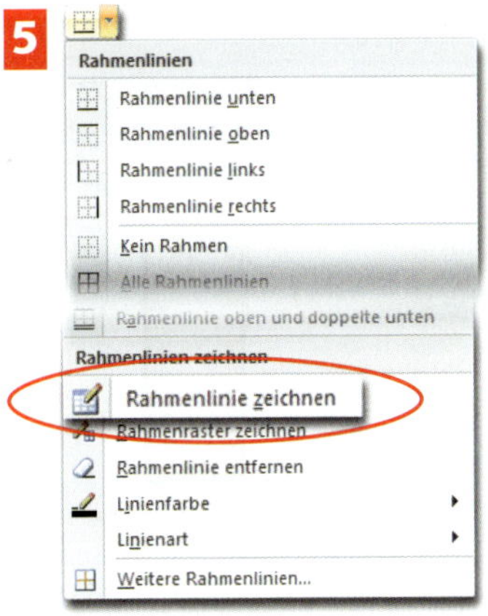

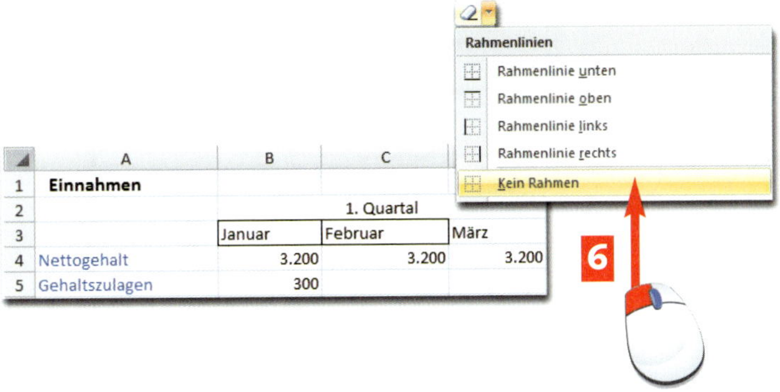

4 Mit dem Rahmenlinien-Symbol weisen Sie den markierten Zellen Linien oder Rahmen zu. Zeigen Sie auf die gewünschte Linie und klicken Sie die Auswahl an.

5 Mit *Rahmenlinien zeichnen* schaltet der Mauszeiger auf einen Stift um, zeichnen Sie Ihre Rahmen damit direkt. Drücken Sie [Esc], um ihn abzuschalten.

6 Mit *Rahmenlinien entfernen* radieren Sie einzelne Linien. Um alle Rahmen zu löschen, klicken Sie auf das Symbol *Kein Rahmen*.

Ende

Im Dialogfeld finden Sie alle Funktionen zum Rahmenzeichnen auf einer Registerkarte. Klicken Sie auf das Symbol rechts unten am Gruppenfeld.

HINWEIS

Die unter *Rahmenlinie zeichnen* eingestellte Linienfarbe gilt auch für die Rahmen, die per Symbol zugewiesen werden.

HINWEIS

Start

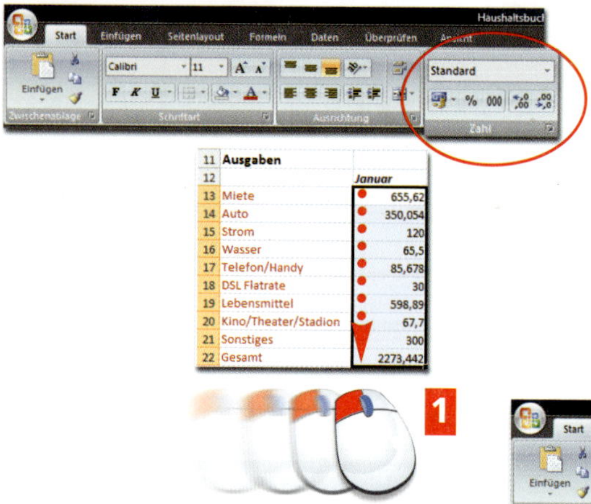

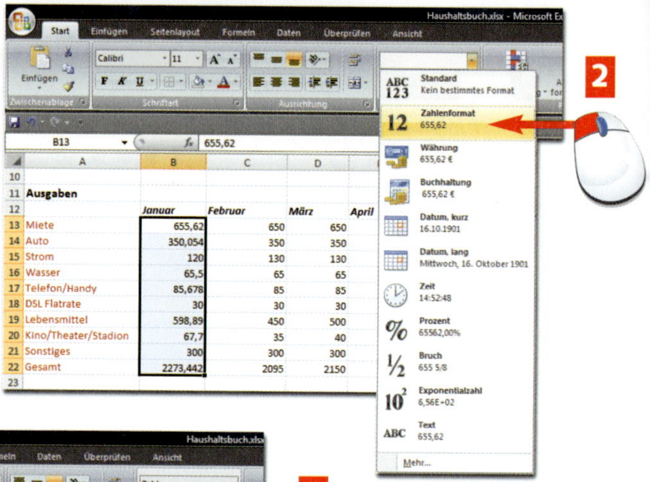

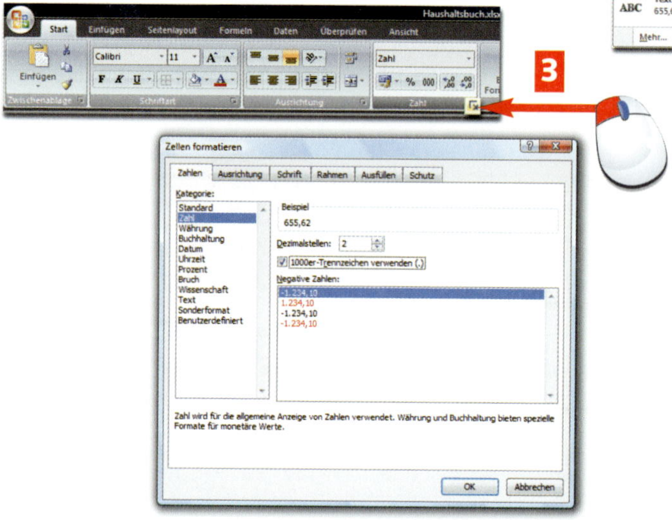

1 Markieren Sie die Zahlen, die Sie als Dezimalzahlen formatieren wollen. Unter *Start/Zahl* wird das Zahlenformat angezeigt und geändert.

2 Öffnen Sie die Liste der Zahlenformate und wählen Sie das Format *Zahl* für Dezimalzahlen mit zwei Nachkommastellen.

3 Öffnen Sie das Dialogfeld der Zahlengruppe, schalten Sie das Tausender-Trennzeichen ein und bestimmen Sie das Format für negative Zahlen.

Zahlen werden standardmäßig ohne führende und folgende Nullen und mit der eingegebenen Anzahl an Dezimalstellen nach dem Komma angezeigt. Das Zahlenformat zwingt sie in eine andere, optisch bessere Darstellung, der Wert selbst wird nicht verändert.

WISSEN

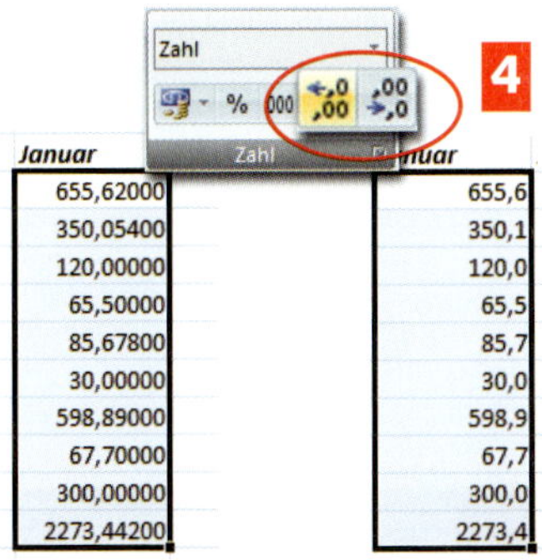

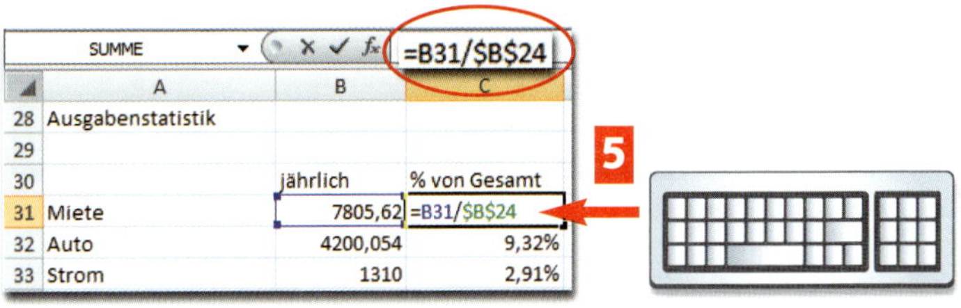

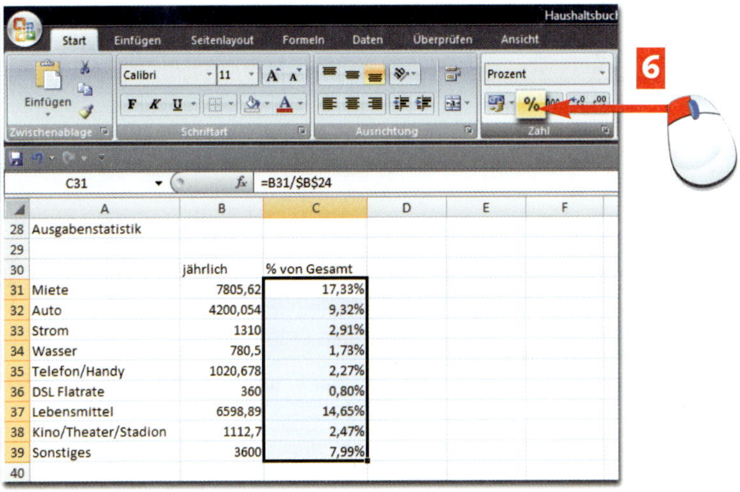

4 Die Anzahl der Dezimalstellen legen Sie mit diesem Symbol fest.

5 Um Prozentzahlen als solche auszuweisen, schreiben Sie die Formel ohne Prozentzeichen.

6 Klicken Sie auf das Symbol, um das Format zuzuweisen, und passen Sie die Nachkommastellen an.

Ende

TIPP

Tastenkombination für Zahlenformate: Strg + 1

HINWEIS

Wenn das Zahlenformat die Nachkommastellen verkürzt, wird kaufmännisch gerundet (bis 5 abwärts, ab 5 aufwärts). Der Zellwert wird weiter mit maximal 14 Nachkommastellen berechnet.

HINWEIS

Der Unterschied zwischen Prozent und Prozentformat in Formeln: Das Format multipliziert den Wert mit 100. Das Prozentzeichen in der Formel dividiert das Ergebnis durch 100.

Start

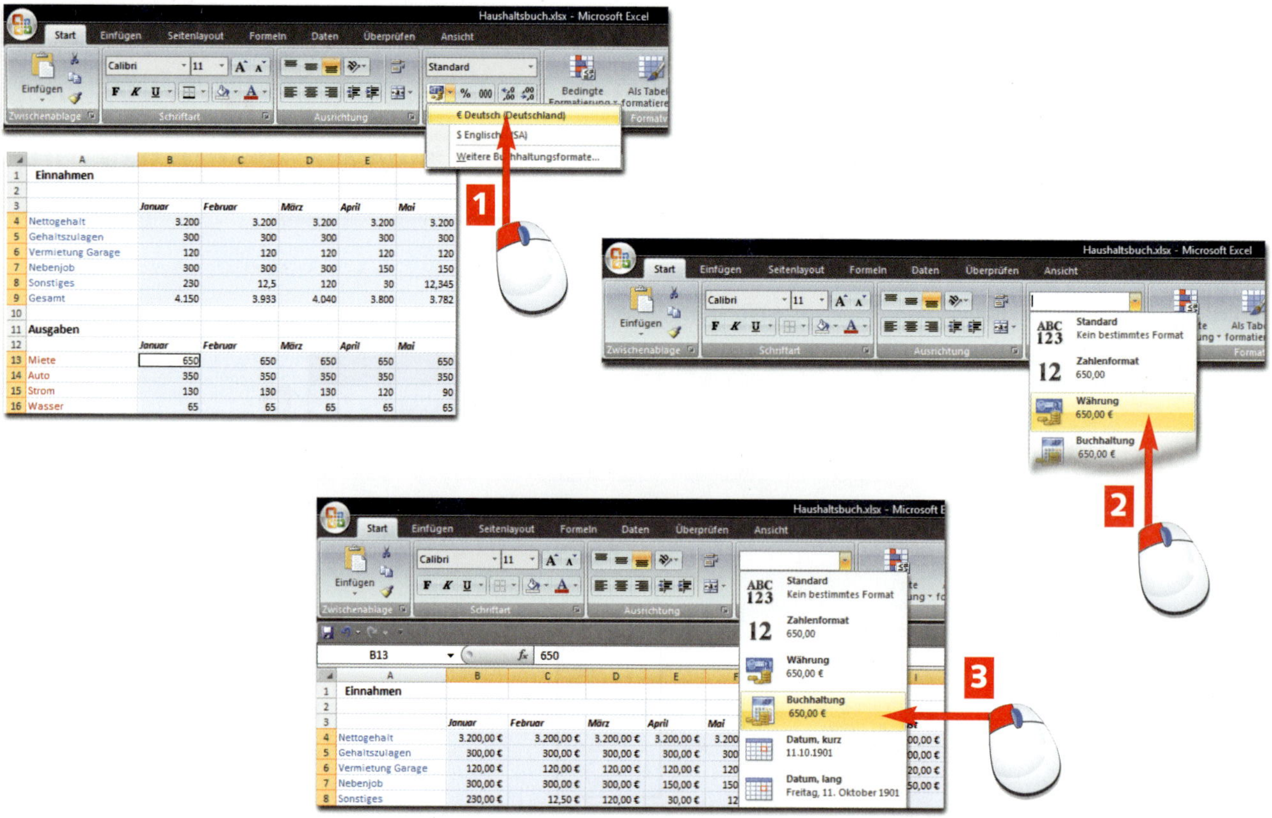

1 Markieren Sie die Zellen mit den Eurobeträgen und weisen Sie ihnen über *Start/Zahlen* das Währungsformat zu.

2 Holen Sie das Währungsformat alternativ dazu aus der Zahlenformatliste.

3 Das Buchhaltungsformat ist auch ein Währungsformat, es richtet Zahlen und Währungsformate gleichmäßig in einer Spalte aus.

Wenn Sie Ihre Zahlen als Eurobeträge ausweisen wollen, schreiben Sie das €-Zeichen neben die Zahl oder formatieren die Zellen nachträglich mit dem Währungssymbol. Für die Anzeige und die Auswahl an Symbolen ist Windows zuständig.

WISSEN

4

5

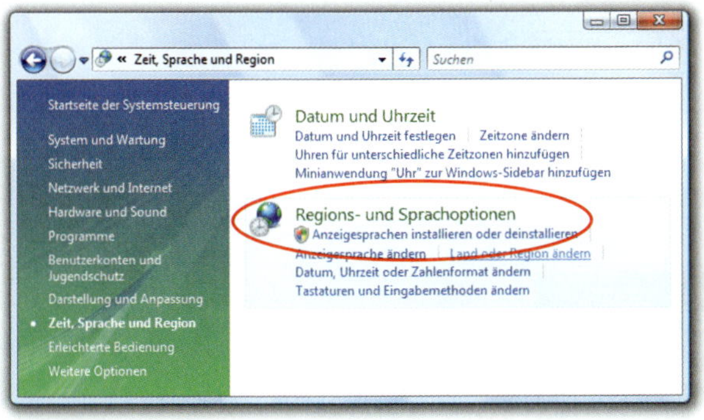

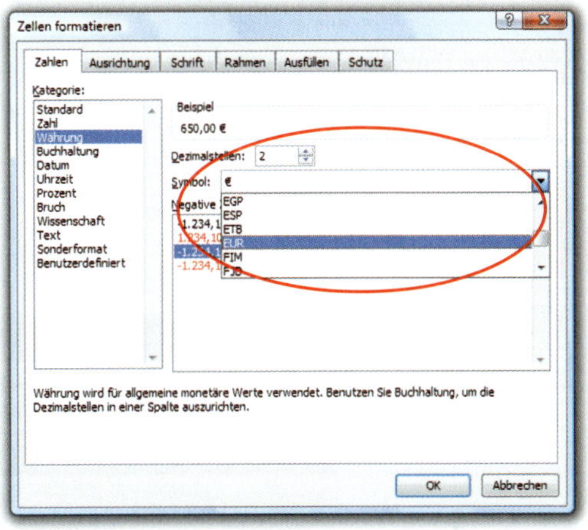

6

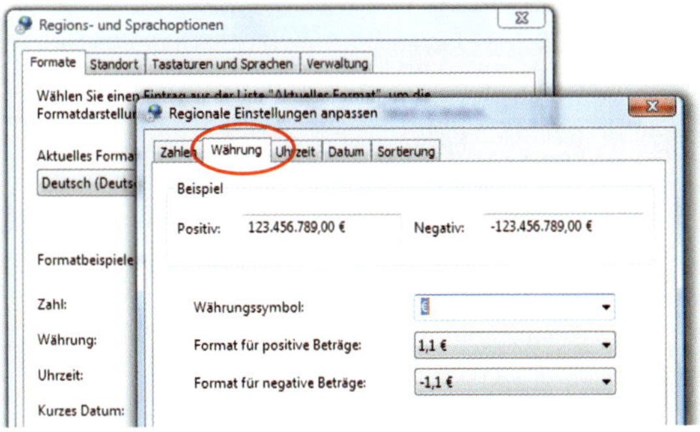

4 Öffnen Sie das Dialogfenster, und sehen Sie sich das Währungsformat an. Hier können Sie auch das Symbol ändern, zum Beispiel in EUR (ISO-Norm).

5 Für die Anzeige der Währung ist Windows verantwortlich. In der Systemsteuerung finden Sie die landesspezifischen Einstellungen.

6 Überprüfen Sie die regionalen Einstellungen auf der Registerkarte *Format/Währung*.

Ende

TIPP

Schreiben Sie das Währungszeichen neben die Zahl, weist Excel automatisch das Währungsformat zu.

HINWEIS

Währungsformate stellen sicher, dass die Zahl korrekt formatiert bleibt, wenn die Tabelle in einer anderen Währungsumgebung geöffnet wird.

HINWEIS

Fremdwährungen geben Sie am besten als benutzerdefiniertes Zahlenformat ein: *0,00" £"*

Start

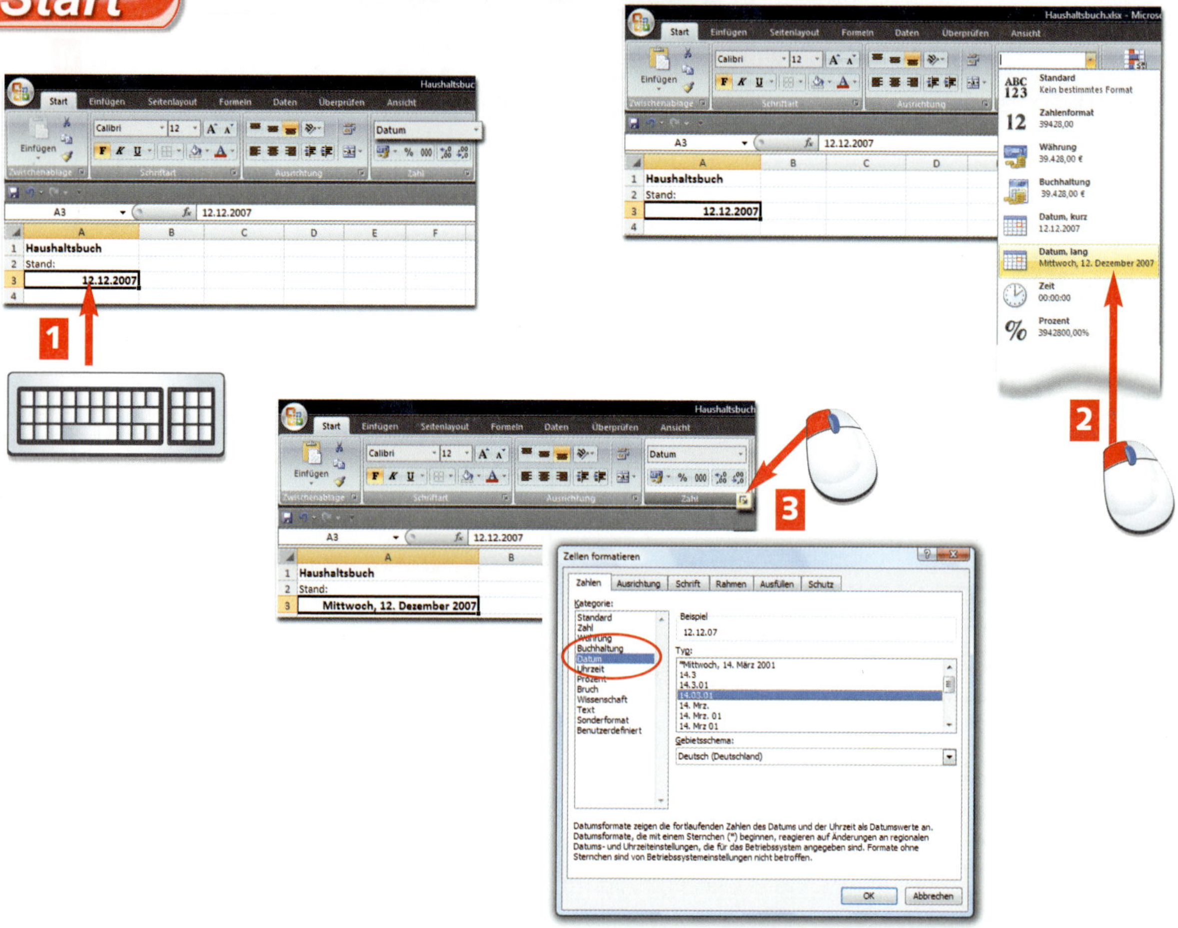

1 Geben Sie ein gültiges Datum in eine Zelle ein, weist Excel automatisch das Zahlenformat *Datum* zu.

2 Wählen Sie ein Datumsformat aus der Gruppe *Zahlen*. Das lange Datumsformat zeigt den Wochentag an.

3 Im Dialogfenster der Zahlengruppe finden Sie weitere Datumsformate.

Für Datumswerte hat Excel einen internen Kalender. Schaltjahre werden natürlich richtig erkannt. Datums- und Zeitwerte werden automatisch formatiert, wenn sie in der Form *TT.MM.JJ* oder *hh:mm:ss* eingegeben werden.

WISSEN

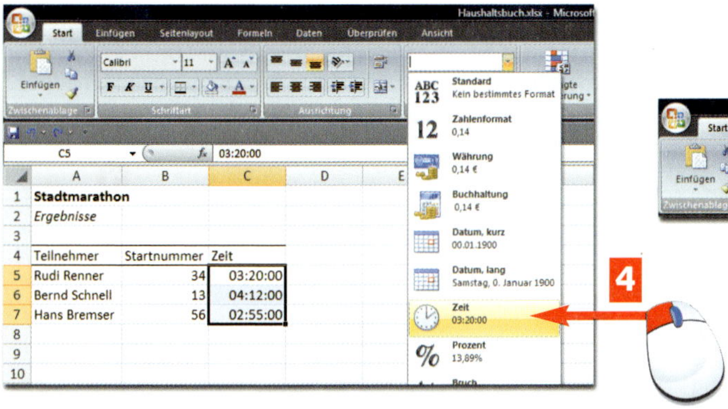

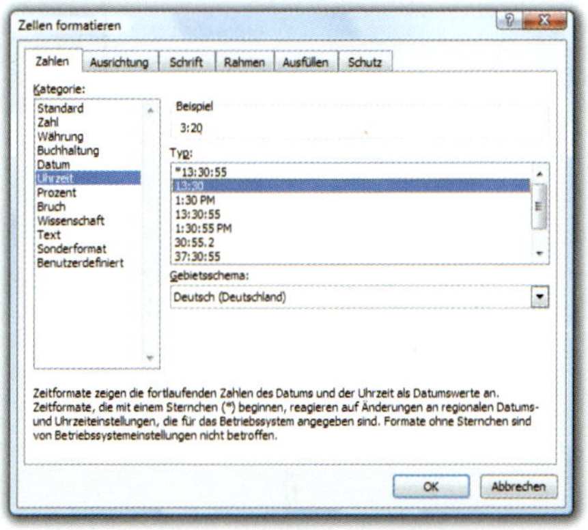

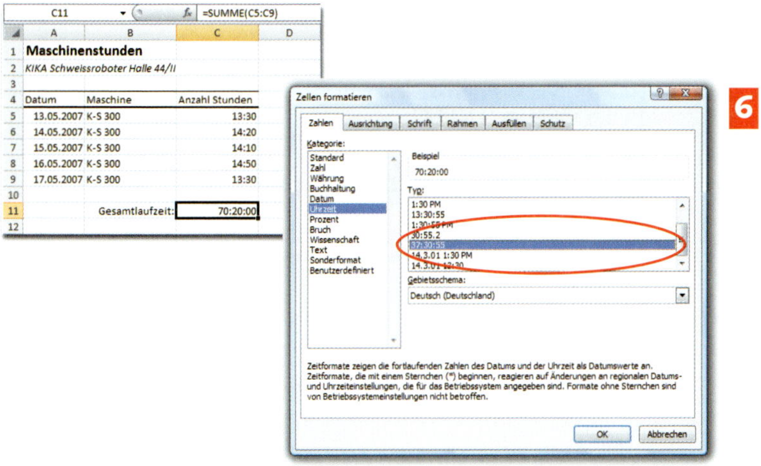

4 Für Zeitwerte finden Sie ebenfalls ein passendes Format in der Liste der Zahlenformate.

5 Aktivieren Sie das Dialogfenster der Zahlengruppe für alternative Zeitformate.

6 Dieses Zeitformat verwenden Sie, um Summen von Zeitwerten richtig (hier Stunden und Minuten) anzuzeigen.

Ende

Datumswerte können Sie mit diesen Trennzeichen eingeben:
31.12.07
31-12-07
31/12/07

HINWEIS

Der Excel-Kalender beginnt am 1.1.1900 und endet am 31.12.9999. Ein ungültiges Datum (z. B. 30.2.2007) behandelt Excel als Text.

HINWEIS

Ein Zeitwert ist eine Zahl zwischen 0 und 1, also der Bruchteil eines einzelnen Tages (genauer gesagt des 1.1.1900, des ersten Kalendertages).

HINWEIS

Zahlenformate – benutzerdefiniert

Start

1

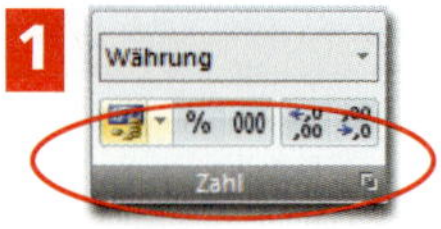

Jahreseinkommen:	47.244,85 €
Ausgaben gesamt:	47.610,00 €
Gewinn/Verlust:	-365,15 €

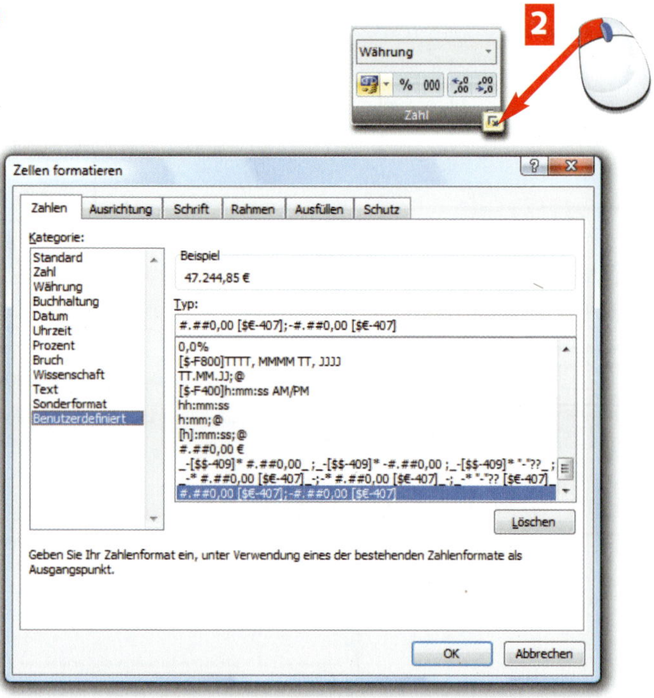

3

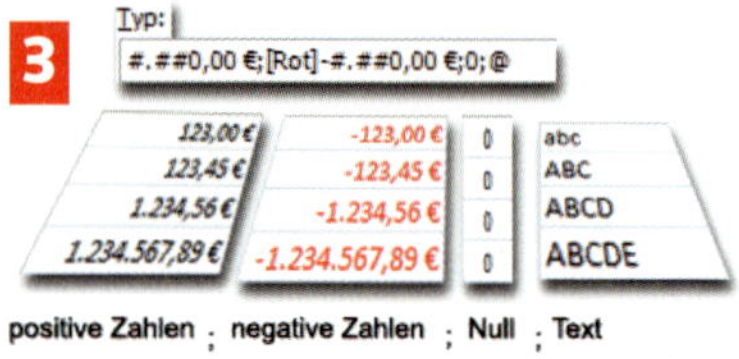

1 Zahlenformate wie hier das Währungsformat gelten immer für die Zelle, der sie zugewiesen sind.

2 Schalten Sie im Dialogfenster der Zahlengruppe auf *Benutzerdefiniert*, sehen Sie den Code des aktuellen Zahlenformats mit Platzhaltern.

3 Ein Zahlenformat hat bis zu vier Sektionen: positive Zahlen, negative Zahlen, Null und Text.

Zahlenformate sind Codes, die aus Platzhalterzeichen zusammengesetzt sind. Sehen Sie sich die Standardformate an und bauen Sie sich Ihre eigenen Zahlenformate für ganz spezifische Formatierungen.

WISSEN

4

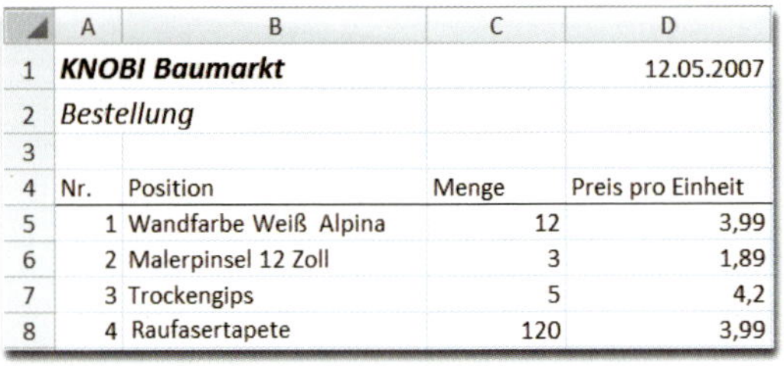

	A	B	C	D
1	***KNOBI Baumarkt***			12.05.2007
2	*Bestellung*			
3				
4	Nr.	Position	Menge	Preis pro Einheit
5	1	Wandfarbe Weiß Alpina	12	3,99
6	2	Malerpinsel 12 Zoll	3	1,89
7	3	Trockengips	5	4,2
8	4	Raufasertapete	120	3,99

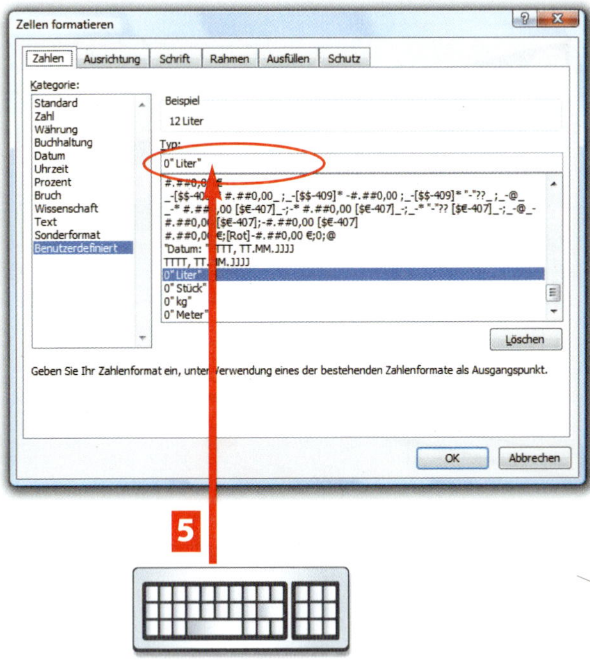

6

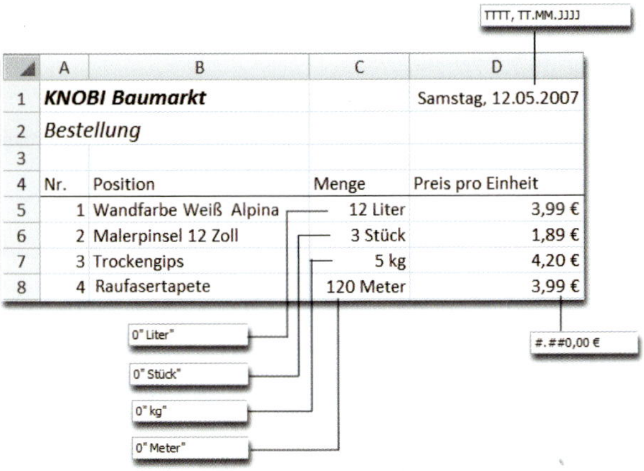

	A	B	C	D
1	***KNOBI Baumarkt***			Samstag, 12.05.2007
2	*Bestellung*			
3				
4	Nr.	Position	Menge	Preis pro Einheit
5	1	Wandfarbe Weiß Alpina	12 Liter	3,99 €
6	2	Malerpinsel 12 Zoll	3 Stück	1,89 €
7	3	Trockengips	5 kg	4,20 €
8	4	Raufasertapete	120 Meter	3,99 €

4 Ein Beispiel aus der Praxis: Die Bestellung enthält in der Mengenspalte Zahlen, für die es kein Zahlenformat gibt.

5 Tragen Sie für jede einzelne Position ein Zahlenformat in die Benutzerdefiniert-Liste ein.

6 So sieht das Ergebnis aus: Alle Zahlenwerte sind individuell formatiert.

Ende

Benutzerdefinierte Zahlenformate gelten nur für die aktuelle Tabelle. Kopieren Sie einfach die formatierten Zelle(n) in die neue Tabelle, um das Zahlenformat zu übertragen.

HINWEIS

Die Platzhalter im Zahlenformat:
nicht gedruckte Zeichen (für die Position des Tausenderpunkts)
0 die Zahl links vom Komma
,0 die erste Kommastelle (*,00* zwei Kommastellen usw.)
@ Text wird abgebildet (nur in der Textsektion)
" " Zellinhalt wird gelöscht

HINWEIS

Zellenformatvorlagen

Start

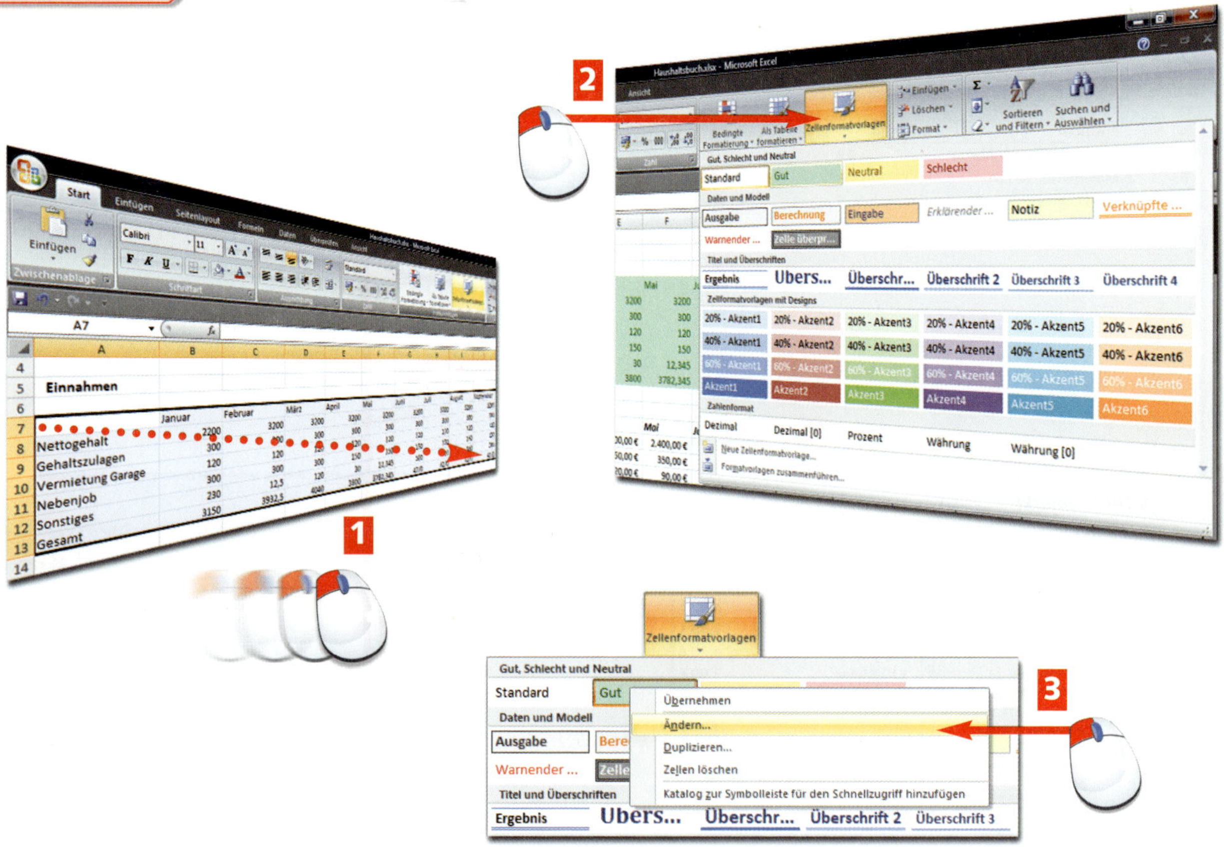

1 Bevor Sie eine Zellenformatvorlage zuweisen, markieren Sie den Bereich in der Tabelle.

2 Wählen Sie *Start/Formatvorlagen/Zellenformatvorlagen* und zeigen Sie auf eine Vorlage. Der Effekt wird angezeigt, ein Klick weist die Vorlage zu.

3 Klicken Sie mit der rechten Maustaste in das Symbol und wählen Sie *Ändern*, um die Zellenformatvorlage anzupassen.

Formatvorlagen sind Gruppen von Formatzuweisungen und eine bequeme Möglichkeit, Tabellen gleich mit mehreren Formatierungen zu versehen. Und sollte die Vorlagenliste gar keinen passenden „Stil" haben, gestalten Sie einfach Ihre eigene Vorlage.

WISSEN

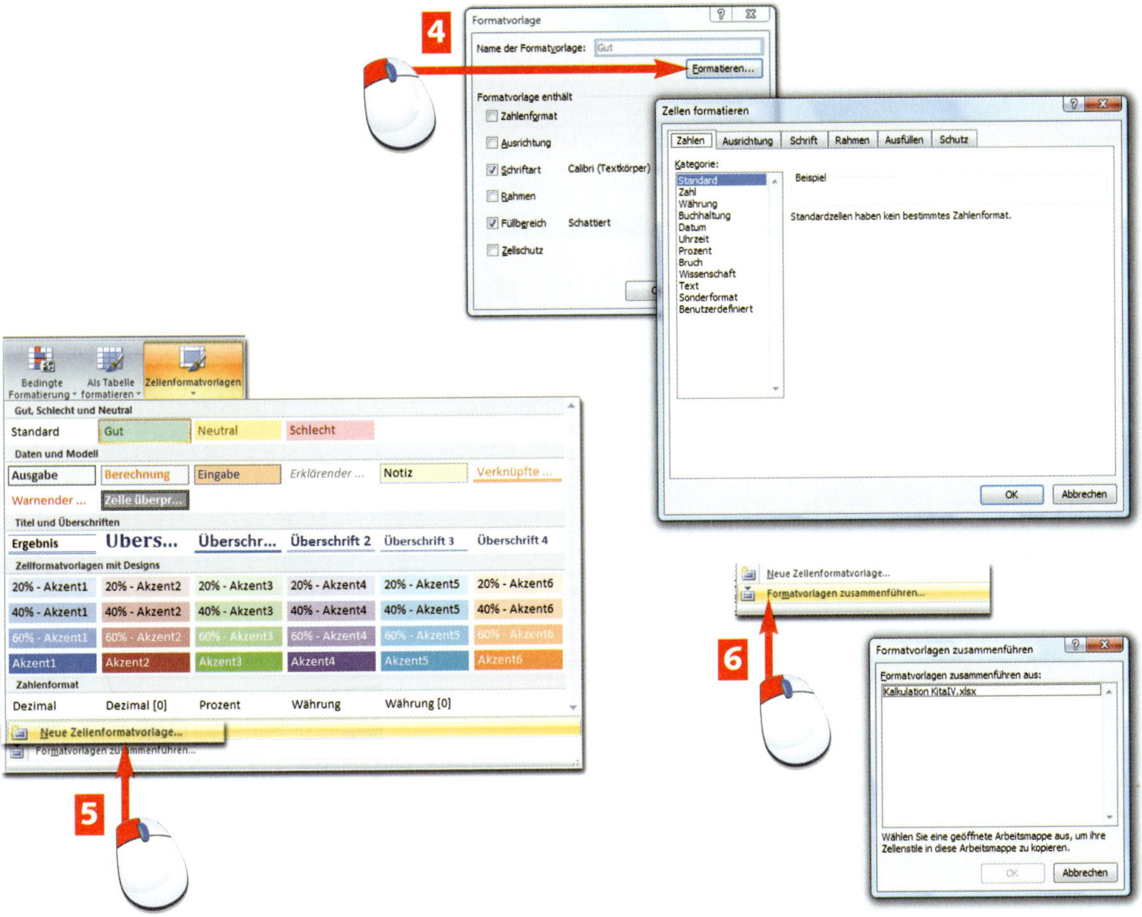

4 Hier können Sie die einzelnen Teilbereiche der Vorlage ändern, beispielsweise das Zahlenformat oder die Schriftart.

5 Erstellen Sie eine neue Zellenformatvorlage, wenn Sie Ihre eigenen Formatierungen als Vorlage für weitere Tabellen speichern wollen.

6 Mit *Formatvorlagen zusammenführen* holen Sie Vorlagen aus anderen geöffneten Arbeitsmappen in die aktive Mappe.

Ende

Mit Zuweisung der ersten Vorlage *Standard* löschen Sie alle Formatierungen.

HINWEIS

Wenn Sie mit dem Mauszeiger auf eine Vorlage zeigen, sehen Sie das Ergebnis schon im Hintergrund. Diese *Live-Vorschau* kann in den Excel-Optionen ein- oder ausgeschaltet werden.

HINWEIS

Jede Zellenformatvorlage hat je ein Zahlen- und Währungsformat ohne Nachkommastellen und mit zwei Nachkommastellen.

HINWEIS

Start

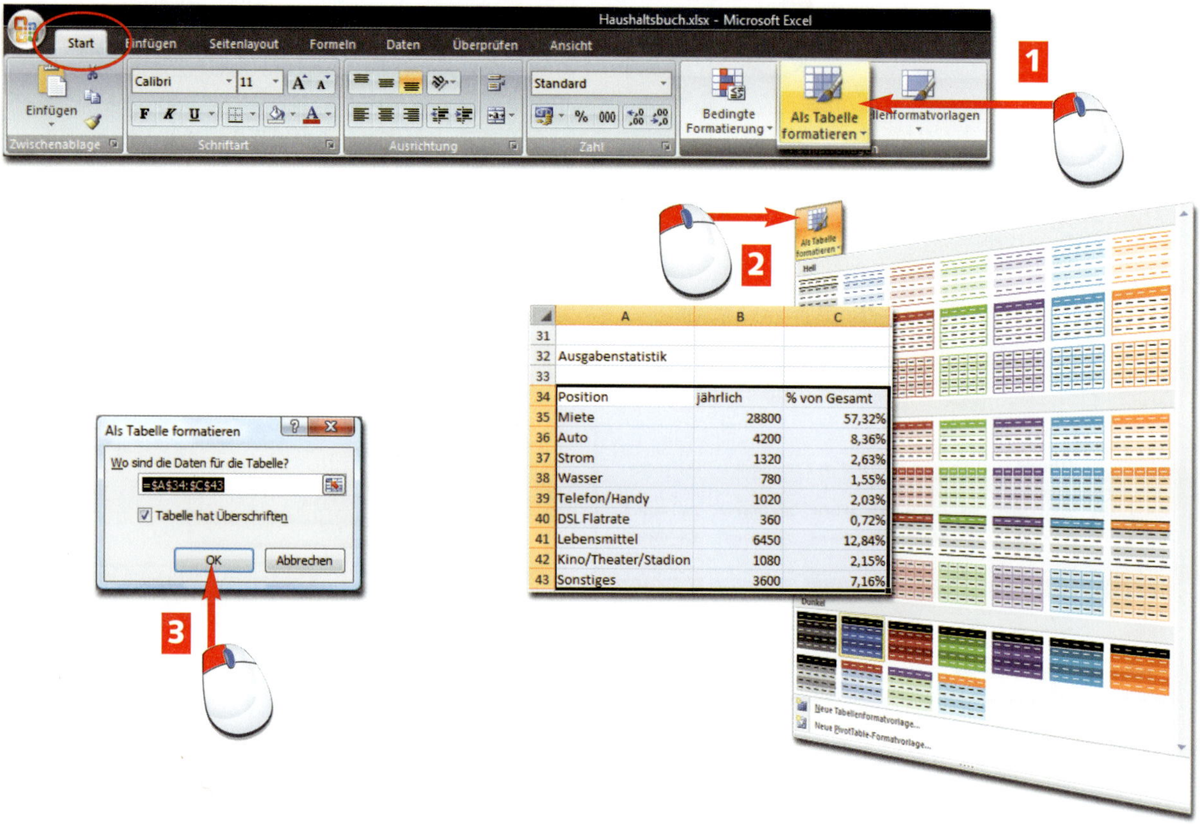

1 Klicken Sie unter *Start/Formatvorlagen* auf *Als Tabelle formatieren*, um eine Tabellenvorlage zuzuweisen.

2 Wählen Sie eine der angebotenen Vorlagen. Die Formatierung wird bereits angezeigt, wenn der Mauszeiger auf das Symbol zeigt.

3 Bestätigen Sie die Abfrage nach dem Tabellenbereich oder markieren Sie diesen im Hintergrund neu.

Tabellenformatvorlagen sind automatische Formatzuweisungen für Tabellen. Mit Tabelle ist in diesem Zusammenhang nicht die große Excel-Tabelle gemeint, sondern eine Sonderform der Markierung, in der diese automatisch Filter und Ergebniszeile enthält (siehe Kapitel 7).

WISSEN

4

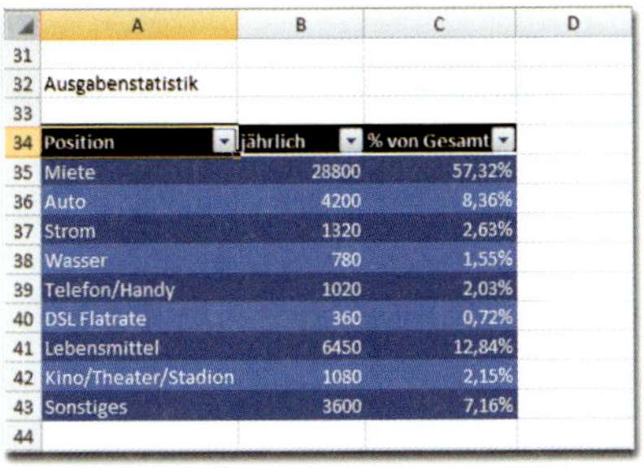

5

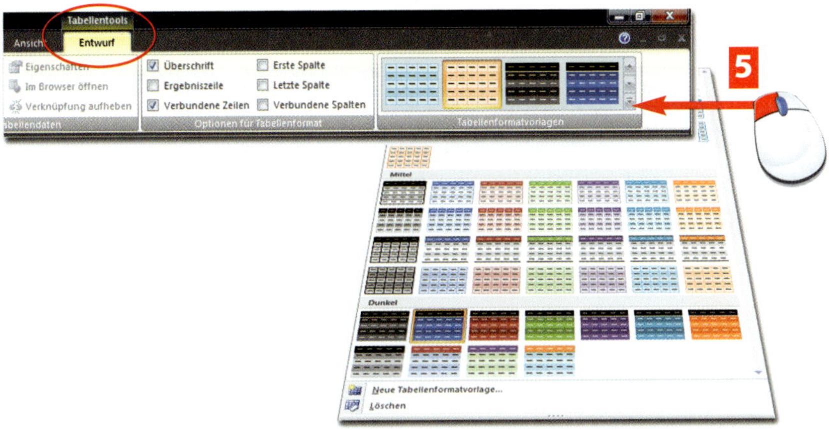

6

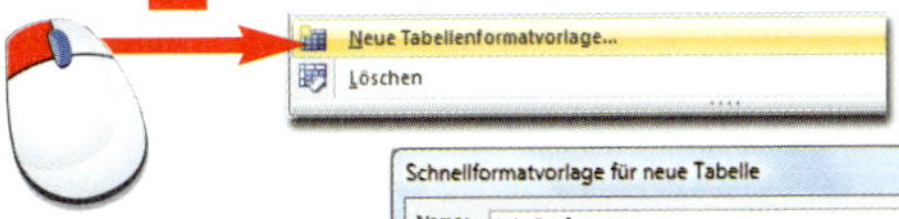

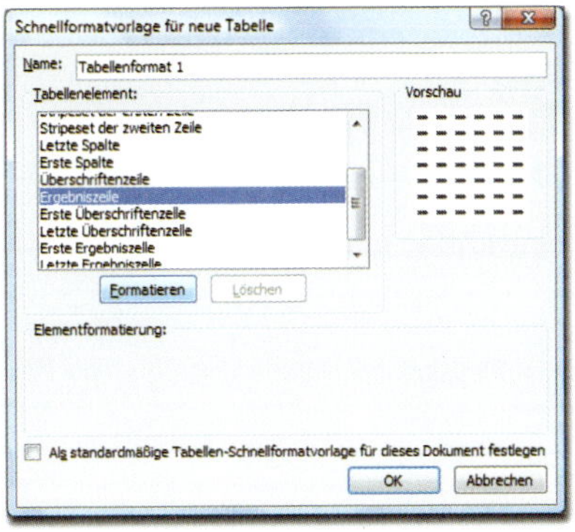

4 Die markierte Liste wird formatiert und in eine Tabelle umgewandelt.

5 In der Multifunktionsleiste sehen Sie jetzt ein neues Register *Tabellentools/Entwurf* mit einer Liste von Tabellenvorlagen.

6 Klicken Sie auf *Neue Tabellenformatvorlage*, um eine neue Vorlage zu gestalten. Sie wird anschließend in der Liste unter *Benutzerdefiniert* angeboten.

Ende

Wenn der markierte Bereich bereits eine Formatierung über Zellenformatvorlage hat, bleibt diese erhalten, wenn Sie ein Tabellenformat zuweisen. Im Kontextmenü der Tabellenvorlage finden Sie *Übernehmen und Formate löschen.*

HINWEIS

Das neue Register *Tabellentools/Entwurf* wird nur angeboten, solange der Zellzeiger in der Tabelle steht.

HINWEIS

5

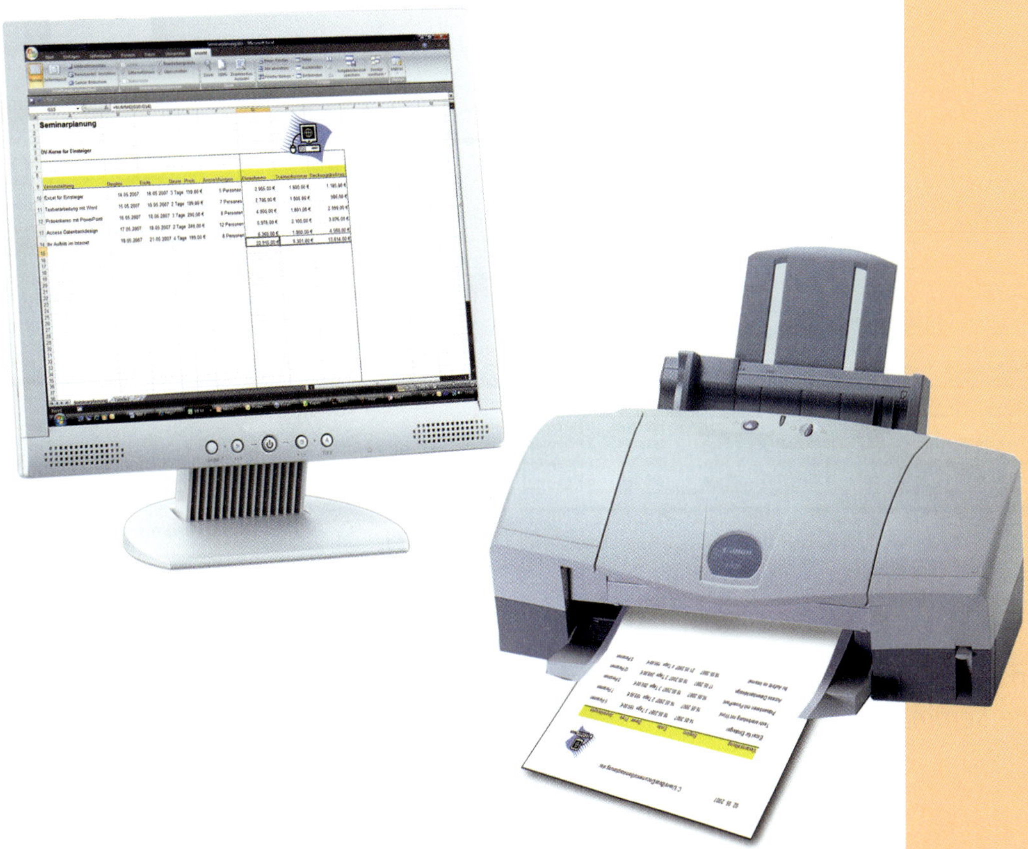

Seitenlayout und Druck

Start

1

	A	B	C	D	E	F
1	**DV-Kurse für Einsteiger**					
2						
3	Veranstaltung	Beginn	Ende	Dauer	Preis	Anmeldungen
4	Excel für Einsteiger	14.05.2007	16.05.2007		199	5
5	Textverarbeitung mit Word	15.05.2007	16.05.2007		199	7
6	Access Datenbankdesign	17.05.2007	18.05.2007		249	12
7	Ihr Auftritt im Internet	17.05.2007	18.05.2007		199	8

Seminarplanung

2

Typ: 0" Tage"

Typ: 0" Personen"

D4 =C4-B4+1

	A	B	C	D	E	F
1	**DV-Kurse für Einsteiger**					
2						
3	Veranstaltung	Beginn	Ende	Dauer	Preis	Anmeldungen
4	Excel für Einsteiger	14.05.2007	16.05.2007	3 Tage	199,00 €	5 Personen
5	Textverarbeitung mit Word	15.05.2007	16.05.2007	2 Tage	199,00 €	7 Personen
6	Access Datenbankdesign	17.05.2007	18.05.2007	2 Tage	249,00 €	12 Personen
7	Ihr Auftritt im Internet	17.05.2007	18.05.2007	2 Tage	199,00 €	8 Personen

3

	G	H	I	J
3	Einnahmen	Trainerhonorar	Deckungsbeitrag	
4	2.985,00 €	1.800,00 €	1.185,00 €	
5	2.786,00 €	1.800,00 €	986,00 €	
6	5.976,00 €	2.100,00 €	3.876,00 €	
7	3.184,00 €	1.800,00 €	1.384,00 €	

	Einnahmen	Trainerhonorar	Deckungsbeitrag
4	=F4*E4*D4	1800	=G4-H4
5	=F5*E5*D5	1800	=G5-H5
6	=F6*E6*D6	2100	=G6-H6
7	=F7*E7*D7	1800	=G7-H7

1 Legen Sie mit Strg+N eine neue Mappe mit 3 Tabellen an und nennen Sie die erste Tabelle *Seminarplanung*.

2 Weisen Sie passende Schrift- und Zellformatierungen zu und formatieren Sie die Zahlenspalten mit Zahlenformaten.

3 Geben Sie die Trainerhonorare ein und berechnen Sie die Einnahmen und Deckungsbeiträge für die einzelnen Kurse.

Als Layout bezeichnet man die Kombination aus Text und Bild, und damit diese stimmt, bietet Excel eine Reihe von Seitenlayout-Funktionen.
Üben Sie diese am Beispiel einer Seminarverwaltung, testen Sie gleich Ihre Kenntnisse über Formate und Formeln.

WISSEN

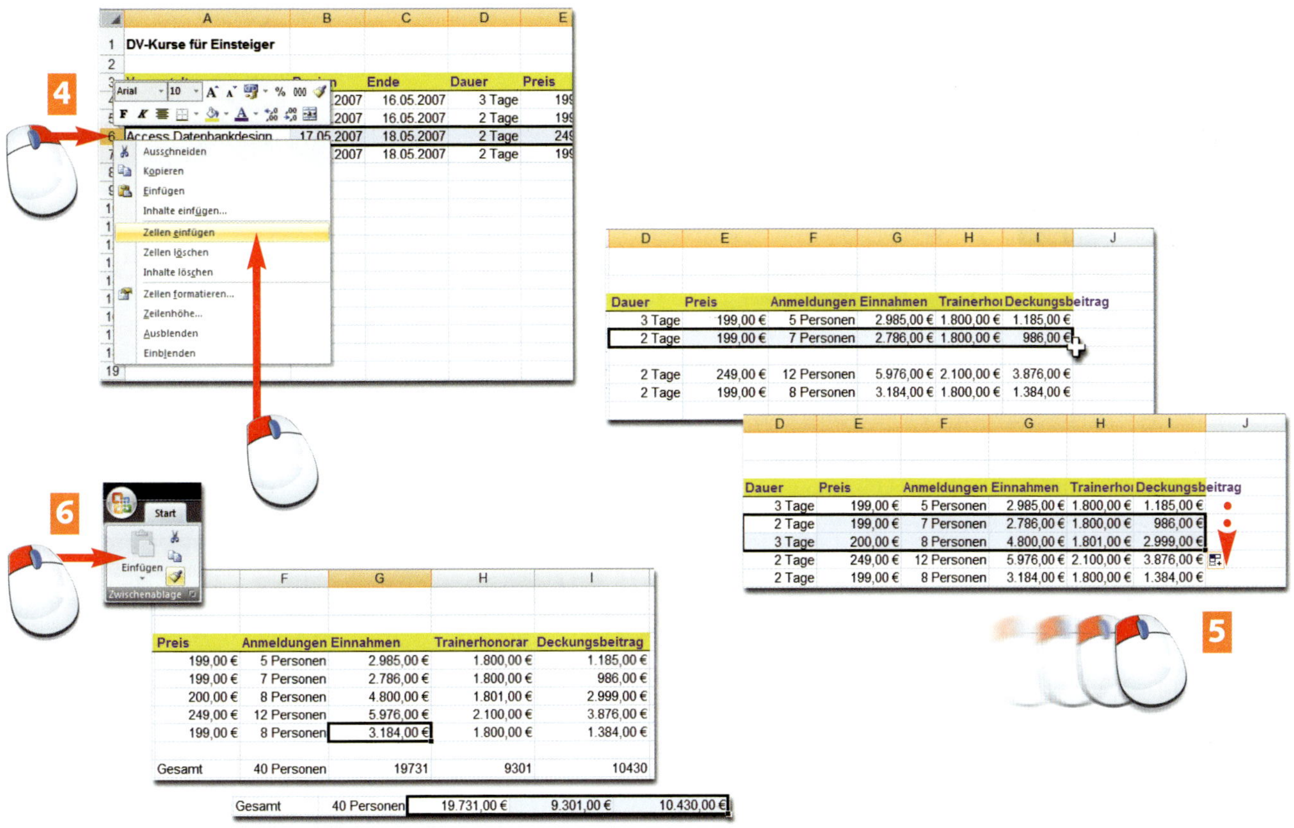

4 Neue Zeilen für weitere Veranstaltungen fügen Sie am besten über das Kontextmenü auf der Zeilennummer ein.

5 Formeln und Werte aus der Zeile darüber kopieren Sie, indem Sie das Füllkästchen am Zellzeiger nach unten ziehen.

6 Die Zahlenformate kopieren Sie mit dem Pinselwerkzeug *Format übertragen*.

Ende

Beim Kopieren mit dem Füllkästchen werden die Zahlenformate in der Regel mit kopiert.

HINWEIS

Für die Spalten *Dauer* und *Anmeldungen* verwenden Sie selbst erstellte Zahlenformate. Drücken Sie Strg+1, und schalten Sie um auf *Benutzerdefiniert*.

HINWEIS

Start

1

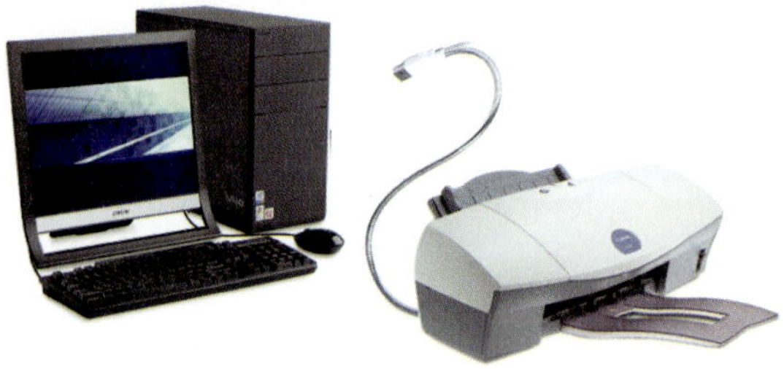

2

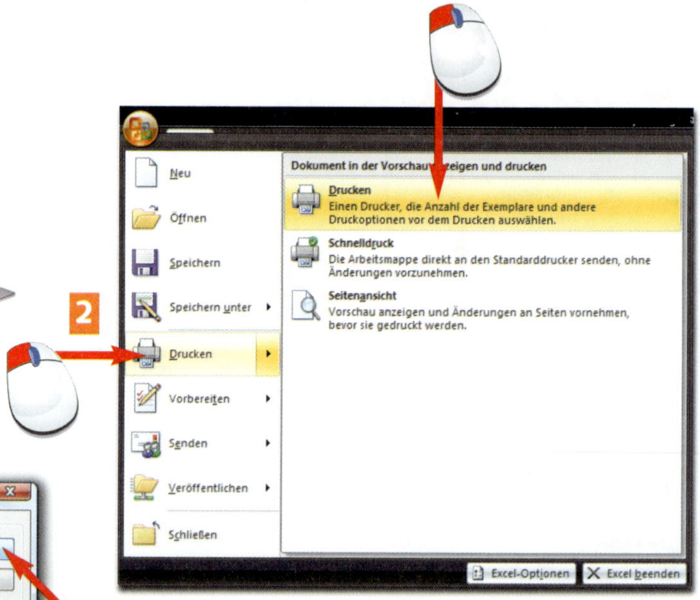

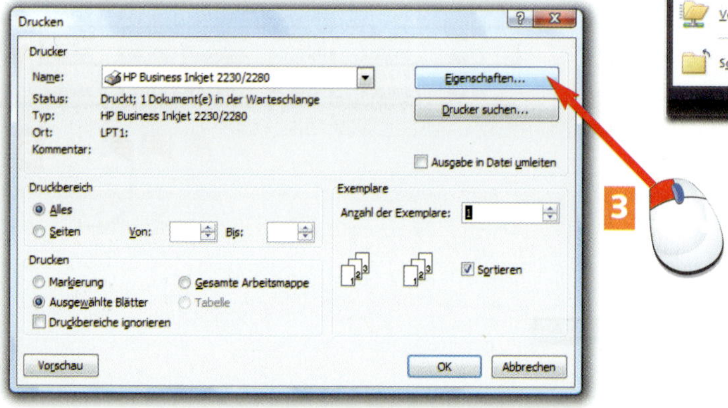

3

1. Schließen Sie den Drucker an den Computer an und überprüfen Sie über die Systemsteuerung von Windows, ob er funktioniert.
2. Wählen Sie *Drucken/Drucker* aus dem Office-Menü.
3. Der Standarddrucker wird angeboten, klicken Sie auf *Eigenschaften*, um ihn einzurichten.

Ohne Drucker kein Seitenlayout: Der unter Windows installierte Drucker ist wichtig für die Layouteinstellungen, er bestimmt, in welcher Form und Farbe gedruckt werden kann. Richten Sie zuerst Ihren Drucker ein.

WISSEN

4

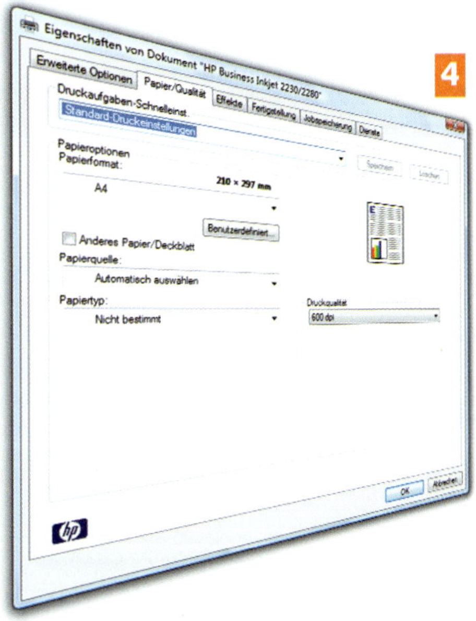

5

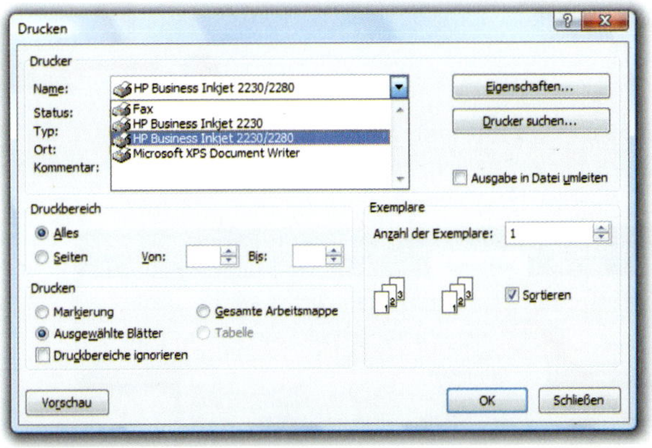

6

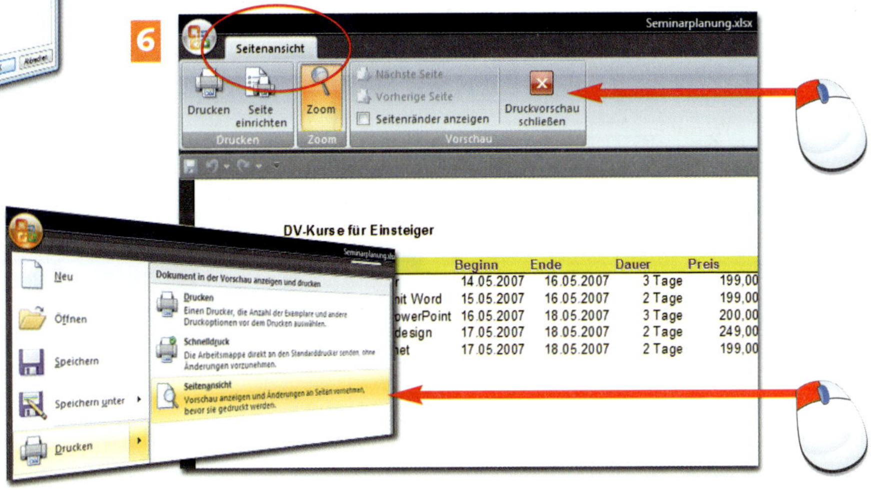

4 Hier können Sie alle druckerspezifischen Eigenschaften wie Papierformat, Einzug, Farbe u. a. einstellen.

5 Überprüfen Sie auch die anderen Drucker, falls mehr als ein Gerät installiert ist. Auch die Netzwerkdrucker werden angeboten.

6 Überprüfen Sie das Dokument vor dem Druck in der Seitenansicht. Mit einem Klick auf *Druckvorschau schließen* schalten Sie wieder zurück.

Ende

TIPP

Stellen Sie die Druckqualität auf *Entwurf*, wenn Sie keine Grafiken oder Fotos drucken, das spart Druckzeit und Toner oder Tinte.

HINWEIS

Jeder Drucker hat andere Eigenschaften, und entsprechend anders sieht die Eigenschaften-Dialogbox bei anderen Geräten aus.

HINWEIS

Leere Tabellen werden nicht gedruckt, Excel bringt eine Fehlermeldung, wenn keine Daten vorliegen.

Start

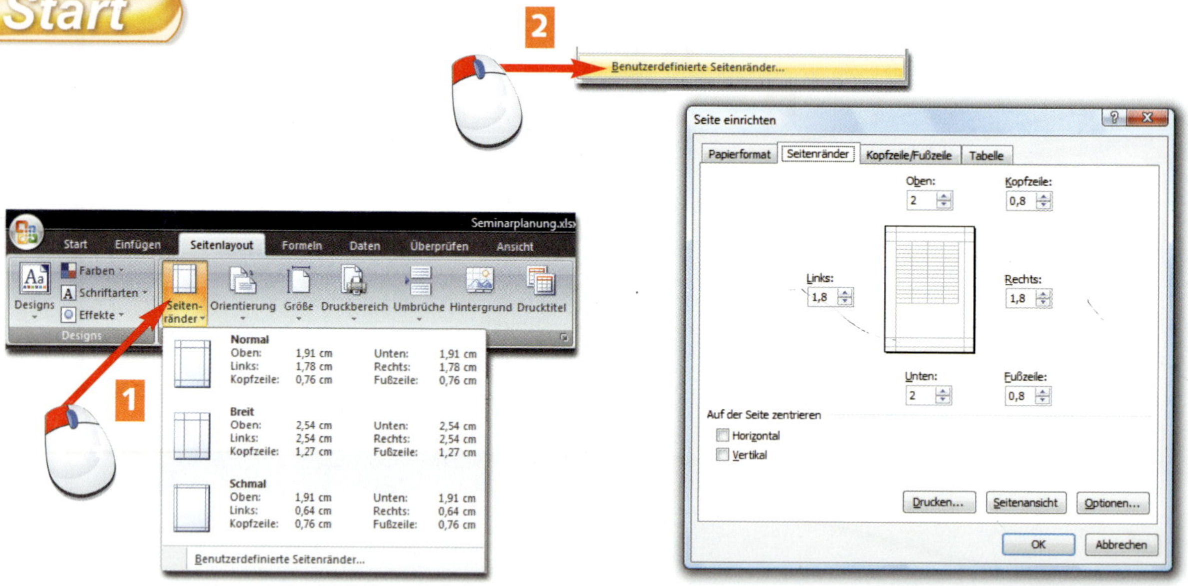

1 Schalten Sie auf die Registerkarte *Seitenlayout* und bestimmen Sie die Seitenränder, die nicht bedruckt werden.

2 Unter *Benutzerdefinierte Seitenränder* können Sie die Ränder manuell einstellen und den Ausdruck auf der Seite zentrieren.

3 Die Schaltfläche *Orientierung* bietet Hochformat oder Querformat an.

Wenn der Drucker eingerichtet ist, bereiten Sie Ihr Tabellenlayout für den Ausdruck auf. Bestimmen Sie Papierformat, Druckränder und Skalierung, falls die Tabelle für den Druck verkleinert werden muss.

WISSEN

4 Wählen Sie das passende Papierformat (meist A4) aus der Liste unter *Größe*.

5 Unter *Weitere Papierformate* können Sie weitere Ausgabegrößen und die Druckqualität einstellen.

6 Wählen Sie *Seitenlayout/An Format anpassen* und ändern Sie die Skalierung der Tabelle, wenn diese zu groß ist für den Ausdruck.

Ende

Die Druckränder können Sie auch manuell unter *Ansicht/Seitenlayout* einstellen.

HINWEIS

Definieren Sie die Skalierung unter *Seitenlayout/An Format anpassen* auf eine Anzahl Seiten, stellt Excel automatisch in der Option *Verkleinern/Vergrößern* auf die passende Prozentzahl.

HINWEIS

Achten Sie darauf, dass Sie nur Papierformate wählen, die der Drucker auch „kann“. Wählen Sie das amerikanische Letter-Format für ein Gerät mit A4-Papier, wird Windows die Druckausgabe blockieren.

HINWEIS

Start

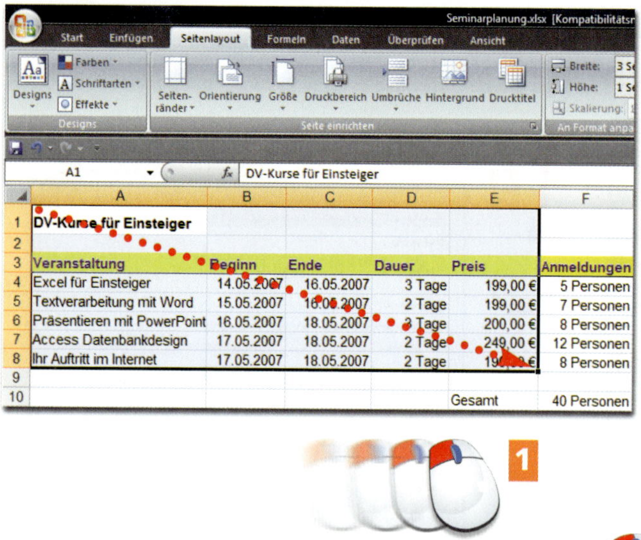

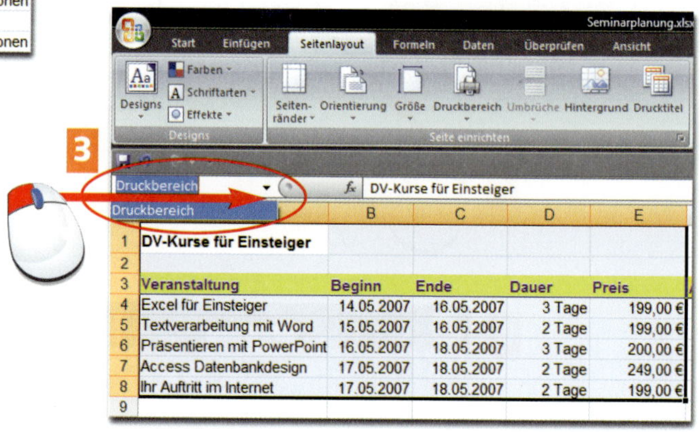

1 Markieren Sie den Bereich der Tabelle, den Sie zum Druckbereich erklären wollen.

2 Wählen Sie *Seitenlayout/Druckbereich/Druckbereich festlegen*.

3 Der Druckbereich wird fixiert, im Namensfeld links oben können Sie ihn als Bereichsname abholen und markieren.

In größeren Tabellen ist es besser, einen Druckbereich zu fixieren, als zu viel Papier zu produzieren. Wenn die Tabelle mehrere Seiten lang ist, bestimmen Sie die Kopfzeile(n) zum Drucktitel.

WISSEN

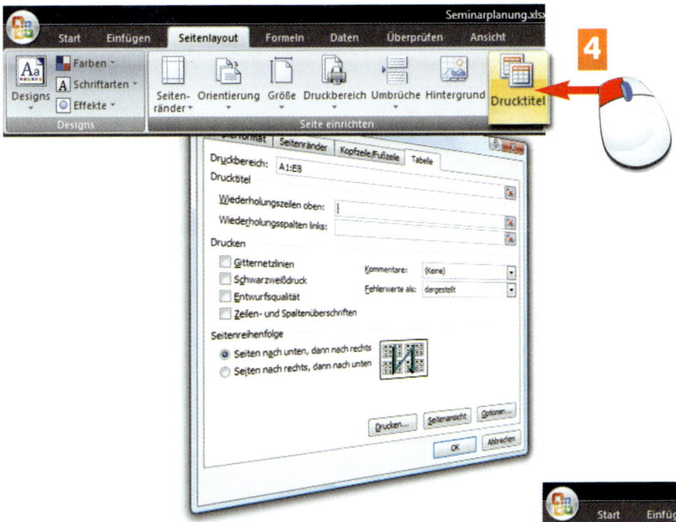

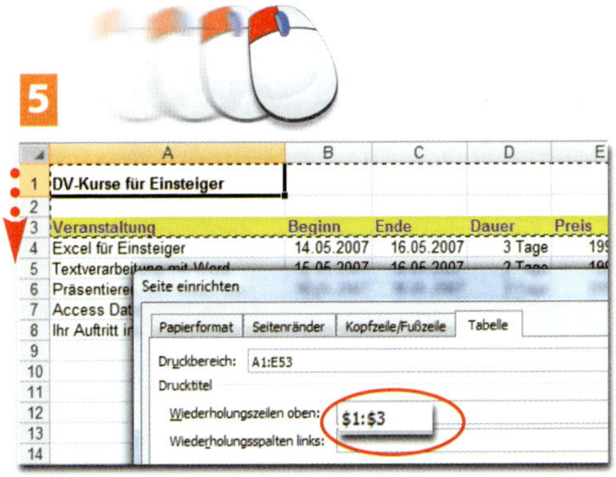

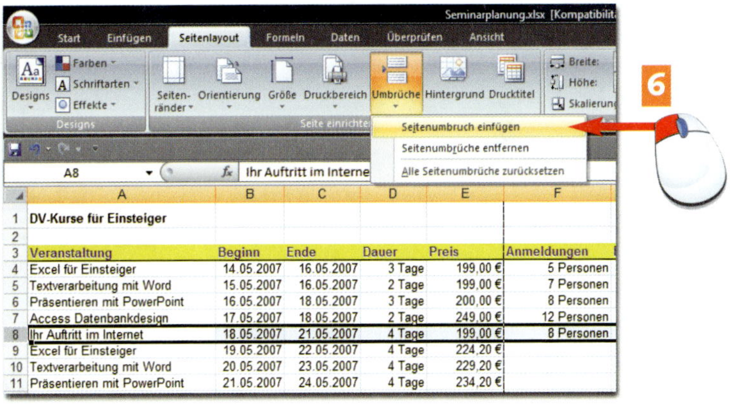

4 Um die ersten Zeilen der Liste auf allen gedruckten Seiten auszugeben, fixieren Sie diese als Drucktitel. Klicken Sie auf das gleichnamige Symbol.

5 Klicken Sie in das Drucktitelfeld und markieren Sie im Hintergrund die ersten drei Zeilennummern. Bestätigen Sie den Dialog mit einem Klick auf *OK*.

6 Für einen Seitenumbruch markieren Sie die Zeile, die als Erste auf der nächsten Seite stehen soll, und wählen *Seitenlayout/Umbrüche/Seitenumbruch einfügen*.

Ende

Auch der Drucktitel ist ein Bereichsname, den Sie im Namensfeld abholen können. Die beiden Bereichsnamen Druckbereich und Drucktitel gelten nur für die jeweils aktive Tabelle, es sind „lokale" Bereichsnamen (siehe Kapitel 6).

HINWEIS

Tastenkombination für Bereichsnamen: Strg + F3

TIPP

Die auf jeder Seite wiederholten Drucktitel sehen Sie nicht in der Normalansicht, schalten Sie dazu um auf *Ansicht/Arbeitsmappenansichten/Seitenlayout*.

HINWEIS

Start

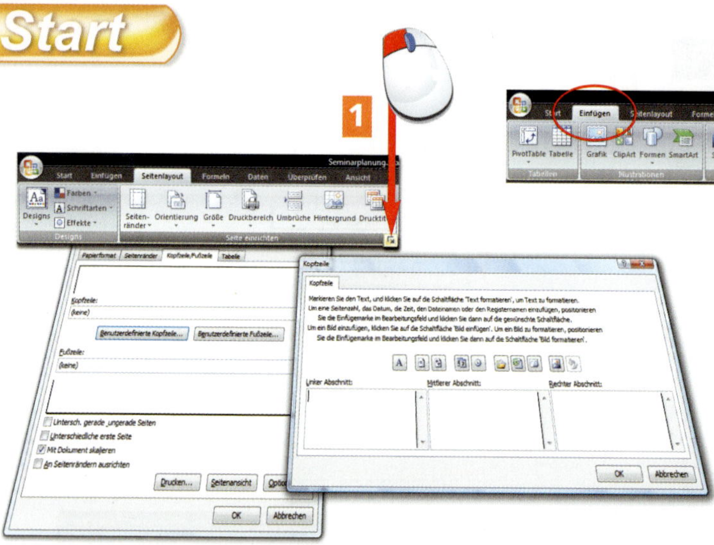

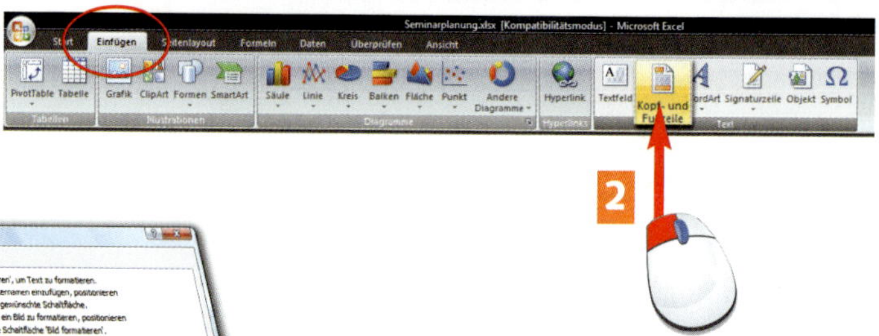

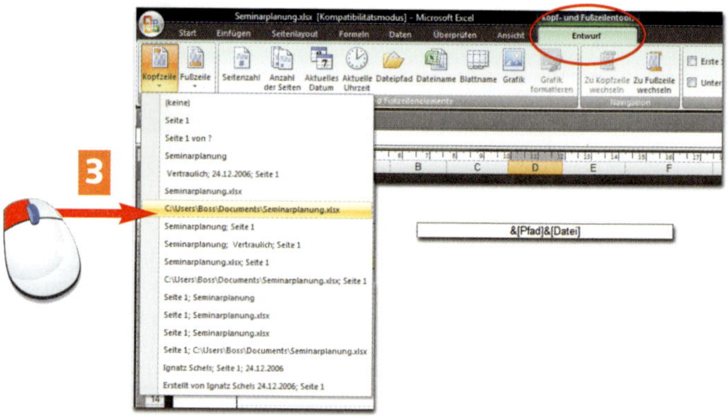

1 Im Dialogfenster unter *Seitenlayout/Seite einrichten* finden Sie die Kopf- und Fußzeilenverwaltung. Tragen Sie hier die Beschriftungen und die Codes ein.

2 Wählen Sie *Einfügen/Text/Kopf- und Fußzeile*, wenn Sie die beiden Randbereiche direkt im Seitenlayout beschriften wollen.

3 Excel schaltet eine weitere Registerkarte *Entwurf* hinzu, klicken Sie auf *Kopfzeile* und geben Sie den Text ein (hier: Dateipfad).

Nutzen Sie Kopf- und Fußzeilen, um Ihr Firmenlogo auf allen Seiten zu drucken oder automatische Informationen wie Seitenzahlen, Druckdatum oder Name und Dateipfad der Arbeitsmappe auszugeben. Excel arbeitet hier mit Formatcodes, die über Symbole zugewiesen werden.

WISSEN

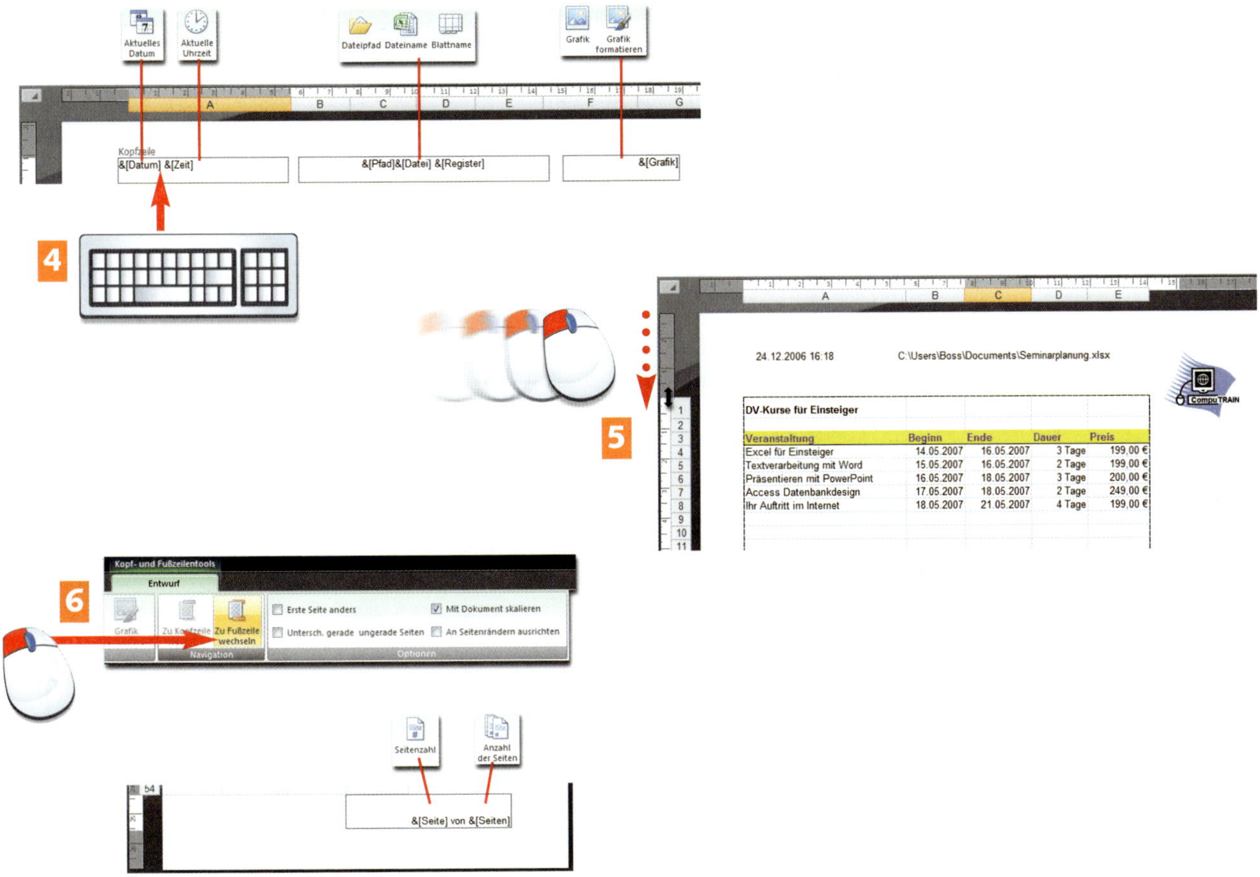

4 Markieren Sie auch die beiden anderen Bereiche und tragen Sie mit den Symbolen in der Entwurfsleiste weitere Codes in die Kopfzeile ein.

5 Ein Klick in die Tabelle zeigt das Ergebnis, ziehen Sie die Randlinie am vertikalen Lineal, um den Kopfzeilenbereich zu vergrößern.

6 Schalten Sie um in die Fußzeile und tragen Sie hier auf die gleiche Art Codes in die drei Bereiche ein. Die Optionen regeln die Anzeige beim Ausdruck.

Ende

Mit der ⇆-Taste schalten Sie auf den nächsten Bereich in der Kopf-/Fußzeile, ⇧-⇆ schaltet zurück.

TIPP

Der Kopf-/Fußzeilenentwurf aktiviert automatisch die Ansicht *Seitenlayout*. Schalten Sie unter *Ansicht/Arbeitsmappenansichten* wieder in die Normalansicht zurück.

HINWEIS

Die Formatcodes werden in der Seitenlayout-Ansicht und im Ausdruck durch ihre Inhalte ersetzt. Sie können sie auch händisch in die Kopf-/Fußzeilen eintragen.

HINWEIS

Start

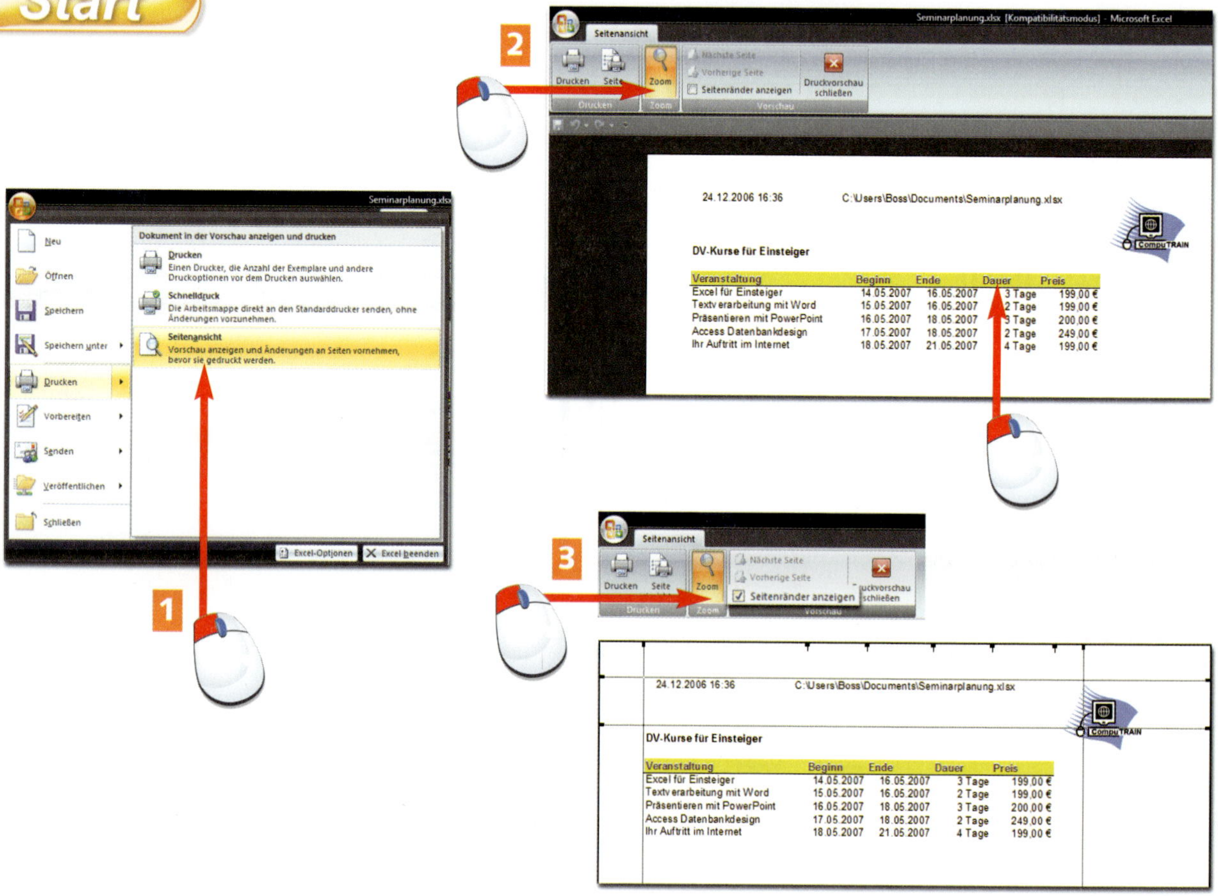

1 Schalten Sie im Office-Menü in die Seitenansicht, wenn Sie Ihre Tabelle in der Form sehen wollen, wie sie gedruckt wird.

2 Vergrößern Sie die Ansicht mit der Schaltfläche *Zoom* oder klicken Sie einfach mit dem Mauszeiger auf den Teil der Tabelle, den Sie größer sehen wollen.

3 Mit *Seitenränder anzeigen* blenden Sie die Seitenränder ein.

In der Seitenansicht sehen Sie Ihre Tabelle so, wie sie ausgedruckt wird. Nutzen Sie diese Ansicht, um Randeinstellungen zu ändern und Spaltenbreiten so zu setzen, dass alles im Ausdruck zu sehen ist, was die Tabelle enthält.

WISSEN

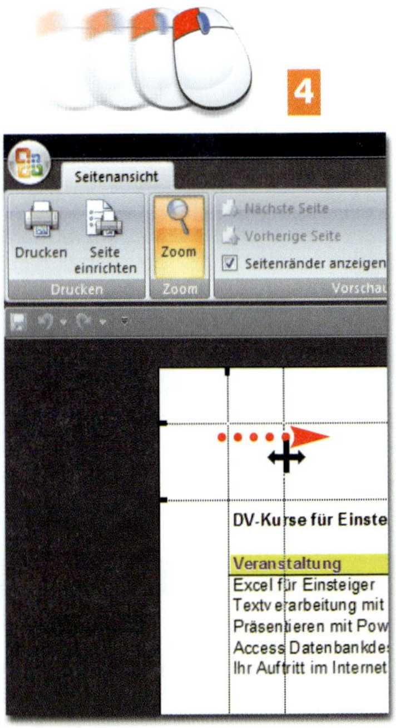

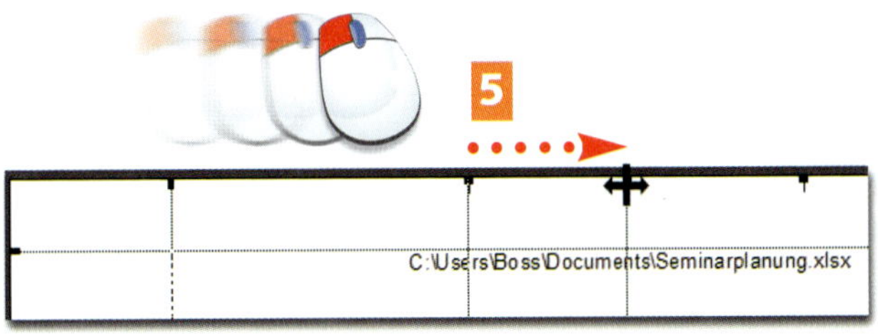

4 Ziehen Sie die Seitenrandlinie mit dem Mauszeiger auf dem schwarzen Randpunkt, um den Rand zu vergrößern oder zu verkleinern.

5 Auch die Spaltenlinien lassen sich mit dem Markierungspunkt verschieben, ändern Sie damit die Spaltengrößen.

6 Mit einem Klick auf das Symbol *Druckvorschau schließen* beenden Sie die Seitenansicht.

Ende

Für die Seitenansicht, die Sie oft brauchen werden, sollten Sie sich das Symbol in die Symbolleiste für den Schnellzugriff einbauen (Excel-Optionen, Kategorie *Anpassen*).

TIPP

Schnelle Tasten für die nächste bzw. vorherige Seite:
Bild↓
Bild↑

TIPP

Achten Sie auf die Seitenzahl in der Statusleiste: Wenn mehr als eine Seite zum Druck ansteht, können Sie mit *Nächste Seite* und *Vorherige Seite* blättern.

HINWEIS

Start

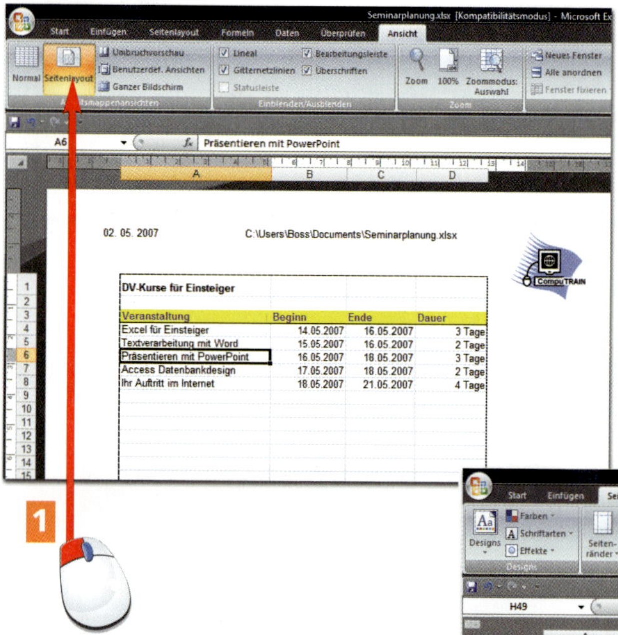

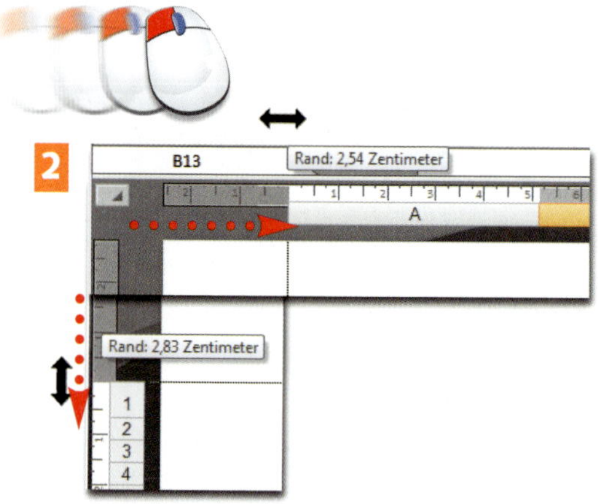

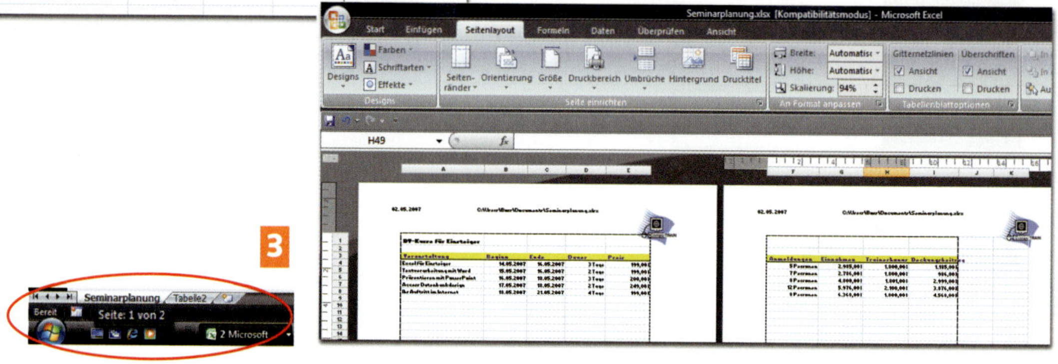

1 Wählen Sie *Ansicht/Arbeitsmappenansichten/Seitenlayout*, um die Tabelle in der Druckansicht bearbeiten zu können.

2 Die Randeinstellungen können Sie direkt in den Linealen ändern, ziehen Sie die Randlinie mit gedrückter Maustaste.

3 In dieser Ansicht sehen Sie alle Druckseiten der Tabelle, zoomen Sie die Ansicht herunter und kontrollieren Sie den Seitenzähler in der Statusleiste.

Die Ansicht *Seitenlayout* präsentiert Ihre Tabelle so, wie sie gedruckt wird, mit Kopf-/Fußzeilen und Seitenaufteilung. Im Unterschied zur Seitenansicht können Sie hier ganz normal arbeiten. Verwenden Sie die Seitenumbruchvorschau, wenn Sie in großen Tabellen die Seitenumbrüche gezielt setzen müssen.

WISSEN

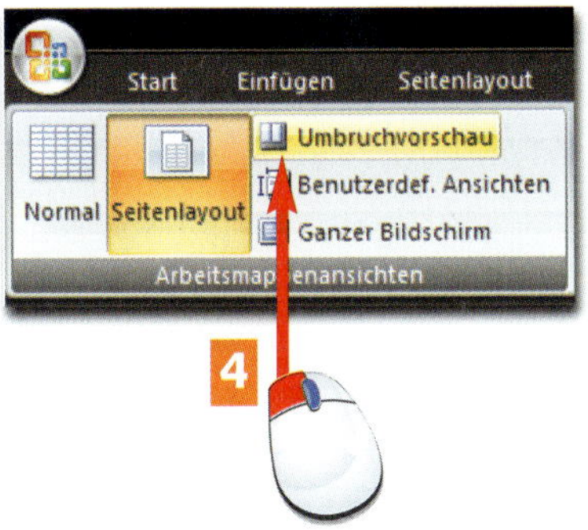

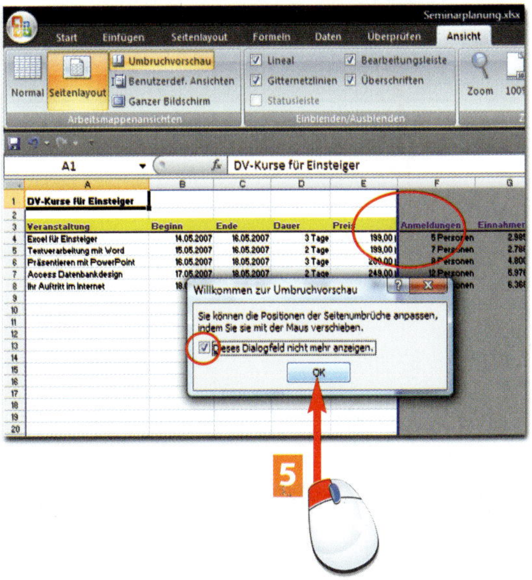

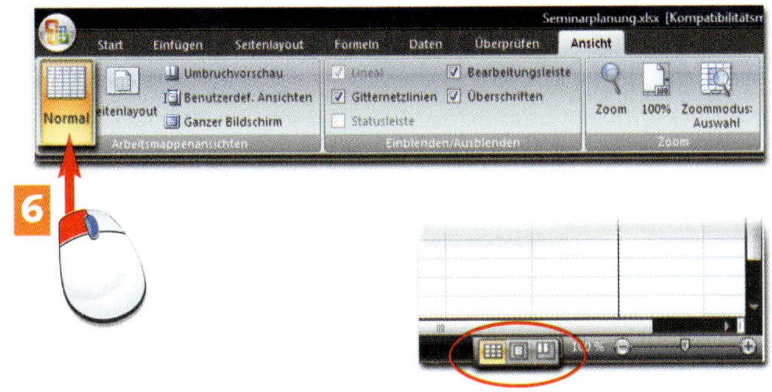

4 Wählen Sie *Ansicht/Arbeitsmappenansichten/Umbruchvorschau*, wenn Sie die Seitenumbrüche kontrollieren und anpassen wollen.

5 Bestätigen Sie die Meldung, schalten Sie sie mit einem Klick auf das Optionskästchen ab. Die blauen Randlinien können mit dem Mauszeiger verschoben werden.

6 Schalten Sie mit *Ansicht/Arbeitsmappenansichten/Normal* zurück zur Normalansicht. In der Statusleiste finden Sie drei Symbole für alle Ansichten.

Ende

Seitenumbrüche fügen Sie über *Seitenlayout/Umbrüche* ein. Markieren Sie vorher die erste Zeile, die auf der nächsten Seite stehen soll.

In der Seitenumbruchvorschau zeigt eine gestrichelte Linie den natürlichen Seitenumbruch. Wenn Sie den Seitenbereich vergrößern, wird das Seitenlayout automatisch skaliert. Sehen Sie unter *Seitenlayout/Größe/Weitere Papierformate* nach, um welchen Faktor.

HINWEIS

HINWEIS

Start

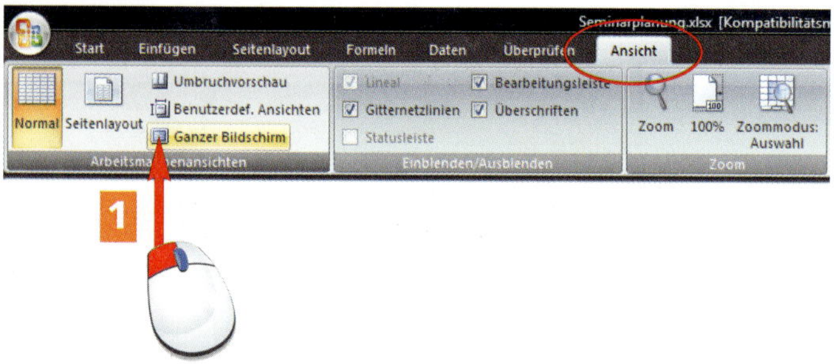

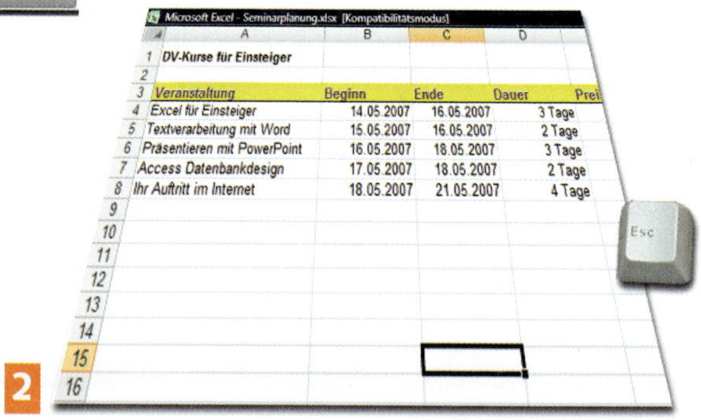

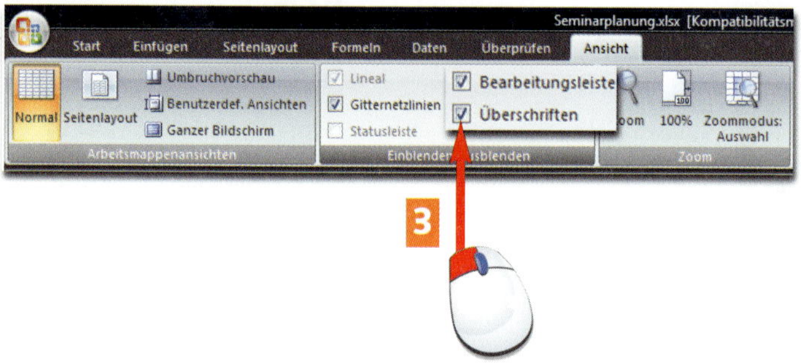

1. Wählen Sie *Ansicht/Arbeitsmappenansichten/Ganzer Bildschirm*, um den gesamten Kopfbereich auszublenden.
2. Drücken Sie die Esc-Taste, um wieder zurückzuschalten auf die vorherige Ansicht.
3. Schalten Sie die Bearbeitungsleiste und die Überschriften (Spaltenbuchstaben und Zeilennummern) aus, wenn Sie mehr Platz brauchen.

Oft werden Sie für die Bearbeitung von Tabellen einfach mehr Platz brauchen. Blenden Sie störende Elemente wie den Kopfbereich mit Multifunktionsleiste und die Zeilen-/Spaltenköpfe aus und schalten Sie für Druck oder Bildschirm auch die Gitternetze ab.

WISSEN

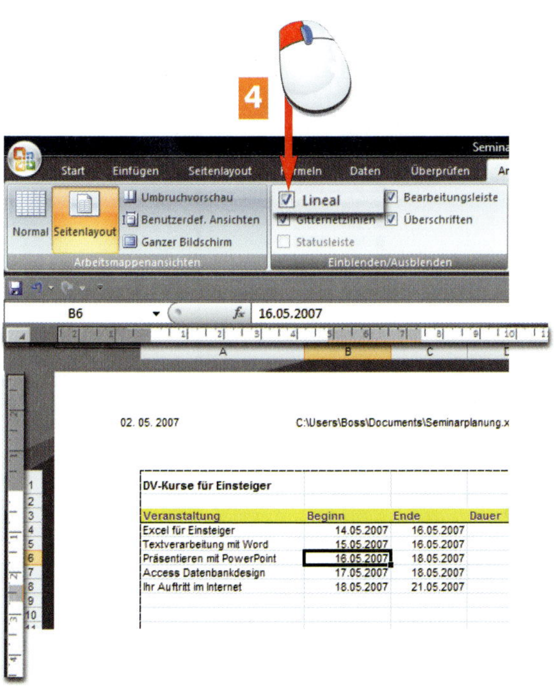

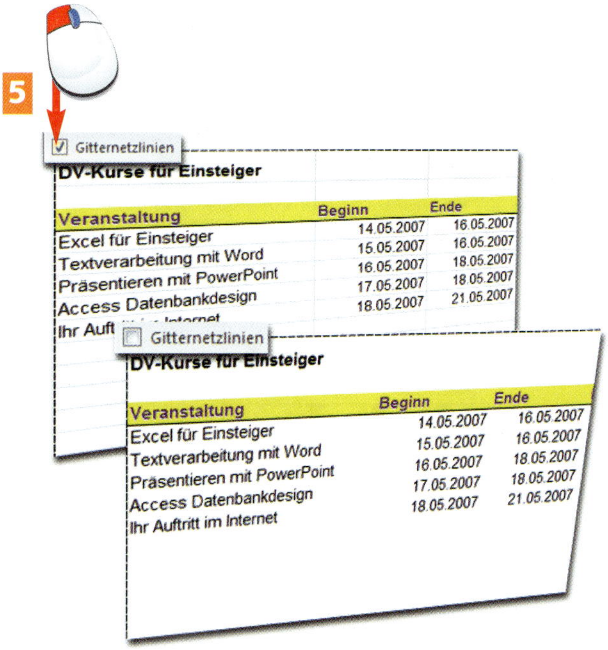

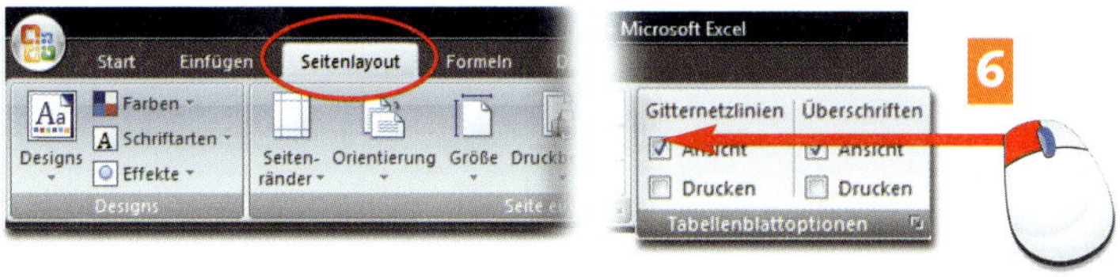

4 Die Lineale am oberen und linken Rand lassen sich nur in der Seitenlayout-Ansicht anzeigen und ausschalten.

5 Blenden Sie die Gitternetze für die Bildschirmansicht aus …

6 … oder schalten Sie um auf das Register *Seitenlayout* und schalten Sie die Gitternetze für Bildschirm und Ausdruck ein oder aus.

Ende

In den Excel-Optionen aus dem Office-Menü stellen Sie unter *Erweitert* die Anzeige einzelner Elemente wie Gitternetze oder Lineale für den Start der Arbeitsmappen ein.

HINWEIS

Start

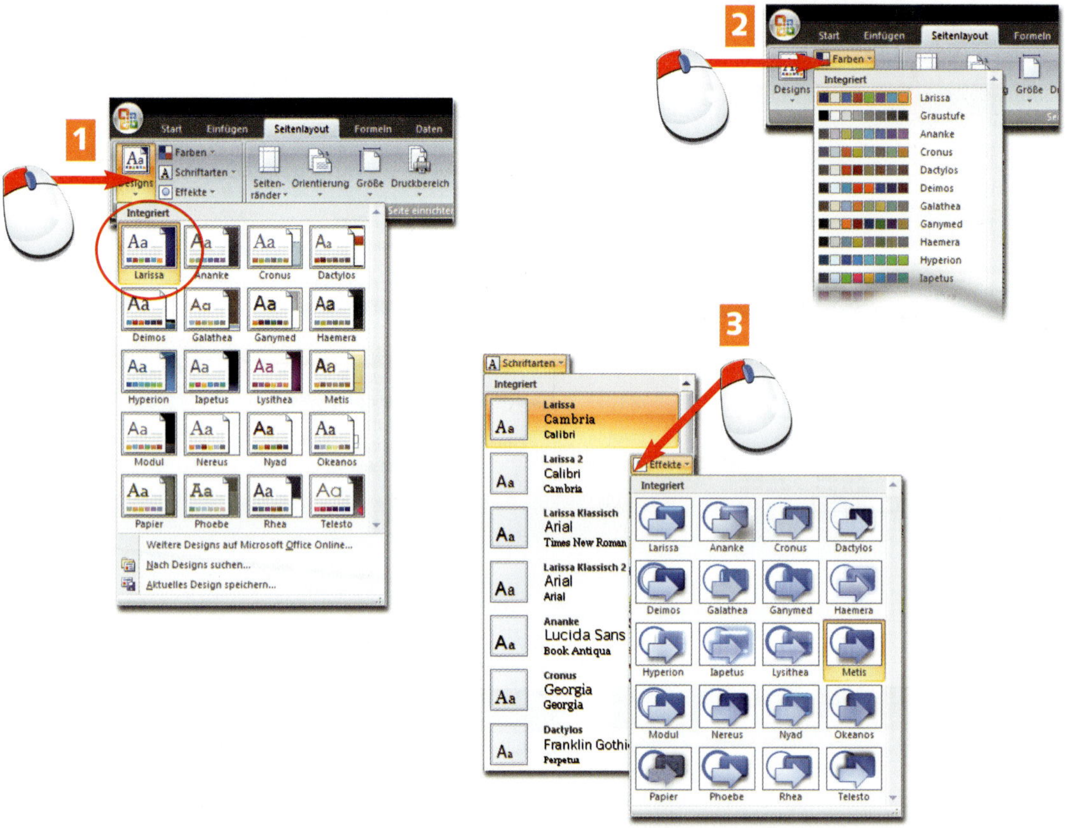

1 Auf der Registerkarte *Seitenlayout* finden Sie eine Auswahl von Designs. Das aktuelle Design ist gekennzeichnet.

2 Ändern Sie die Farben des eingestellten Designs mit einer Auswahl aus der Farbpalette.

3 Schriftarten und Effekte für Objekte in der Tabelle können Sie ebenfalls neu wählen oder anpassen.

Designs sind Formatvorlagen, die für Excel, Word und PowerPoint gelten. Verwenden Sie das gleiche Design für Ihre Tabelle, das Sie auch der PowerPoint-Präsentation oder dem Word-Text zugewiesen haben, dann haben Sie ein einheitliches Erscheinungsbild.

WISSEN

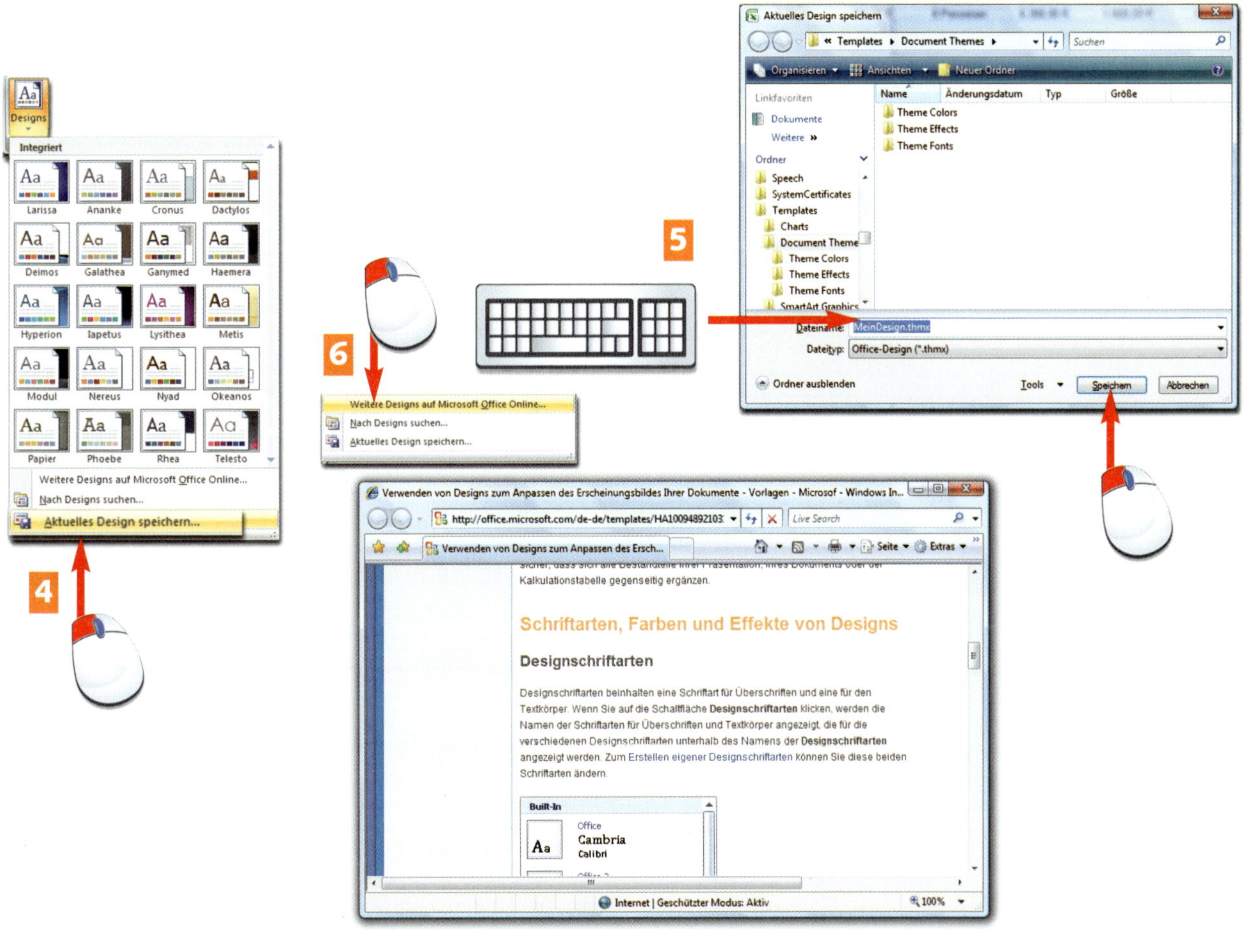

4 Mit *Aktuelles Design speichern* sichern Sie Ihre Änderungen.

5 Tragen Sie einen Namen für das neue Design ein und klicken Sie auf *Speichern*.

6 Weitere Designs, Erklärungen und Demos für die Bearbeitung von Designs finden Sie auf der Microsoft Office-Seite im Internet.

Ende

In einem Design sind Farben, Schriften und Objekteffekte harmonisch aufeinander abgestimmt.

HINWEIS

Designs werden mit der Dateiendung *thmx* im Benutzerordner abgespeichert. Unter dieser Dateiendung finden Sie auch Designdateien, zum Beispiel im Internet.

HINWEIS

6

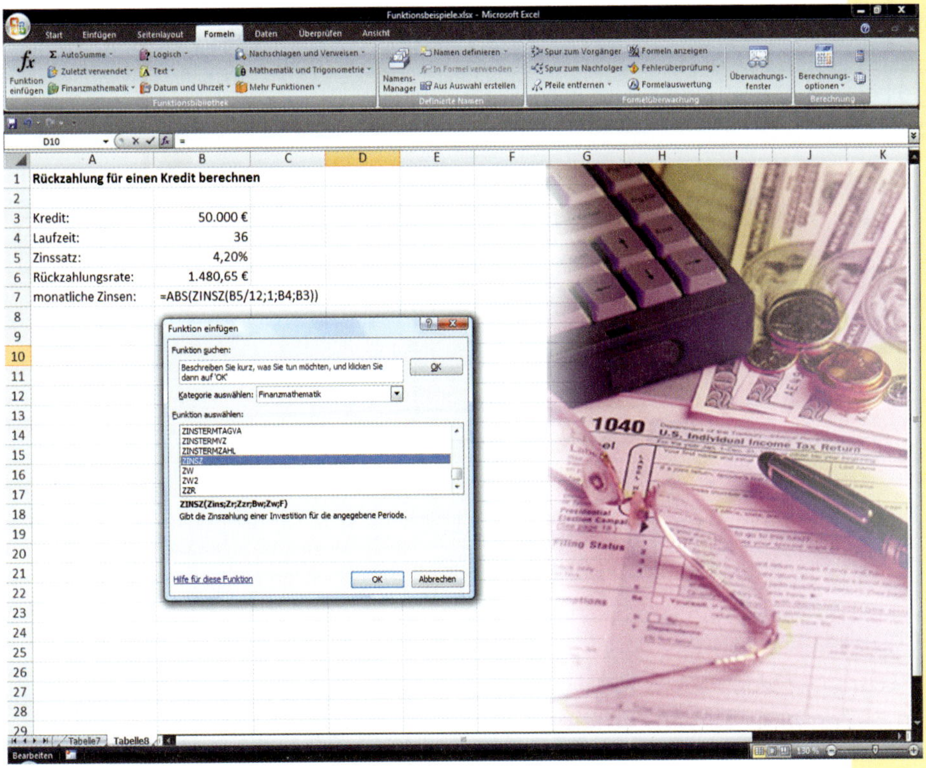

Funktionsbeispiele.xlsx - Microsoft Excel
Start
Einfügen
Seitenlayout
Formeln
Daten
Überprüfen
Ansicht
Funktion einfügen
AutoSumme
Zuletzt verwendet
Finanzmathematik
Logisch
Text
Datum und Uhrzeit
Nachschlagen und Verweisen
Mathematik und Trigonometrie
Mehr Funktionen
Funktionsbibliothek
Namens-Manager
Namen definieren
In Formel verwenden
Aus Auswahl erstellen
Definierte Namen
Spur zum Vorgänger
Spur zum Nachfolger
Pfeile entfernen
Formeln anzeigen
Fehlerüberprüfung
Formelauswertung
Formelüberwachung
Überwachungsfenster
Berechnungsoptionen
Berechnung
D10
Rückzahlung für einen Kredit berechnen
Kredit: 50.000 €
Laufzeit: 36
Zinssatz: 4,20%
Rückzahlungsrate: 1.480,65 €
monatliche Zinsen: =ABS(ZINSZ(B5/12;1;B4;B3))
Funktion einfügen
Funktion suchen:
Beschreiben Sie kurz, was Sie tun möchten, und klicken Sie dann auf 'OK'
OK
Kategorie auswählen: Finanzmathematik
Funktion auswählen:
ZINSTERMTAGVA
ZINSTERMVZ
ZINSTERMZAHL
ZINSZ
ZW
ZW2
ZZR
ZINSZ(Zins;Zr;Zzr;Bw;Zw;F)
Gibt die Zinszahlung einer Investition für die angegebene Periode.
Hilfe für diese Funktion
OK
Abbrechen
Tabelle7
Tabelle8
Bearbeiten

Formeln und Funktionen

Start

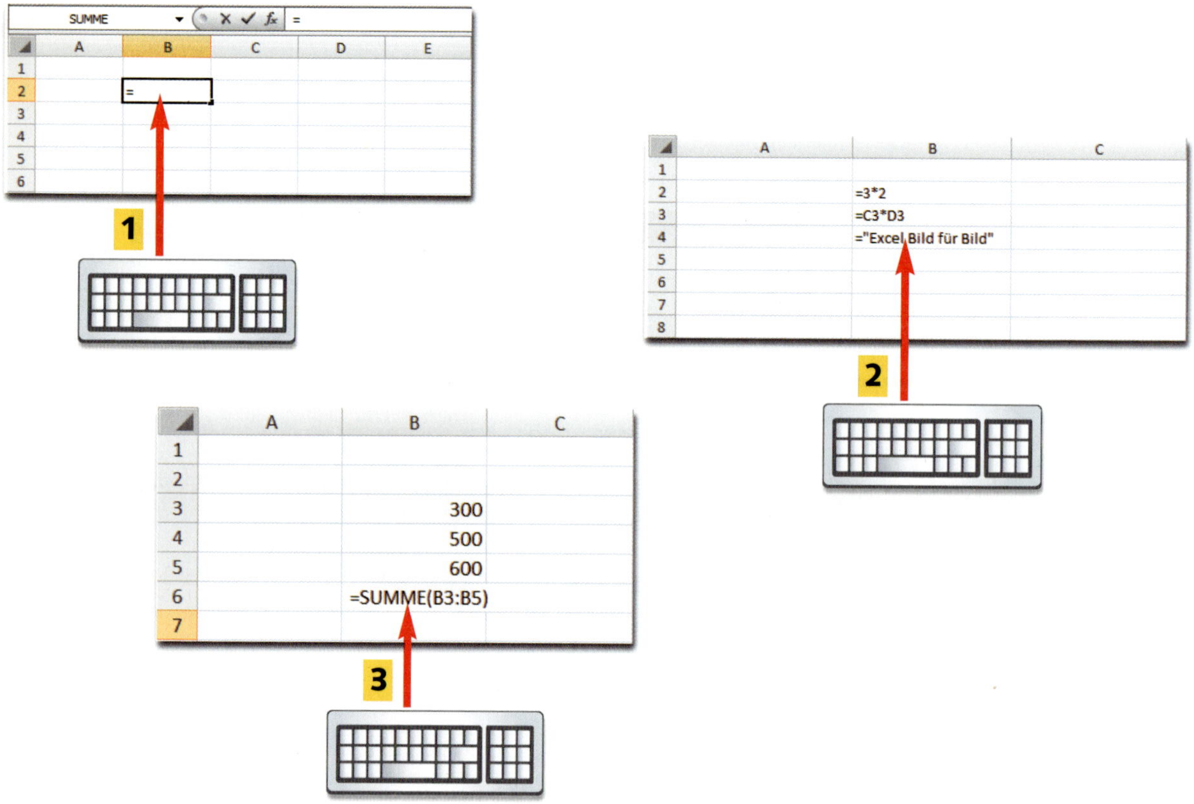

1. Mit einem =-Zeichen starten Sie eine Formel in der aktiven Zelle.
2. In die Formel können Sie Zahlen oder Texte einbauen (Texte immer in Anführungszeichen) und Verknüpfungen auf Zellen (Bezüge) verwenden.
3. Für komplexere Berechnungen enthalten Formeln Funktionen, wie hier die SUMME-Funktion.

Die Formel ist das Herz der Kalkulation, sie rechnet arithmetisch und geometrisch, baut logische Bedingungen, vergleicht und verknüpft Zellbezüge. Nehmen Sie sich die Zeit und üben Sie das Konstruieren von Formeln.
Das Buch „Excel Formeln und Funktionen" (ISBN 3-8272-6836-2) enthält alles, was Sie zu diesem Thema wissen müssen.

WISSEN

4

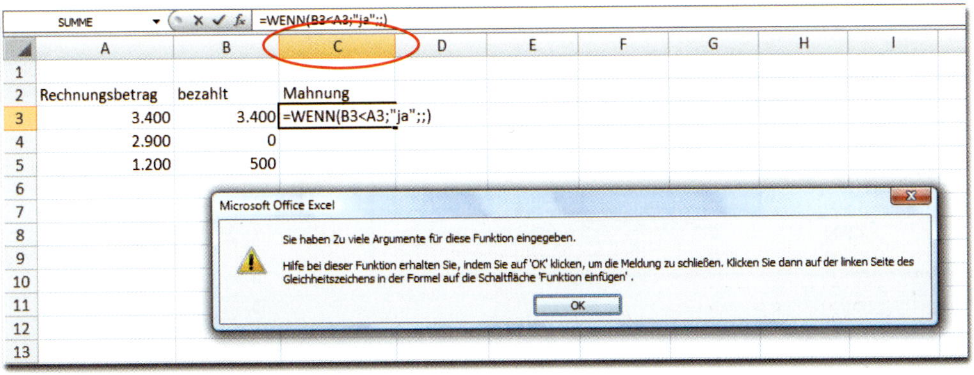

5

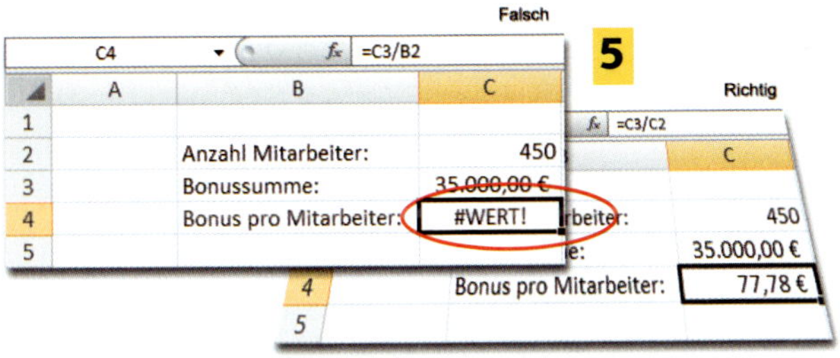

6

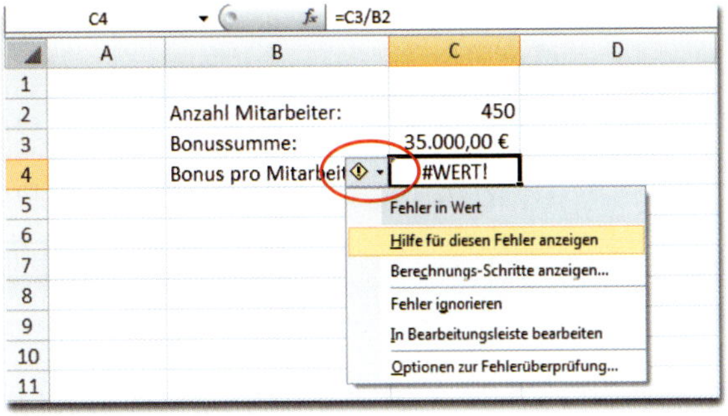

4 Wenn die Formel nicht korrekt ist, erhalten Sie eine Fehlermeldung unmittelbar nach der Eingabe (Richtige Formel: =WENN(B3<A3;"ja";"nein")).

5 Ist die Formel mathematisch oder logisch falsch, zeigt die Zelle eine Fehlermeldung an. Das gilt auch für falsche Bezüge und falsch geschriebene Formeln.

6 Achten Sie auf den Fehlerindikator, er zeigt den Grund für den Fehler an.

Ende

Ohne =-Zeichen behandelt Excel die Formel als einfachen Text. Wenn Sie die Fehlermeldung nicht weg-bekommen, schreiben Sie vorläufig ein Leerzeichen vor das =-Zeichen und suchen dann den Fehler.

TIPP

Fehlermeldungen siehe Kapitel 7.

TIPP

Alle Formelergebnisse in der Tabelle werden automatisch berechnet, wenn eine Zelle geändert wird. Diese automatische Berechnung lässt sich in den Excel-Optionen ausschalten.

HINWEIS

Start

1

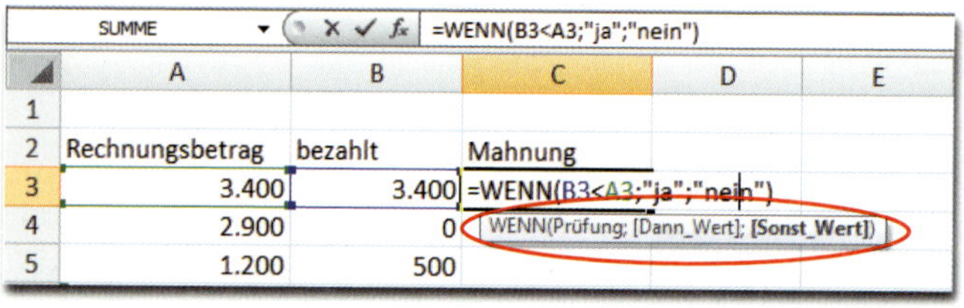

2

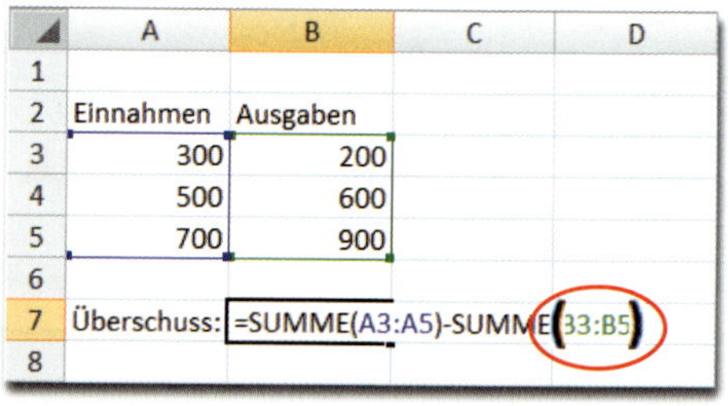

3

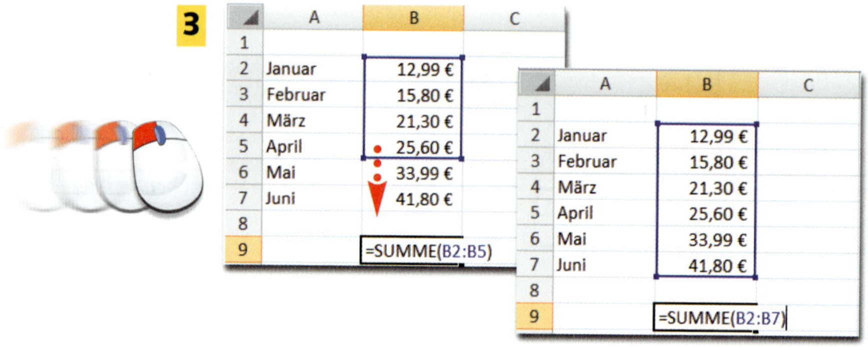

1 Die QuickInfo zeigt bei der Konstruktion von Funktionen die Argumentfolge an. Das fett gedruckte Argument ist an der Cursorposition erforderlich.

2 Achten Sie auf die Klammerpaar-Hilfe: Zusammengehörende Klammern werden fett angezeigt, wenn der Cursor über eine Klammer bewegt wird.

3 Zellbezüge in Formeln markiert Excel mit Farben. Ziehen Sie das Füllkästchen mit dem Mauszeiger, wenn der Bezug nicht passt, oder verschieben Sie es.

Excel lässt Sie nicht allein bei der Konstruktion von Formeln und bei der unvermeidbaren Fehlersuche. Die QuickInfo am Zellzeiger, die Farbmarkierungen und die vielen Korrekturhilfen auf der Registerkarte *Formeln* sind wichtige Werkzeuge für Formelbastler.

WISSEN

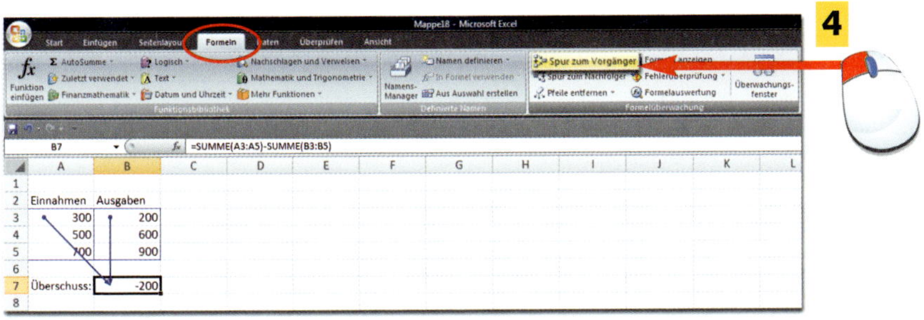

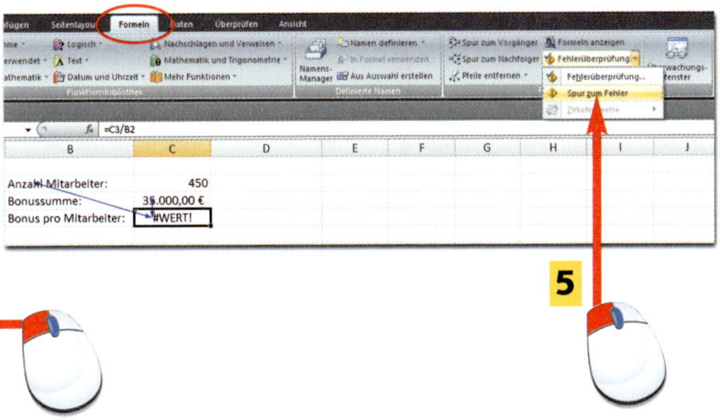

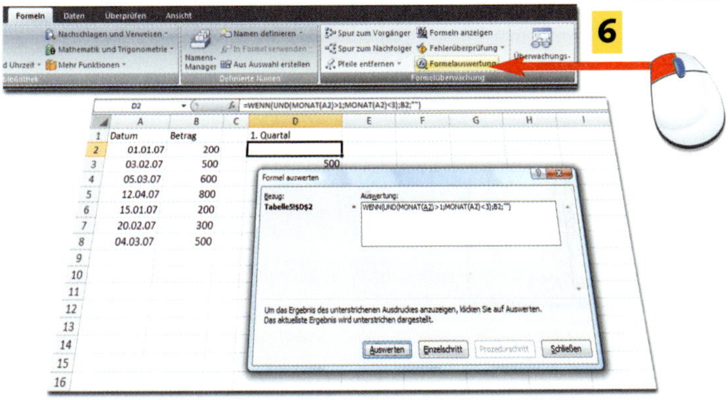

4 Auf der Registerkarte *Formeln* finden Sie Optionen zur Kennzeichnung der Bezüge. Ziehen Sie Pfeile zum Vorgänger oder Nachfolger ein.

5 Die Fehlerüberprüfung lässt sich wahlweise für die gesamte Tabelle oder für einen einzelnen Fehlerwert starten.

6 Mit der Formelauswertung können Sie komplexe, geschachtelte Formeln in ihre Bestandteile zerlegen und einzeln auswerten.

TIPP

Mit der Option *Formeln anzeigen* schalten Sie das ganze Tabellenblatt in die Formelansicht. Tastenkombination: Strg+#.

TIPP

In den Excel-Optionen (Kategorie *Erweitert*) lässt sich die QuickInfo ein- und ausschalten.

HINWEIS

Die Formelauswertung ändert keine Formel, sie rechnet diese nur von innen nach außen durch und präsentiert jeweils die Teilergebnisse.

Start

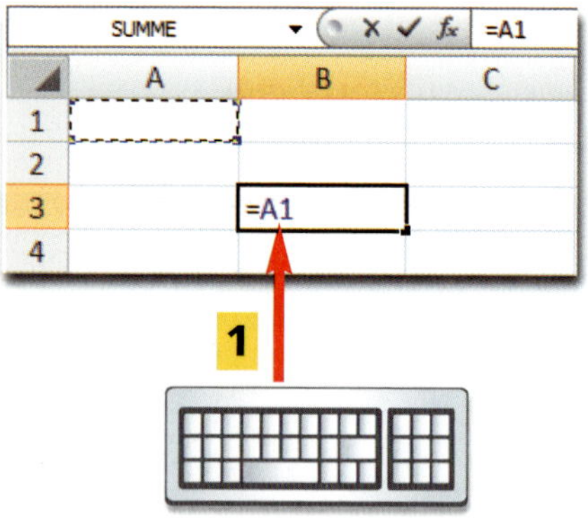

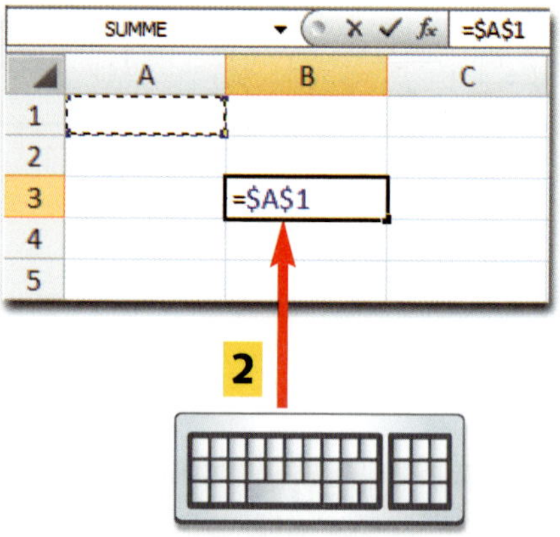

3

Zeile und Spalte relativ	=A1
Zeile relativ, Spalte absolut	=$A1
Zeile absolut, Spalte relativ	=A$1
Zeile und Spalte absolut	=$A$1

1 Im relativen Bezug werden Zeilennummer und Spaltenbuchstabe ohne Zusätze angegeben.

2 Der absolute Bezug verweist auf die Zelle mit je einem $-Zeichen vor der Zeilennummer und dem Spaltenbuchstaben.

3 In der gemischten Adressierung sind nur Zeilen oder Spalten relativ bzw. absolut.

Die Relativitätstheorie ist bei Excel einfacher als bei Einstein: Relative Bezüge passen sich an, wenn sie kopiert werden, absolute behalten ihre Adresse. Da diese Adressierungsformeln sehr wichtig in der Praxis sind, sollten Sie sie an diesem Beispiel mit der Mehrwertsteuer üben.

WISSEN

4

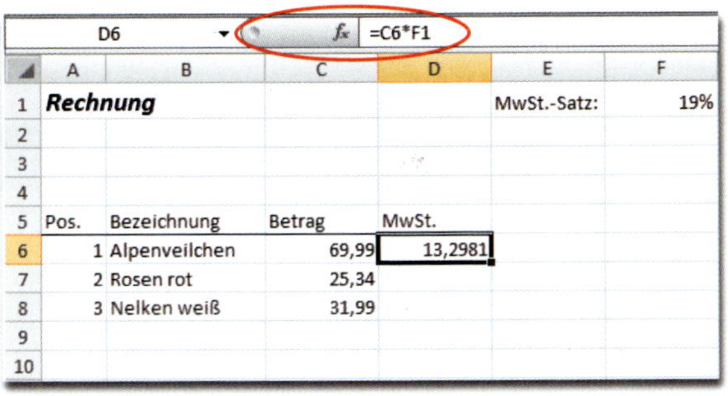

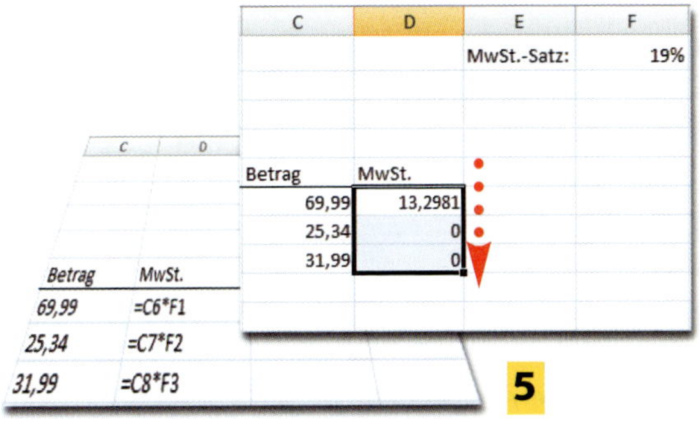

5

6

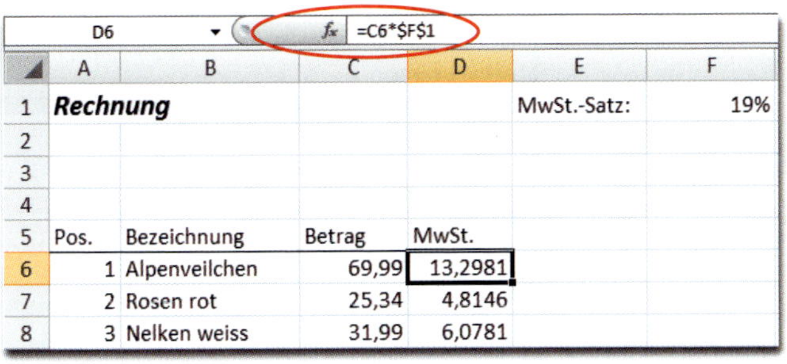

4 Ein Beispiel: Die Rechnungsbeträge werden mit dem Mehrwertsteuersatz multipliziert, um den zusätzlichen Betrag zu berechnen.

5 Wird die Formel anschließend mit dem Füllkästchen nach unten kopiert, sind die Ergebnisse falsch, da alle Bezüge angepasst werden.

6 Mit dem absoluten Bezug auf die Zelle mit dem Mehrwertsteuersatz kann die Formel kopiert werden. Die Adresse ändert sich nicht.

Ende

Mit der Funktionstaste F4 adressieren Sie einen relativen Bezug absolut und umgekehrt. Drücken Sie F4, nachdem die Adresse in die Bearbeitungsleiste eingetragen oder in dieser markiert wurde.

TIPP

Die Kopierrichtung ist entscheidend: Relative Zeilennummern passen sich an, wenn die Formel nach unten oder oben kopiert wird, relative Spaltenbuchstaben beim Kopieren nach links oder rechts.

HINWEIS

Start

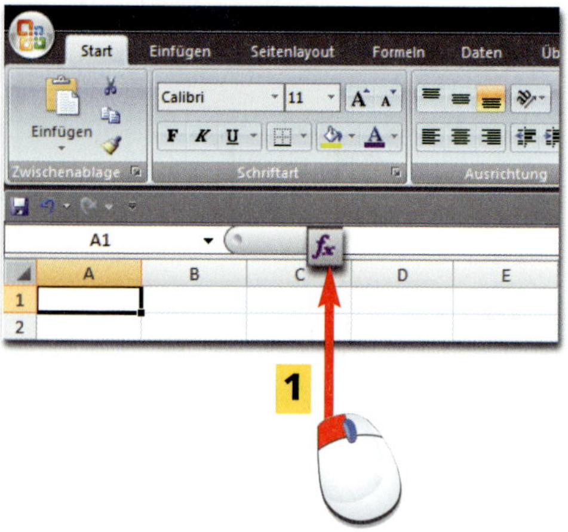

1

2

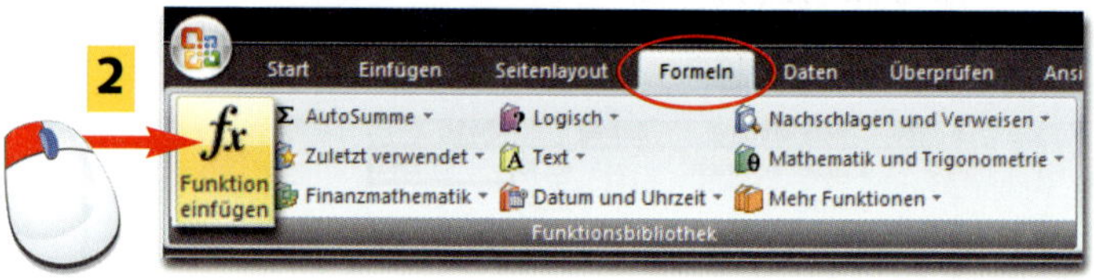

3

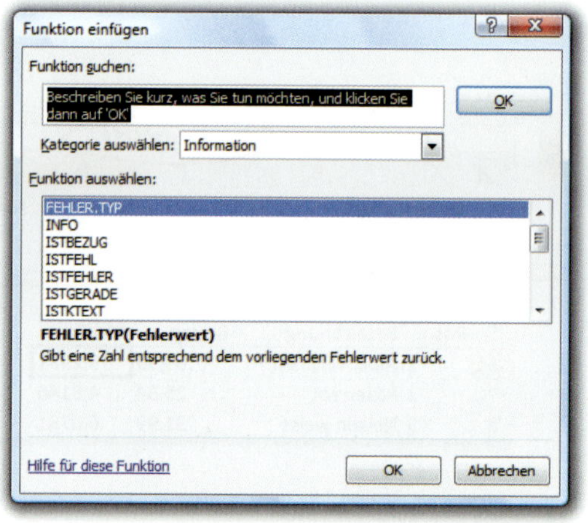

1 Der Funktions-Assistent wird per Klick auf das Symbol links an der Bearbeitungsleiste aktiviert.

2 Schalten Sie auf die Registerkarte *Formeln* um, finden Sie ein Symbol für den Funktions-Assistenten.

3 Der Funktions-Assistent präsentiert ein Suchfenster, eine Kategorienliste und eine Auswahl an Funktionen.

Der Funktions-Assistent hilft Ihnen, die einzelnen Funktionen kennenzulernen und den Überblick über alle zu bewahren. Aktivieren Sie ihn, wenn Sie gezielt nach einer Funktion suchen oder um komplexe Funktionen zu konstruieren.

WISSEN

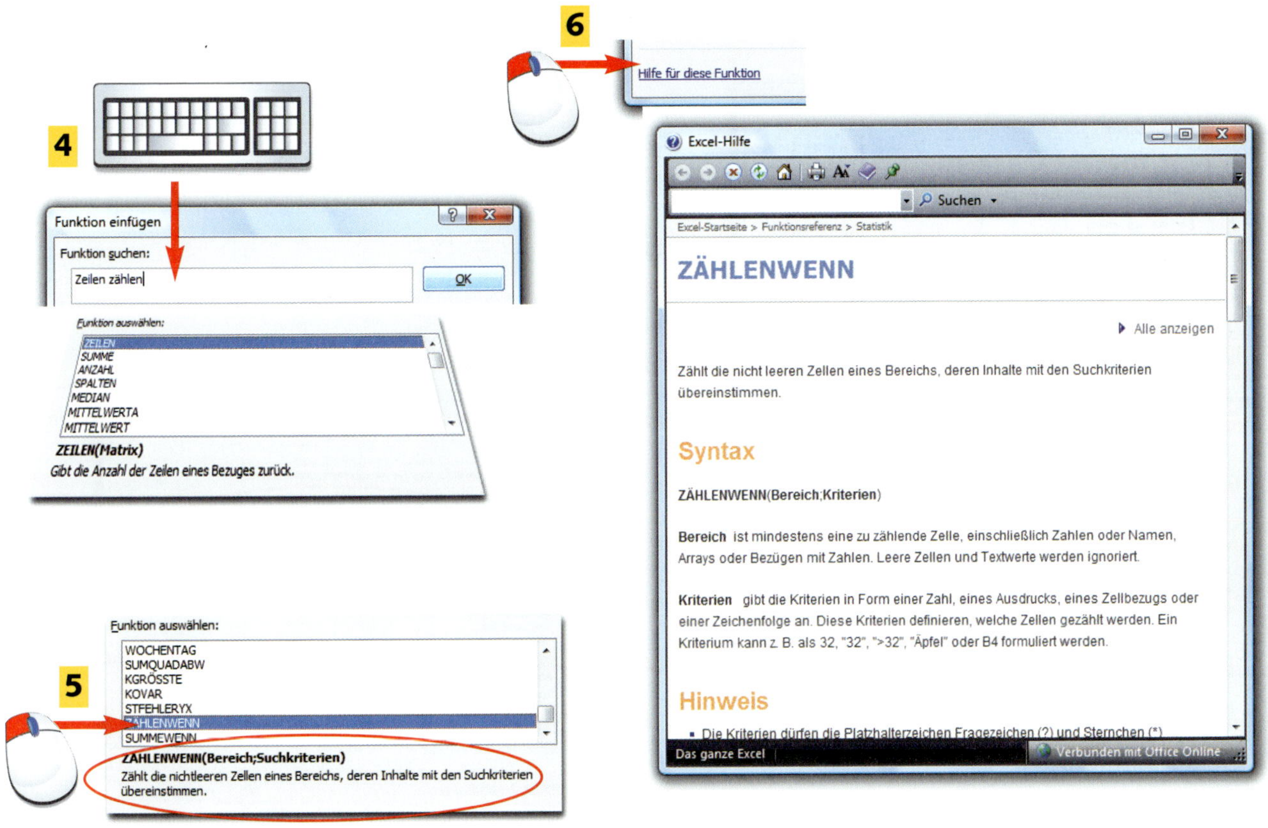

4 Geben Sie einen Suchbegriff ein und klicken auf *OK*, sucht der Assistent die passenden Funktionen.

5 Markieren Sie eine der angebotenen Funktionen und achten Sie auf den Beschreibungstext.

6 Ein Klick auf *Hilfe zu dieser Funktion* blendet die Excel-Hilfe mit einer genauen Beschreibung zur markierten Funktion ein.

Tastenkombinationen:
Funktions-Assistent: [⇧]+[F3]
SUMME-Funktion: [Alt]+[⇧]+[=]

TIPP

Wenn der Zellzeiger bereits auf eine Funktion zeigt, aktiviert der Funktions-Assistent nicht die Funktionsliste, sondern gezielt die Argumenteauswahl für diese Funktion.

HINWEIS

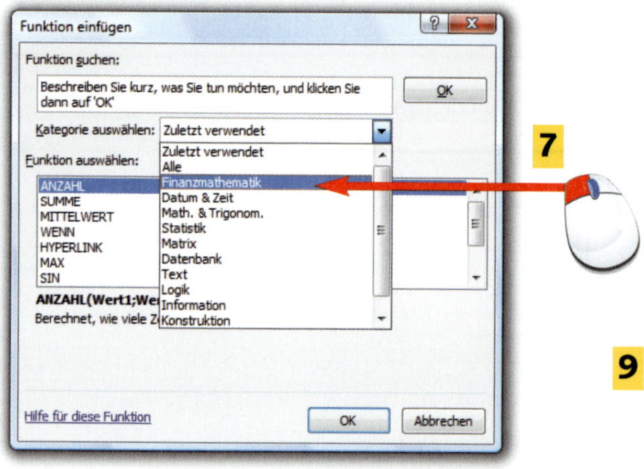

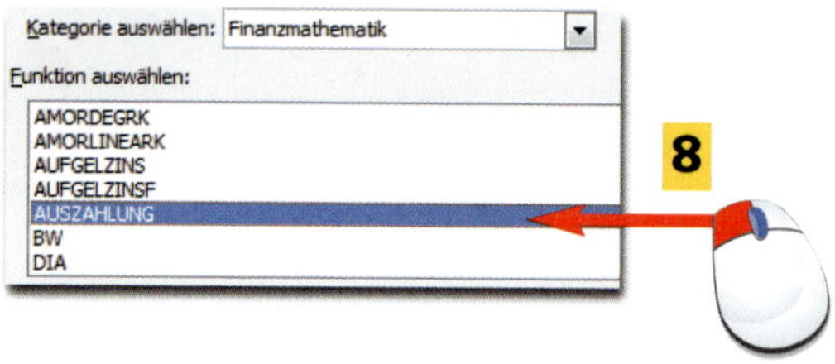

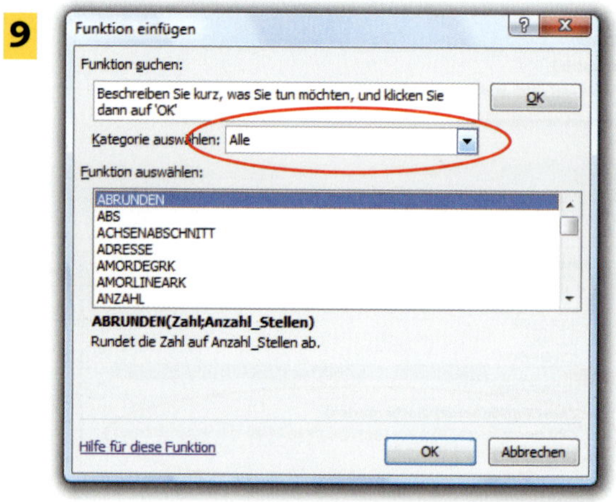

7 Wählen Sie eine Kategorie aus der Kategorienliste des Funktions-Assistenten.

8 Die Funktionsliste zeigt jetzt die Funktionen aus dieser Kategorie an.

9 Ein Klick auf *Alle* präsentiert die komplette Liste mit allen Funktionen, alphabetisch aufsteigend sortiert.

Alle Excel-Funktionen sind in Kategorien unterteilt, was die Suche nach der richtigen Funktion etwas einfacher macht. Sehen Sie sich an, was die Funktionsauswahl zu bieten hat, und probieren Sie die ersten Funktionen an einfachen Beispielen aus.

WISSEN

10

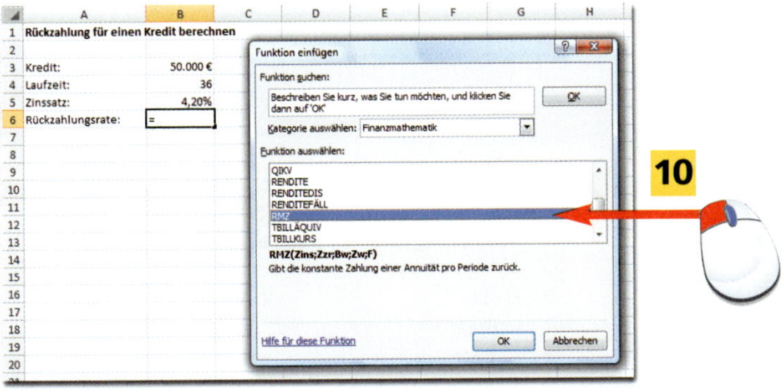

11

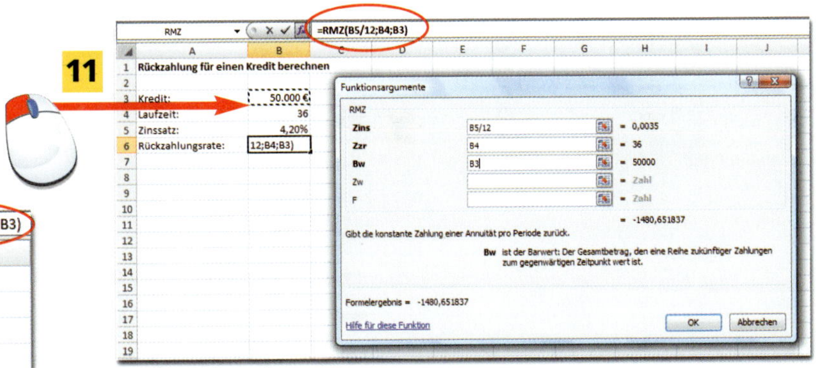

12

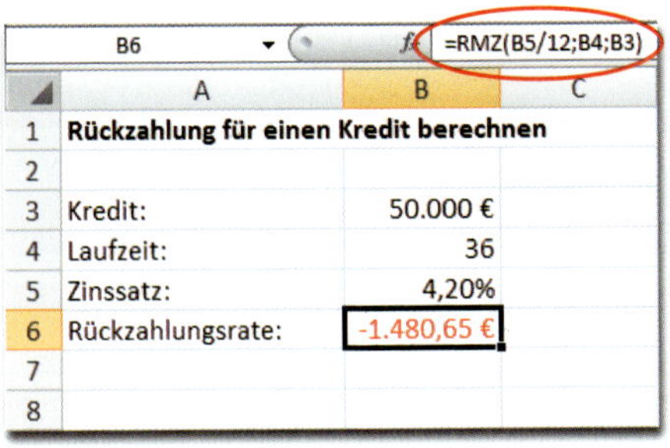

10 Hier ein Beispiel aus der Finanzmathematik: Berechnen Sie mit der Funktion *RMZ* die Rückzahlungsrate für einen Kredit.

11 Tragen Sie die Funktionsargumente in die einzelnen Felder ein. Zellbezüge können Sie im Hintergrund mit dem Mauszeiger markieren.

12 Bestätigen Sie die Funktion mit einem Klick auf *OK*, die Formel wird abgeschlossen und in die Zelle eingetragen.

Ende

Klicken Sie in die Funktionsliste und tippen Sie den ersten Buchstaben ein, um eine gesuchte Funktion schneller zu finden.

TIPP

Achten Sie auf die Ergebnisrechnung in der Argumenteliste, sie zeigt gleich nach dem Eintrag eines Zellbezugs dessen Inhalt, und auch das (Teil-) Ergebnis wird sofort berechnet.

HINWEIS

Start

1

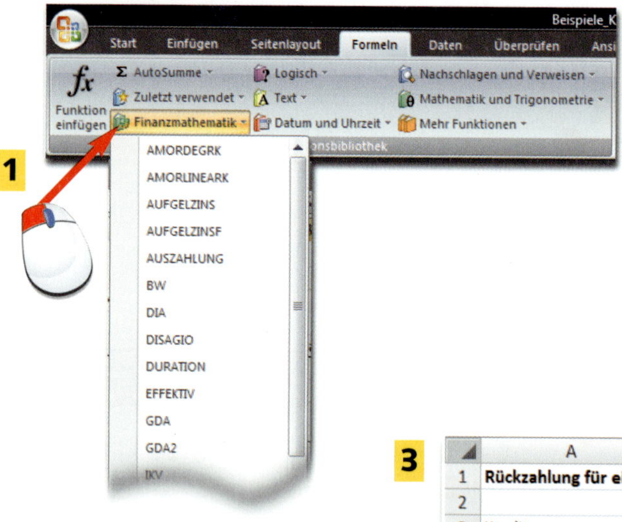

2

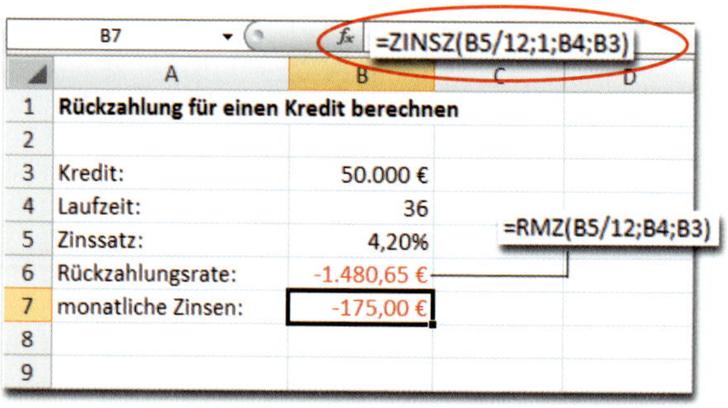

3

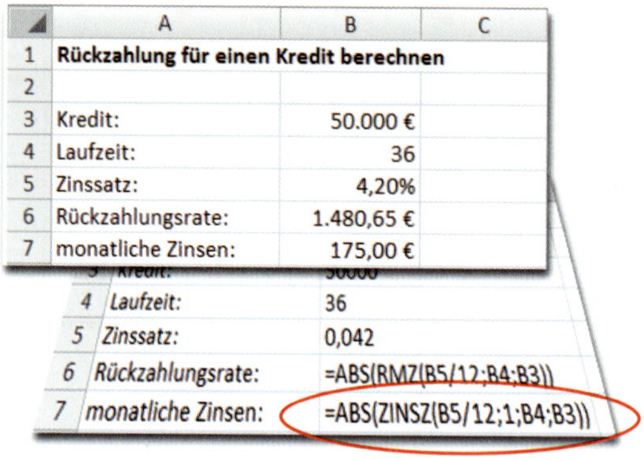

1 Auf der Registerkarte *Formeln* finden Sie die Kategorie *Finanzmathematik*. Holen Sie Funktionen nach einem Klick auf das Symbol aus der Liste.

2 Neben der Rückzahlungsrate mit RMZ können Sie mit ZINSZ auch die monatlichen Zinsen für ein Darlehen berechnen.

3 Schachteln Sie die Berechnungen in eine ABS-Funktion (Absolut), wird das Ergebnis positiv.

Zins und Tilgung, Rückzahlung von Darlehen und Renditen von Wertpapieren – rechnen Sie mit Excel, was Ihr Geld kostet und Ihre Anlagen wert sind. Die finanzmathematischen Funktionen bieten Rechenalgorithmen für Annuitäten, Abschreibungen und Aktienkurse.

WISSEN

4

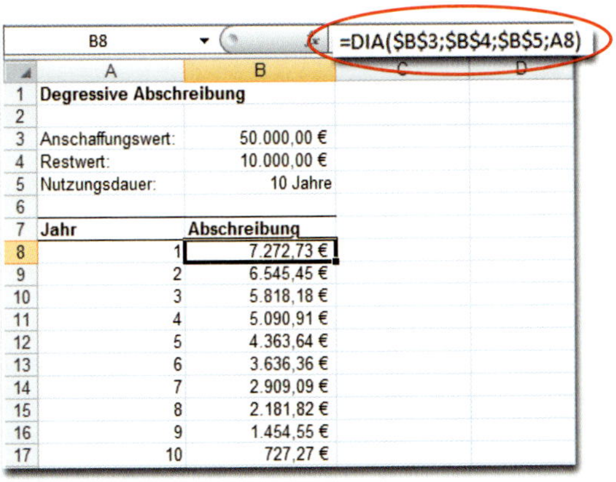

B8 | =DIA($B$3;$B$4;$B$5;A8)

	A	B	C	D
1	Degressive Abschreibung			
2				
3	Anschaffungswert:	50.000,00 €		
4	Restwert:	10.000,00 €		
5	Nutzungsdauer:	10 Jahre		
6				
7	Jahr	Abschreibung		
8	1	7.272,73 €		
9	2	6.545,45 €		
10	3	5.818,18 €		
11	4	5.090,91 €		
12	5	4.363,64 €		
13	6	3.636,36 €		
14	7	2.909,09 €		
15	8	2.181,82 €		
16	9	1.454,55 €		
17	10	727,27 €		

5

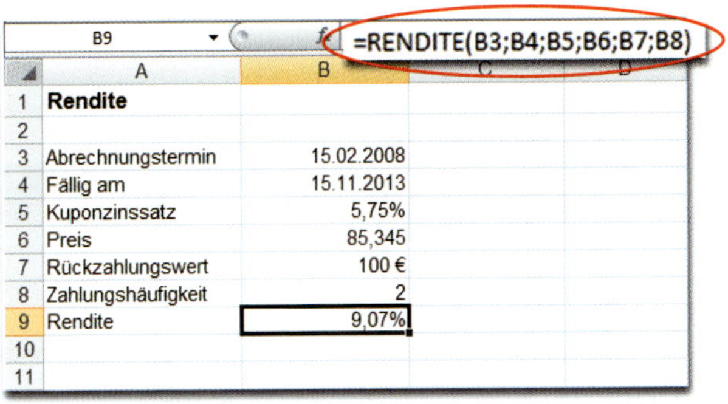

B9 | =RENDITE(B3;B4;B5;B6;B7;B8)

	A	B	C	D
1	Rendite			
2				
3	Abrechnungstermin	15.02.2008		
4	Fällig am	15.11.2013		
5	Kuponzinssatz	5,75%		
6	Preis	85,345		
7	Rückzahlungswert	100 €		
8	Zahlungshäufigkeit	2		
9	Rendite	9,07%		
10				
11				

6

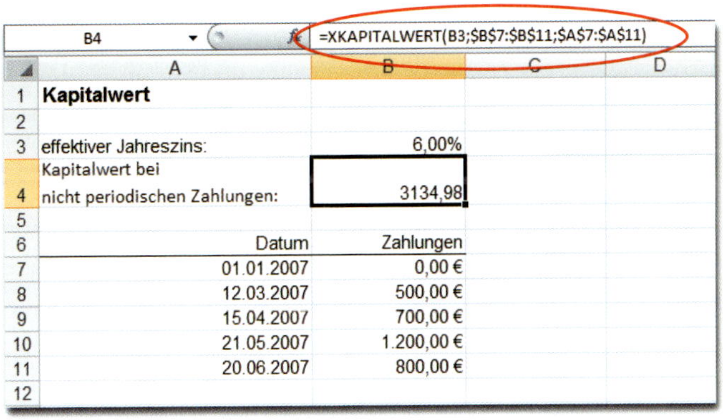

B4 | =XKAPITALWERT(B3;$B$7:$B$11;$A$7:$A$11)

	A	B	C	D
1	Kapitalwert			
2				
3	effektiver Jahreszins:	6,00%		
4	Kapitalwert bei nicht periodischen Zahlungen:	3134,98		
5				
6	Datum	Zahlungen		
7	01.01.2007	0,00 €		
8	12.03.2007	500,00 €		
9	15.04.2007	700,00 €		
10	21.05.2007	1.200,00 €		
11	20.06.2007	800,00 €		
12				

4 Die Funktion DIA() liefert die degressive Abschreibung für ein Wirtschaftsgut über eine bestimmte Nutzungsdauer.

5 Berechnen Sie mit der gleichnamigen Funktion die Rendite eines Wertpapiers, das periodisch Zinsen auszahlt.

6 Mit der Funktion XKAPITALWERT berechnen Sie die Abzinsungen von Zahlungen bzw. den Kapitalwert einer Reihe nicht periodischer Zahlungen.

Ende

Die Funktion DIA liefert die arithmetisch-degressive Abschreibung, mit LIA berechnen Sie die lineare Abschreibung.

TIPP

Weitere Darlehensfunktionen: ZZR berechnet die Anzahl der Zahlungsperioden. ZW berechnet den Barwert des Darlehens, wenn Zins und Rückzahlung bekannt sind.

HINWEIS

Start

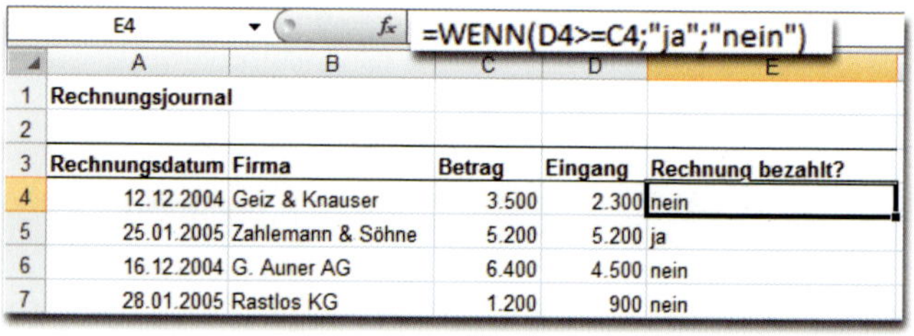

	A	B	C	D	E
1	Rechnungsjournal				
2					
3	Rechnungsdatum	Firma	Betrag	Eingang	Rechnung bezahlt?
4	12.12.2004	Geiz & Knauser	3.500	2.300	nein
5	25.01.2005	Zahlemann & Söhne	5.200	5.200	ja
6	16.12.2004	G. Auner AG	6.400	4.500	nein
7	28.01.2005	Rastlos KG	1.200	900	nein

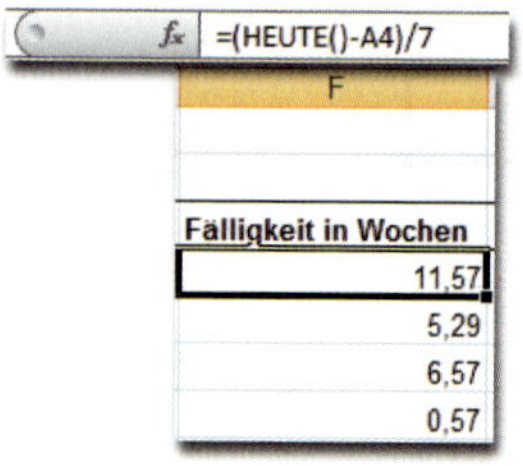

1 Die Funktionskategorie *Logisch* bietet Funktionen zur Herstellung von Wahrheitswerten.

2 Das Rechnungsjournal enthält offene Posten und Zahlungseingänge. Mit WENN wird berechnet, wer vollständig bezahlt hat.

3 Berechnen Sie in der nächsten Spalte die Fälligkeit in Wochen.

Logik ist eine natürliche Begabung von Computerprogrammen, und die logischen Funktionen von Excel folgen den Gesetzen der „booleschen Algebra". Stellen Sie mit WENN Bedingungen auf und arbeiten Sie mit UND, ODER und WENNFEHLER.

WISSEN

4

G4 | =WENN(UND(F4>3;E4="nein");C4-D4;"")

	A	B	C	D	E	F	G
1	Rechnungsjournal						
2							
3	Rechnungsdatum	Firma	Betrag	Eingang	Rechnung bezahlt?	Fälligkeit in Wochen	Mahnbetrag
4	12.03.2007	Geiz & Knauser	3.500	2.300	nein	11,57	1200
5	25.04.2007	Zahlemann & Söhne	5.200	5.200	ja	5,29	
6	16.04.2007	G. Auner AG	6.400	4.500	nein	6,57	1900
7	28.05.2007	Rastlos KG	1.200	900	nein	0,57	
8							

5

C2 | =WENN(B2<20;"Jugend";WENN(B2<30;"Junioren";WENN(B2<50;"Herren";"Senioren")))

	A	B	C
1	Name	Alter	Altersgruppe
2	Hugo Schnell	25	Junioren
3	Fritz Renner	45	Herren
4	Bernd Eilig	20	Junioren
5	Franz Läufer	16	Jugend
6	Dieter Raser	62	Senioren
7	Bruno Zehnkampf	41	Herren

6

B3 | =WENNFEHLER(SVERWEIS(A3;$F$2:$G$19;2;FALSCH);"")

	A	B	F	G
1	2007		Feiertagsliste 2007	
2	Januar	Termin	Mo, 01. 01.07	Neujahrstag
3	01 Mo	Neujahrstag	Sa, 06. 01.07	Dreikönigstag
4	02 Di		Fr, 06. 04.07	Karfreitag
5	03 Mi		So, 08. 04.07	Ostersonntag
6	04 Do		Mo, 09. 04.07	Ostermontag
7	05 Fr		Mo, 19. 02.07	Rosenmontag
8	06 Sa	Dreikönigstag	Do, 17. 05.07	Chr. Himmelfahrt
9	07 So		So, 27. 05.07	Pfingstsonntag
10	08 Mo		Mo, 28. 05.07	Pfingstmontag
11	09 Di		Do, 07. 06.07	Fronleichnam
12	10 Mi		Mi, 08. 08.07	Friedensfest (Augsburg)
13	11 Do		Mi, 15. 08.07	Mariä Himmelfahrt
14	12 Fr		Do, 01. 11.07	Allerheiligen
15	13 Sa		Mi, 03. 10.07	Tag der d. Einheit
16	14 So		Mi, 31. 10.07	Reformationsfest
17	15 Mo		Mi, 21. 11.07	Buß- und Bettag
18	16 Di		Di, 25. 12.07	1. Weihnachtsfeiertag
19	17 Mi		Mi, 26. 12.07	2. Weihnachtsfeiertag
20	18 Do			
21	19 Fr			

4 Mit der logischen Funktion UND fassen Sie zwei Bedingungen zusammen. Das Ergebnis ist WAHR, wenn beide Bedingungen wahr sind.

5 Schachteln Sie die WENN-Funktion bis zu 7-mal, hier zum Beispiel, um Altersgruppen zu berechnen.

6 Die Funktion WENNFEHLER liefert einen zweiten (Fehler-)Wert, wenn der Ausdruck im ersten Argument fehlerhaft ist (hier ein Verweis auf die Feiertagsliste).

Ende

UND liefert das Ergebnis WAHR, wenn alle Argumente wahr sind, für ODER genügt ein wahres Argument, um den Ausdruck WAHR zu machen. Mit NICHT kehren Sie das Ergebnis um.

HINWEIS

WENNFEHLER liefert das Ergebnis des ersten Arguments, wenn dieses keinen Fehlerwert zum Ergebnis hat.

HINWEIS

Start

1

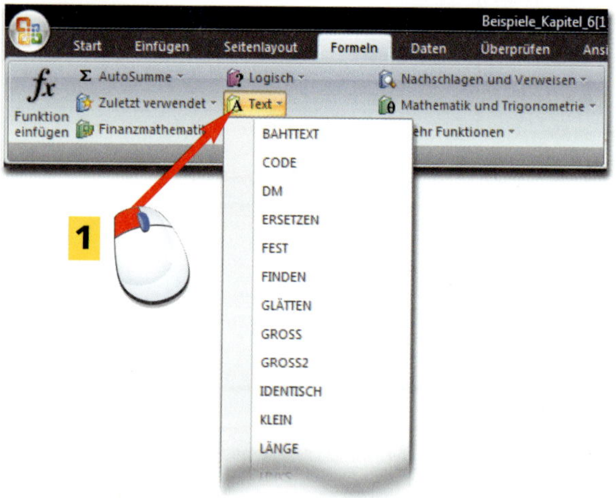

2

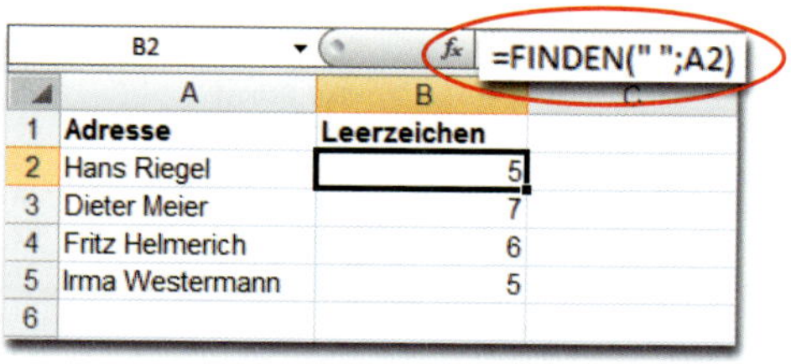

3

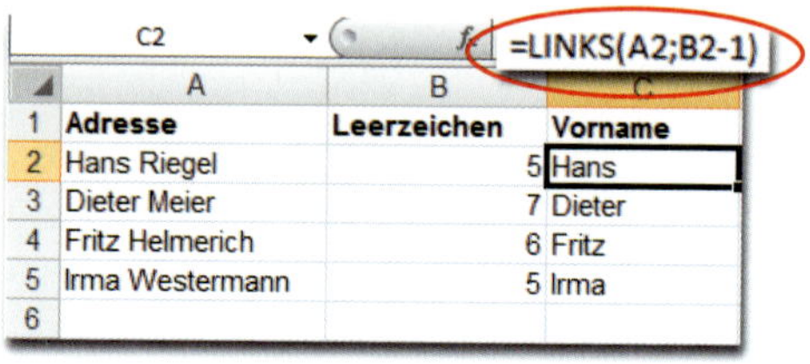

1 Die Kategorie *Text* bietet Funktionen an, die zur Bearbeitung von Text in der Tabelle benötigt werden.

2 Mit der Funktion FINDEN ermitteln Sie die Position eines Zeichens in einem Text (hier des Leerzeichens in einem Namen).

3 Um den Vornamen aus dem Text zu löschen, verwenden Sie die Funktion LINKS. Die Länge im zweiten Argument der Funktion wird mit FINDEN berechnet.

Excel rechnet sogar mit Text, zwar nicht algebraisch, aber das Programm kann Buchstabenketten analysieren, schneiden und zusammenfügen. Sehen Sie sich die Textfunktionen an, sie gehören zu den wichtigsten Werkzeugen für Funktionshandwerker.

WISSEN

4

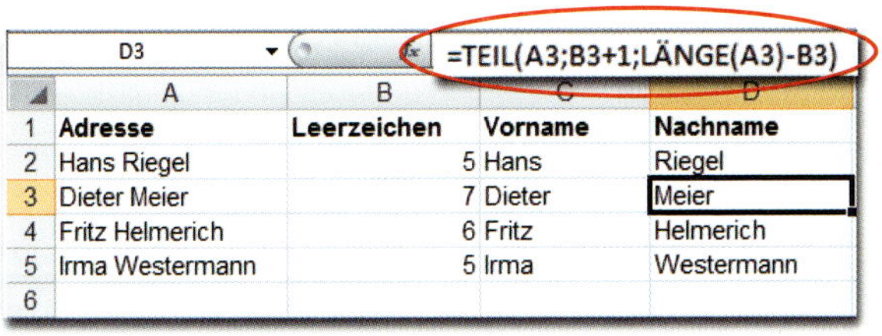

5

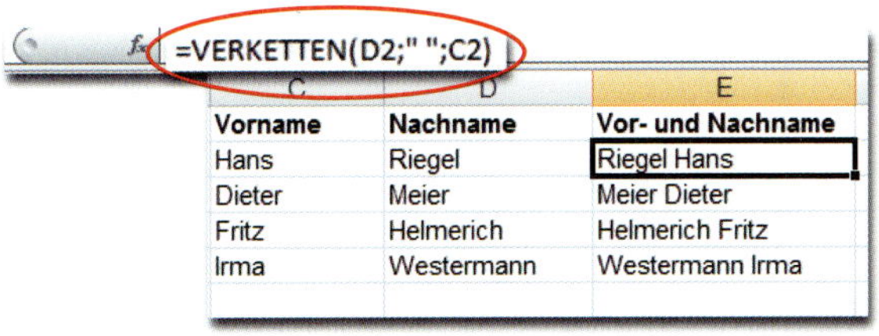

6

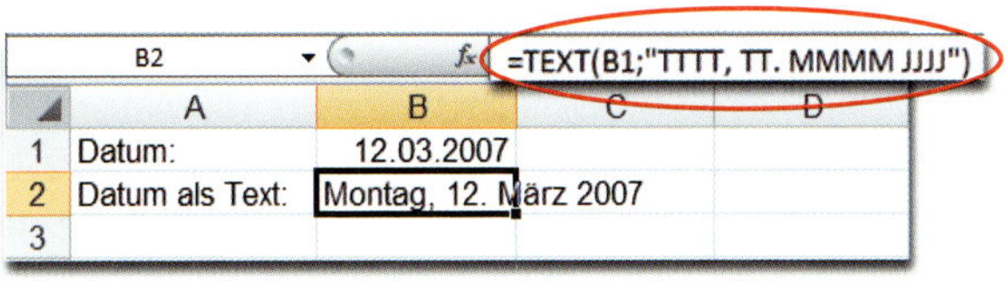

4 Mit der Funktion TEIL ermitteln Sie den Teil des Textes, der ab der Leerzeichenposition beginnt, und das ist der Nachname.

5 VERKETTEN dreht das Ganze wieder um und erstellt eine Textkette aus einzelnen Teilen. Alternative: =D2&" "&B2.

6 Nutzen Sie die Funktion TEXT, um Zahlen oder Datumswerte mit Angabe des Zahlenformats in Texte zu verwandeln.

Ende

TIPP

In Kapitel 12 lesen Sie, wie Textdateien eingelesen werden, die nicht im Excel-Format abgespeichert sind.

HINWEIS

Weitere Textfunktionen:
KLEIN wandelt Text in Kleinbuchstaben um.
GROSS wandelt Text in Großbuchstaben um.
GLÄTTEN entfernt überflüssige Leerzeichen aus dem Text.

HINWEIS

Neben LINKS und TEIL gibt es natürlich auch RECHTS, die Funktion berechnet die Textkette von der anderen Seite.

Start

1

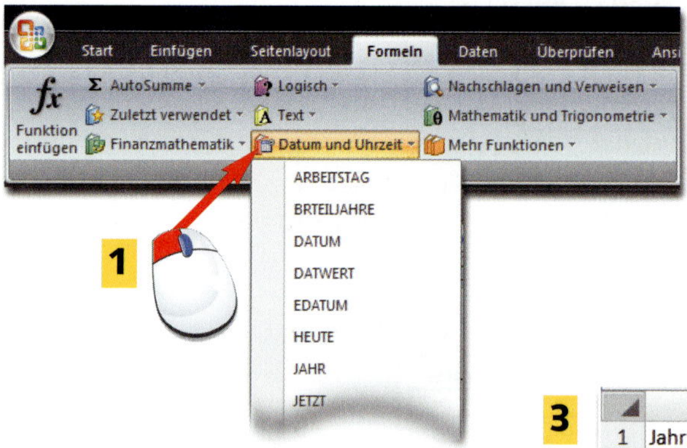

2

	A	B
1	Tagesdatum ohne Zeit:	12.05.2007
2	Tagesdatum mit Zeit:	12.05.2007 09:30

1	Tagesdatum ohne Zeit:	=HEUTE()
2	Tagesdatum mit Zeit:	=JETZT()

3

	A	B
1	Jahr:	2007
2	Monat:	5
3	Tag:	17
4		
5	Datum:	Donnerstag, 17. Mai 2007
6	3 Monate später:	Freitag, 17. August 2007

1	Jahr:	2007
2	Monat:	5
3	Tag:	17
4		
5	Datum:	=DATUM(B1;B2;B3)
6	3 Monate später:	=EDATUM(B5;3)

1 Die Datums- und Zeitfunktionen finden Sie unter dem Symbol *Datum und Uhrzeit* in der Funktionsbibliothek.

2 Die Funktionen HEUTE und JETZT geben das aktuelle Systemdatum aus. JETZT liefert auch die Zeit mit.

3 Mit DATUM konstruieren Sie ein Datum aus den Zahlenargumenten Tag, Monat und Jahr, EDATUM berechnet das Datum n Monate davor oder danach.

Das Rechnen mit Datum und Zeit ist eine Spezialität von Excel. In der Kategorie *Datum und Zeit* finden Sie viele Funktionen vom Tagesdatum bis zur Berechnung des Wochentags. Basis aller Operationen ist ein interner Kalender, der mit dem Tag 1 am 1. Januar 1900 beginnt und bis zum 31.12.9999 reicht.

WISSEN

4

B2 | =WOCHENTAG(A2)

	A	B	C	D
1	Datum	Wochentag		
2	12.05.2007	7	Samstag	
3	15.05.2007	3	Dienstag	
4	21.05.2007	2	Montag	
5	30.05.2007	4	Mittwoch	

=WAHL(B2;"Sonntag";"Montag";"Dienstag";"Mittwoch";"Donnerstag";"Freitag";"Samstag")

5

Formel: =HEUTE()
Zahlenformat: TT.MM.JJ

Formel: =B5
Zahlenformat: TTTT

Formel: =DATUM(JAHR(HEUTE());MONAT(B5);TAG(B5))
Zahlenformat: TTTT, TT.MM.JJJJ

Formel: =WENN(D5>B1;D5-$B$1;"gefeiert")
Zahlenformat: 0" Tage"

	A	B	C	D	E
1	Tagesdatum:	15.03.2007			
2					
3					
4	*Name*	*Geburtstag*	*geboren an einem ...*	*Geburtstag dieses Jahr*	*Tage bis dahin*
5	Birgit	12.08.1986	Dienstag	Sonntag, 12.08.2007	150 Tage
6	Tanja	15.09.1990	Samstag	Samstag, 15.09.2007	184 Tage
7	Willi	04.12.1966	Sonntag	Dienstag, 04.12.2007	264 Tage
8	Oma	03.02.1945	Samstag	Samstag, 03.02.2007	gefeiert

6

E4 | =ZEIT(B4;C4;D4)

	A	B	C	D	E
1	**Halbmarathon**				
2					
3	Teilnehmer	Stunden	Minuten	Sekunden	Zeit
4	Schnell	2	12	34	02:12:34
5	Raser	1	34	57	01:34:57
6	Bleifuß	3	2	12	03:02:12
7	Kriech	3	35	50	03:35:50

4 Die Funktion WOCHENTAG liefert eine Zahl für den Wochentag des Datums (1 = Sonntag, … 7 = Samstag).

5 Berechnen Sie mit Datumsfunktionen und Zahlenformaten die Geburtstage Ihrer Bekannten und Freunde.

6 Mit der Funktion ZEIT werden Zeitwerte aus den Zahlenwerten für Stunde, Sekunde und Minute gebildet, hier zum Beispiel für eine Wettkampfauswertung.

Ende

Verwenden Sie das zweite Argument von WOCHENTAG, wenn Sie eine andere Zahlenfolge haben wollen.

TIPP

Verwenden Sie nicht die Funktion KALENDERWOCHE, sie rechnet falsch, weil sie den 1. Januar als ersten Kalendertag annimmt (nach DIN ist es die erste Woche mit 4 Tagen).

TIPP

NETTOARBEITSTAGE berechnet die Differenz zwischen zwei Datumswerten in Wochentagen.

HINWEIS

Start

1

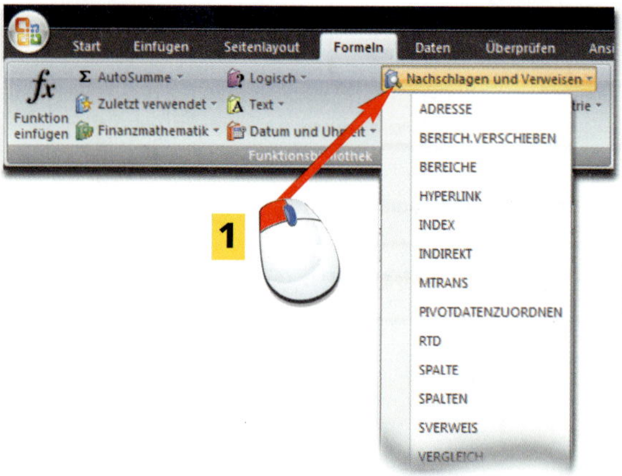

2

3

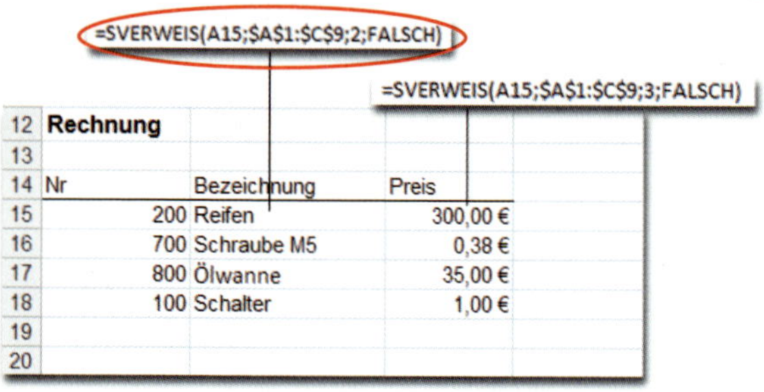

1 *Nachschlagen und Verweisen* heißt die Funktionskategorie, in der Matrixfunktionen angeboten werden.

2 Die Funktion ZEILEN zählt die Anzahl der Zeilen in einem Zellbereich.

3 Mit dem Spaltenverweis SVERWEIS ermitteln Sie den Zeilenwert aus dem Bereich, in dessen erster Spalte ein Suchkriterium (hier die Artikelnummer) gesucht wird.

Zu den wichtigsten und effizientesten Funktionen gehören die Matrixfunktionen mit Nachschlage- und Verweisfunktionen. Lernen Sie die wichtigsten Vertreter dieser Funktionsgattung aus der Funktionsbibliothek kennen.

WISSEN

4

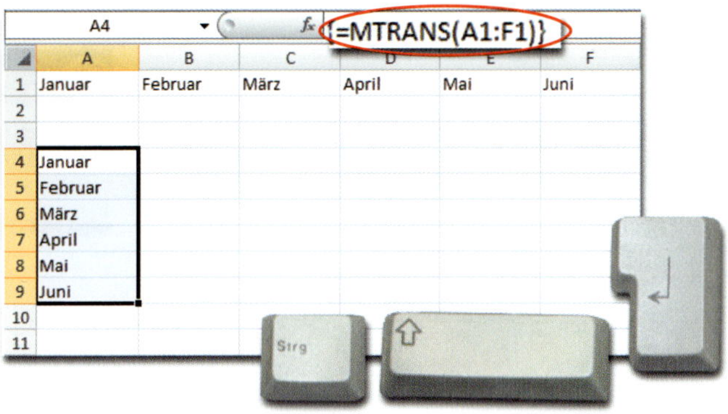

5

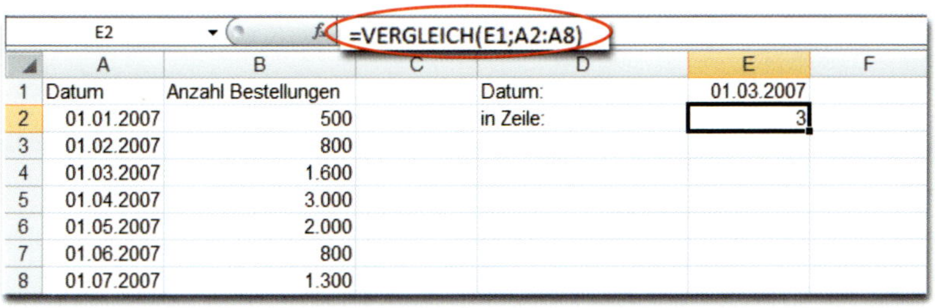

6

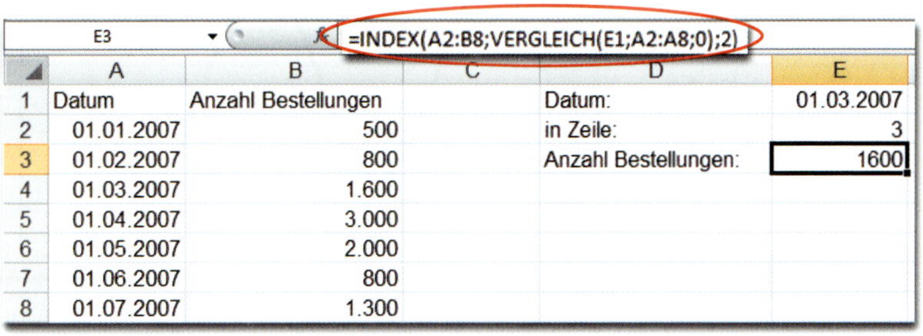

4 Verwenden Sie die Matrixfunktion MTRANS, um einen horizontalen Bereich vertikal (oder umgekehrt) abzubilden (mit Strg + ⇧ + ↵ abschließen).

5 Die Funktion VERGLEICH ermittelt die Zeilennummer, in der das Suchkriterium vorkommt, …

6 … und dient damit der INDEX-Funktion als Zeilenindex für die Suche nach einem Wert in einer anderen Spalte.

Ende

Eine Alternative zu MTRANS: Wählen Sie *Start/Zwischenablage/Einfügen/Transponieren*, um den kopierten Bereich zu drehen.

HINWEIS

Array: Frühere, ältere Bezeichnung für Matrix, taucht oft in Beschreibungen noch auf.

FACHWORT

Achtung beim SVERWEIS: FALSCH im letzten Argument stellt sicher, dass bei der Suche nicht der nächstkleinere Wert akzeptiert wird.

HINWEIS

Start

1
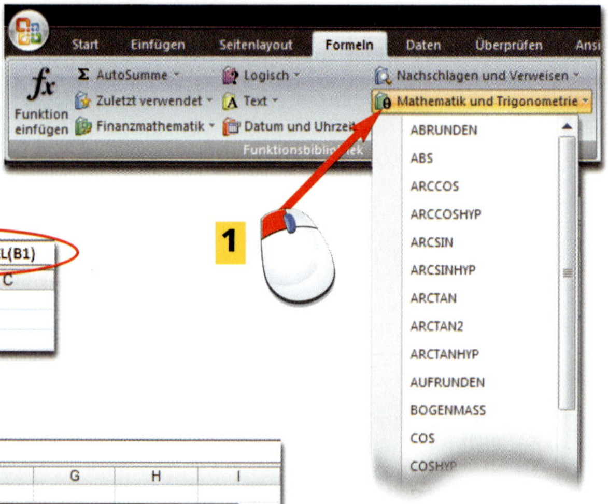

2
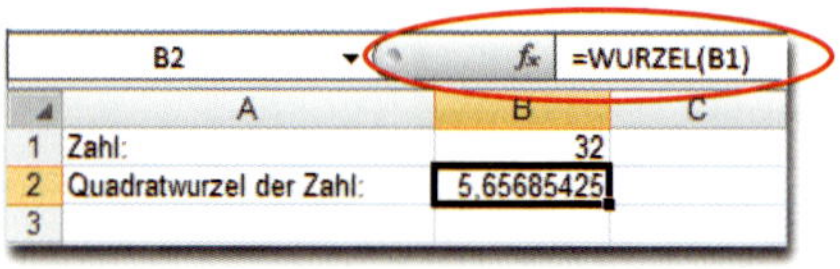

3
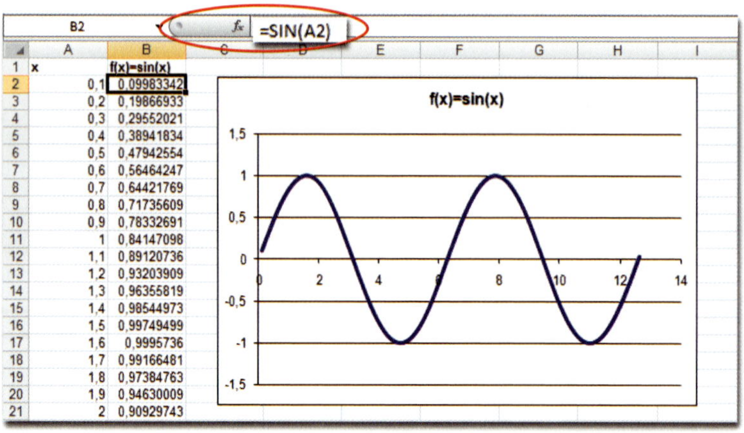

1 Klicken Sie auf das Symbol *Mathematik und Trigonometrie* in der Funktionsbibliothek für diese Funktionsliste.

2 Mit WURZEL berechnen Sie die Quadratwurzel einer Zahl, hier aus einem Zellbezug.

3 Diese Kategorie bietet alle trigonometrischen Funktionen vom Sinus bis zum Kotangens Hyperbolicus (hier eine Funktionskurve mit der Funktion SIN).

Die Funktionskategorie *Mathematik und Trigonometrie* enthält arithmetische, trigonometrische Funktionen und allgemeine Rechenfunktionen. Sogar ein Zufallszahlengenerator ist dabei, berechnen Sie damit Ihre Lottozahlen für die nächste Ziehung.

WISSEN

4

A3 | =GANZZAHL(ZUFALLSZAHL()*49+1)

	A	B	C	D	E
1	Lottozahlen:				
2					
3	3				
4	14				
5	5				
6	28				
7	40				
8	48				

5

B2 | =RÖMISCH(A2)

	A	B	C	D
1	Zahl	römische Zahl		
2	5	V		
3	10	X		
4	100	C		
5	450	CDL		
6				

6

B10 | =SUMMEWENN(A2:A7;B9;B2:B7)

	A	B	C	D	E
1	Name	Arbeitsstunden			
2	Dieter	35			
3	Erwin	23			
4	Lisa	40			
5	Dieter	20			
6	Erwin	25			
7	Lisa	30			
8					
9	Name:	Dieter			
10	Stunden:	55			
11					

4 Hier sind die Funktionen GANZZAHL und ZUFALLSZAHL (zwischen 0 und 1) verschachtelt, das Ergebnis ist eine ganzzahlige Zufallszahl zwischen 1 und 49.

5 Die Funktion RÖMISCH gibt eine ganze Zahl als römische Zahl aus.

6 Mit SUMMEWENN berechnen Sie eine Summe, die einer Bedingung folgt (hier der Name in B9 in der Namensliste in Spalte A).

Ende

Die Sinuskurve zeichnen Sie als Punktediagramm über *Einfügen/Diagramme* (siehe Kapitel 9).

HINWEIS

Weitere Funktionen:
LN, LOG und LOG 10: Logarithmus
KÜRZEN: Zahl ohne Nachkommastellen
RUNDEN: Zahl gerundet
FAKULTÄT: Fakultät einer Zahl
KGV: Kleinstes gemeinsames Vielfaches

HINWEIS

Start

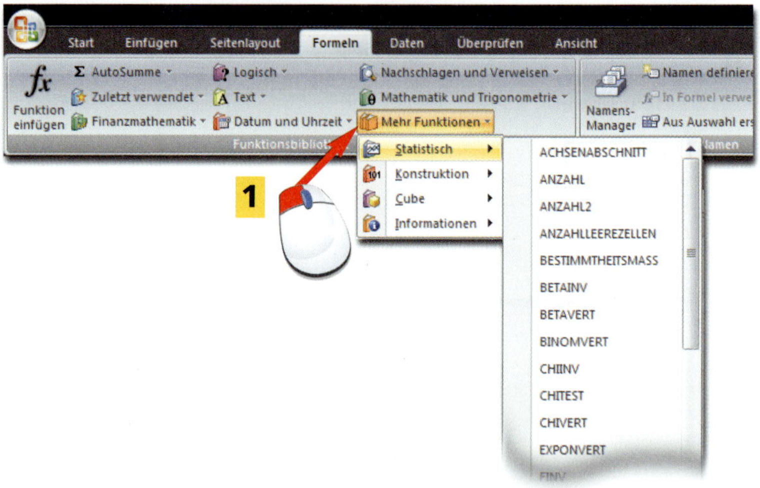

2

	A	B
1	**Buchungsnr**	**Betrag**
2	1	2.500,00 €
3	2	6.000,00 €
4	3	1.200,00 €
5	4	keine Buchung
6	5	4.000,00 €
7	6	keine Buchung
8	7	3.200,00 €
9		
10	Anzahl:	5
11	Anzahl Einträge:	7

9		
10	*Anzahl:*	=ANZAHL(B2:B8)
11	*Anzahl Einträge:*	=ANZAHL2(B2:B8)

3

	A	B	C
1	**Umsätze regional**		
2			
3	Nord	2.300,00 €	
4	Süd	4.200,00 €	
5	West	5.400,00 €	
6	Ost	2.900,00 €	
7			
8	Der größte Wert:	5.400,00 €	
9	Der kleinste Wert:	2.300,00 €	
10	Der Durchschnitt:	3.700,00 €	
11			

8	*Der größte Wert:*	=MAX(B3:B6)
9	*Der kleinste Wert:*	=MIN(B3:B6)
10	*Der Durchschnitt:*	=MITTELWERT(B3:B6)

1 Aktivieren Sie in der Funktionsbibliothek die Schaltfläche *Mehr Funktionen*, hier finden Sie die Kategorie *Statistik*.

2 Die Funktionen ANZAHL und ANZAHL2 zählen Zahlen bzw. Einträge in Zellbereichen.

3 MAX, MIN und MITTELWERT sind die statistischen Grundfunktionen für die Berechnung von Grenzwerten und Durchschnitt.

Für Statistikspezialisten ist die Funktionsbibliothek eine wahre Fundgrube. Vom einfachen Durchschnitt bis zur Korrelation ist alles im Angebot, was die beschreibende und beurteilende Statistik an Methoden kennt. Lernen Sie Spezialfunktionen, auch mit Matrizenberechnung, kennen.

WISSEN

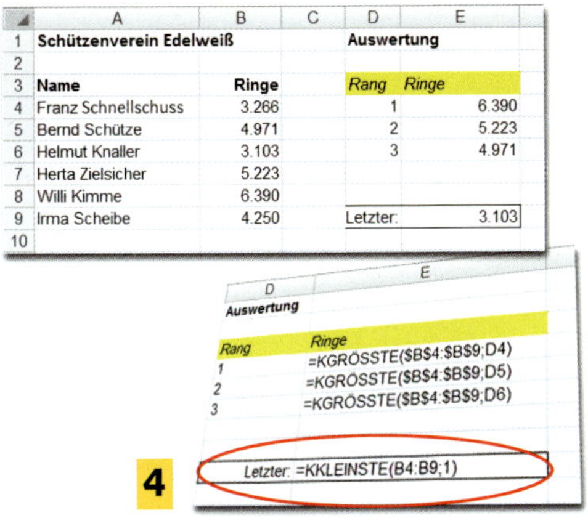

	A	B	C	D	E
1	**Schützenverein Edelweiß**			**Auswertung**	
2					
3	**Name**	**Ringe**		*Rang*	*Ringe*
4	Franz Schnellschuss	3.266		1	6.390
5	Bernd Schütze	4.971		2	5.223
6	Helmut Knaller	3.103		3	4.971
7	Herta Zielsicher	5.223			
8	Willi Kimme	6.390			
9	Irma Scheibe	4.250		Letzter:	3.103
10					

D	E
Auswertung	
Rang	*Ringe*
1	=KGRÖSSTE($B$4:$B$9;D4)
2	=KGRÖSSTE($B$4:$B$9;D5)
3	=KGRÖSSTE($B$4:$B$9;D6)
Letzter:	=KKLEINSTE(B4:B9;1)

4

5

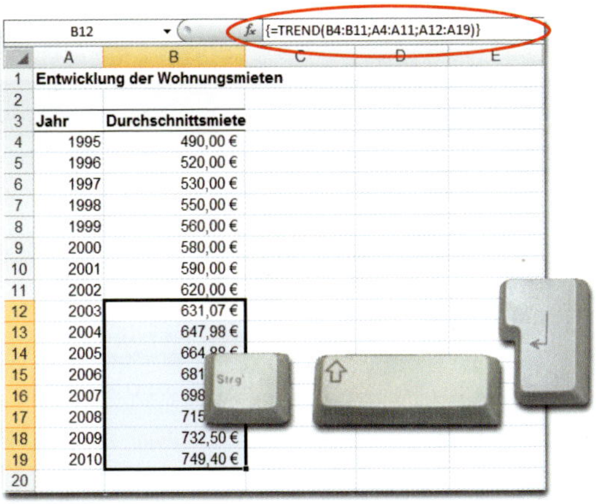

B12 {=TREND(B4:B11;A4:A11;A12:A19)}

	A	B	C	D	E
1	**Entwicklung der Wohnungsmieten**				
2					
3	**Jahr**	**Durchschnittsmiete**			
4	1995	490,00 €			
5	1996	520,00 €			
6	1997	530,00 €			
7	1998	550,00 €			
8	1999	560,00 €			
9	2000	580,00 €			
10	2001	590,00 €			
11	2002	620,00 €			
12	2003	631,07 €			
13	2004	647,98 €			
14	2005	664,..			
15	2006	681			
16	2007	698			
17	2008	715			
18	2009	732,50 €			
19	2010	749,40 €			
20					

6

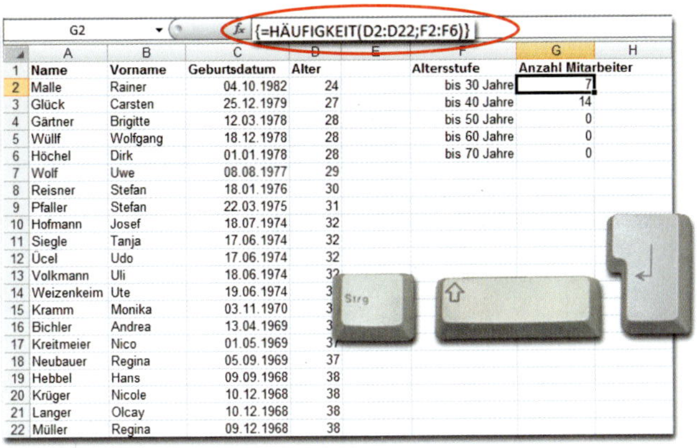

G2 {=HÄUFIGKEIT(D2:D22;F2:F6)}

	A	B	C	D	E	F	G	H
1	**Name**	**Vorname**	**Geburtsdatum**	**Alter**		**Altersstufe**	**Anzahl Mitarbeiter**	
2	Malle	Rainer	04.10.1982	24		bis 30 Jahre	7	
3	Glück	Carsten	25.12.1979	27		bis 40 Jahre	14	
4	Gärtner	Brigitte	12.03.1978	28		bis 50 Jahre	0	
5	Wüllf	Wolfgang	18.12.1978	28		bis 60 Jahre	0	
6	Höchel	Dirk	01.01.1978	28		bis 70 Jahre	0	
7	Wolf	Uwe	08.08.1977	29				
8	Reisner	Stefan	18.01.1976	30				
9	Pfaller	Stefan	22.03.1975	31				
10	Hofmann	Josef	18.07.1974	32				
11	Siegle	Tanja	17.06.1974	32				
12	Ücel	Udo	17.06.1974	32				
13	Volkmann	Uli	18.06.1974	32				
14	Weizenkeim	Ute	19.06.1974	3				
15	Kramm	Monika	03.11.1970	3				
16	Bichler	Andrea	13.04.1969	3				
17	Kreitmeier	Nico	01.05.1969	3				
18	Neubauer	Regina	05.09.1969	37				
19	Hebbel	Hans	09.09.1968	38				
20	Krüger	Nicole	10.12.1968	38				
21	Langer	Olcay	10.12.1968	38				
22	Müller	Regina	09.12.1968	38				

4 Die Funktion KGRÖSSTE berechnet in diesem Beispiel den größten, zweit- und drittgrößten Wert, KKLEINSTE rechnet den kleinsten Wert heraus.

5 Die TREND-Funktion berechnet eine Trendreihe. Markieren Sie dazu alle Zellen, schreiben Sie die Funktion und schließen Sie mit Strg + ⇧ + ↵ ab.

6 Noch eine Matrix-Statistikfunktion: Mit HÄUFIGKEIT ermitteln Sie die Anzahl der Mitarbeiter pro Altersgruppe (mit Strg + ⇧ + ↵ abschließen).

Ende

Geben Sie in Matrixformeln nicht die geschweiften Klammern ein und schließen Sie nach jeder Änderung wieder mit Strg + ⇧ + ↵ ab.

TIPP

Weitere Funktionen:
RANG: Berechnung von Rangfolgen
MEDIAN: Mittlere Zahl
KORREL: Korrelationskoeffizient

HINWEIS

Start

1
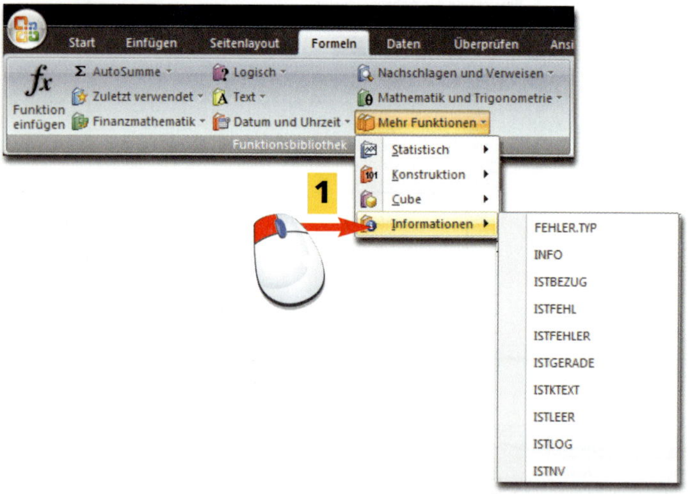

2
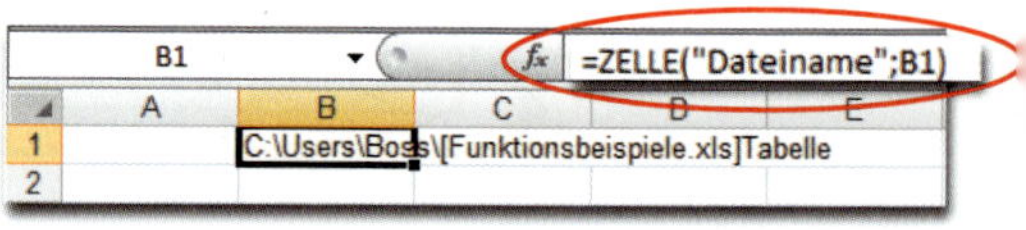

3
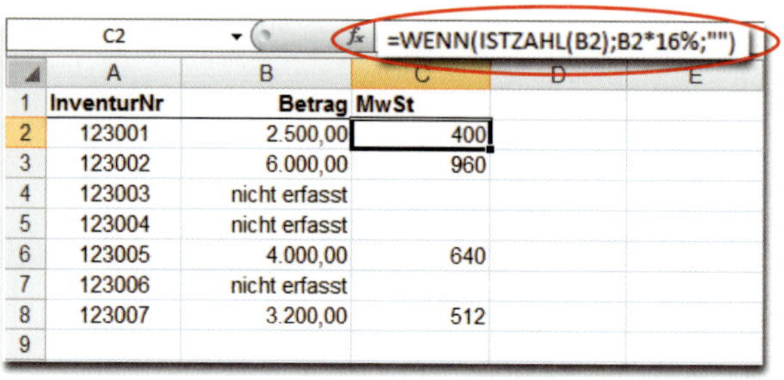

1 Die Informationsfunktionen finden Sie in der Liste des Symbols *Mehr Funktionen*.

2 Die Funktion ZELLE liefert mit dem Argument "Dateiname" den kompletten Pfad (Laufwerk, Ordner und Dateiname) der gespeicherten Arbeitsmappe.

3 Mit ISTZAHL prüfen Sie ab, ob ein Zellwert numerisch ist. Hier im Beispiel liefert die Funktion den Wahrheitswert für die WENN-Funktion.

Bei der Konstruktion von Formeln werden Sie häufig feststellen, dass Rechenoperationen von Informationen abhängig sind oder diese verwerten müssen, beispielsweise die Abfrage nach numerischen Werten oder Textinhalten oder nach Fehlern. Informationsfunktionen leisten hier wertvolle Dienste.

WISSEN

4
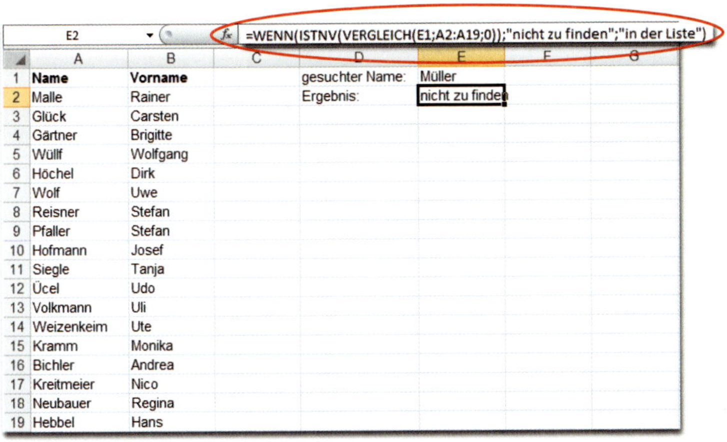

5
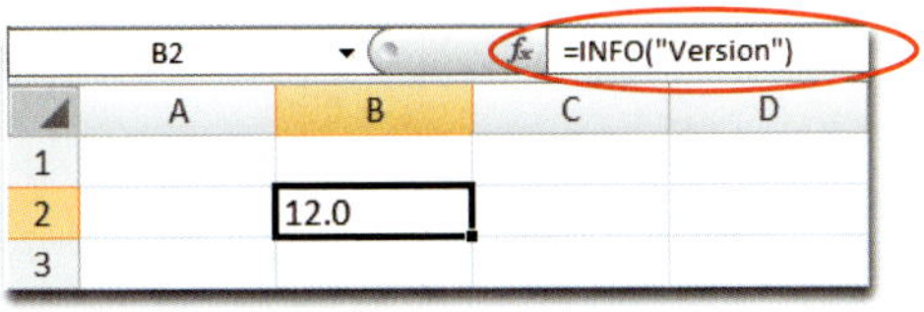

6
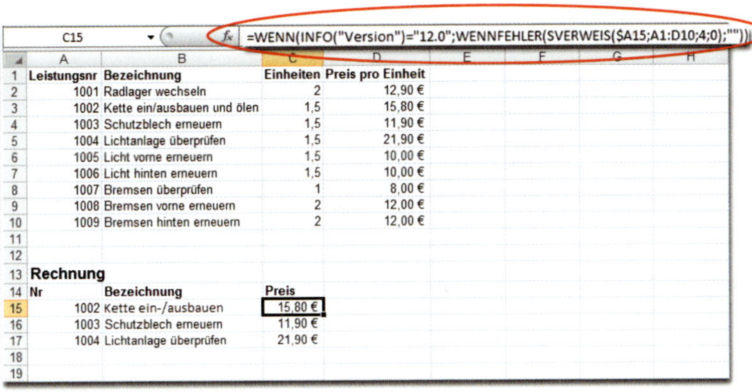

4 ISTNV ergibt WAHR, wenn ein NV-Fehler (nicht verfügbar) vorliegt. Hier wird die Funktion mit einem Vergleich geschachtelt und als Bedingung für WENN benutzt.

5 Mit INFO und dem passenden Info-Argument erhalten Sie Systeminformationen wie beispielsweise die Versionsnummer von Excel.

6 Hier ein Beispiel, wie diese Funktion zum Einsatz kommt: Die Funktion WENNFEHLER gibt es erst ab Excel 2007 (Version 12).

Ende

Die Info-Argumente finden Sie in der Excel-Hilfe zur Funktion INFO.

HINWEIS

Funktionen wie ISTNV werden auch dazu verwendet, Formeln so zu präparieren, dass sie eine unbestimmte Anzahl Zellen nach unten kopiert werden können, ohne Fehlerwerte auszulösen.

HINWEIS

Start

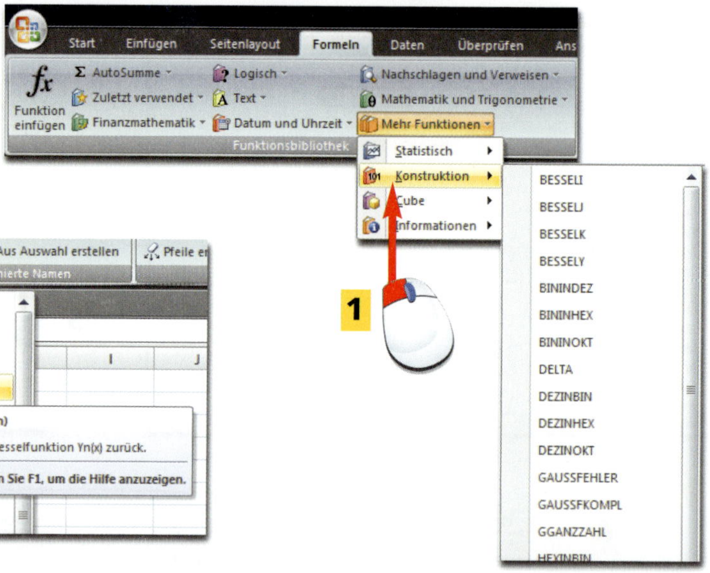

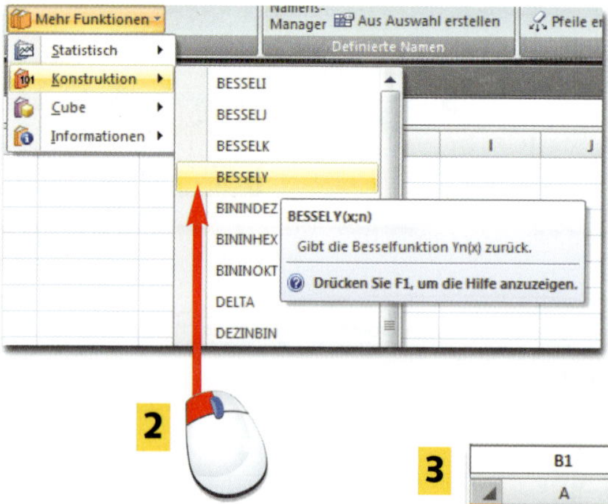

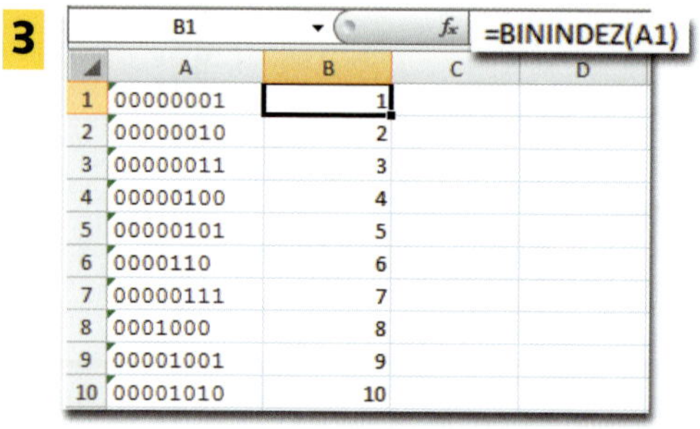

1 Aktivieren Sie in der Funktionsbibliothek die Gruppe der Konstruktionsfunktionen.

2 Die Funktionsbeschreibung am Mauszeiger gibt Auskunft über Zweck und Ausrichtung der Funktion.

3 Eine von vielen Umrechnungsfunktionen: BININDEZ wandelt eine Binärzahl in eine Dezimalzahl um.

Die Konstruktionsfunktionen oder technischen Funktionen sind nicht nur für Matheprofis von Nutzen. Sie können unter anderem Binär-, Hex- und Dezimalzahlen umrechnen und jedes Längenmaß der Welt in ein Äquivalent konvertieren (Yards-Meter, PS-KW, Celsius-Fahrenheit u. v. a.).

WISSEN

4

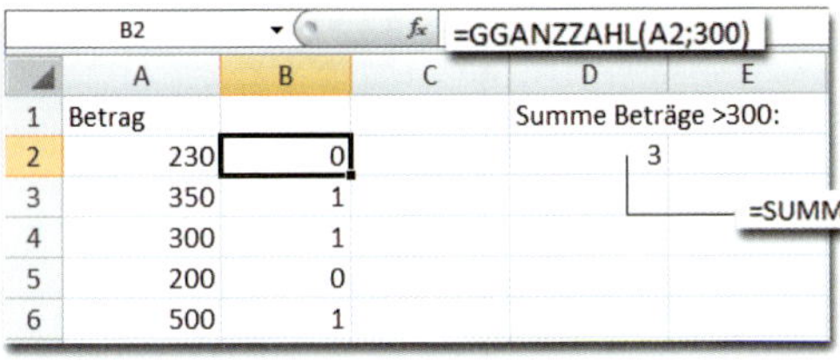

	A	B	C	D	E
1	Betrag			Summe Beträge >300:	
2	230	0		3	
3	350	1			
4	300	1			
5	200	0			
6	500	1			

5

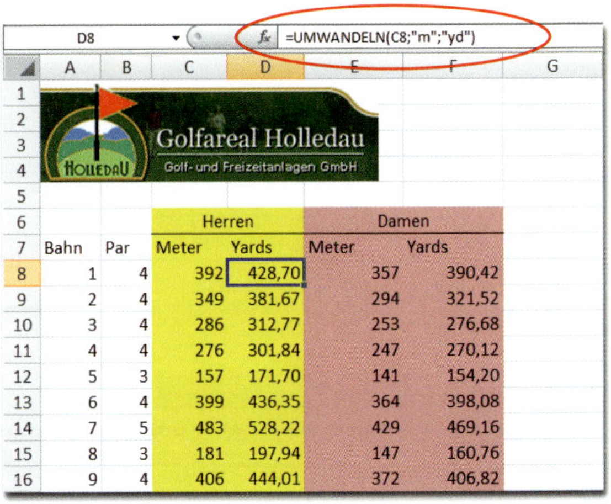

	A	B	C	D	E	F
6			Herren		Damen	
7	Bahn	Par	Meter	Yards	Meter	Yards
8	1	4	392	428,70	357	390,42
9	2	4	349	381,67	294	321,52
10	3	4	286	312,77	253	276,68
11	4	4	276	301,84	247	270,12
12	5	3	157	171,70	141	154,20
13	6	4	399	436,35	364	398,08
14	7	5	483	528,22	429	469,16
15	8	3	181	197,94	147	160,76
16	9	4	406	444,01	372	406,82

6

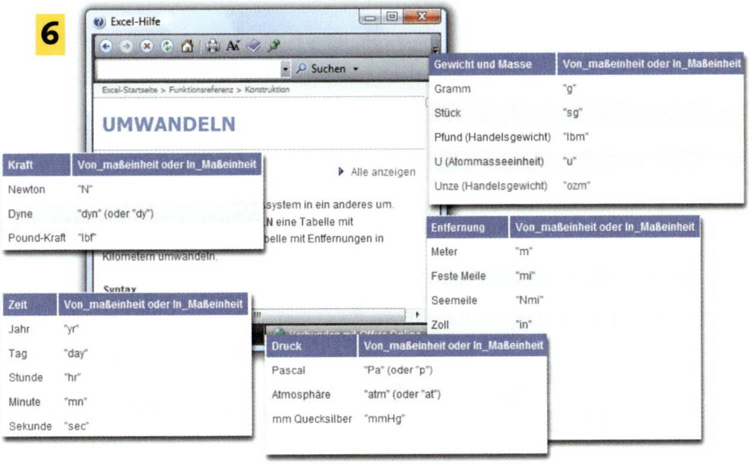

4 Die Funktion GGANZZAHL prüft ab, ob eine Zahl einen Schwellenwert erreicht hat. Sie wird zur Filterung größerer Zahlenkolonnen verwendet.

5 Hier die Längenangaben der Bahnen eines Golfplatzes in Metern. Mit UMWANDELN rechnen Sie die Werte in Yards um.

6 UMWANDELN bietet so ziemlich jede Maßeinheit an, die es gibt. Sehen Sie in der Hilfe nach.

Ende

Setzen Sie vor die Binärzahlenreihe einen Apostroph, damit Excel die Nullen nicht „verschluckt".

TIPP

Weitere Funktionen dieser Kategorie:
BESSEL: Besselfunktion
DELTA: Prüft, ob zwei Werte gleich sind
IMABS: Absolutbetrag einer komplexen Zahl

HINWEIS

Start

1

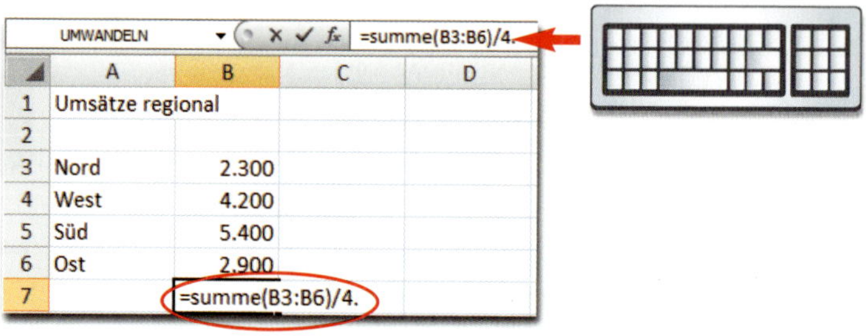

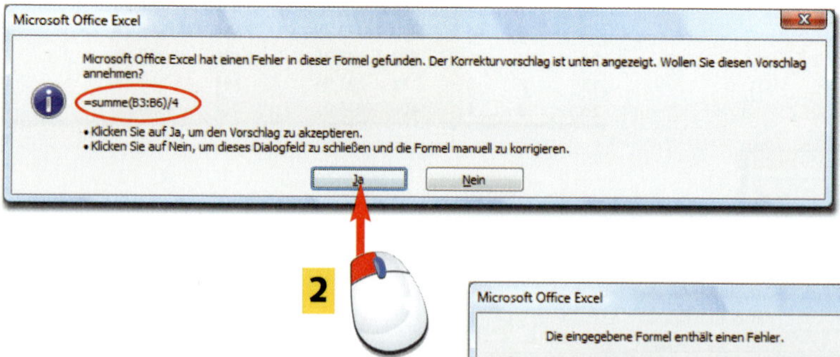

2

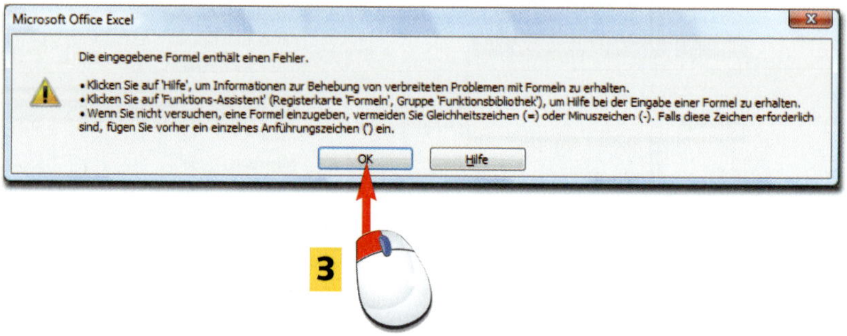

3

1 Schreiben Sie eine Formel falsch, so dass kein gültiger arithmetischer Ausdruck entsteht, weigert sich Excel, diese anzunehmen.

2 Eine Fehlermeldung erscheint. Enthält diese einen Korrekturvorschlag, können Sie auf *Ja* klicken, und der Fehler wird korrigiert.

3 Kann Excel den Fehler nicht reparieren, müssen Sie ihn nach Bestätigung selbst korrigieren oder die Formel mit Esc abbrechen.

Fehler sind menschlich, auch Computer machen welche. Aber – wenn Sie eine Fehlermeldung oder einen Fehlerwert anstelle des gewünschten Ergebnisses erhalten, liegt es selten an Excel, sondern meist an Ihnen. Lernen Sie, welche Fehlerarten es gibt und wie diese zu vermeiden sind.

WISSEN

4

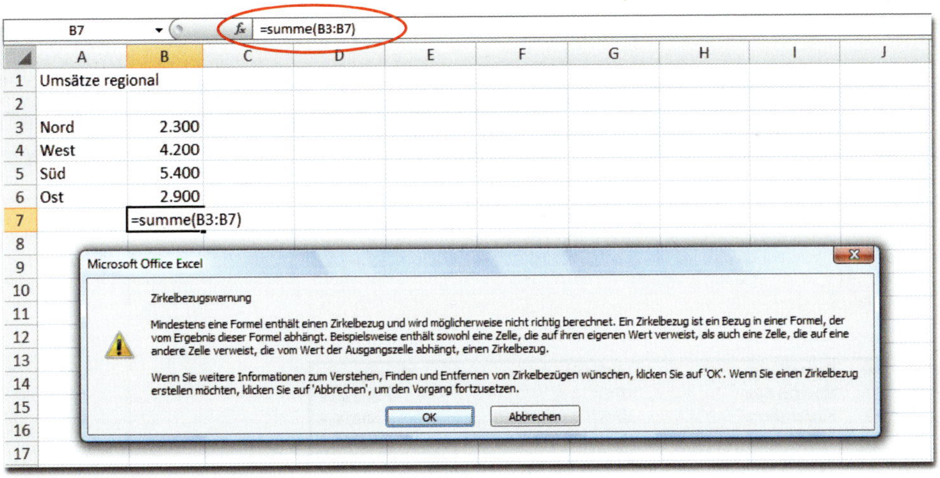

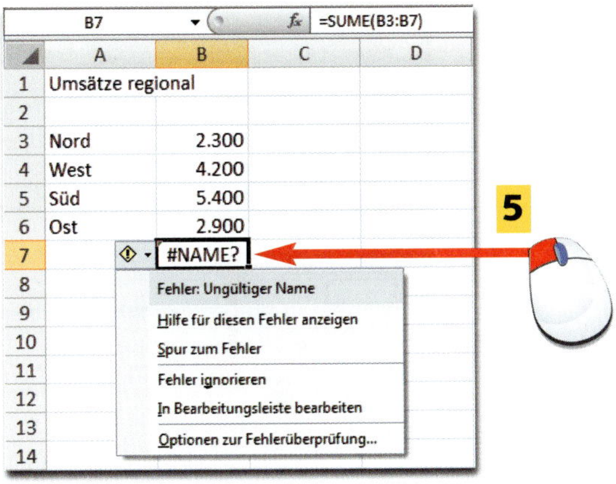

5

6

#DIV/0	Division durch 0
#NV	Wert nicht verfügbar
#NAME?	Name nicht verfügbar
#NULL!	Falsche Schnittmenge
#ZAHL!	Falsche Zahl
#BEZUG!	Ungültige Zelle
#WERT!	Ungültiger Wert

4 Zirkelbezüge sind Bezüge, die sich auf die Formel selbst beziehen. Hier wird zum Beispiel B7 in die Summenformel mit einbezogen, die aber selbst in B7 steht.

5 Rechnet die Formel falsch, obwohl die Syntax korrekt ist, erhalten Sie eine Fehlermeldung in der Zelle. Der Fehlerindikator zeigt den Fehler an.

6 Der Fehlercode gibt Aufschluss darüber, welcher Fehler gemacht wurde.

Ende

Einzelne schließende Klammern fügt Excel automatisch an, sie lösen keine Fehlermeldung aus.

HINWEIS

Die Fehlermeldung #BEZUG! entsteht meist, wenn eine Zelle, Zeile oder Spalte mit dem Wert gelöscht wird, der in der Formel als Bezug steht.

HINWEIS

Start

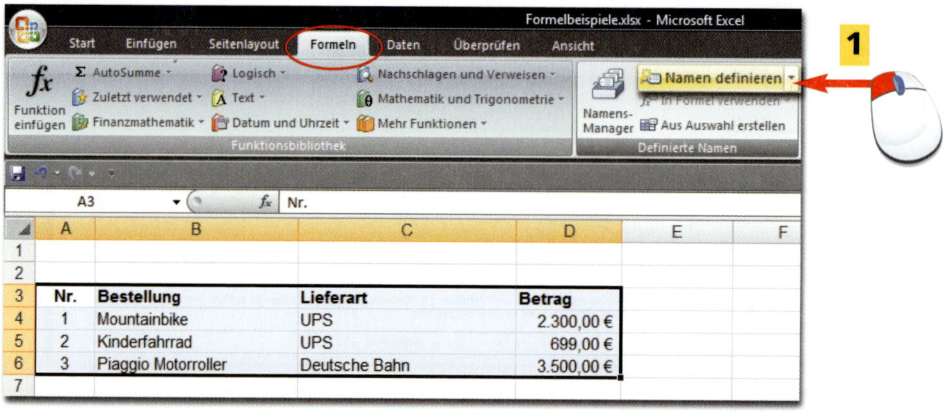

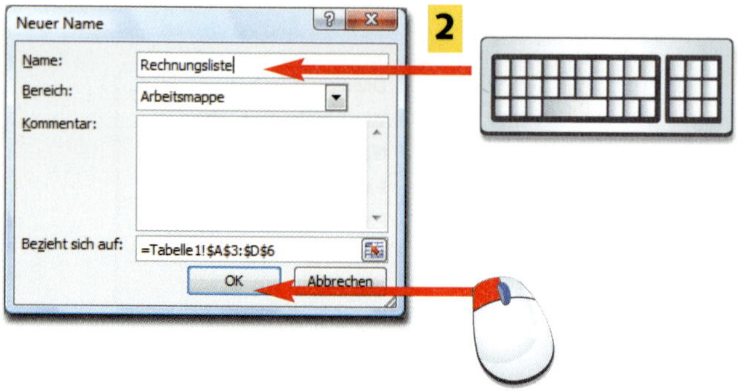

1 Um einen Bereich in der Tabelle mit einem Bereichsnamen zu versehen, markieren Sie ihn und wählen *Formeln/Definierte Namen/Namen definieren*.

2 Geben Sie den Bereichsnamen für den vorgeschlagenen Bezug ein und bestätigen Sie mit einem Klick auf *OK*.

3 Der Bereichsname kann jetzt im Namensfeld abgeholt werden, damit markieren Sie den Bereich aus jeder Tabelle der Arbeitsmappe.

Je mehr Bereiche in Formeln zum Einsatz kommen, desto unübersichtlicher wird Ihre Tabelle. Nutzen Sie die Technik der Bereichsnamen, um den Überblick zu behalten. Dabei wird einem Tabellenbereich ein Name zugewiesen, der dann im Namensfeld zum „Abholen" bereitsteht und in Formeln anstelle des Zellbezugs verwendet werden kann.

WISSEN

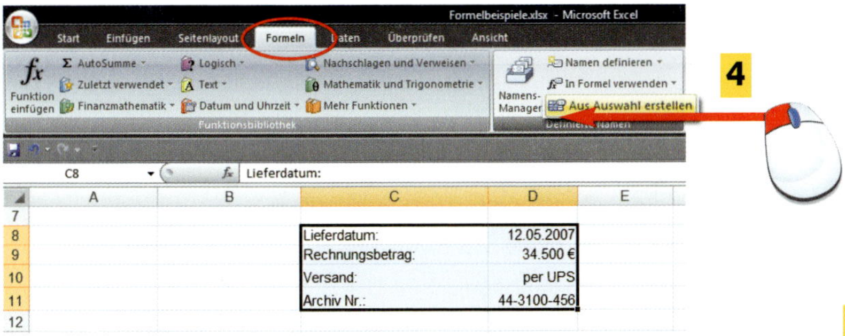

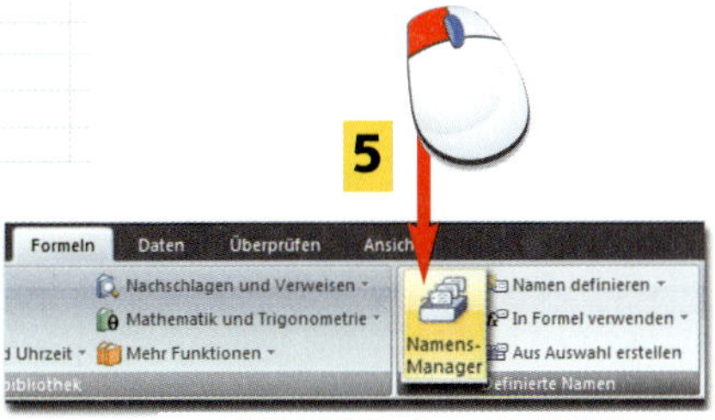

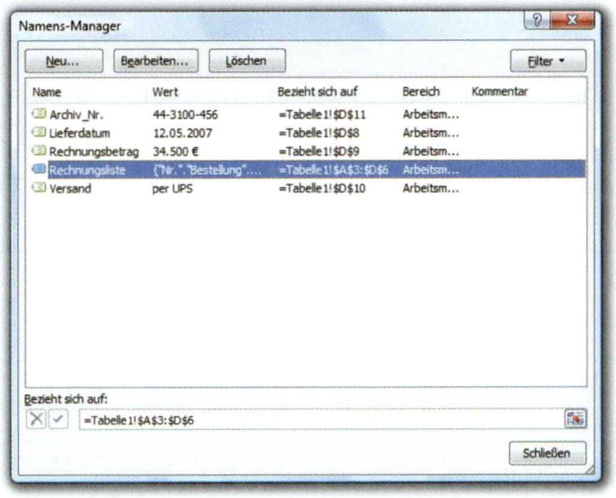

6

Anzahl Rechnungspositionen:	3
Lieferverzögerung 1 Woche:	19.05.2007
Rechnungsbetrag plus MwSt.:	41.055 €

Anzahl Rechnungspositionen:	=ZEILEN(Rechnungsliste)-1
Lieferverzögerung 1 Woche:	=Lieferdatum+7
Rechnungsbetrag plus MwSt.:	=Rechnungsbetrag*1,19

4 Um Beschriftungen links von den Zahlen oder über einer Liste als Bereichsnamen zu übernehmen, wählen Sie *Formel/Definierte Namen/Aus Auswahl erstellen*.

5 Im Namens-Manager können Sie alle definierten Namen überprüfen, bearbeiten oder auch wieder löschen.

6 Bereichsnamen machen Ihre Formeln besser lesbar. Arbeiten Sie mit benannten Bereichen anstelle von Zellbezügen in Formeln.

Ende

Ein schneller Bereichsname: Markieren Sie den Bereich und schreiben Sie den Namen in das Namensfeld. Vergessen Sie nicht, mit [Enter] abzuschließen.

TIPP

Bereichsnamen gelten für die gesamte Arbeitsmappe. Wenn Sie einen tabellenspezifischen Bereichsnamen erstellen wollen, wählen Sie die Tabelle als Bereich oder schreiben den Registernamen dazu: *=Tabelle1!Rechnungsliste*.

HINWEIS

Tastenkombinationen für Bereichsnamen:
[F3] fügt Namen in Zellen oder an der Cursorposition ein.
[Strg]+[F3] öffnet den Namens-Manager.

HINWEIS

7

Datum
Lieferant
Großhändler
Region
Warengruppe
Produktpreis
Menge
Umsatz

Listen und Datenbanken

Start

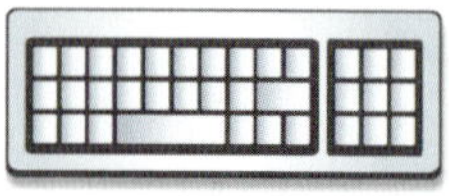

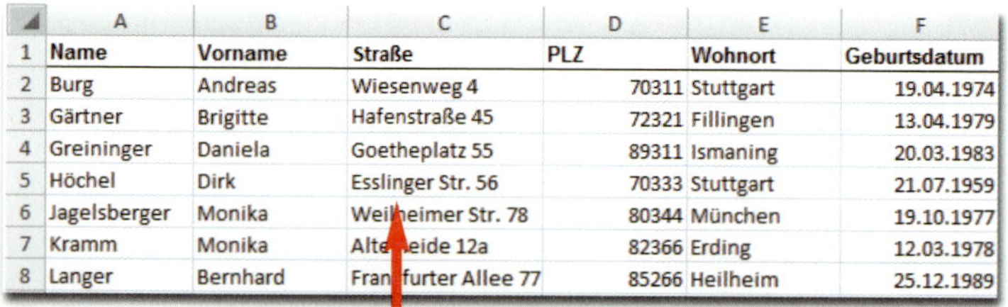

	A	B	C	D	E	F
1	Name	Vorname	Straße	PLZ	Wohnort	Geburtsdatum
2	Burg	Andreas	Wiesenweg 4	70311	Stuttgart	19.04.1974
3	Gärtner	Brigitte	Hafenstraße 45	72321	Fillingen	13.04.1979
4	Greininger	Daniela	Goetheplatz 55	89311	Ismaning	20.03.1983
5	Höchel	Dirk	Esslinger Str. 56	70333	Stuttgart	21.07.1959
6	Jagelsberger	Monika	Weilheimer Str. 78	80344	München	19.10.1977
7	Kramm	Monika	Alte Heide 12a	82366	Erding	12.03.1978
8	Langer	Bernhard	Frankfurter Allee 77	85266	Heilheim	25.12.1989

1 Legen Sie eine neue Arbeitsmappe mit der Bezeichnung *Adressen.xlsx* an und schreiben Sie die Feldnamen in die erste Zeile der ersten Tabelle.

2 Erfassen Sie die Datensätze zeilenweise, tragen Sie die Adressdaten von Freunden, Bekannten, Kunden etc. ein.

3 Passen Sie die Spaltenbreiten an, indem Sie die rechte Spaltenlinie mit dem Mauszeiger verschieben.

Listen und Datenbanken spielen in Excel eine besondere Rolle: Die Tabellenkalkulation hält ganz spezifische Werkzeuge für die Arbeit mit großen Datenbeständen bereit, u. a. Filter, Sortierung und Pivot-Berichte. Lernen Sie am Beispiel einer Adresskartei, wie Sie in Excel mit solchen Listen arbeiten.

WISSEN

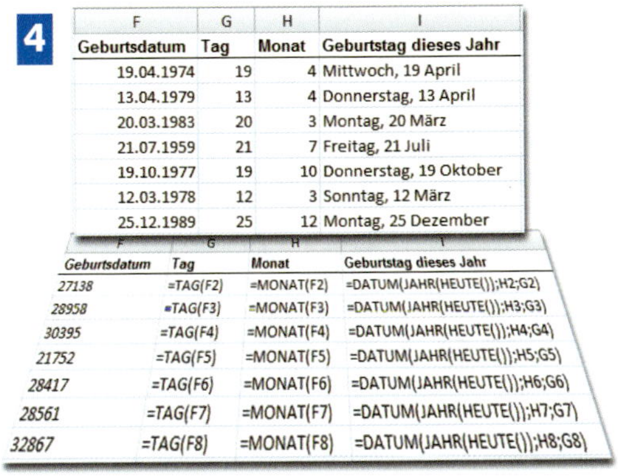

Geburtsdatum	Tag	Monat	Geburtstag dieses Jahr
19.04.1974	19	4	Mittwoch, 19 April
13.04.1979	13	4	Donnerstag, 13 April
20.03.1983	20	3	Montag, 20 März
21.07.1959	21	7	Freitag, 21 Juli
19.10.1977	19	10	Donnerstag, 19 Oktober
12.03.1978	12	3	Sonntag, 12 März
25.12.1989	25	12	Montag, 25 Dezember

Geburtsdatum	Tag	Monat	Geburtstag dieses Jahr
27138	=TAG(F2)	=MONAT(F2)	=DATUM(JAHR(HEUTE());H2;G2)
28958	=TAG(F3)	=MONAT(F3)	=DATUM(JAHR(HEUTE());H3;G3)
30395	=TAG(F4)	=MONAT(F4)	=DATUM(JAHR(HEUTE());H4;G4)
21752	=TAG(F5)	=MONAT(F5)	=DATUM(JAHR(HEUTE());H5;G5)
28417	=TAG(F6)	=MONAT(F6)	=DATUM(JAHR(HEUTE());H6;G6)
28561	=TAG(F7)	=MONAT(F7)	=DATUM(JAHR(HEUTE());H7;G7)
32867	=TAG(F8)	=MONAT(F8)	=DATUM(JAHR(HEUTE());H8;G8)

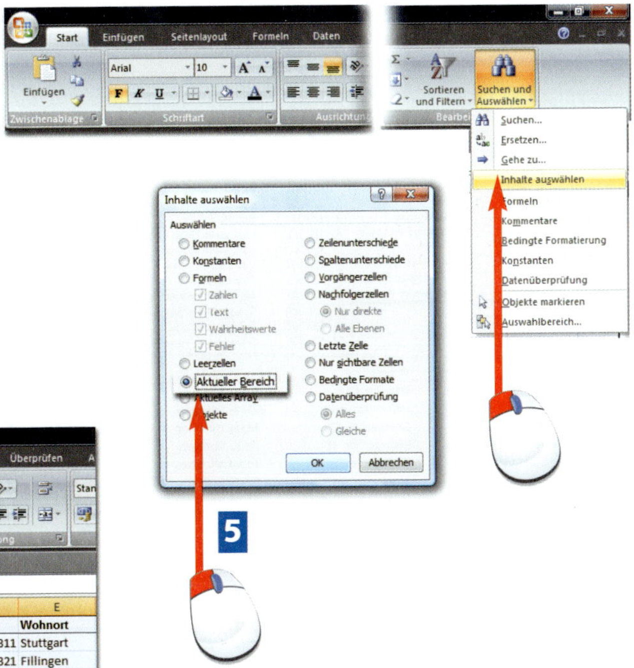

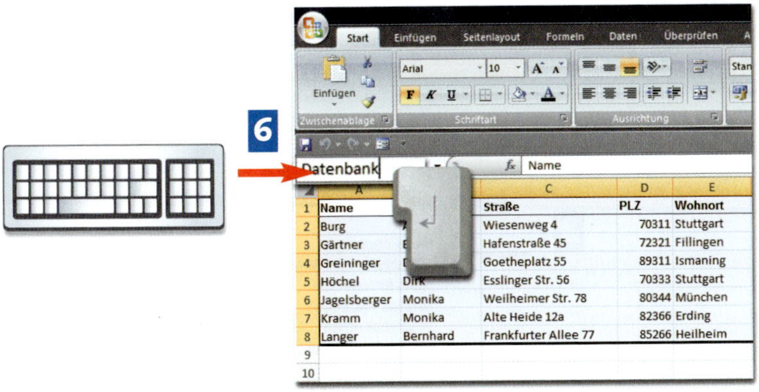

	A	B	C	D	E
1	Name		Straße	PLZ	Wohnort
2	Burg		Wiesenweg 4	70311	Stuttgart
3	Gärtner		Hafenstraße 45	72321	Fillingen
4	Greininger		Goetheplatz 55	89311	Ismaning
5	Höchel	Dirk	Esslinger Str. 56	70333	Stuttgart
6	Jagelsberger	Monika	Weilheimer Str. 78	80344	München
7	Kramm	Monika	Alte Heide 12a	82366	Erding
8	Langer	Bernhard	Frankfurter Allee 77	85266	Heilheim

4 Berechnen Sie in weiteren Spalten der Liste den Monat und den Tag des Geburtstags und ermitteln Sie damit den Geburtstag im aktuellen Jahr.

5 Wählen Sie *Start/Bearbeiten/Suchen und Auswählen/Inhalte auswählen* und markieren Sie die Option *Aktueller Bereich*.

6 Den Bereichsnamen *Datenbank* können Sie direkt in das Namensfeld schreiben. Drücken Sie zum Abschluss die [↵]-Taste.

Ende

TIPP

Tastenkombination:
Bereich markieren:
[Strg]+[⇧]+[*]

HINWEIS

Liste und Datenbank ist das Gleiche – Excel macht keinen Unterschied. Sie können einen Listenbereich mit dem Bereichsnamen *Datenbank* versehen (siehe Kapitel 6).

HINWEIS

Der Bereichsname *Datenbank* muss nicht unbedingt sein, hat aber Vorteile, weil Excel ihn bevorzugt. Benutzen Sie aber den Namens-Manager (Register *Formeln*), wenn Sie ihn neu zuweisen müssen.

Start

1

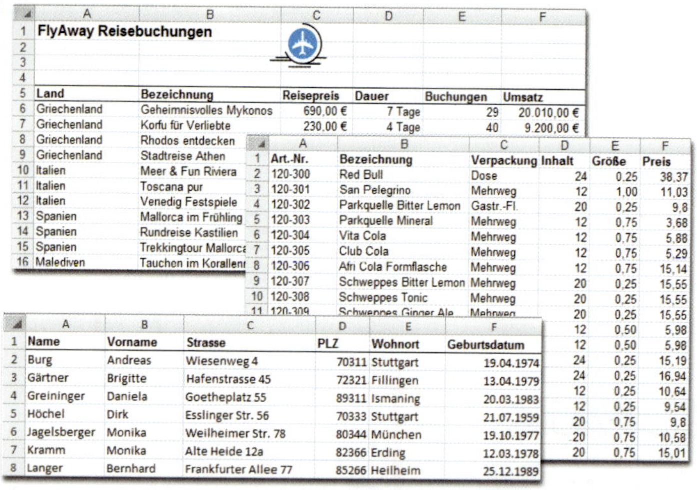

2

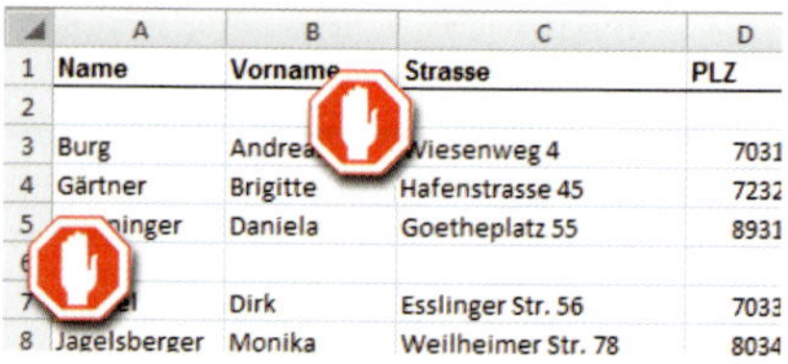

3

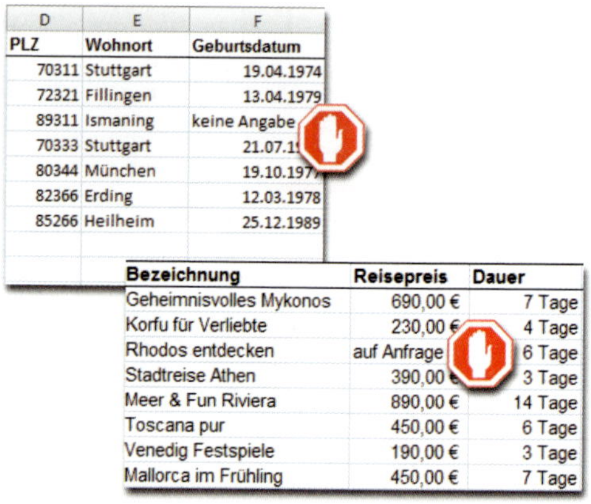

1 Die Liste muss nicht in der ersten Zeile beginnen, sollte aber immer eine Kopfzeile in der ersten Listenzeile enthalten.

2 Fügen Sie keine Leerzeilen ein, weder unter der Kopfzeile noch zwischen den Datensätzen.

3 Verwenden Sie die Datentypen pro Spalte durchgehend, wechseln Sie nicht zwischen Text, Zahl und Datum in einer Spalte.

Damit eine Liste als solche mit Datenbankfunktionen, Summenformeln oder Pivot-Tabellen auszuwerten ist, müssen Regeln eingehalten werden. Machen Sie sich mit diesen vertraut und bauen Sie Ihre Listen entsprechend auf.

WISSEN

4

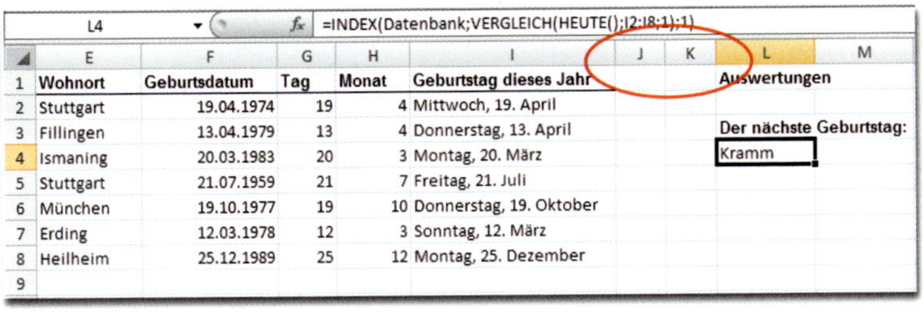

L4 =INDEX(Datenbank;VERGLEICH(HEUTE();I2:I8;1);1)

	E	F	G	H	I	J	K	L	M
1	Wohnort	Geburtsdatum	Tag	Monat	Geburtstag dieses Jahr			Auswertungen	
2	Stuttgart	19.04.1974	19	4	Mittwoch, 19. April				
3	Fillingen	13.04.1979	13	4	Donnerstag, 13. April			Der nächste Geburtstag:	
4	Ismaning	20.03.1983	20	3	Montag, 20. März			Kramm	
5	Stuttgart	21.07.1959	21	7	Freitag, 21. Juli				
6	München	19.10.1977	19	10	Donnerstag, 19. Oktober				
7	Erding	12.03.1978	12	3	Sonntag, 12. März				
8	Heilheim	25.12.1989	25	12	Montag, 25. Dezember				
9									

5

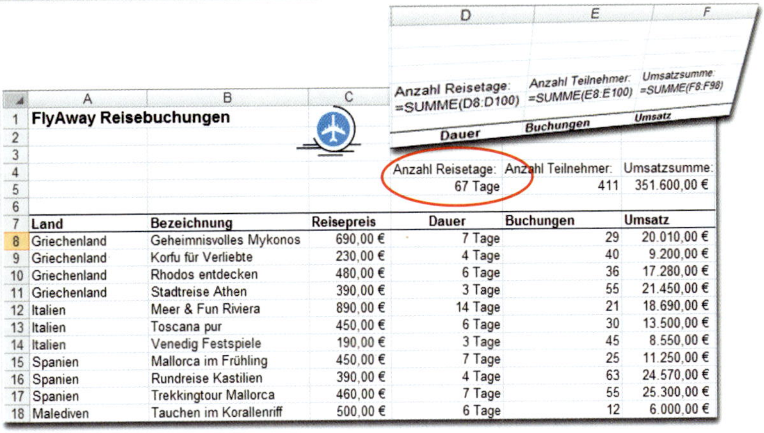

D	E	F
Anzahl Reisetage: =SUMME(D8:D100)	Anzahl Teilnehmer: =SUMME(E8:E100)	Umsatzsumme: =SUMME(F8:F98)
Dauer	Buchungen	Umsatz

	A	B	C	D	E	F
1	FlyAway Reisebuchungen					
2						
3						
4				Anzahl Reisetage:	Anzahl Teilnehmer:	Umsatzsumme:
5				67 Tage	411	351.600,00 €
6						
7	Land	Bezeichnung	Reisepreis	Dauer	Buchungen	Umsatz
8	Griechenland	Geheimnisvolles Mykonos	690,00 €	7 Tage	29	20.010,00 €
9	Griechenland	Korfu für Verliebte	230,00 €	4 Tage	40	9.200,00 €
10	Griechenland	Rhodos entdecken	480,00 €	6 Tage	36	17.280,00 €
11	Griechenland	Stadtreise Athen	390,00 €	3 Tage	55	21.450,00 €
12	Italien	Meer & Fun Riviera	890,00 €	14 Tage	21	18.690,00 €
13	Italien	Toscana pur	450,00 €	6 Tage	30	13.500,00 €
14	Italien	Venedig Festspiele	190,00 €	3 Tage	45	8.550,00 €
15	Spanien	Mallorca im Frühling	450,00 €	7 Tage	25	11.250,00 €
16	Spanien	Rundreise Kastilien	390,00 €	4 Tage	63	24.570,00 €
17	Spanien	Trekkingtour Mallorca	460,00 €	7 Tage	55	25.300,00 €
18	Malediven	Tauchen im Korallenriff	500,00 €	6 Tage	12	6.000,00 €

6

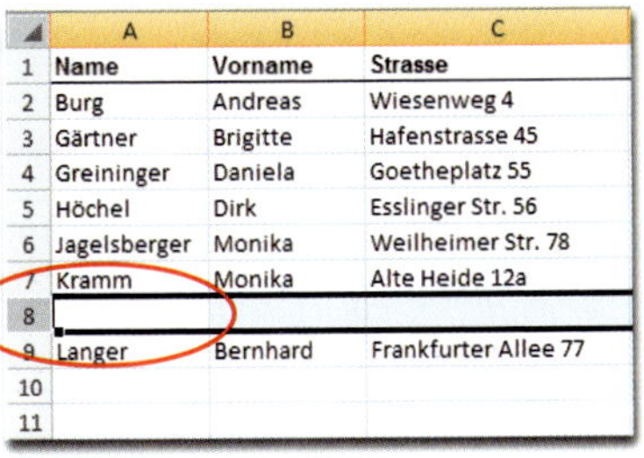

	A	B	C
1	Name	Vorname	Strasse
2	Burg	Andreas	Wiesenweg 4
3	Gärtner	Brigitte	Hafenstrasse 45
4	Greininger	Daniela	Goetheplatz 55
5	Höchel	Dirk	Esslinger Str. 56
6	Jagelsberger	Monika	Weilheimer Str. 78
7	Kramm	Monika	Alte Heide 12a
8			
9	Langer	Bernhard	Frankfurter Allee 77
10			
11			

4 Halten Sie die Zeilen und Spalten rund um die Liste frei, schreiben Sie Auswertungen oder weitere Listen immer mit Abstand zur Liste.

5 Wenn Sie Auswertungsformeln für die Liste erstellen, schreiben Sie diese nicht unter die Liste, sondern darüber. Das macht die Formeln flexibler.

6 Fügen Sie neue Zeilen vor der letzten Zeile ein. Damit bleiben Bezüge in Formeln korrekt und der Bereichsname *Datenbank* stimmt immer.

Ende

Bereichsnamen aktualisieren sich automatisch, wenn Zeilen oder Spalten dazwischen eingefügt, nicht aber, wenn sie angehängt werden.

HINWEIS

Wenn Sie vorhaben, Listen später mit anderen Systemen wie Access, SQL Server oder Sharepoint Services auszutauschen, sollten Sie in den Feldnamen keine Leerzeichen und Sonderzeichen verwenden.

HINWEIS

Start

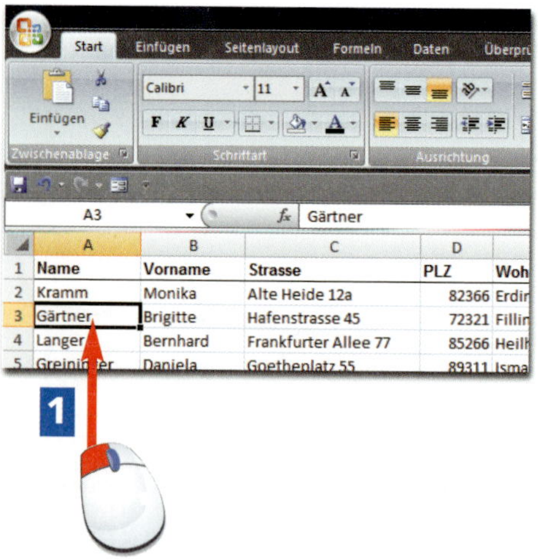

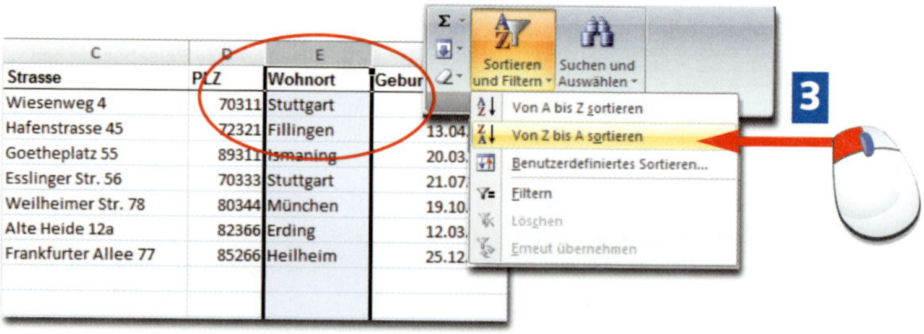

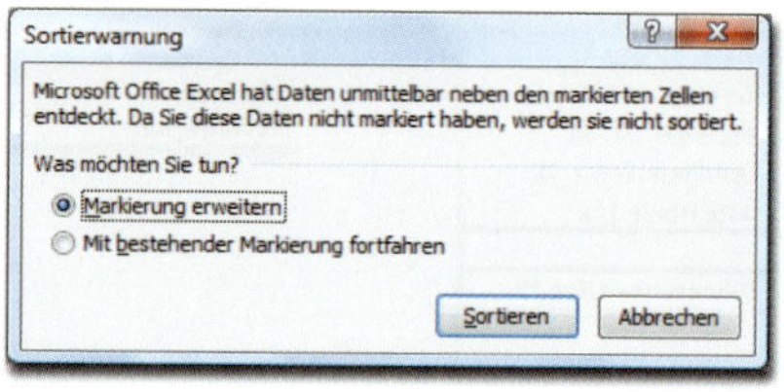

1 Um eine Liste oder Datenbank nach einer einzelnen Spalte zu sortieren, setzen Sie nur den Zellzeiger in eine Zelle dieser Spalten.

2 Klicken Sie auf *Start/Bearbeiten/Sortieren und Filtern* und wählen Sie die auf- oder absteigende Sortierrichtung.

3 Wenn Sie eine ganze Spalte markiert haben, wird Excel eine Warnung bringen. Erweitern Sie die Markierung nicht, wird nur diese Spalte sortiert.

Für eine schnelle Sortierung Ihrer Listen oder Datenbanken arbeiten Sie mit dem Sortierwerkzeug. Sortieren Sie auf- oder absteigend nach dem Zellinhalt oder bestimmen Sie die Zellfarbe oder das Symbol aus der bedingten Formatierung als Kriterium.

WISSEN

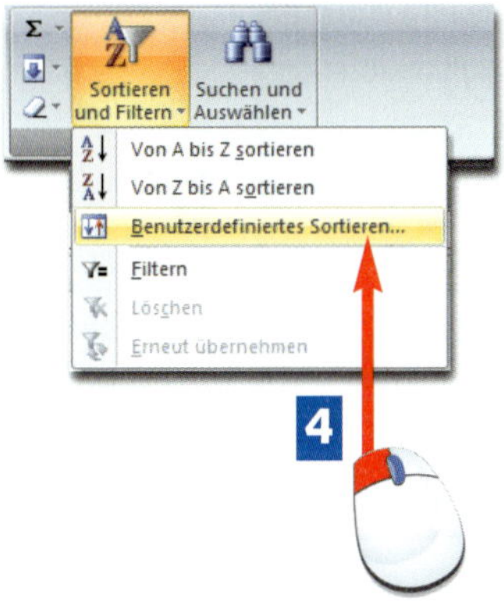

5

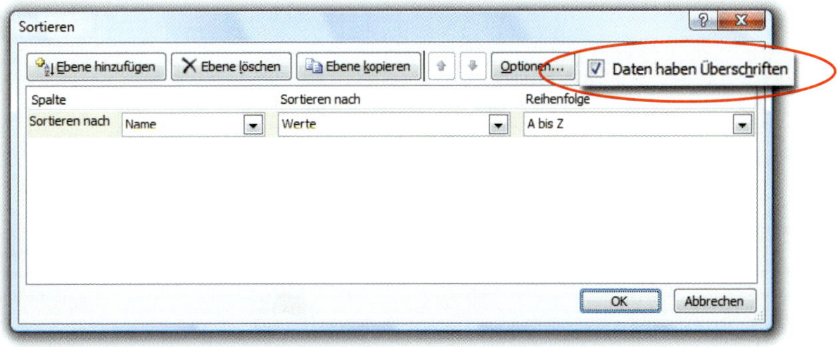

6

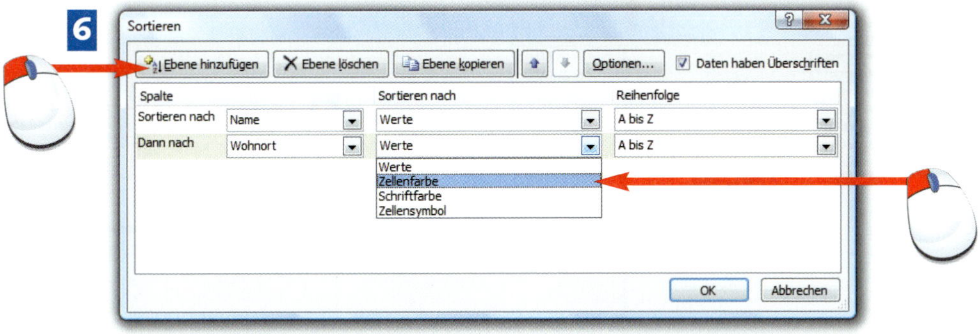

4 Schalten Sie auf die benutzerdefinierte Sortierung, wenn Sie ausführlichere Angaben machen wollen.

5 Achten Sie auf die Option *Daten haben Überschrift*. Sie sollte aktiv sein, wenn die Liste eine Kopfzeile hat.

6 Wählen Sie *Ebene hinzufügen* für weitere Sortierebenen und geben Sie an, ob Sie nach Zellinhalt, -farbe oder -symbol sortieren wollen.

Ende

Die Sortier- und Filterwerkzeuge finden Sie auch auf der Registerkarte *Daten*.

TIPP

Soll die Groß-/Kleinschreibung beachtet werden, kreuzen Sie unter *Optionen* in der benutzerdefinierten Sortierung die Option an.

HINWEIS

Eine weitere Sortierebene sortiert nur die Zeilen, die in der vorherigen Ebene einen identischen Eintrag (oder Sortierschlüssel) haben.

HINWEIS

Start

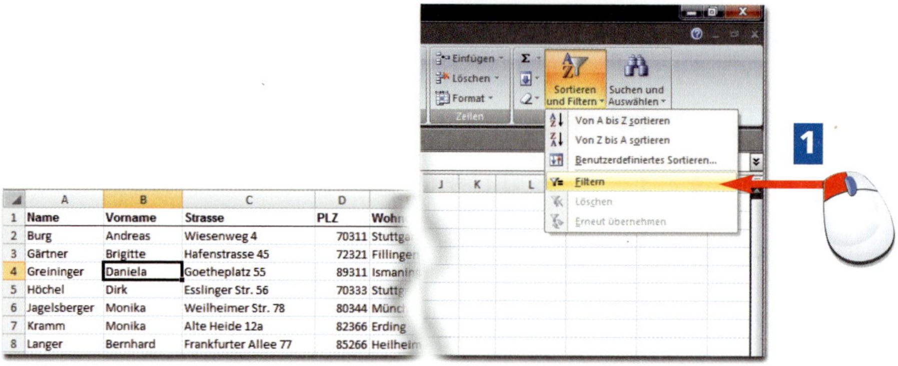

1

2

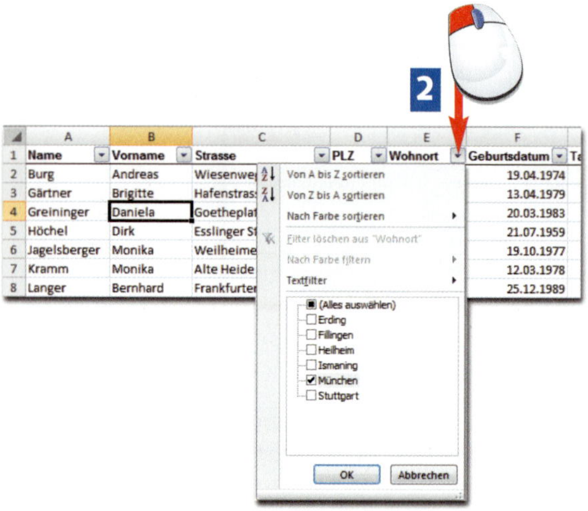

3

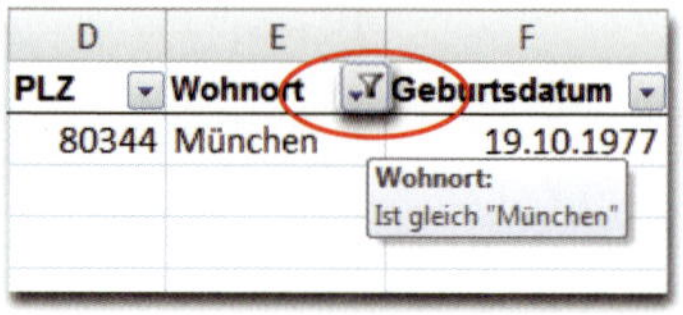

1 Um eine Liste zu filtern, setzen Sie den Zellzeiger in den Bereich und wählen *Start/Bearbeiten/Sortieren und Filtern/Filtern*.

2 In der Kopfzeile tauchen jetzt Filterpfeile auf. Öffnen Sie damit die Filterliste und wählen Sie den passenden Filter.

3 Der Filterpfeil zeigt anschließend seinen Status am Symbol, der Mauszeiger verrät das Filterkriterium.

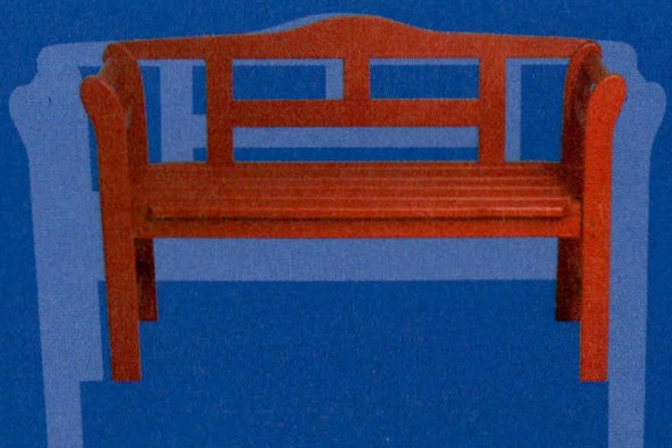

Filter sind besonders in großen Listen sehr nützlich, sie produzieren eine schnelle Teilmenge Ihrer Daten. Filtern Sie einzelne Spalten, kombinieren Sie Filter und setzen Sie individuelle Filterausdrücke.

WISSEN

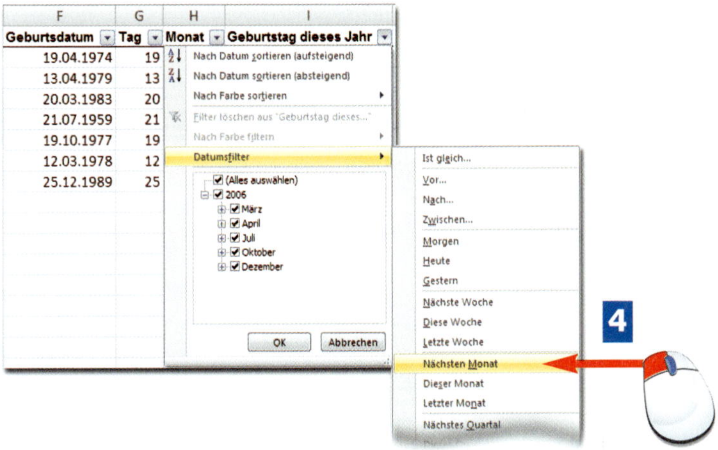

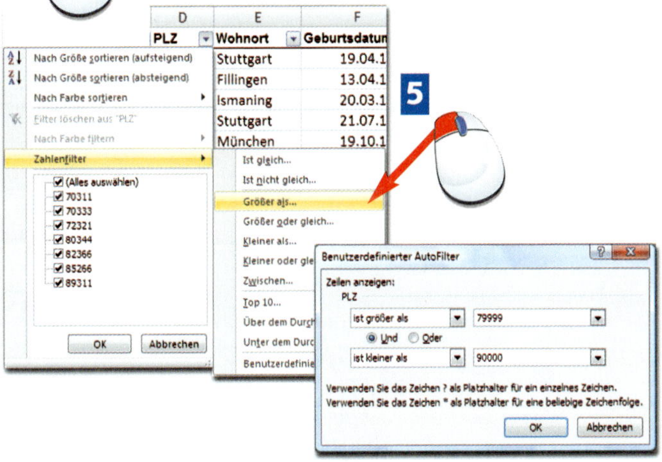

4 Klicken Sie auf *Datumsfilter* (oder *Textfilter/Zahlenfilter*, je nach Spalte) und wählen Sie ein Filterkriterium aus der Liste.

5 Mit dem *Benutzerdefinierten Filter* können Sie mehrere Kriterien und eine logische Verbindung (UND und ODER) angeben, hier für den PLZ-Bereich 80000.

6 Aktivieren Sie den Filter ein weiteres Mal, werden alle Filter ausgeschaltet und die Filterpfeile verschwinden wieder.

Ende

Zahlenfilter bieten auch eine Top-Ten-Filterung an. Damit können Sie eine Gruppe von Höchst- oder Tiefstwerten als Filter bestimmen.

HINWEIS

Sie können auch mehrere Filter parallel verwenden und einzelne Filter ausschalten. Wählen Sie dazu *Filter löschen* aus dem *Filter*-Menü.

HINWEIS

Gefilterte Listen sind auch an blauen Zeilennummern erkennbar.

HINWEIS

Start

1 Doppelte Datensätze in einer Liste oder Datenbank lassen sich einfach und schnell entfernen. Setzen Sie den Zellzeiger in den Bereich …

2 … und wählen Sie *Duplikate entfernen* auf der Registerkarte *Daten* unter *Datentools*.

3 Markieren Sie mindestens eine Spalte, die doppelte Inhalte enthält, und klicken Sie auf *OK*. Excel meldet, wie viele Datensätze entfernt wurden.

Doppelte Datensätze entfernen Sie mit einem Werkzeug aus den Datentools, und wenn Sie einzelne gefilterte Sätze aus der Liste holen wollen, verwenden Sie den Spezialfilter. Er kopiert die Datensätze in einen Zielbereich, Sie geben nur das Filterkriterium und die gewünschten Spalten an.

WISSEN

4

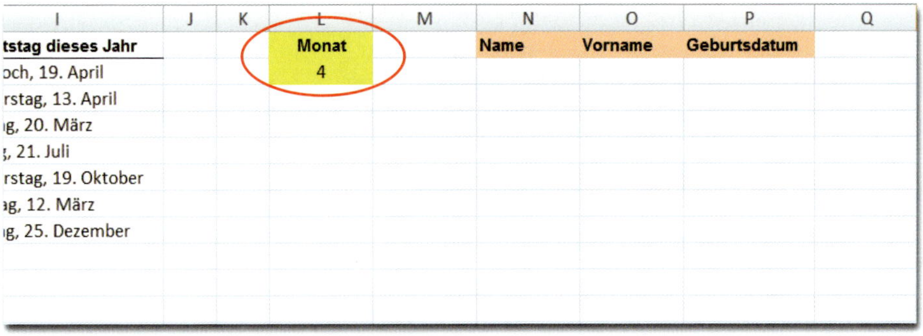

5

6

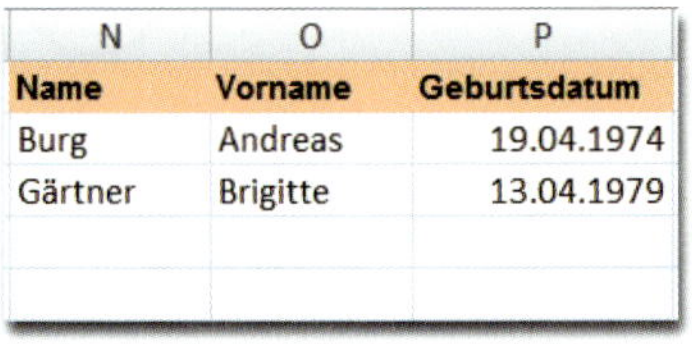

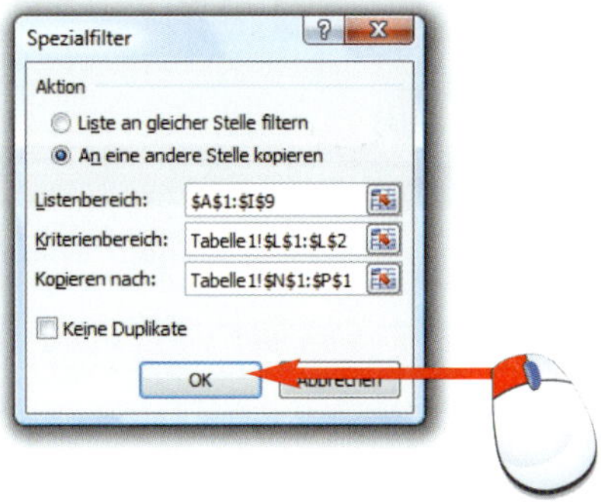

4 Für den Spezialfilter brauchen Sie einen Filterbereich (Feldname und Kriterium, hier Monat April) und einen Zielbereich mit beliebigen Feldern aus der Liste.

5 Starten Sie den Spezialfilter unter *Daten/Datentools/Erweitert*. Schalten Sie auf die zweite Option um und tragen Sie die drei Bereiche ein.

6 Mit einem Klick auf *OK* werden diejenigen Daten aus der Liste in den Zielbereich geschrieben, die dem Filterkriterium entsprechen.

Ende

Auch die Reihenfolge der Feldnamen im Zielbereich des Spezialfilters ist frei wählbar.

HINWEIS

Kombinieren Sie im Filterbereich des Spezialfilters mehrere Felder: Für eine UND-Filterung schreiben Sie die Felder nebeneinander:

PLZ PLZ
>79999 <90000

HINWEIS

Für einen ODER-Filter geben Sie die Kriterien untereinander ein:
Wohnort
München
Hamburg

HINWEIS

Start

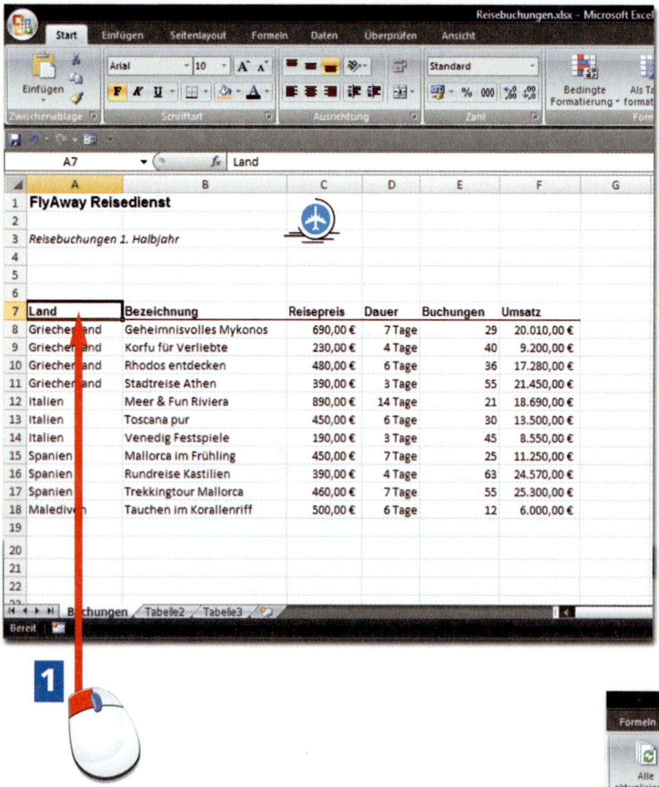

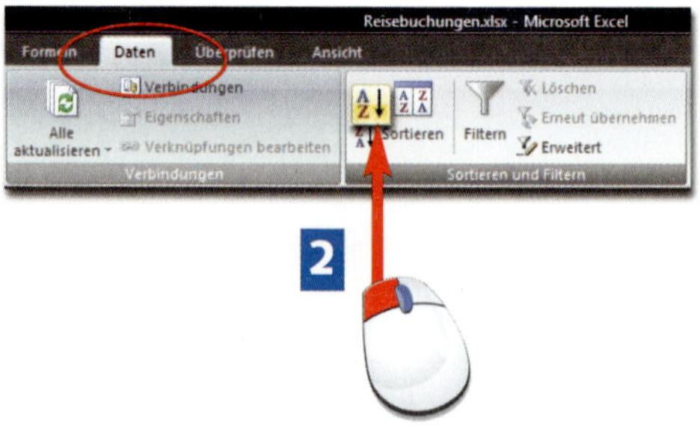

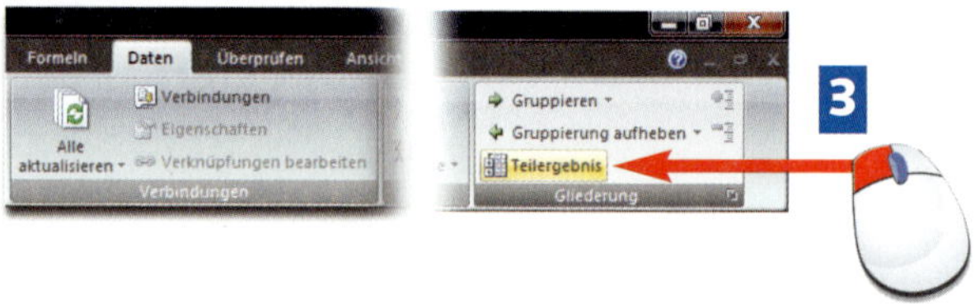

1 Hier eine Übersicht über Reisebuchungen. Um automatisch Zwischensummen in die letzten beiden Spalten zu setzen, platzieren Sie den Zellzeiger in die Liste.

2 Sortieren Sie die Liste aufsteigend nach dem Land in der ersten Spalte. Die Sortiersymbole finden Sie auf der Registerkarte *Daten*.

3 Wählen Sie *Daten/Gliederung/Teilergebnis*.

Ein Teilergebnis ist ein Gruppenwechsel in der Liste, es summiert einzelne Spaltenwerte zu Zwischensummen. Achten Sie auf die richtige Sortierung, dann lässt sich Ihre Datenbank schnell und einfach auswerten.

WISSEN

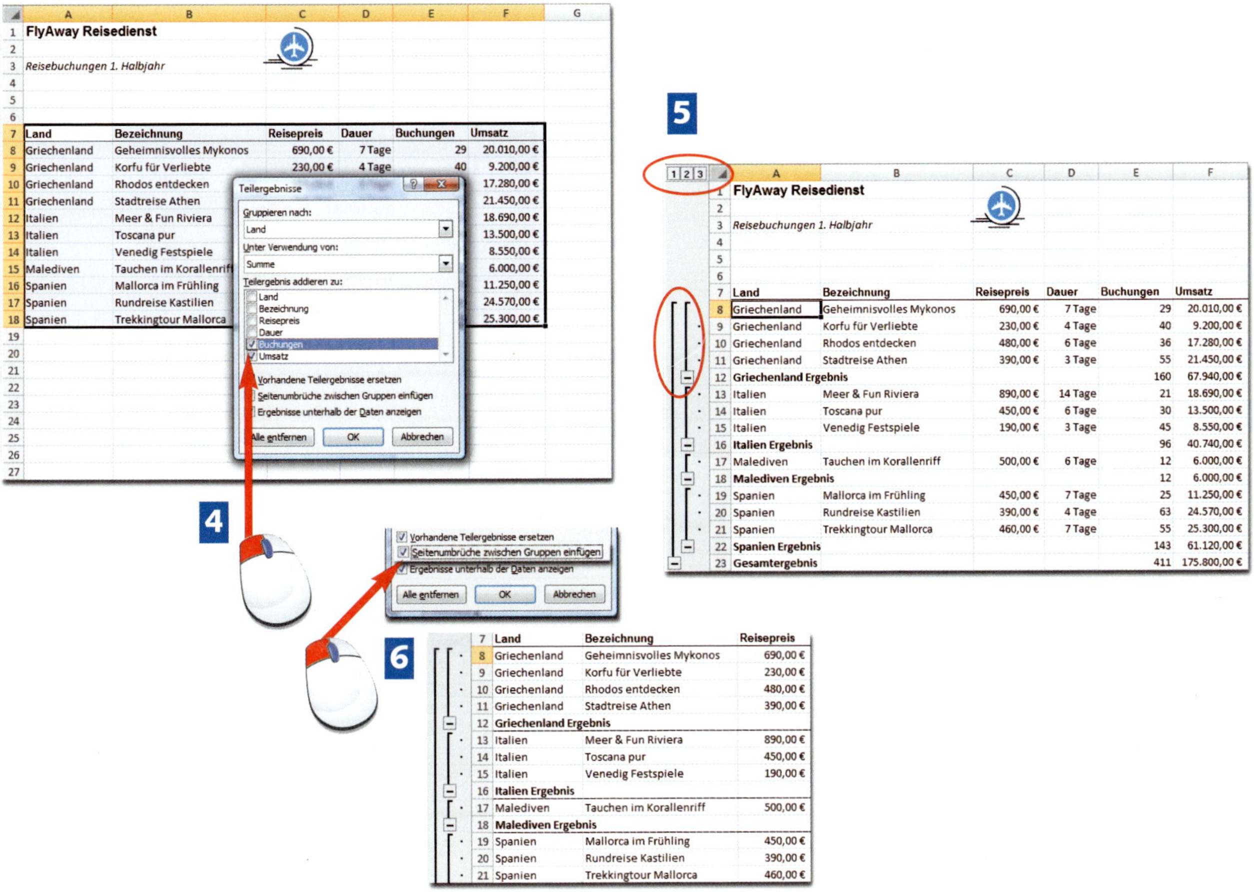

4 Die sortierte Spalte wird zur Gruppierung vorgeschlagen. Wählen Sie die Funktion *Summe* und kreuzen Sie die Spalten *Buchungen* und *Umsatz* an.

5 Mit einem Klick auf *OK* werden die Teilergebnisse berechnet. Die Liste bietet anschließend Zwischensummen und Gliederungssymbole am vertikalen Rand.

6 Setzen Sie die Option *Seitenumbrüche zwischen Gruppen einfügen*, wird jede Gruppe auf einer eigenen Seite gedruckt.

Schalten Sie im Teilergebnisdialog auf die Funktion *Anzahl*, wenn Sie die Texteinträge in einer Spalte nicht summieren können.

TIPP

Vergessen Sie bei Seitenumbrüchen zwischen den Ebenen nicht, den Drucktitel zu setzen (*Seitenlayout/Seite einrichten*).

HINWEIS

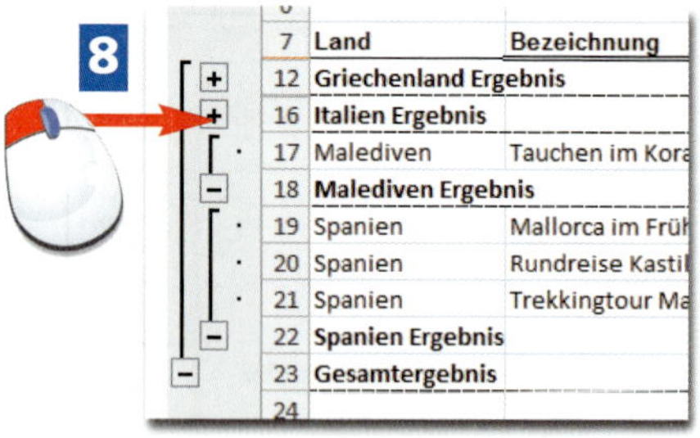

7 Klicken Sie im Gliederungsbereich auf die Nummer der Ebene, die Sie anzeigen wollen.

8 Mit den Plus- und Minuszeichensymbolen können Sie Zeilen einzelner Ebenen ein- und ausblenden.

9 Für die Berechnung der Zwischensummen verwendet Excel die Funktion TEILERGEBNIS. Öffnen Sie den Funktions-Assistenten …

Mit den Teilergebnissen werden nicht nur Zwischensummen eingezogen, die Liste wird auch automatisch in Ebenen untergliedert. Mit den Gliederungssymbolen können Sie die Listenansicht bequem auf Zwischensummen oder einzelne Ebenen reduzieren.

WISSEN

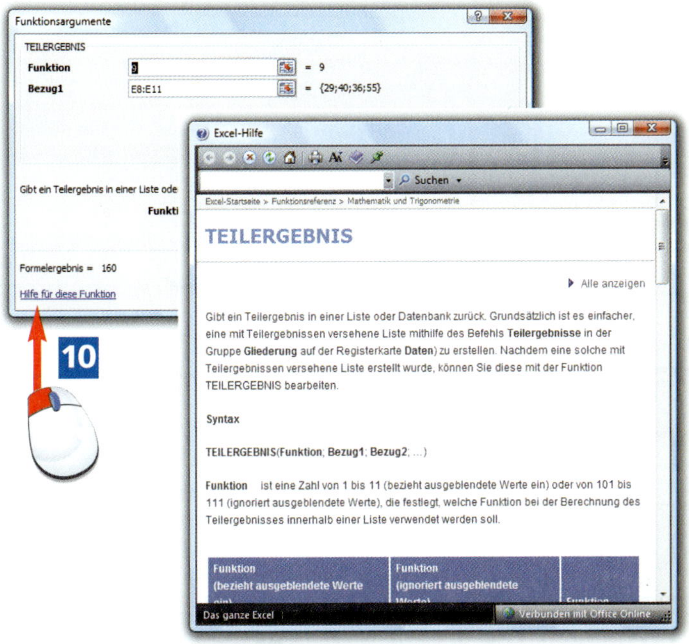

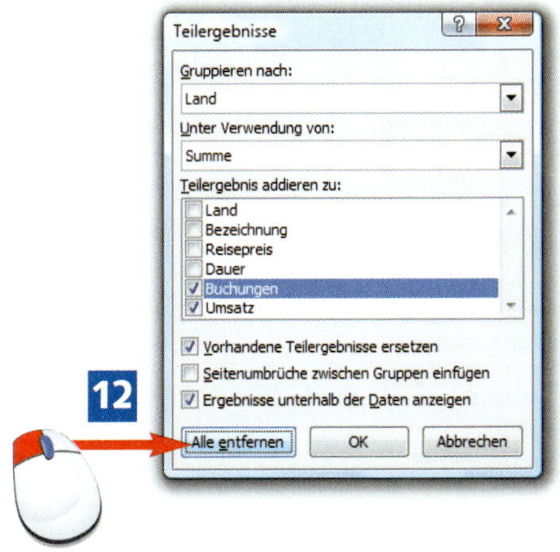

10 … und sehen Sie sich die Beschreibung zur Funktion in der Excel-Hilfe an.

11 Um alle Teilergebnisse auszuschalten, aktivieren Sie erneut *Daten/Gliederung/ Teilergebnis* …

12 … und klicken auf *Alle entfernen*, um die Teilergebnisse samt Gliederung zu löschen.

Ende

Die Funktion TEILERGEBNIS lässt sich auch außerhalb von Listen verwenden, um gefilterte Daten auszuwerten.

HINWEIS

Um Teilergebnisse in Listen zu schachteln, markieren Sie vor dem zweiten Aufruf nur die Daten, die Sie erneut untergliedern wollen.

HINWEIS

Start

1

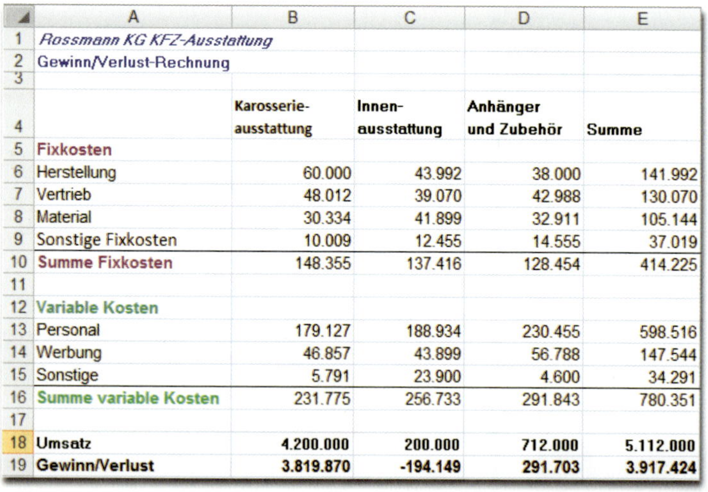

	A	B	C	D	E
1	*Rossmann KG KFZ-Ausstattung*				
2	Gewinn/Verlust-Rechnung				
3					
4		**Karosserie-ausstattung**	**Innen-ausstattung**	**Anhänger und Zubehör**	**Summe**
5	**Fixkosten**				
6	Herstellung	60.000	43.992	38.000	141.992
7	Vertrieb	48.012	39.070	42.988	130.070
8	Material	30.334	41.899	32.911	105.144
9	Sonstige Fixkosten	10.009	12.455	14.555	37.019
10	**Summe Fixkosten**	148.355	137.416	128.454	414.225
11					
12	**Variable Kosten**				
13	Personal	179.127	188.934	230.455	598.516
14	Werbung	46.857	43.899	56.788	147.544
15	Sonstige	5.791	23.900	4.600	34.291
16	**Summe variable Kosten**	231.775	256.733	291.843	780.351
17					
18	**Umsatz**	**4.200.000**	**200.000**	**712.000**	**5.112.000**
19	**Gewinn/Verlust**	**3.819.870**	**-194.149**	**291.703**	**3.917.424**

2

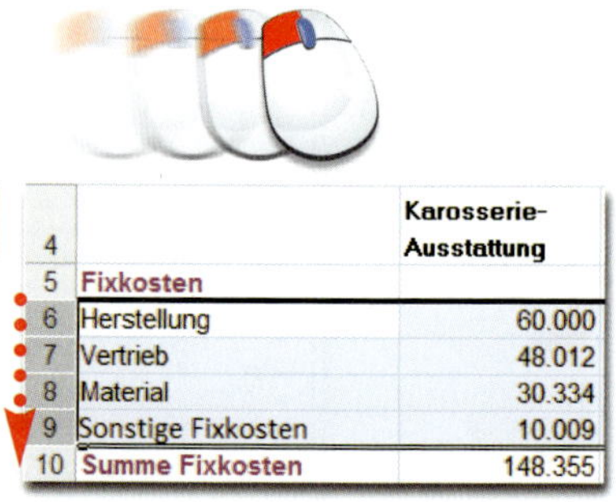

4		**Karosserie-Ausstattung**
5	**Fixkosten**	
6	Herstellung	60.000
7	Vertrieb	48.012
8	Material	30.334
9	Sonstige Fixkosten	10.009
10	**Summe Fixkosten**	148.355

3

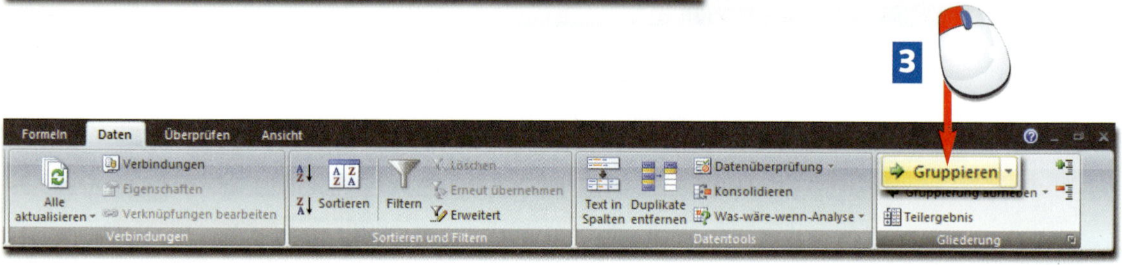

1 In dieser G&V-Rechnung sind die einzelnen Kosten und die Umsätze für drei Unternehmenseinheiten gelistet.

2 Markieren Sie die Zeilennummern der Zeilen, die Sie in die nächste Ebene setzen wollen.

3 Wählen Sie *Daten/Gliederung/Gruppieren*.

Mit der Gliederungsfunktion werden Listen in mehrere Ebenen unterteilt. Diese Ebenen können ein- und ausgeblendet werden. Nutzen Sie diese Technik in großen Tabellen mit Zwischensummen.

WISSEN

4

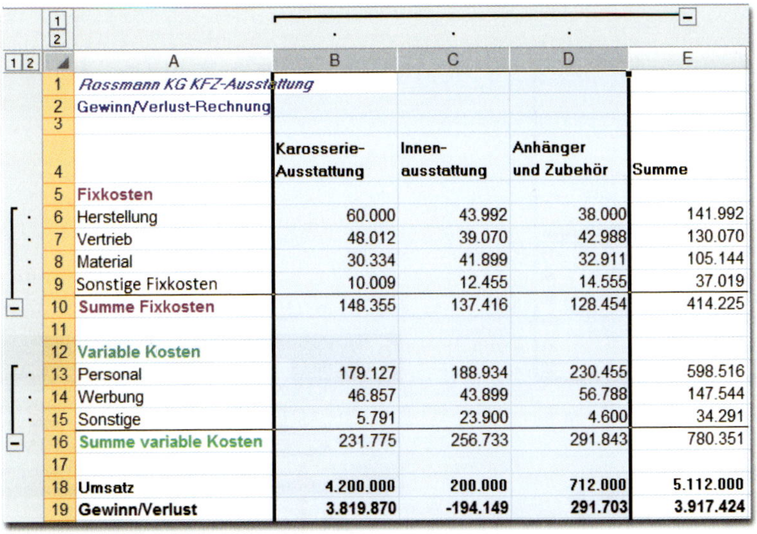

5

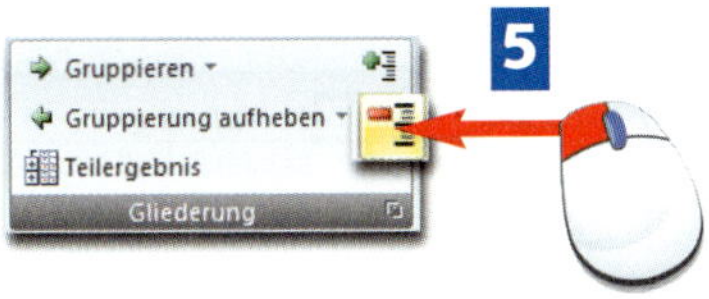

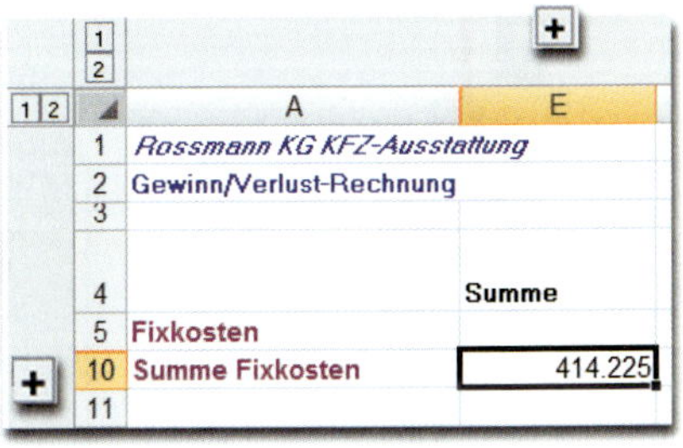

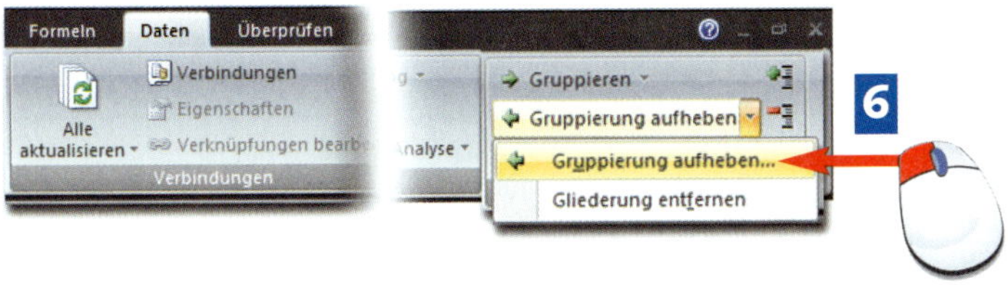

6

4 Gruppieren Sie so auch die Spalten, die Sie vorher über die Spaltenbuchstaben markiert hatten.

5 Mit den Gliederungssymbolen in der Gliederungsgruppe oder an den Rändern der Tabelle blenden Sie Ebenen ein und wieder aus.

6 Um Zeilen oder Spalten wieder eine Ebene höher zu stufen, markieren Sie die Zeilen oder Spalten und heben die Gliederung wieder auf.

Ende

Die *AutoGliederung* versucht, die Ebenen selbst zu ermitteln. Verwenden Sie diese Option nur, wenn Ihre Tabelle durchgängig Zwischensummen enthält.

HINWEIS

Markieren Sie immer ganze Zeilen und Spalten für die Gliederung, damit Excel nicht nachfragen muss.

TIPP

Die Einstellung der Zwischensummen (Hauptzeilen/Hauptspalten), die wahlweise über oder unter den Daten stehen, finden Sie im Dialogfenster der Gliederungsgruppe (kleines Symbol rechts unten).

HINWEIS

Start

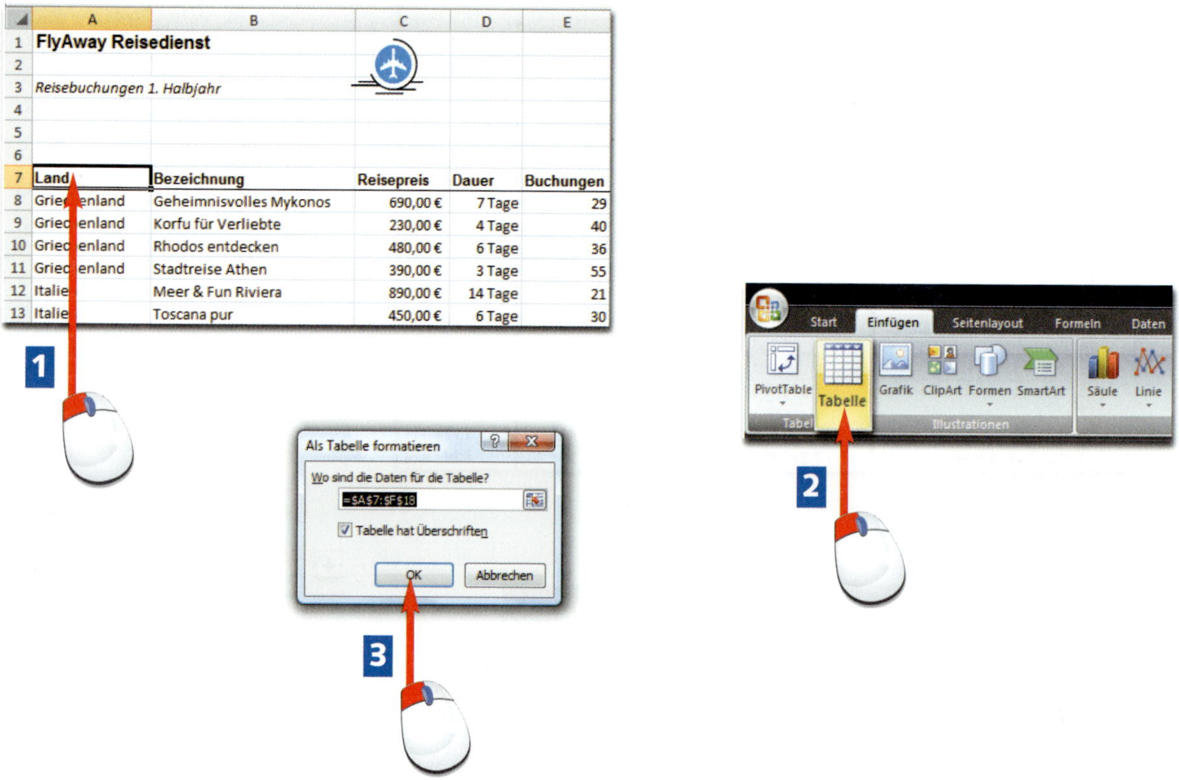

1 Setzen Sie den Zellzeiger in die Liste, entfernen Sie alle Gruppierungen, Teilergebnisse und Filter.

2 Wählen Sie *Einfügen/Tabelle* oder *Start/Formatvorlagen/Als Tabelle formatieren*.

3 Der Listenbereich wird vorgeschlagen, markieren Sie ihn im Hintergrund neu, falls die Liste nicht erkannt wurde, und klicken Sie auf *OK*.

Wenn Sie eine Liste in eine *Tabelle* konvertieren, lässt sich diese noch einfacher bearbeiten und auswerten. Sie können zum Beispiel automatisch Ergebnisse (Summen) am unteren Rand einfügen, und neue Zeilen gehören automatisch zur Liste, wenn sie unten angefügt werden.

WISSEN

4

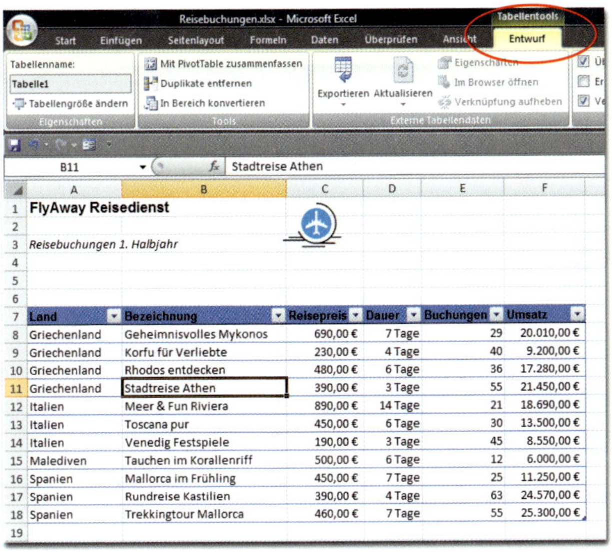

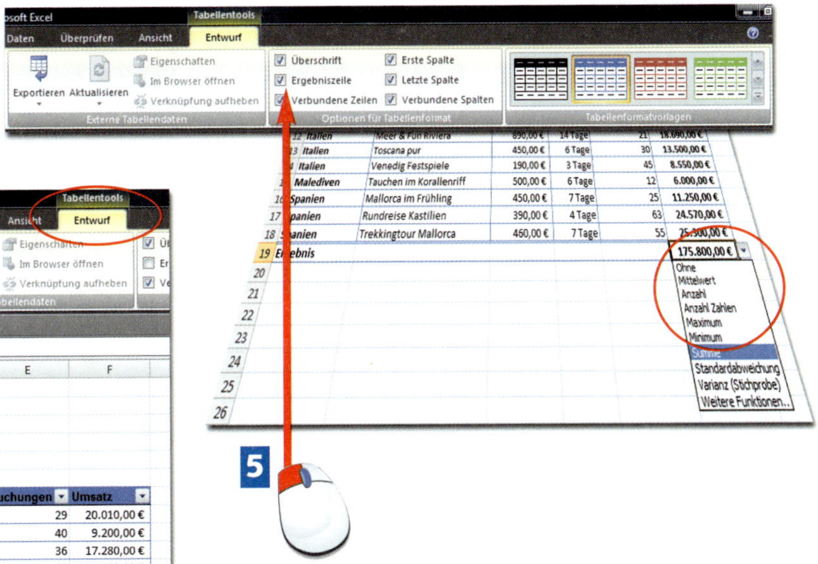

5

6

4 Damit ist die Liste in eine Tabelle konvertiert, die Multifunktionsleiste enthält mit dem Zellzeiger in der Tabelle ein neues Register *Tabellentools*.

5 Kreuzen Sie die Option *Ergebniszeile* für eine automatische Summe in der letzten Zeile an.

6 Wollen Sie alle Tabellenfunktionen wieder entfernen, konvertieren Sie die Tabelle in einen Bereich.

Ende

Der Name der Tabelle (*Tabelle1*) kann links oben geändert werden, er ist für die Verwendung des Bereichs in Formeln wichtig. Beispiel: =ZEILEN(Tabelle1)

HINWEIS

Um in der Tabelle eine neue Zeile anzufügen, drücken Sie mit dem Zellzeiger in der letzten Zelle die ⇆-Taste.

HINWEIS

Start

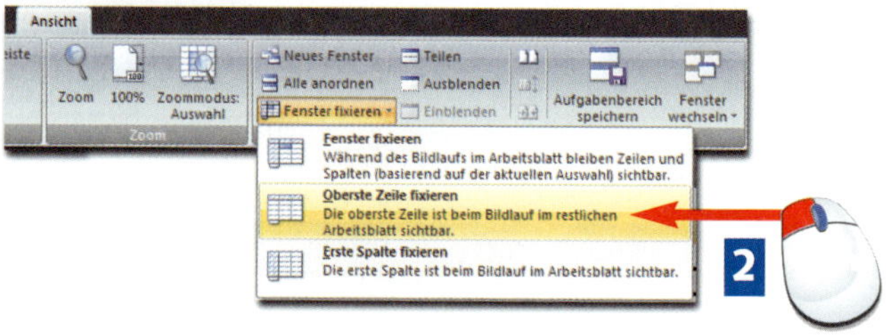

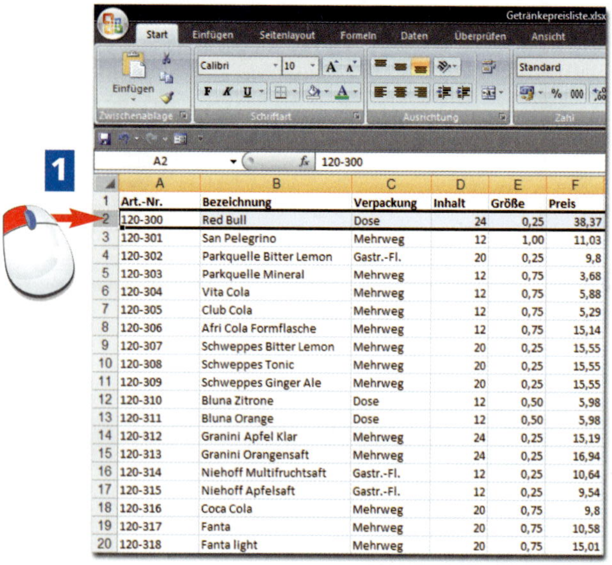

	A	B	C	D	E	F
1	Art.-Nr.	Bezeichnung	Verpackung	Inhalt	Größe	Preis
2	120-300	Red Bull	Dose	24	0,25	38,37
3	120-301	San Pelegrino	Mehrweg	12	1,00	11,03
4	120-302	Parkquelle Bitter Lemon	Gastr.-Fl.	20	0,25	9,8
5	120-303	Parkquelle Mineral	Mehrweg	12	0,75	3,68
6	120-304	Vita Cola	Mehrweg	12	0,75	5,88
7	120-305	Club Cola	Mehrweg	12	0,75	5,29
8	120-306	Afri Cola Formflasche	Mehrweg	12	0,75	15,14
9	120-307	Schweppes Bitter Lemon	Mehrweg	20	0,25	15,55
10	120-308	Schweppes Tonic	Mehrweg	20	0,25	15,55
11	120-309	Schweppes Ginger Ale	Mehrweg	20	0,25	15,55
12	120-310	Bluna Zitrone	Dose	12	0,50	5,98
13	120-311	Bluna Orange	Dose	12	0,50	5,98
14	120-312	Granini Apfel Klar	Mehrweg	24	0,25	15,19
15	120-313	Granini Orangensaft	Mehrweg	24	0,25	16,94
16	120-314	Niehoff Multifruchtsaft	Gastr.-Fl.	12	0,25	10,64
17	120-315	Niehoff Apfelsaft	Gastr.-Fl.	12	0,25	9,54
18	120-316	Coca Cola	Mehrweg	20	0,75	9,8
19	120-317	Fanta	Mehrweg	20	0,75	10,58
20	120-318	Fanta light	Mehrweg	20	0,75	15,01

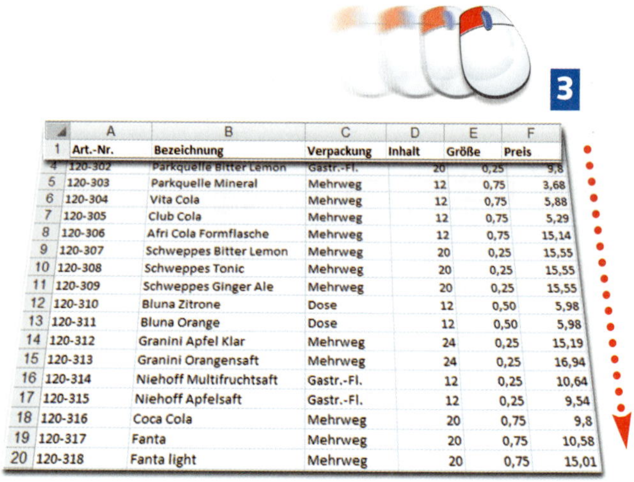

	A	B	C	D	E	F
1	Art.-Nr.	Bezeichnung	Verpackung	Inhalt	Größe	Preis
4	120-302	Parkquelle Bitter Lemon	Gastr.-Fl.	20	0,25	9,8
5	120-303	Parkquelle Mineral	Mehrweg	12	0,75	3,68
6	120-304	Vita Cola	Mehrweg	12	0,75	5,88
7	120-305	Club Cola	Mehrweg	12	0,75	5,29
8	120-306	Afri Cola Formflasche	Mehrweg	12	0,75	15,14
9	120-307	Schweppes Bitter Lemon	Mehrweg	20	0,25	15,55
10	120-308	Schweppes Tonic	Mehrweg	20	0,25	15,55
11	120-309	Schweppes Ginger Ale	Mehrweg	20	0,25	15,55
12	120-310	Bluna Zitrone	Dose	12	0,50	5,98
13	120-311	Bluna Orange	Dose	12	0,50	5,98
14	120-312	Granini Apfel Klar	Mehrweg	24	0,25	15,19
15	120-313	Granini Orangensaft	Mehrweg	24	0,25	16,94
16	120-314	Niehoff Multifruchtsaft	Gastr.-Fl.	12	0,25	10,64
17	120-315	Niehoff Apfelsaft	Gastr.-Fl.	12	0,25	9,54
18	120-316	Coca Cola	Mehrweg	20	0,75	9,8
19	120-317	Fanta	Mehrweg	20	0,75	10,58
20	120-318	Fanta light	Mehrweg	20	0,75	15,01

1 Markieren Sie die Zelle, an der Sie die Liste fixieren wollen, zum Beispiel B2 für die erste Zeile und erste Spalte oder Zeile 2 für die ganze Zeile.

2 Wählen Sie *Ansicht/Fenster/Fenster fixieren*. Klicken Sie auf die gewünschte Option.

3 Die erste Zeile ist fixiert, rollen Sie die Liste nach oben, bleibt sie auf dem Bildschirm.

Wenn in einer mehrseitigen Liste mit Maus oder Rollbalken geblättert wird, verschwindet die Kopfzeile, beim horizontalen Rollen geht zuerst die erste Spalte verloren. Fixieren Sie Ihre Zeilen und Spalten, damit Sie auch beim Rollen der Liste die Beschriftungen im Auge behalten können.

WISSEN

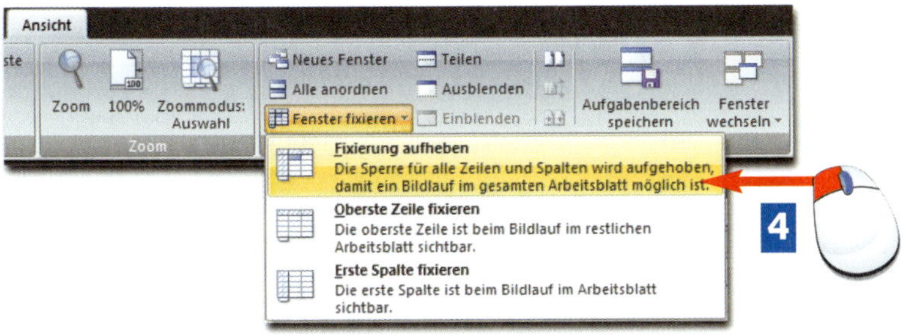

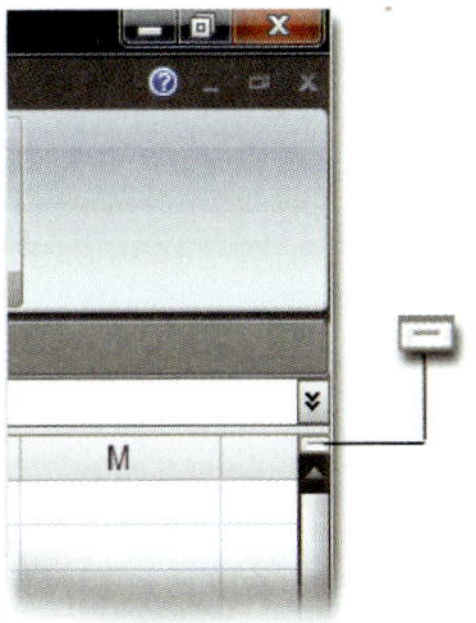

5

6

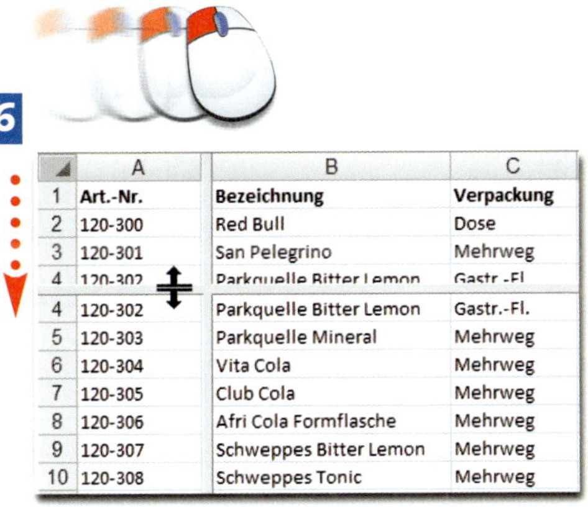

	A	B	C
1	Art.-Nr.	Bezeichnung	Verpackung
2	120-300	Red Bull	Dose
3	120-301	San Pelegrino	Mehrweg
4	120-302	Parkquelle Bitter Lemon	Gastr.-Fl.
4	120-302	Parkquelle Bitter Lemon	Gastr.-Fl.
5	120-303	Parkquelle Mineral	Mehrweg
6	120-304	Vita Cola	Mehrweg
7	120-305	Club Cola	Mehrweg
8	120-306	Afri Cola Formflasche	Mehrweg
9	120-307	Schweppes Bitter Lemon	Mehrweg
10	120-308	Schweppes Tonic	Mehrweg

4 Mit *Ansicht/Fenster/Fenster fixieren/Fixierung aufheben* entfernen Sie die Fixierung wieder.

5 Die Teiler für die manuelle Tabellenteilung finden Sie oben am vertikalen Rollbalken und rechts am horizontalen Rollbalken.

6 Ziehen Sie die Teiler mit gedrückter Maustaste in die Tabelle, um sie aufzuteilen. Ein Doppelklick auf eine Teilerlinie entfernt diese wieder.

Ende

Jede Tabelle kann nur eine Fixierung oder wahlweise eine Teilung enthalten.

TIPP

Die Fensterfixierung hebt die manuelle Teilung auf. Bei fixierten Bereichen sind die Teilersymbole nicht verfügbar.

HINWEIS

Start

1

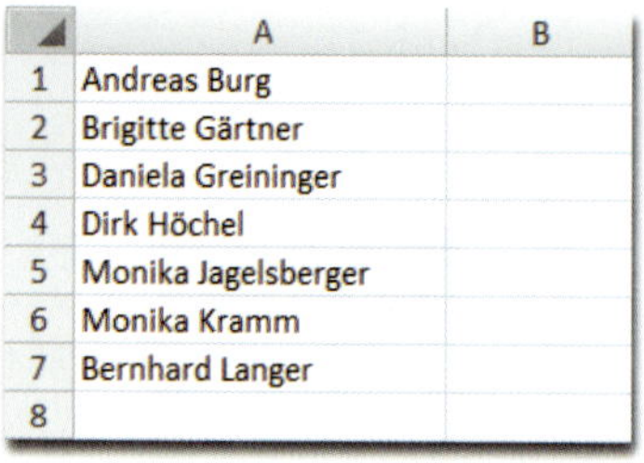

2

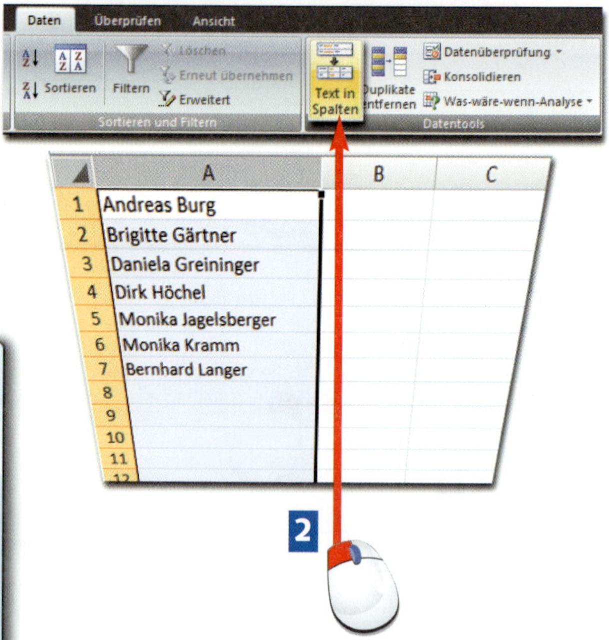

3

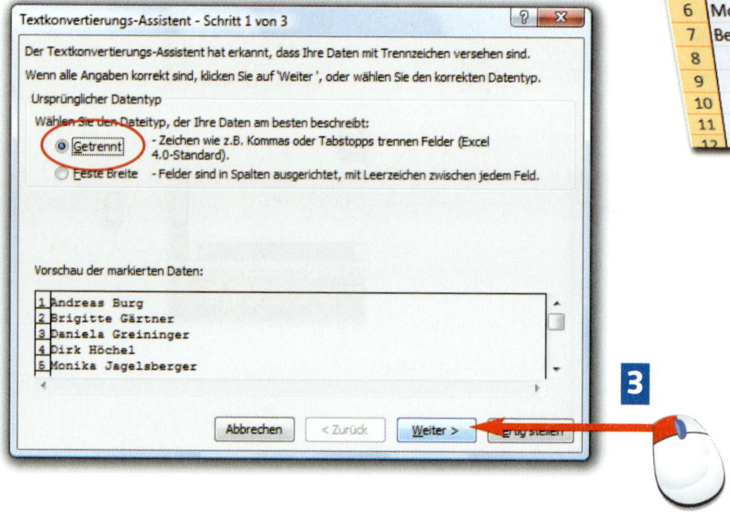

1 Hier die Adressliste mit Vornamen und Namen in einer Spalte.

2 Markieren Sie die Spalte per Klick auf den Spaltenkopf und wählen Sie *Daten/Datentools/Text in Spalten*.

3 Der Textkonvertierungs-Assistent startet, bestätigen Sie den Datentyp *Getrennt* mit einem Klick auf *Weiter*.

Wenn die Daten in einer Liste nicht die gewünschte Aufteilung haben, können Sie den Textkonvertierungs-Assistenten beauftragen, sie fachgerecht zu zerteilen. Ist ein Trennzeichen erkennbar, findet der Assistent die richtige Schnittstelle und trennt die Daten.

WISSEN

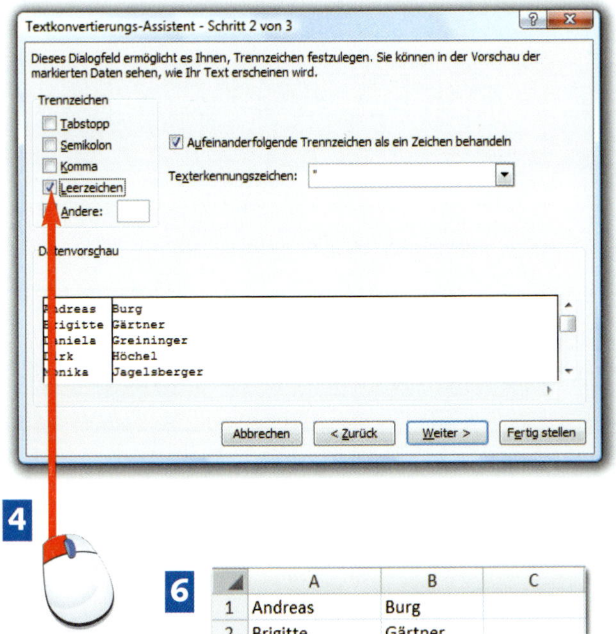

4

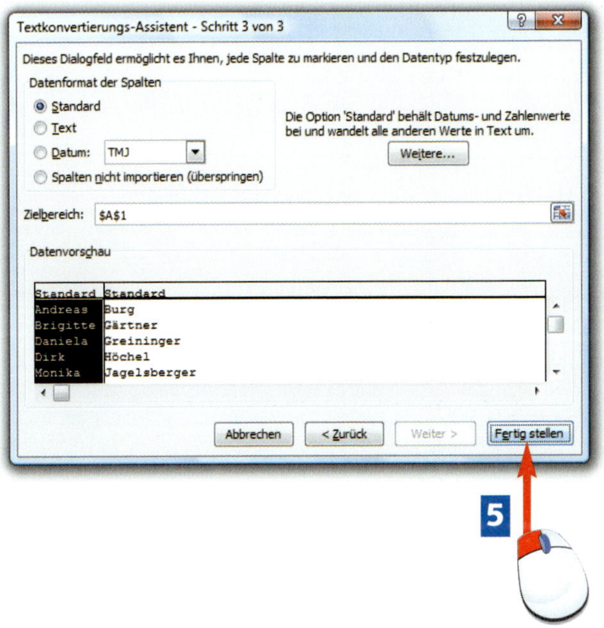

5

6

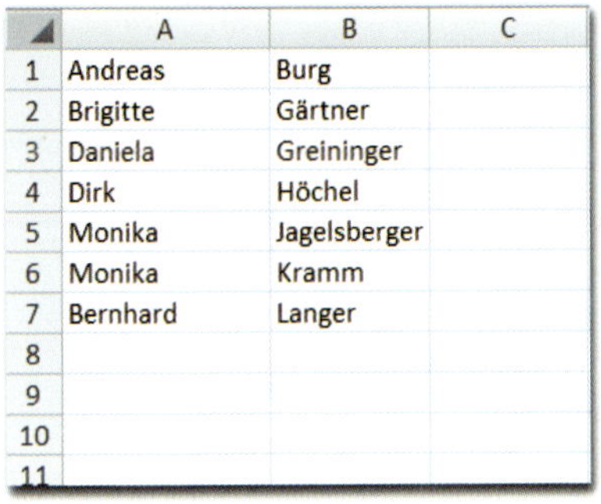

	A	B	C
1	Andreas	Burg	
2	Brigitte	Gärtner	
3	Daniela	Greininger	
4	Dirk	Höchel	
5	Monika	Jagelsberger	
6	Monika	Kramm	
7	Bernhard	Langer	
8			
9			
10			
11			

4 Stellen Sie das Trennzeichen (hier Leerzeichen) ein. Texterkennungszeichen kommen vor, wenn Texte in der Spalte in Anführungszeichen stehen.

5 Überprüfen Sie das Datenformat der einzelnen Spalten und klicken Sie auf *Fertig stellen*, wenn alle Informationen an Bord sind.

6 Die Spalte wird unterteilt, der Text nach dem Trennzeichen wird in die Spalte(n) rechts von der Originalspalte geschrieben.

Ende

Wenn die vorliegenden Daten kein erkennbares Trennzeichen haben, versuchen Sie es mit dem Datentyp *Feste Breite*. Hier können Sie per Mausklick die Spaltenbreiten festlegen. Ziehen Sie die Spaltentrennlinien einfach mit dem Mauszeiger ein.

HINWEIS

Stellen Sie sicher, dass neben der Spalte genug Platz ist, fügen Sie ggf. vorher Leerspalten ein.

HINWEIS

8

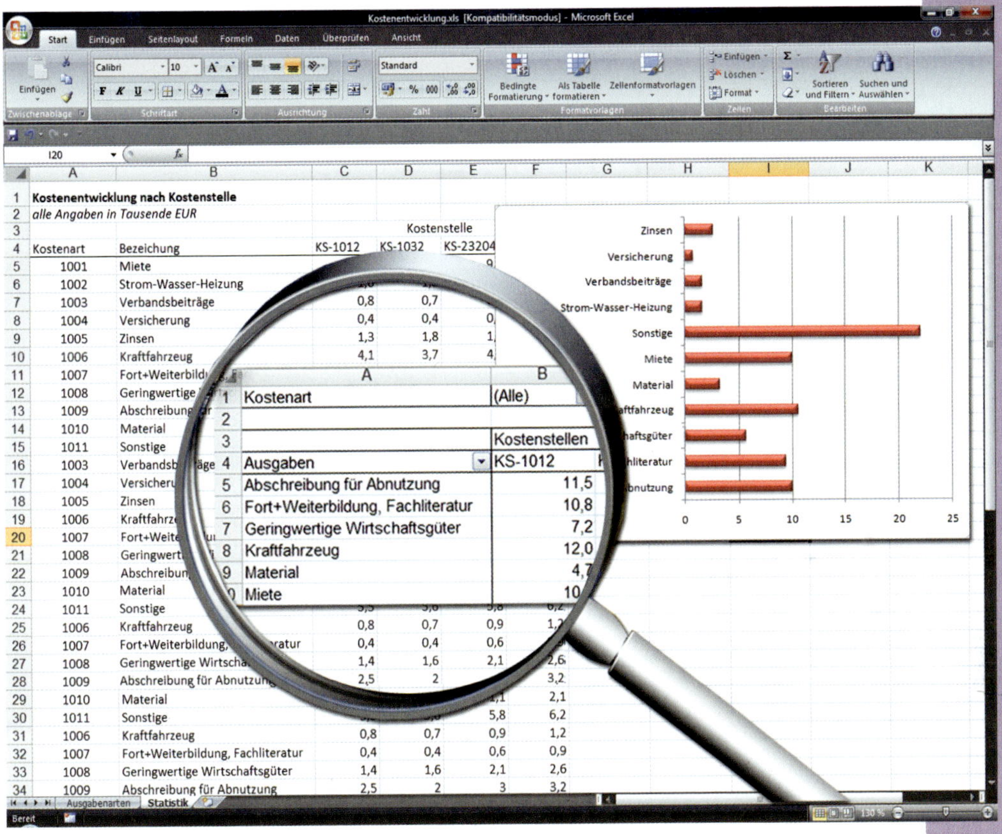

PivotTables und PivotCharts

Start

2

	Nord	Ost	Süd	West	Gesamtergebnis
Küchenmaschine	90000	520000		6500	616500
Kühlschrank	120000	90000	12000	18000	240000
Staubsauger	250000	87000		244500	581500
Gesamtergebnis	**460000**	**697000**	**12000**	**269000**	**1438000**

1

Datum	Produkt	Summe	Region	Verkäufer
12.07.2007	Staubsauger	250.000,00 €	Nord	Fleißig
16.08.2007	Küchenmaschine	90.000,00 €	Nord	Rührig
23.09.2007	Kühlschrank	12.000,00 €	Süd	Emsig
23.09.2007	Staubsauger	230.000,00 €	West	Emsig
19.07.2007	Küchenmaschine	260.000,00 €	Ost	Fleißig
11.09.2007	Staubsauger	87.000,00 €	Ost	Rührig
12.09.2007	Staubsauger	14.500,00 €	West	Emsig
30.08.2007	Küchenmaschine	6.500,00 €	West	Emsig
23.07.2007	Küchenmaschine	50.000,00 €	Ost	Fleißig
15.07.2007	Kühlschrank	120.000,00 €	Nord	Rührig
29.08.2007	Küchenmaschine	210.000,00 €	Ost	Emsig
08.07.2007	Kühlschrank	90.000,00 €	Ost	Rührig
08.07.2007	Kühlschrank	13.000,00 €	West	Rührig
05.08.2007	Kühlschrank	5.000,00 €	West	Fleißig

3

	Emsig	Fleißig	Rührig	Gesamtergebnis
Küchenmaschine				
Nord			90000	90000
Ost	210000	310000		520000
West	6500			6500
Kühlschrank				
Nord			120000	120000
Ost			90000	90000
Süd	12000			12000
West		5000	13000	18000
Staubsauger				
Nord		250000		250000
Ost			87000	87000
West	244500			244500
Gesamtergebnis	**473000**	**565000**	**400000**	**1438000**

1 Diese Umsatzliste gilt es auszuwerten, sie zeigt die regionalen Umsätze pro Produkt und Verkäufer.

2 Die PivotTable fasst die Umsätze zusammen, hier beispielsweise nach Region und Produkt.

3 Gestalten Sie den Zeilen- und Spaltenbereich nach Ihren Wünschen.

PivotTables sind optimale Werkzeuge für die Berichterstattung in den Bereichen Finanzen/Controlling, Marketing, Personalwesen u. a. PivotTables fassen die Daten aus großen Listen und Datenbanken zusammen, analysieren sie und präsentieren sie in verschiedenen Ansichten.

WISSEN

4

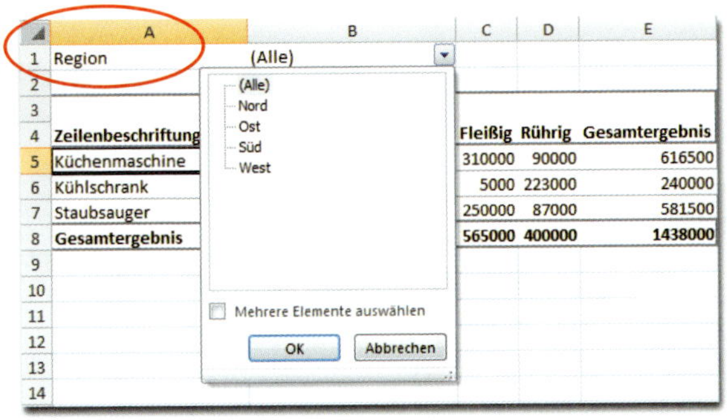

5

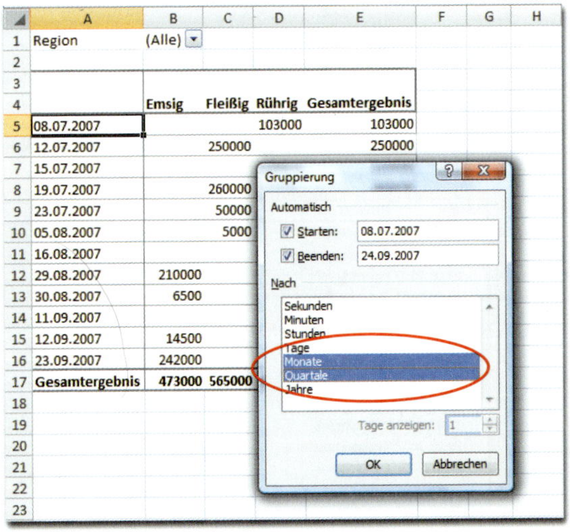

6

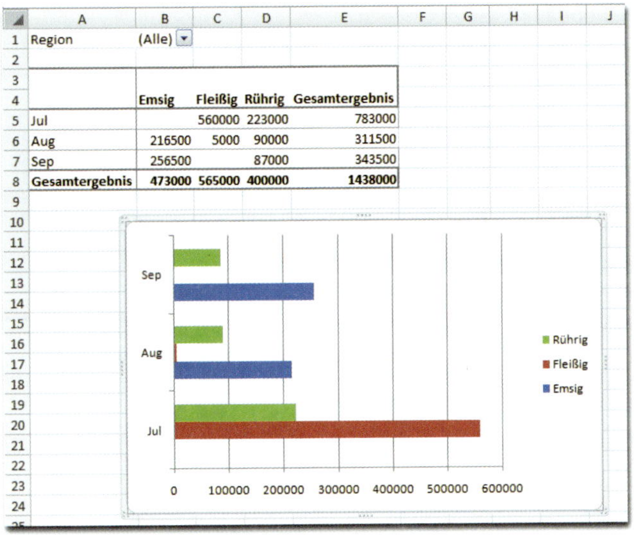

4 Der Berichtsfilter kann ebenfalls Feldnamen aufnehmen, hier zum Beispiel die Region.

5 Datumswerte werden gruppiert, so dass der Bericht die Daten nach Monaten oder Quartalen zusammenfasst.

6 Im PivotChart lässt sich die Entwicklung der Umsätze noch grafisch darstellen.

Ende

PivotTables verändern im Unterschied zu Teilergebnissen (siehe Kapitel 7) nicht die Originaldaten, sie werden in eigenen Bereichen oder Tabellen erstellt.

HINWEIS

Pivot kommt von franz. *pivoter = drehen.*

FACHWORT

Start

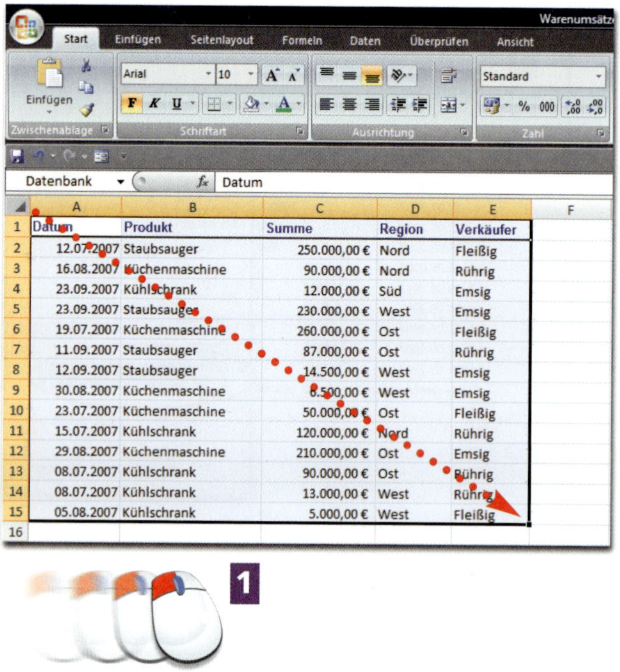

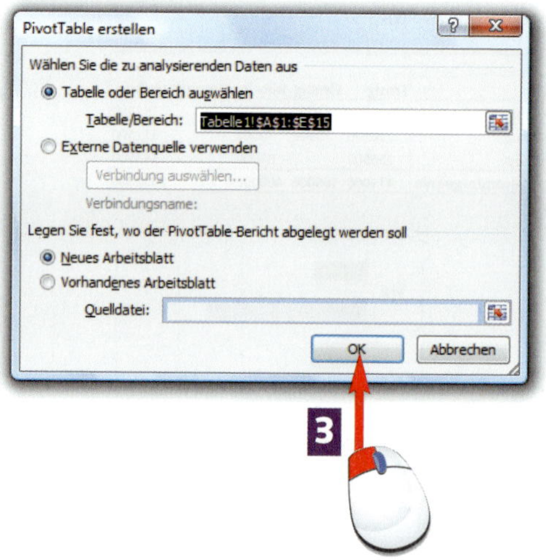

1 Setzen Sie den Zellzeiger in die Liste oder markieren Sie den gesamten Bereich. Das ist wichtig, damit die PivotTable korrekt mit den Daten verbunden wird.

2 Wählen Sie *Einfügen/Tabellen/PivotTable*. PivotTable und PivotChart werden angeboten, klicken Sie auf *PivotTable*.

3 Der Bezug zum markierten Bereich wird vorgeschlagen, bestätigen Sie mit einem Klick auf *OK*, um eine PivotTable in einer neuen Tabelle zu erstellen.

Legen Sie sich eine Liste zurecht und starten Sie Ihre erste PivotTable. Sie werden zunächst nur ein leeres Blatt bekommen, aber der Entwurf ist ganz einfach. Hier im Beispiel analysieren wir eine Warenumsatzliste.

WISSEN

4

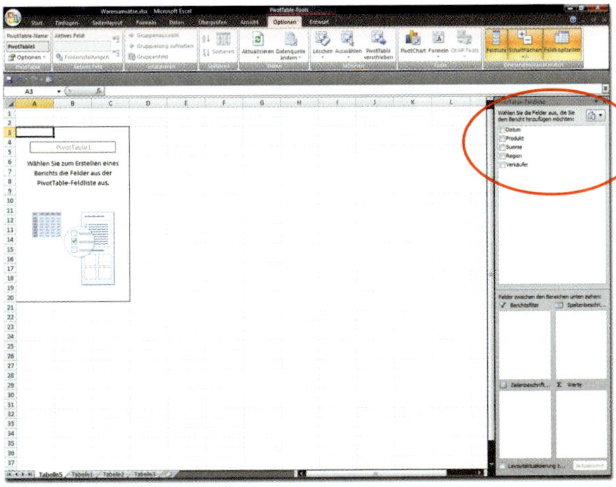

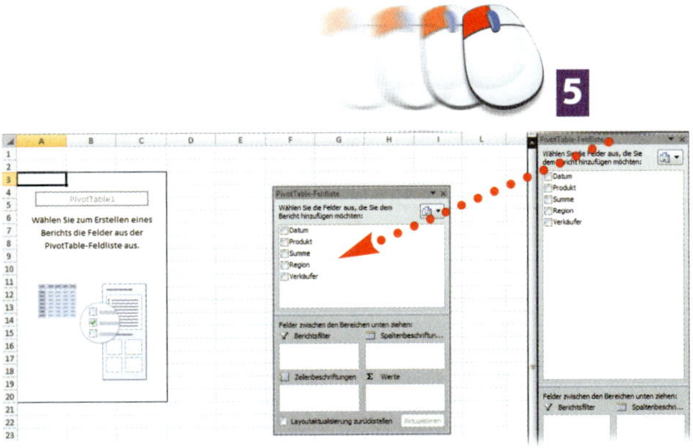

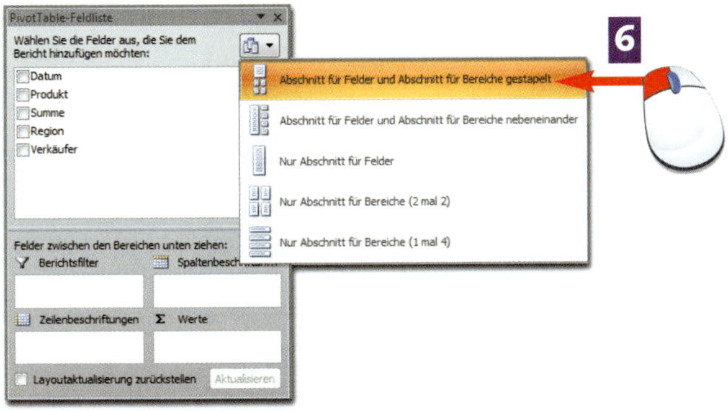

4 Das Ergebnis ist zunächst eine leere Tabelle, der Zellzeiger steht im Pivot-Bereich. Rechts außen wird die Feldliste angeboten.

5 Ziehen Sie die Feldliste nach innen, zeigen Sie dazu auf die Kopfzeile der Liste.

6 Mit dem Symbol rechts oben definieren Sie die Anzeige der Feldliste.

TIPP

Geben Sie der neuen Tabelle gleich einen Namen, klicken Sie dazu doppelt in das Blattregister und tragen Sie eine neue Bezeichnung ein.

HINWEIS

Die Feldliste ist nur aktiv, solange sich der Zellzeiger im Pivotbereich befindet.

HINWEIS

Wenn der Bereich einen Bereichsnamen (hier *Datenbank*) hat, können Sie diesen anstelle des Zellbezugs in das Dialogfeld *PivotTable erstellen* eintragen.

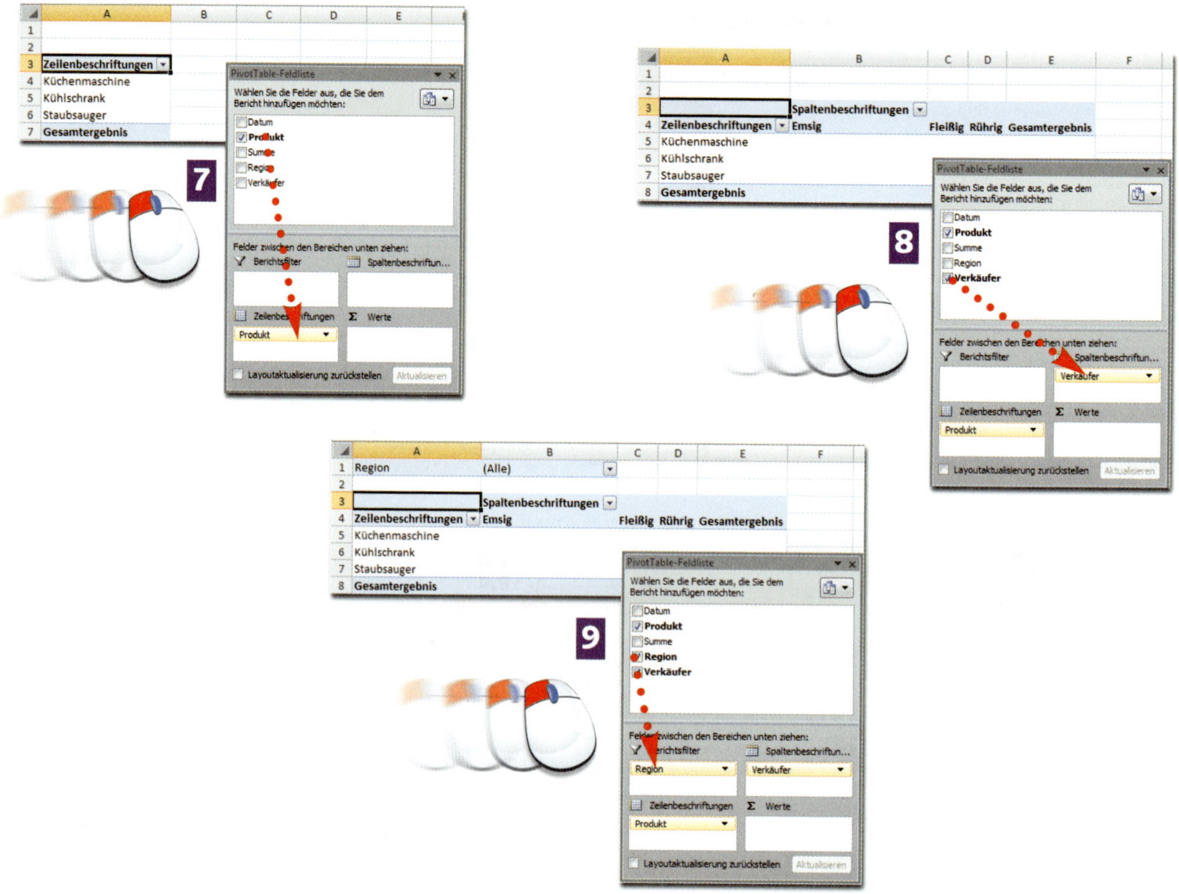

7 Ziehen Sie den Feldnamen *Produkt* mit gedrückter Maustaste in den Bereich *Zeilenbeschriftungen*.

8 Das Feld *Verkäufer* kommt in die Spaltenbeschriftungen.

9 Im Berichtsfilter bringen Sie das Feld *Region* unter.

Die erste PivotTable ist angelegt, Sie können sie mit Feldern aus der Feldliste bestücken. Unser erster Bericht soll die Umsätze pro Produkt und Verkäufer summieren, das Feld *Region* wird als Filterfeld zum Einsatz kommen.

WISSEN

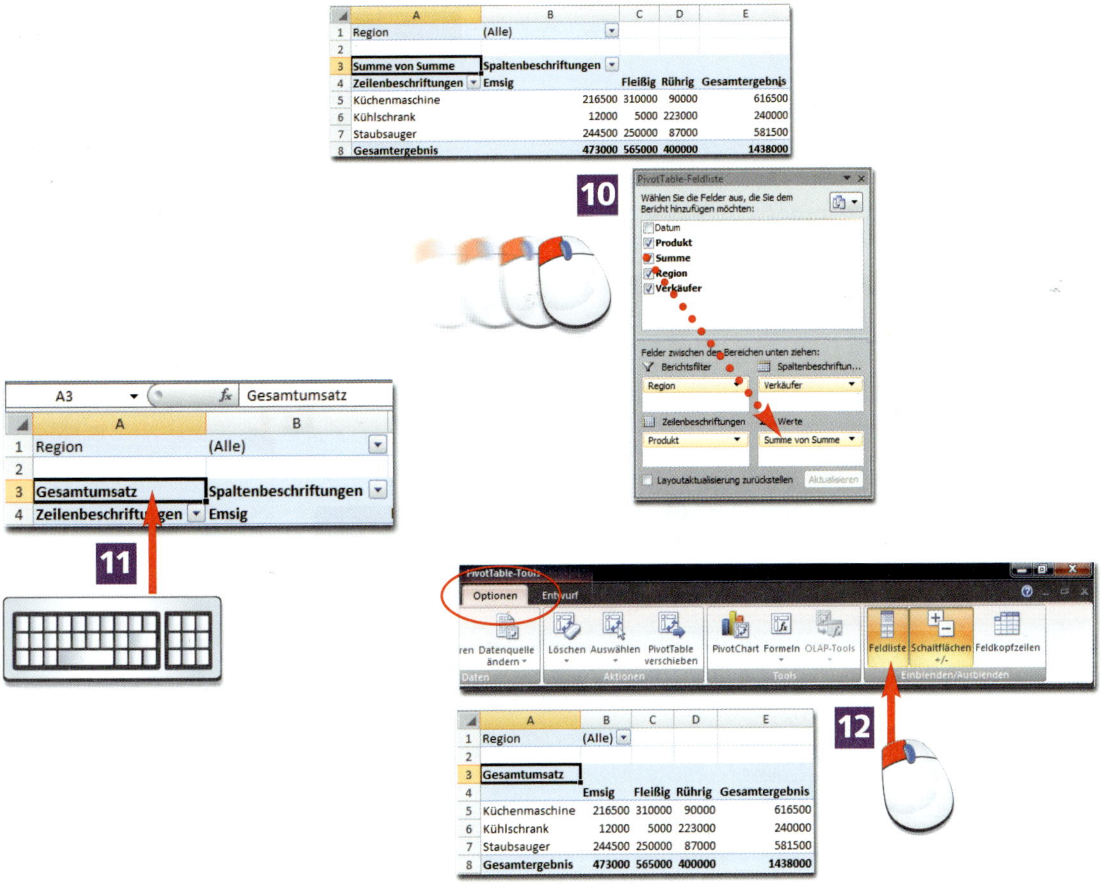

10 Ziehen Sie das Summe-Feld in den Bereich *Werte*. Damit summieren Sie die Umsatzsummen.

11 Die Beschriftung *Summe von Summe* wechseln Sie gleich aus, schreiben Sie *Gesamtumsatz*.

12 In der Multifunktionsleiste sehen Sie ein neues Register *PivotTable-Tools*. Schalten Sie hier die Feldliste und die Feldkopfzeilen ein oder aus.

Ende

Die Bereiche dürfen auch mit mehreren Feldern bestückt werden, so können Sie beispielsweise das Feld *Region* zusammen mit dem Produkt in den Zeilenbereich setzen.

TIPP

Sie können jederzeit ein Feld aus einem der Bereiche in der Feldliste entfernen, ziehen Sie es einfach mit gedrückter Maustaste nach außen auf die Tabelle.

HINWEIS

Start

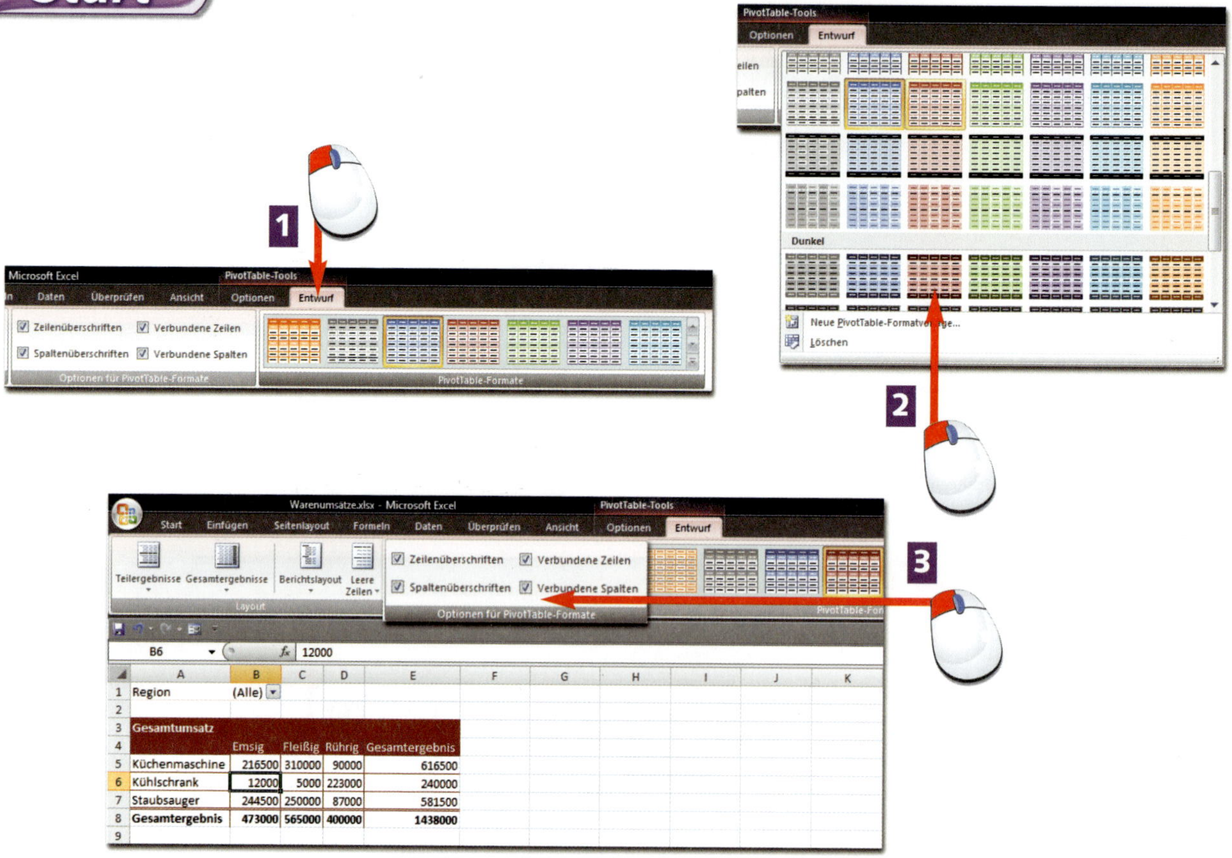

1 Schalten Sie unter *PivotTable-Tools* auf *Entwurf*. Hier finden Sie die Gruppe *PivotTable-Formate*.

2 Klicken Sie auf ein Format oder öffnen Sie die Liste und klicken Sie auf eines der angebotenen Formate.

3 In der Gruppe *Optionen für PivotTable-Formate* bestimmen Sie, welche Teile des gewählten Formats auf die PivotTable angewandt werden.

Mit der neuen Registerkarte *PivotTable-Tools*, die nur mit dem Zellzeiger in der PivotTable sichtbar ist, formatieren Sie jetzt Ihre neue Sicht auf die Umsätze. Weisen Sie Tabellenformate zu, schalten Sie Zeilen- und Spaltensummen aus und passen Sie das Layout der PivotTable an.

WISSEN

4

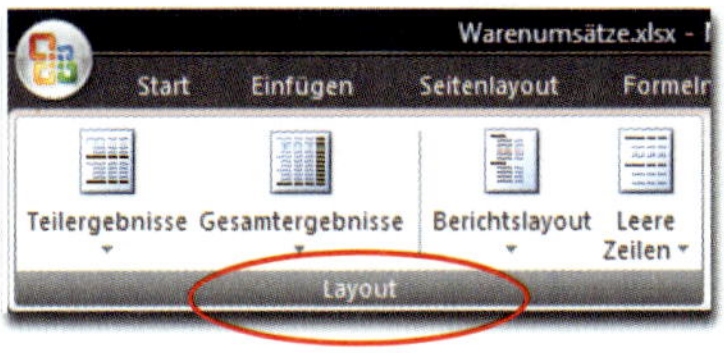

5

6

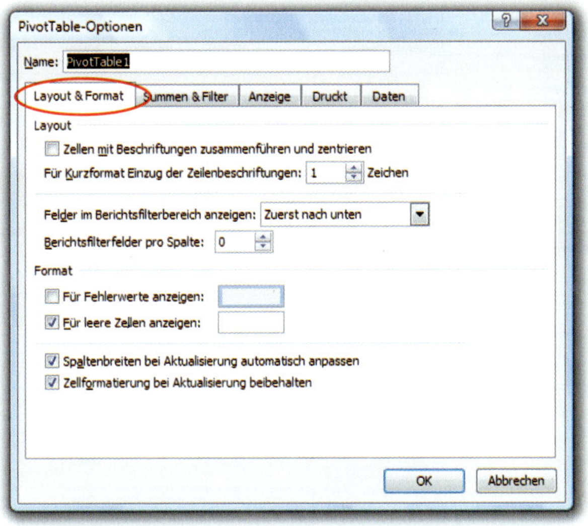

4 Die Gruppe *Layout* bietet Symbole zum Einblenden von Teil- und Gesamtergebnissen, verschiedene Layouts und Leerzeilen zwischen Elementen.

5 Wechseln Sie auf das Register *Optionen* und klicken Sie in der ersten Gruppe auf *Optionen*.

6 Hier finden Sie auf der ersten Registerkarte *Layout & Format* weitere Einstellungen für das Format der PivotTable.

Ende

Zeigen Sie auf ein Tabellenformat, wird die Formatierung im Hintergrund in der PivotTable angezeigt (die Excel-Option *Live-Vorschau* vorausgesetzt).

HINWEIS

Entfernen Sie die Option *Spaltenbreite bei Aktualisierung …*, bleibt die manuell gesetzte Spaltenbreite erhalten, wenn die PivotTable neu berechnet wird.

HINWEIS

Teilergebnisse setzen Sie unter *Optionen/Aktives Feld/Feldeinstellungen*.
Leerzeilen sind nur möglich, wenn mehrere Feldnamen in einer Zeile stehen.

HINWEIS

Start

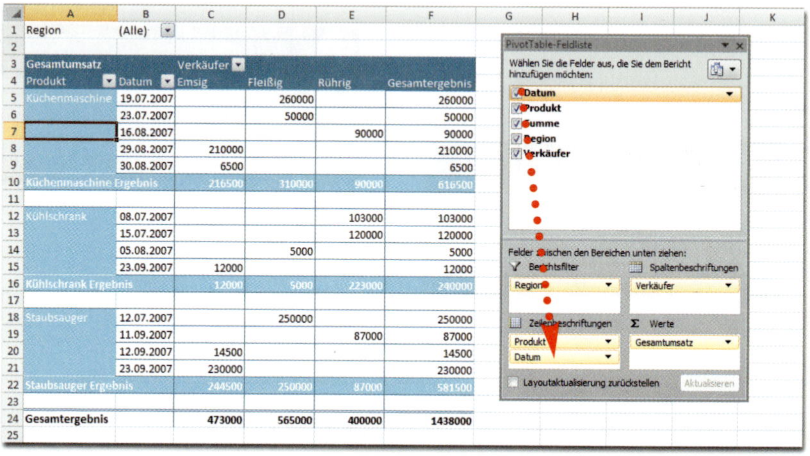

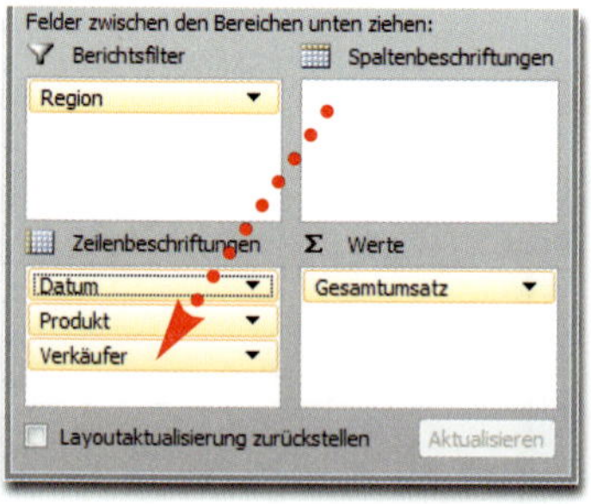

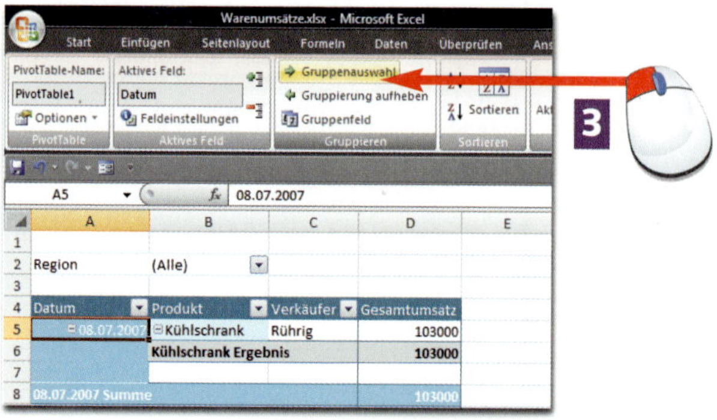

1 Holen Sie auch das Datumsfeld in den Zeilenbereich.

2 Ändern Sie die Position der Feldnamen in der Feldliste für unterschiedliche Ansichten der PivotTable.

3 Um das Datum zu gruppieren, markieren Sie das Feld und wählen *PivotTable-Tools/ Gruppieren/Gruppenauswahl*.

Pivotieren heißt, das Erscheinungsbild der PivotTable durch eine neue Anordnung der Feldelemente zu verändern. Probieren Sie verschiedene Layouts und gruppieren Sie Ihre Datumsfelder nach Monaten, Quartalen und Jahren.

WISSEN

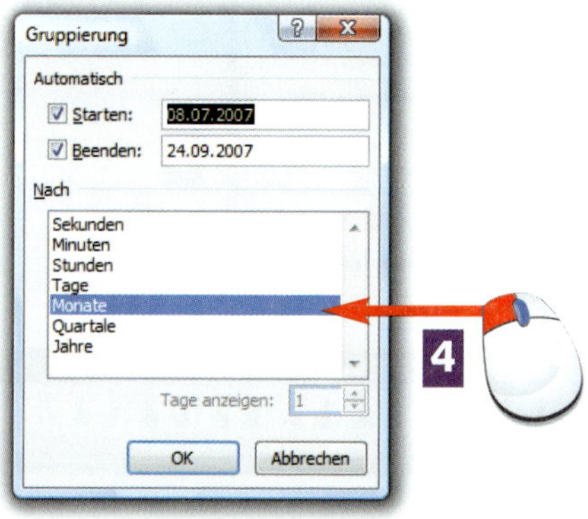

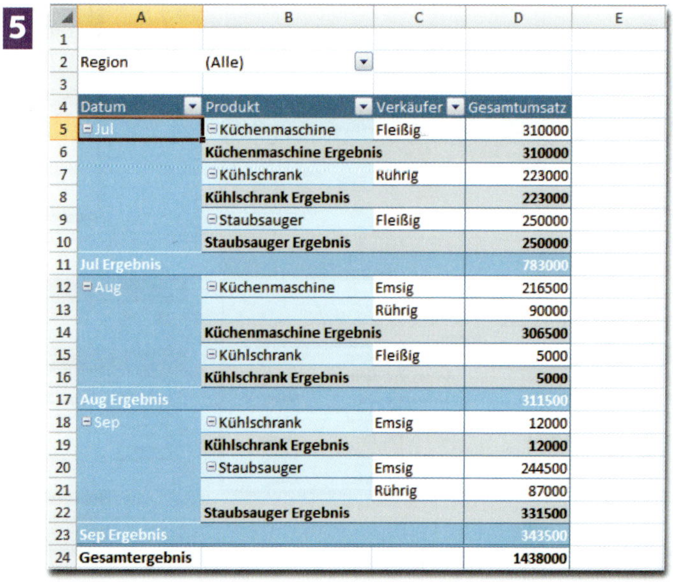

	A	B	C	D	E
1					
2	Region	(Alle)			
3					
4	Datum	Produkt	Verkäufer	Gesamtumsatz	
5	Jul	Küchenmaschine	Fleißig	310000	
6		Küchenmaschine Ergebnis		310000	
7		Kühlschrank	Rührig	223000	
8		Kühlschrank Ergebnis		223000	
9		Staubsauger	Fleißig	250000	
10		Staubsauger Ergebnis		250000	
11	Jul Ergebnis			783000	
12	Aug	Küchenmaschine	Emsig	216500	
13			Rührig	90000	
14		Küchenmaschine Ergebnis		306500	
15		Kühlschrank	Fleißig	5000	
16		Kühlschrank Ergebnis		5000	
17	Aug Ergebnis			311500	
18	Sep	Kühlschrank	Emsig	12000	
19		Kühlschrank Ergebnis		12000	
20		Staubsauger	Emsig	244500	
21			Rührig	87000	
22		Staubsauger Ergebnis		331500	
23	Sep Ergebnis			343500	
24	Gesamtergebnis			1438000	

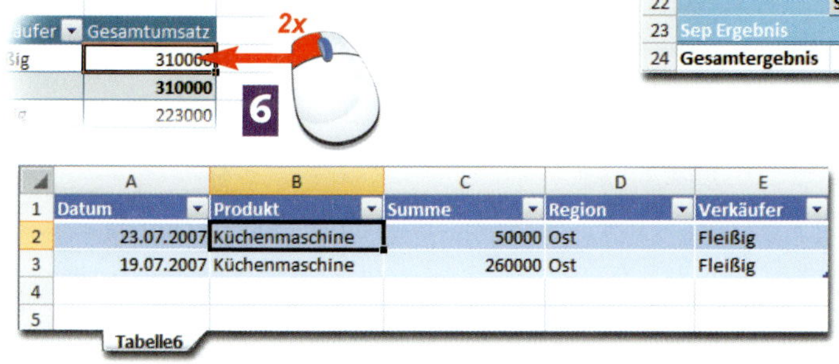

	A	B	C	D	E
1	Datum	Produkt	Summe	Region	Verkäufer
2	23.07.2007	Küchenmaschine	50000	Ost	Fleißig
3	19.07.2007	Küchenmaschine	260000	Ost	Fleißig
4					
5					

4 Geben Sie eine oder mehrere Gruppierungen an, zum Beispiel nach Monaten, Quartalen und Jahren.

5 Die Datumswerte sind gruppiert, mit *PivotTable-Tools/Gruppieren/Gruppierung aufheben* entfernen Sie die Gruppen wieder.

6 Für einen *DrillDown* klicken Sie doppelt auf ein Ergebnis im Wertebereich. Die Datensätze dieser Summe werden in einer neuen Tabelle gelistet.

Ende

Pivot-Berichte werden nicht ständig automatisch neu berechnet. In den Optionen der PivotTable-Tools können Sie die Daten aktualisieren oder die Datenherkunft ändern.

HINWEIS

Das Tabellenblatt, das nach einem DrillDown die Daten enthält, ist nicht mit der PivotTable verknüpft, die Daten werden automatisch als *Tabelle* angezeigt (kann im Register *Tabellentools* geändert werden).

HINWEIS

Start

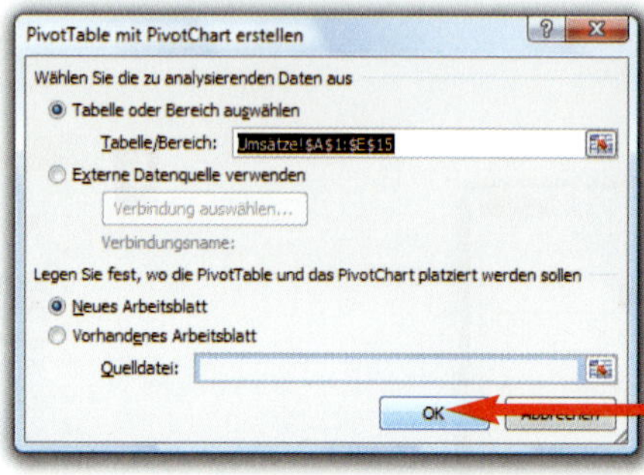

2

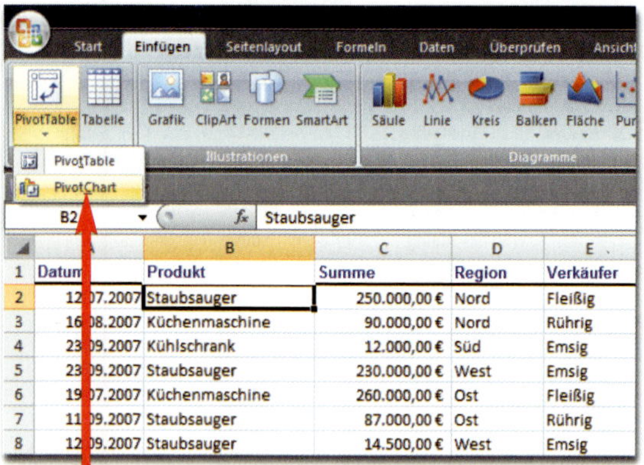

1

3

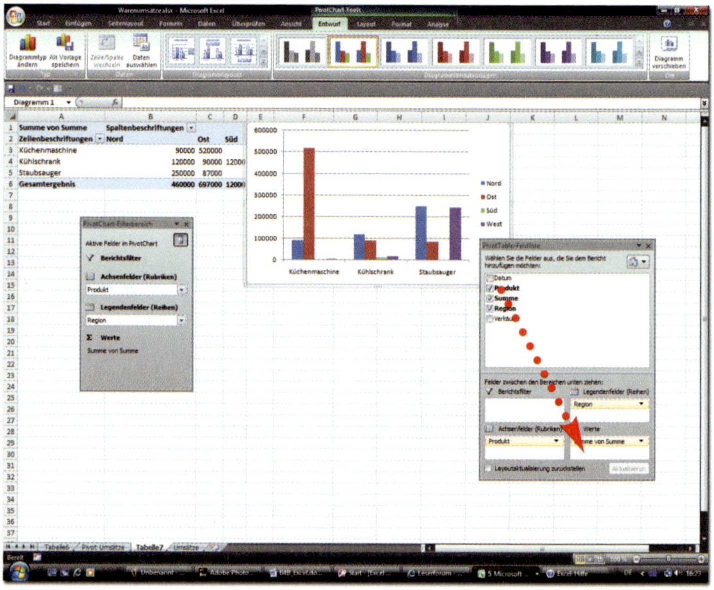

1 Für ein PivotChart markieren Sie wieder die Liste mit den Umsatzdaten und wählen *Einfügen/PivotTable/PivotChart*.

2 Bestätigen Sie den Bereich oder markieren Sie ihn im Hintergrund auf dem Tabellenblatt.

3 Das neue Blatt wird angelegt, ziehen Sie in der Feldliste die Feldnamen in die Bereiche *Legende, Rubrik* und *Werte*.

PivotCharts sind PivotTables in grafischer Form. Das Prinzip ist dasselbe, das Pivot-Layout wird mit Feldnamen aus der Basistabelle definiert und setzt sich zusammen aus Rubrik, Legende und Wertebereich.

WISSEN

4

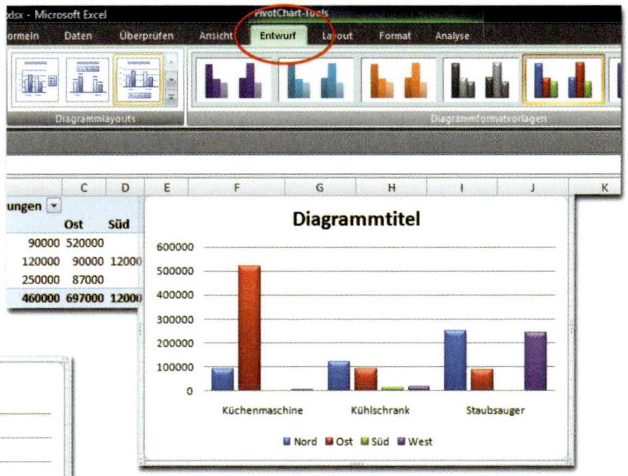

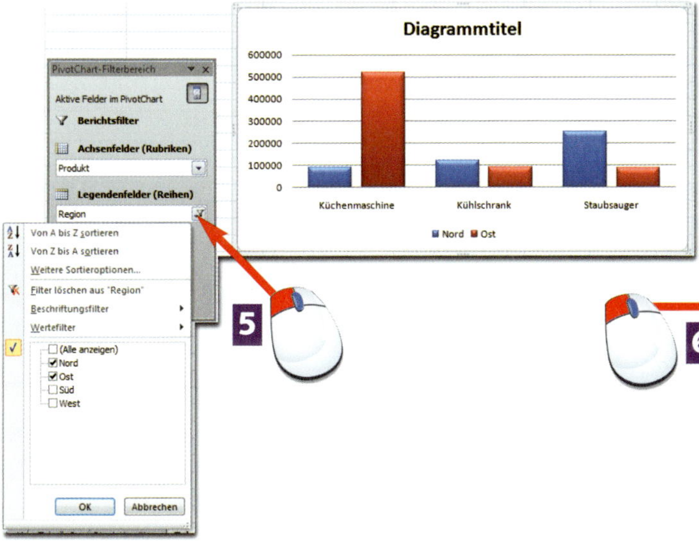

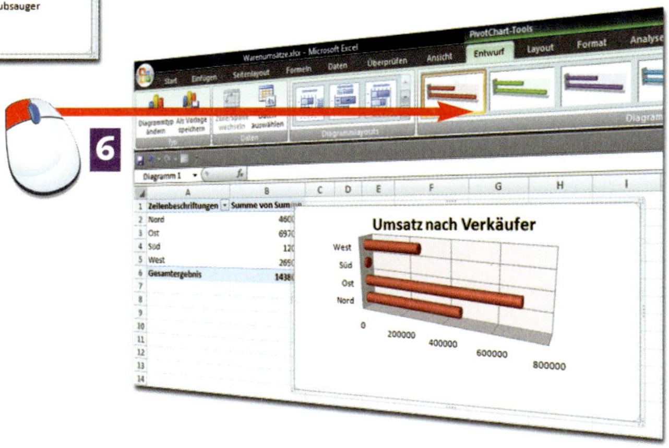

4 Die neue Registerkarte *PivotChart-Tools* bietet Diagrammvorlagen, Layouts und Formateinstellungen.

5 Im Fenster *PivotChart-Filterbereich* können Sie die Daten für die Rubrik oder die Werte filtern.

6 Wählen Sie in der Gruppe *Typ* einen anderen Diagrammtyp und formatieren Sie das Diagramm über die Register *Layout* und *Format*.

Ende

Um das Diagramm in ein anderes Tabellenblatt zu setzen, wählen Sie *Diagramm verschieben* in den PivotChart-Tools, Gruppe *Entwurf*.

HINWEIS

Die einzelnen Diagrammelemente wie Titel, Legende oder Achsen können Sie auch im Diagramm (doppelt) anklicken und formatieren, beschriften oder mit der Entf-Taste löschen.

HINWEIS

9

Freizeitsport Tennis
2003
2004
2005
2006
2007
0
100
200
300
400
500
600
700

Diagramme

Start

1
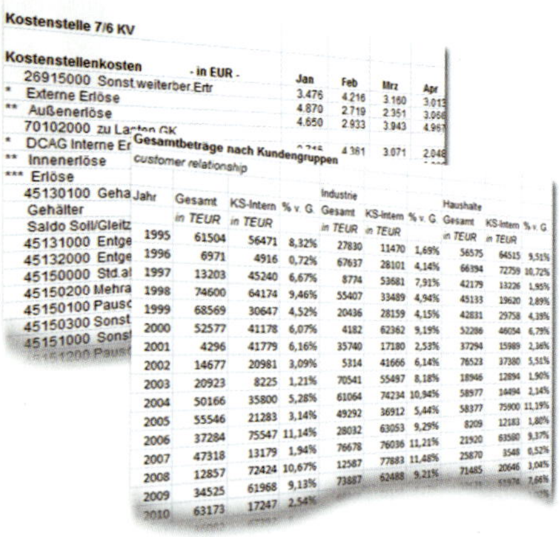

2
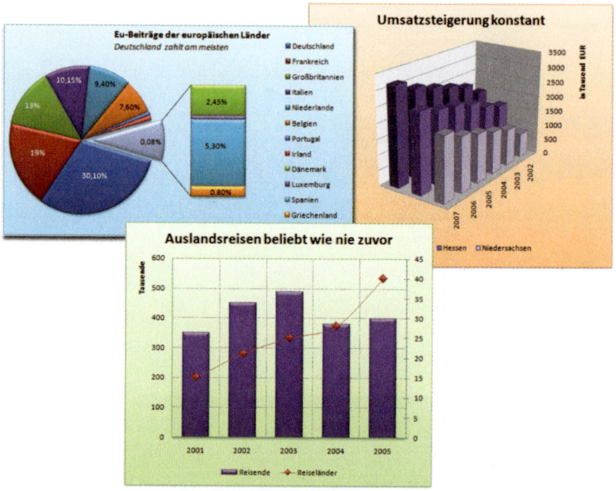

3

1 Diagramme visualisieren Aussagen, die mit Zahlenreihen allein nicht zu treffen sind, oder ziehen Vergleiche zwischen Datenmengen.

2 Excel bietet dafür unterschiedliche Diagrammtypen an, hier zum Beispiel Säulen- und Kreisdiagramme.

3 Mit dem Liniendiagramm stellen Sie zeitliche Abläufe, Entwicklungen oder Trends dar.

Ein Bild sagt mehr als tausend Zahlen, und das trifft besonders auf die Tabellenkalkulation zu. Entwicklungen, Trends und Vergleiche präsentieren Sie am besten mit Diagrammen. Excel unterstützt sie dabei mit vielen Diagrammtypen und -funktionen.

WISSEN

4 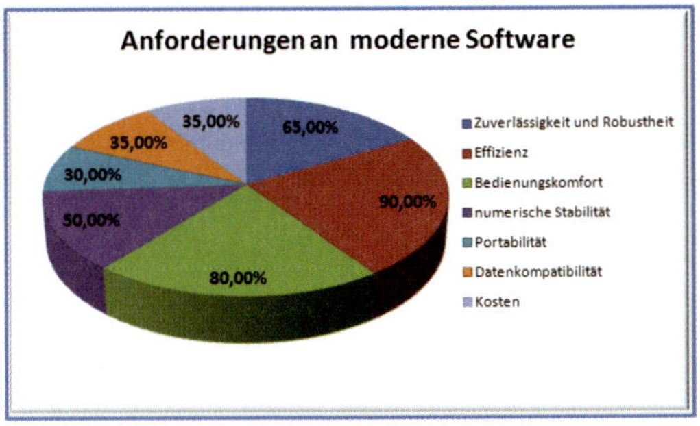

5 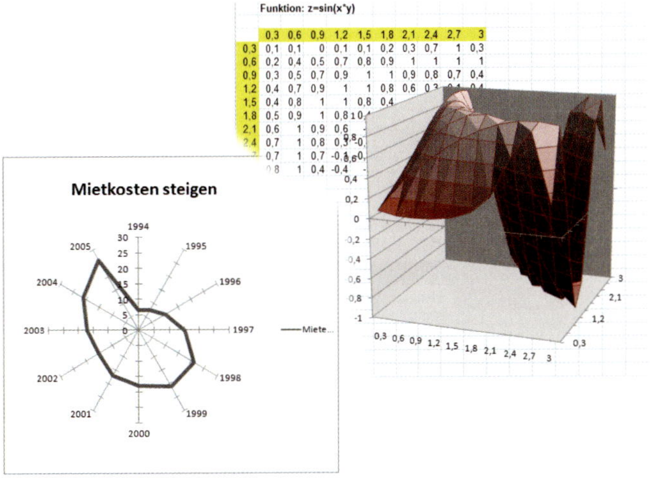

6 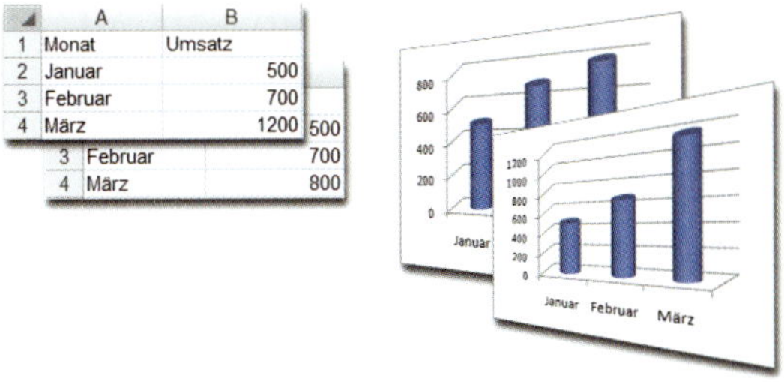

4 Das Kreis- oder Tortendiagramm zeigt das Verhältnis einzelner Werte zum 100%igen Ganzen an.

5 Jeder Diagrammtyp hat seine spezielle Aufgabe und Aussage, hier zum Beispiel ein Oberflächen- und ein Netzdiagramm.

6 Diagramme sind dynamisch mit den Daten in der Tabelle verknüpft, sie passen sich automatisch an, wenn sich die Werte ändern.

Ende

Die Zahlen, die das Diagramm grafisch umsetzt, sollten als Liste vorliegen, d. h. möglichst eine Kopfzeile, einheitliche Daten in allen Spalten und keine Leerzeilen enthalten.

TIPP

Kreisdiagramme können im Unterschied zu anderen Diagrammtypen nur jeweils eine Datenreihe visualisieren.

HINWEIS

Ein neues Diagramm erstellen

Start

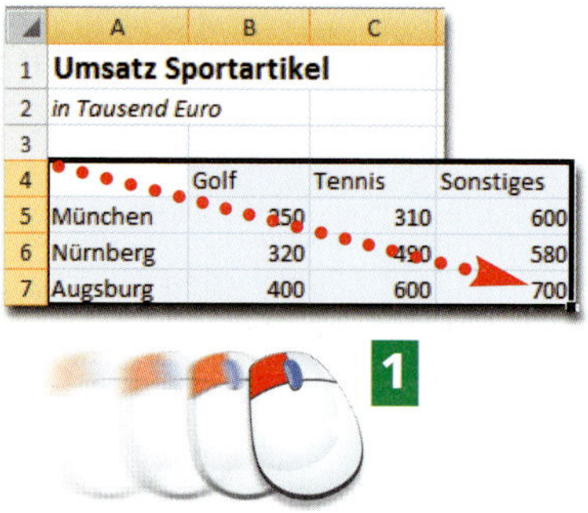

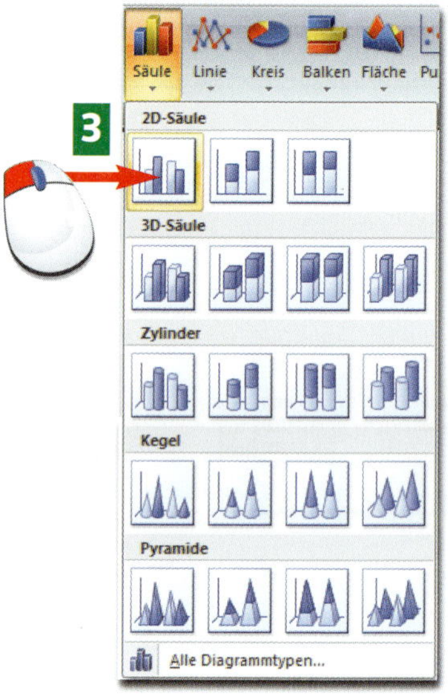

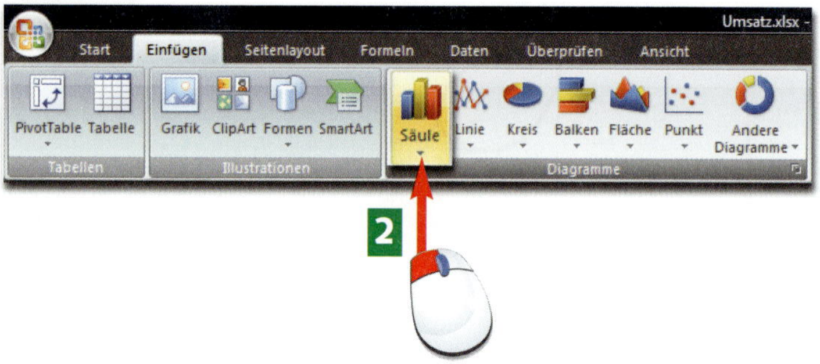

1 Schreiben Sie die Zahlen für das Diagramm in eine Liste. Markieren Sie diese Liste inklusive Kopfzeile und Beschriftungen in der ersten Spalte.

2 Schalten Sie auf das Register *Einfügen* und wählen Sie unter *Diagramme* einen Diagrammtyp (hier ein Säulendiagramm).

3 Die Symbolliste zeigt die verfügbaren Untertypen an, klicken Sie auf die gewünschte Diagrammform.

Zeichnen Sie Ihr erstes „Chart" in die Tabelle, visualisieren Sie Umsatzzahlen für Sportartikel in einem Säulendiagramm. Excel stellt für die Bearbeitung und Formatierung des Diagramms zusätzliche Register in die Multifunktionsleiste.

WISSEN

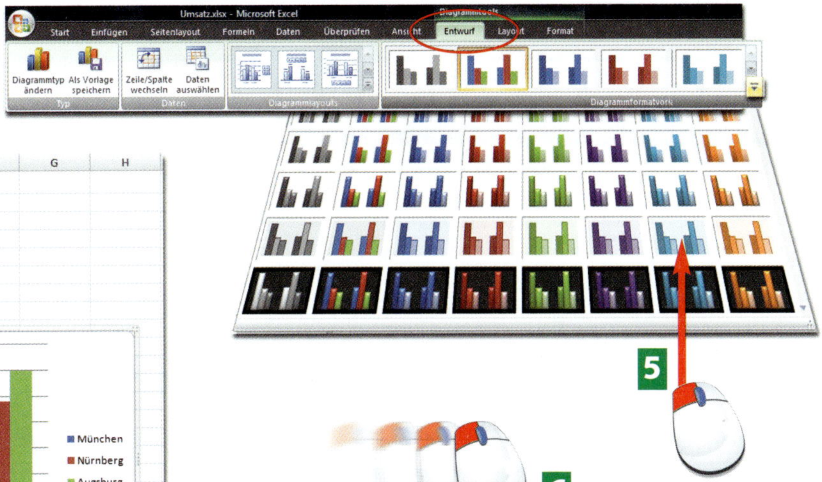

5

4

6

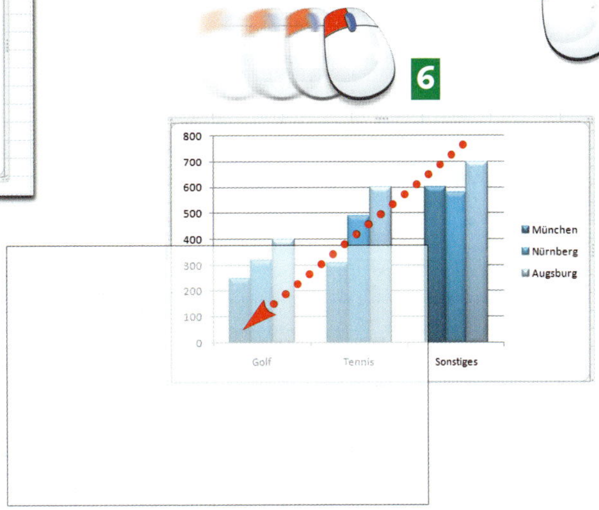

4 Das Diagramm wird als Objekt in das Tabellenblatt gezeichnet, die verknüpften Daten sind farbig markiert, solange das Objekt aktiv ist.

5 Die Multifunktionsleiste zeigt die *Diagrammtools* mit den Registern *Entwurf*, *Layout* und *Format*. Wählen Sie eine Formatvorlage aus der Liste.

6 Das Diagrammobjekt wird mit gedrückter Maustaste auf dem Blatt verschoben. Zeigen Sie dazu auf den Rand des Objekts.

Zum Vergrößern und Verkleinern des Objekts ziehen Sie die Randmarkierung, am besten rechts unten in der Ecke, mit gedrückter Maustaste.

HINWEIS

Wenn die Zahlen für das Diagramm nicht in einem Schritt auswählbar sind, können Sie auch mit der Strg-Taste eine Mehrfachmarkierung setzen. Der erste markierte Bereich sollte aber immer die Beschriftung sein.

HINWEIS

Um ein Diagrammobjekt zu löschen, klicken Sie es an und drücken einfach die Entf-Taste.

HINWEIS

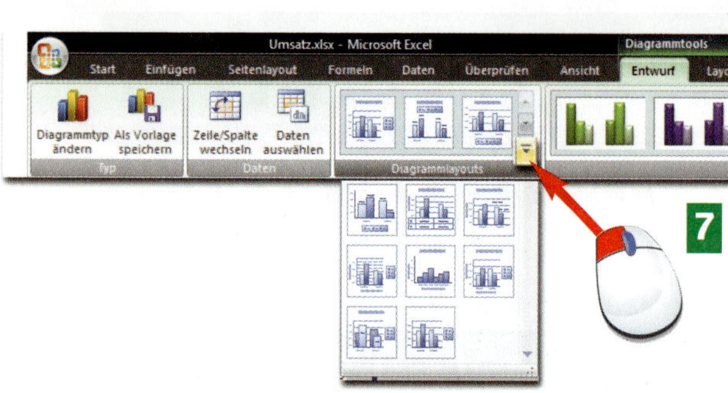

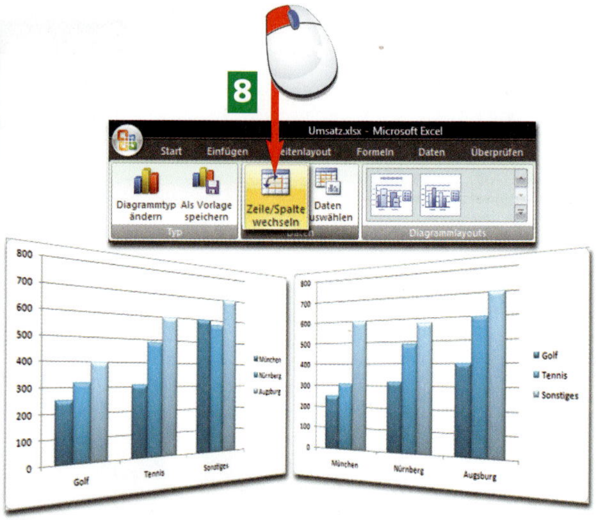

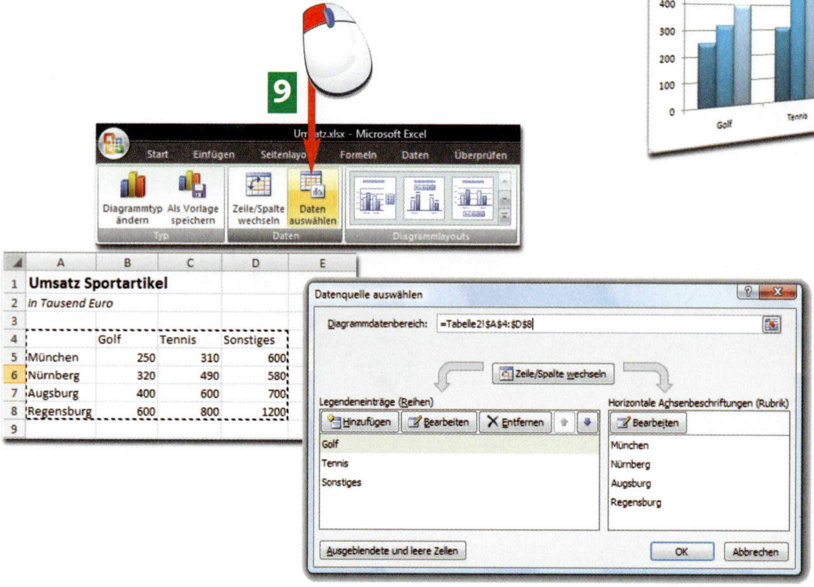

7 Unter *Diagrammtools/Entwurf/Diagrammlayouts* finden Sie eine Reihe vordefinierter Layouts mit Titeln und Datenbeschriftungen.

8 Wählen Sie in der Gruppe *Daten* das Symbol *Zeile/Spalte*, um Rubriken und Legende zu konvertieren.

9 Fügen Sie eine neue Datenreihe hinzu, klicken Sie auf das Diagramm und markieren Sie unter *Diagrammtools/Daten/Daten auswählen* den neuen Bereich.

Mit Diagrammvorlagen und Layouts gestalten Sie Ihr Diagramm, bis es optisch ansprechend ist. Kehren Sie die Datenreihen um oder ändern Sie den Diagrammtyp. Excel stellt 11 verschiedene Typen mit über 70 Untertypen zur Auswahl.

WISSEN

10

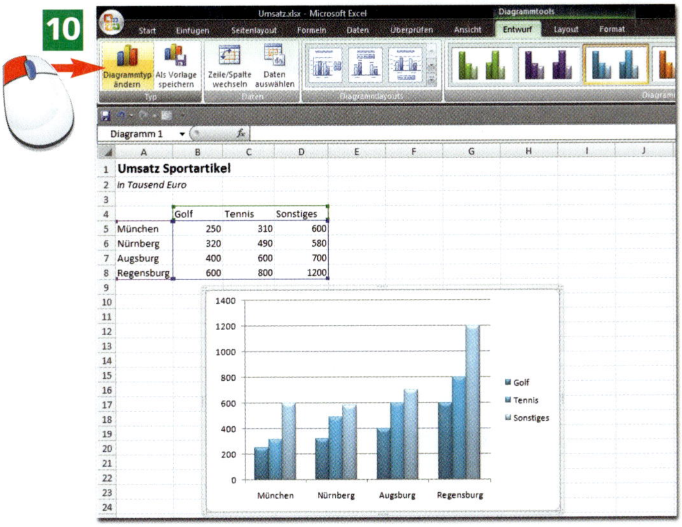

11

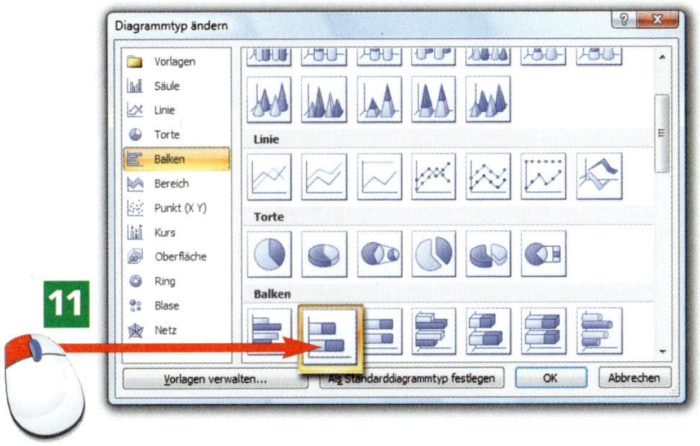

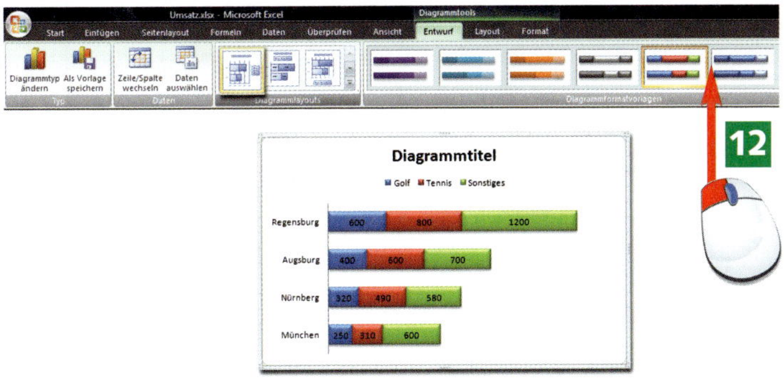

12

10 Unter *Diagrammtools/Typ* können Sie den Diagrammtyp ändern. Klicken Sie auf das Symbol …

11 … und wählen Sie einen Diagrammtyp mit Untertyp aus der Liste.

12 Weisen Sie dem neuen Diagramm (hier einem gestapelten Balkendiagramm) wieder eine Vorlage und ein Diagrammlayout zu.

Ende

TIPP

Balkendiagramme bekommen den Vorzug vor Säulen, wenn die Beschriftung der Rubrikenachse größer ausfällt.

HINWEIS

Unter *Daten auswählen* wird auch die Beschriftung nachgetragen, falls die Markierung keine enthält. Klicken Sie unter *Horizontale Achsenbeschriftung* auf *Bearbeiten* und markieren Sie den Bereich.

HINWEIS

Wenn die markierten Daten Leerzeilen oder Nullwerte enthalten, blenden Sie diese unter *Daten/Daten auswählen* mit dem Symbol links unten aus.

Start

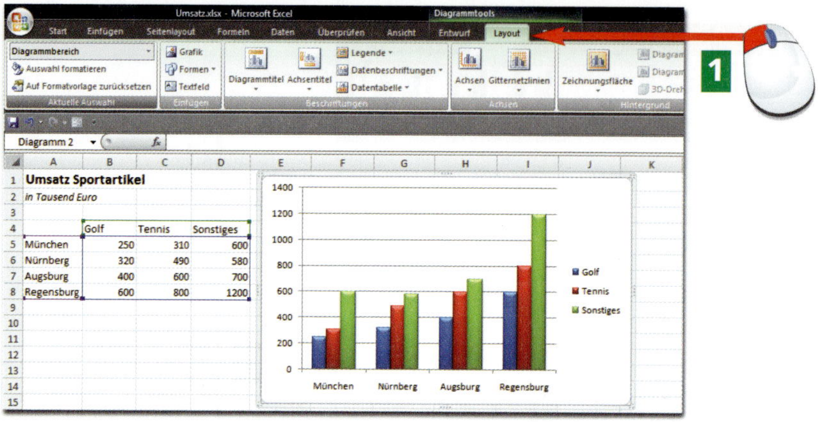

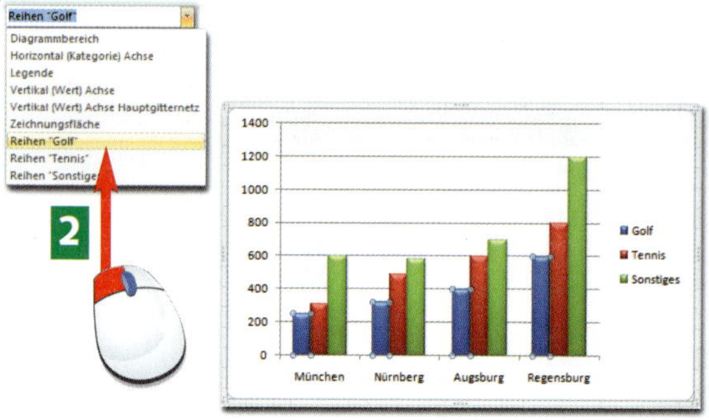

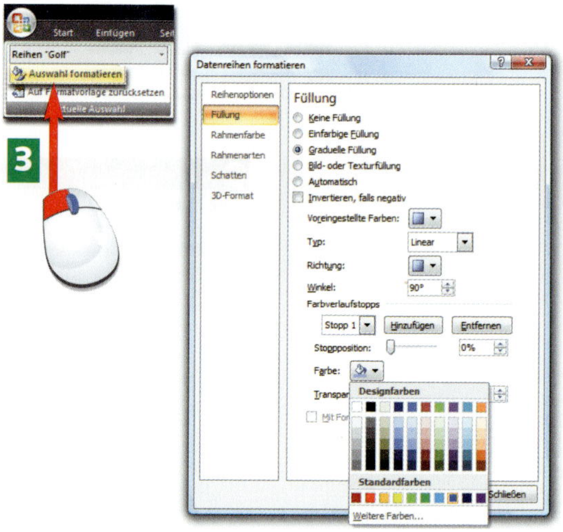

1 Markieren Sie das Diagramm und schalten Sie unter *Diagrammtools* auf *Layout*.

2 In der Gruppe *Aktuelle Auswahl* finden Sie eine Liste mit allen Elementen des Diagramms. Markieren Sie zum Beispiel eine der Datenreihen …

3 … und wählen Sie *Auswahl formatieren*, um die Randlinie oder die Füllfarbe zu ändern.

Das Diagrammlayout regelt die Anzeige und Formatierung der einzelnen Elemente wie Datenreihen, Legende oder Achsen. Im Excel-Diagramm können Sie jedes einzelne Element individuell formatieren.

WISSEN

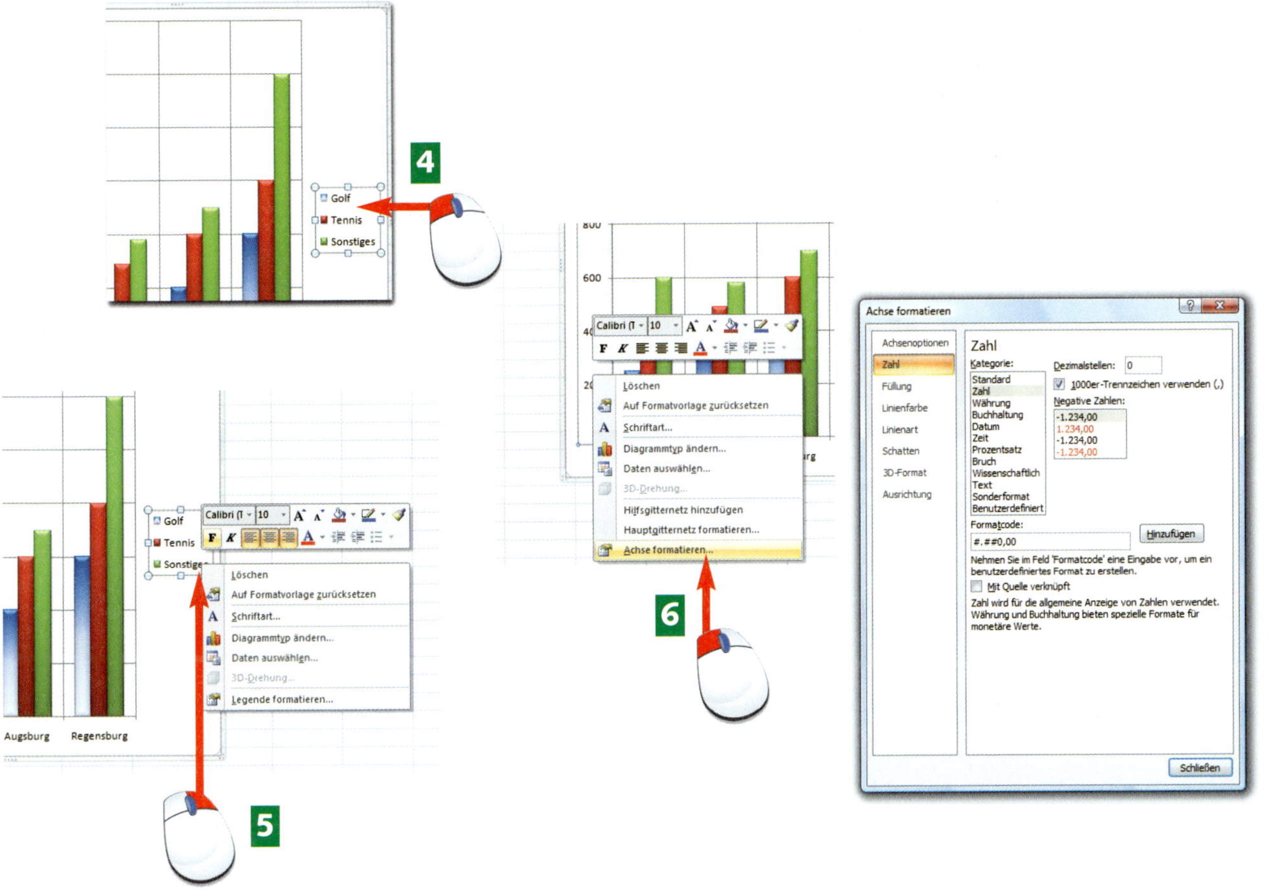

4 Die einzelnen Elemente können Sie auch direkt im Diagramm formatieren. Markieren Sie zum Beispiel die Legende …

5 … und klicken Sie mit der rechten Maustaste auf das Element. Das Kontextmenü bietet alle Formatanweisungen und Formatiersymbole für das Element an.

6 Was nicht im Kontextmenü zu finden ist, stellt die letzte Option zur Auswahl, wie hier das Zahlenformat der vertikalen Achse.

Ende

HINWEIS

Um einen einzelnen Datenpunkt (z. B. eine Säule) zu formatieren, markieren Sie zuerst die Reihe und dann mit einem weiteren Klick den Datenpunkt.

HINWEIS

Mit *Diagrammtools/Layout/Aktuelle Auswahl/Auf Formatvorlage zurücksetzen* wird die individuelle Formatierung eines Elements wieder aufgehoben.

HINWEIS

Diagrammelemente, die nach der Markierung weiße Punkte am Objektrahmen anzeigen, können verschoben (am Rahmen ziehen), verkleinert und vergrößert (an einem Punkt mit gedrückter Maustaste ziehen) werden.

Start

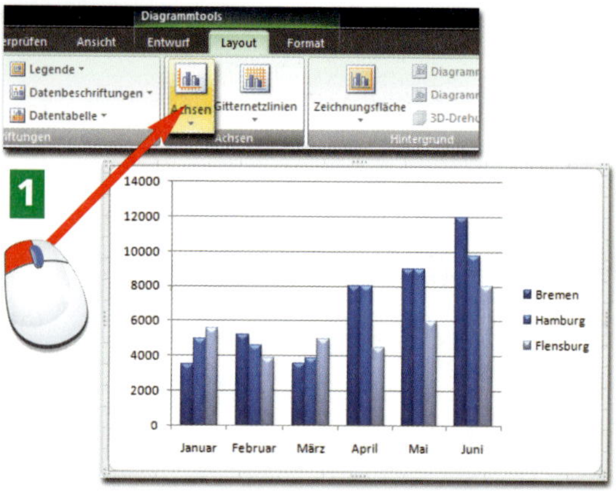

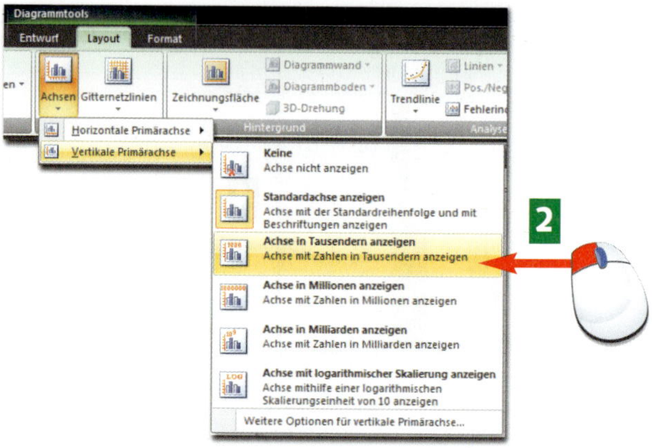

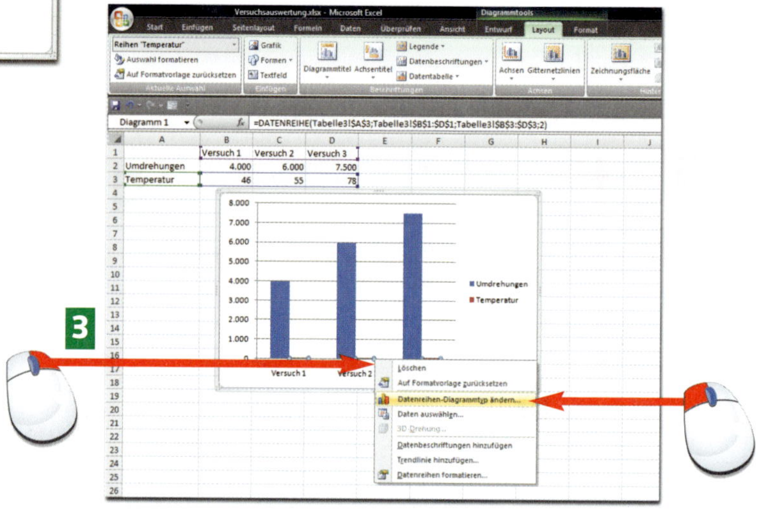

1 Enthält der Diagrammtyp Achsen, werden diese unter *Layout/Achsen* angepasst und formatiert.

2 Wählen Sie eine passende Ansicht für die horizontale und vertikale Achse, hier zum Beispiel die Anzeige, die alle Zahlen auf der Skala durch 1000 teilt.

3 Für eine zweite Achse weisen Sie der Datenreihe einen anderen Diagrammtyp zu. Wählen Sie die Option aus dem Kontextmenü der Datenreihe.

Die Formatierung der Achsen ist in Säulen-, Balken-, Linien- und Flächendiagrammen sehr wichtig, an der Achse erkennt der Betrachter die Wertigkeit der Datenreihen. Unterstützen Sie die Optik mit Gitternetzlinien an den Skalenpunkten, wenn es nötig ist.

WISSEN

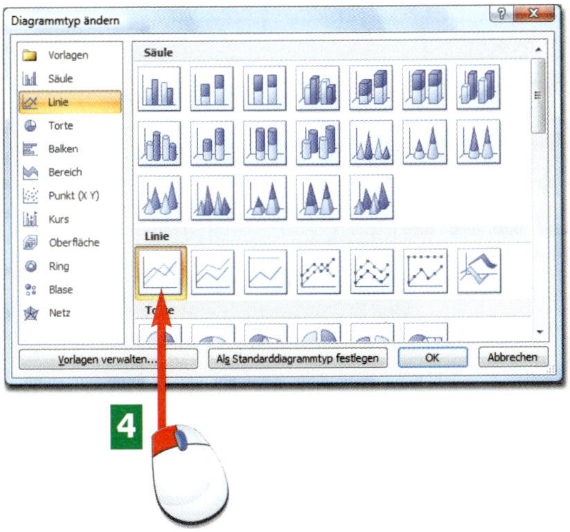

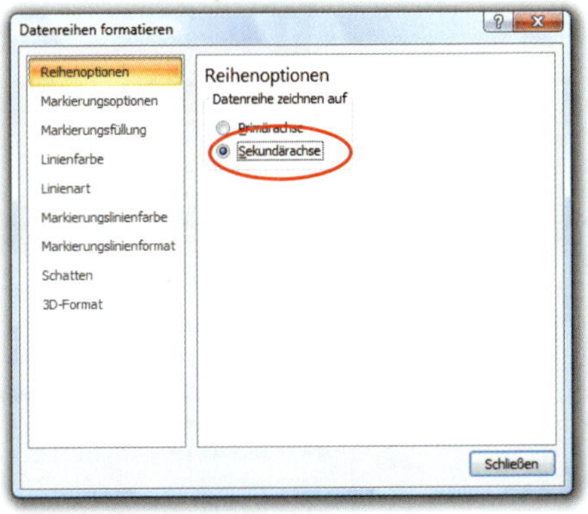

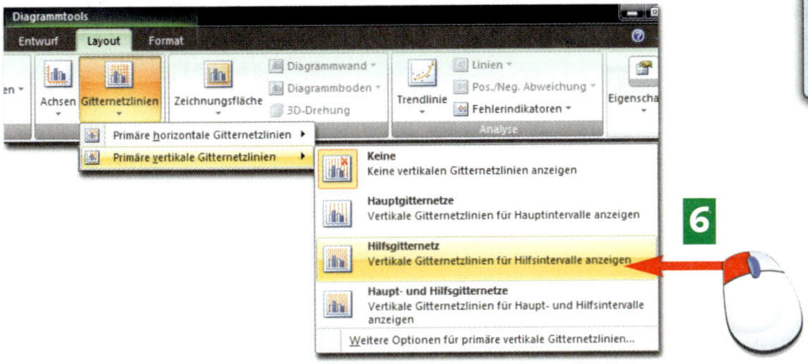

4 Weisen Sie den Datentyp zu (hier *Linie* für die Temperaturreihe) …

5 … und geben Sie der Reihe mit *Auswahl formatieren* eine Sekundärachse.

6 Gitternetze setzen Sie ebenfalls für Diagrammtypen mit Achsen. Hilfsgitter unterteilen Rubriken und Skalen auf der Größenachse noch einmal.

Ende

Eine zweite Achse im Diagramm wird dann nötig, wenn die Daten stark divergieren, d. h., wenn die Werte sehr weit auseinanderliegen. Diese „Sekundärachse" ist nur möglich, wenn die Datenreihen unterschiedliche Diagrammtypen haben (Säulen/Linien, Säulen/Flächen oder Linien/Flächen).

HINWEIS

Unter *Weitere Optionen für Gitternetzlinien* können Sie die Linienstärke und die Linienart ändern. Punktlinien sind etwas dezenter im Diagramm.

HINWEIS

Start

1 Für den Rahmen und die Füllung des Diagrammobjekts wählen Sie *Diagrammtools/Format/Formenarten*.

2 Suchen Sie eine Kombination aus der Liste. Zeigen Sie mit dem Mauszeiger darauf, wird der Effekt gleich im Hintergrund sichtbar.

3 Die drei Optionen aus der Gruppe bieten die Möglichkeit, Rahmen, Füllung und Form noch einzeln zu formatieren (hier Farbverläufe für die Füllung).

Der Hintergrund Ihres Diagramms muss nicht einfarbig oder ohne Formatierung sein. Weisen Sie schöne Farbverläufe und Muster zu oder experimentieren Sie mit Grafikdateien als Tapeten für Ihre Diagramm- oder Zeichnungsflächen.

WISSEN

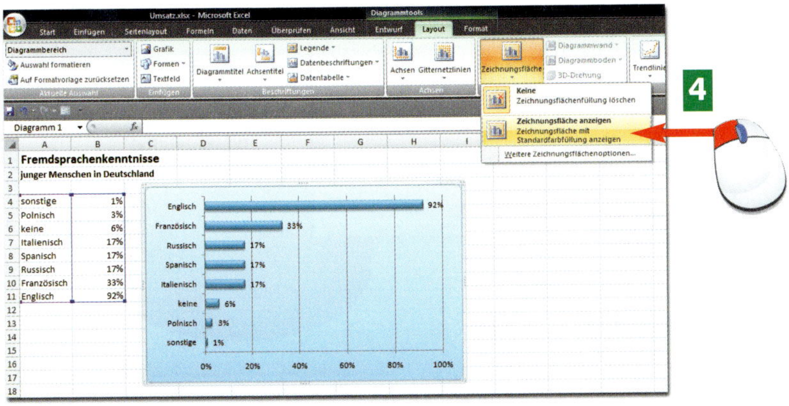

4

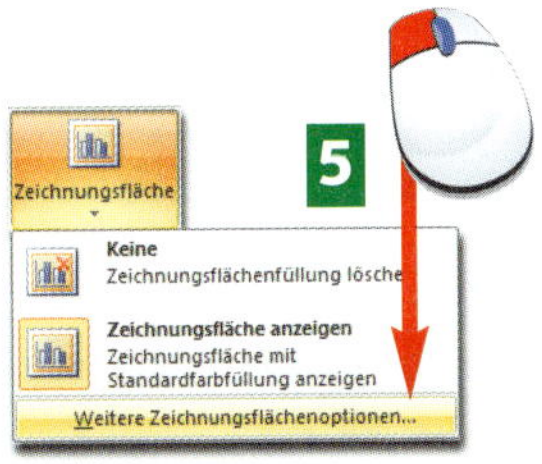

5

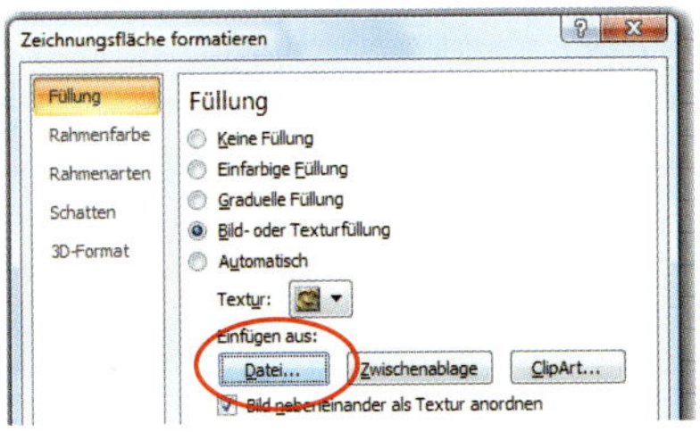

6

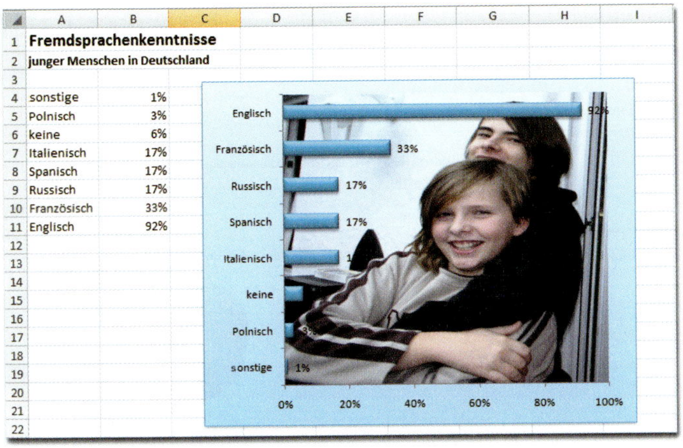

4 Schalten Sie unter *Diagrammtools/Layout* die Zeichnungsfläche ein. Das ist das Element innerhalb des Diagramms, das die Daten abbildet.

5 Mit den Zeichnungsflächenoptionen können Sie Farbverläufe oder Texturen zuweisen und sogar eine gespeicherte Grafik als Hintergrundmuster einsetzen.

6 Das Ergebnis: Die Grafik wird über die gesamte Zeichnungsfläche gezoomt.

Ende

Hintergrundgrafiken lassen sich auch für die Diagrammfläche setzen. Wählen Sie *Diagrammtools/Format/Formenarten/Fülleffekt/Bild*.

HINWEIS

Sie können die Bilder auch aus der Zwischenablage oder aus der ClipArts-Sammlung holen (siehe Kapitel 10).

HINWEIS

Start

1

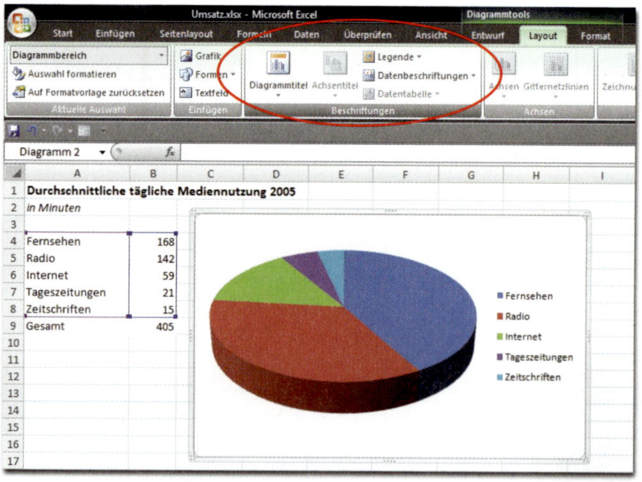

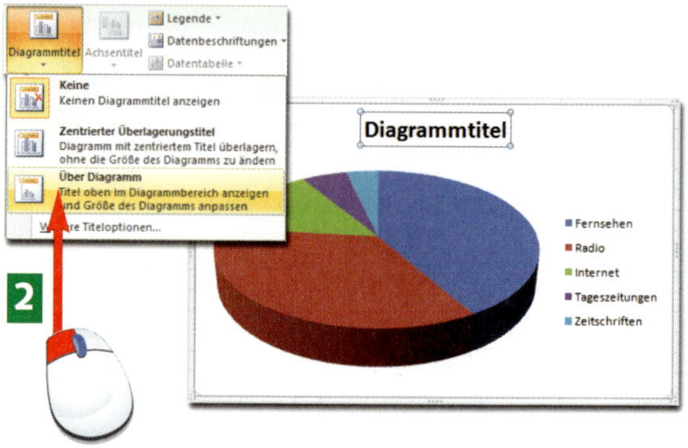

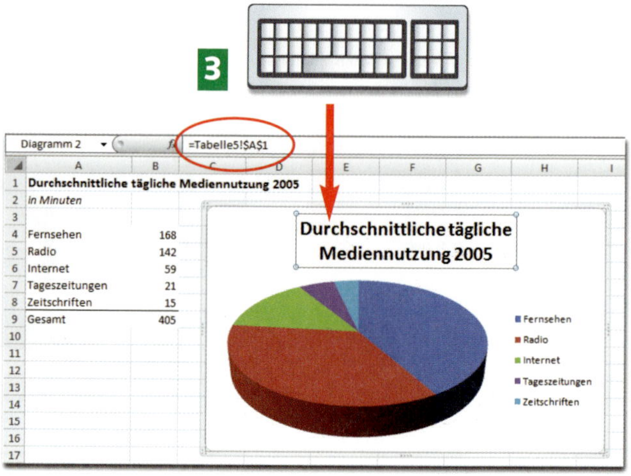

1 Die Gruppe *Beschriftungen* unter *Diagrammtools/Layout* enthält alle Optionen für Titel und Beschriftungen im Diagramm.

2 Setzen Sie einen Diagrammtitel ein, wahlweise zentriert oder über dem Diagramm, wobei die Zeichenfläche verkleinert wird.

3 Geben Sie den Text direkt ein oder schreiben Sie ein =-Zeichen und klicken Sie auf die Zelle, deren Inhalt Sie mit dem Titelelement verknüpfen wollen.

Lassen Sie den Betrachter Ihres Diagramms nicht rätseln, was Sie ihm sagen wollen, beschriften Sie Ihre Charts deutlich und unmissverständlich. Überschrift und Achsenbeschriftungen sind Pflicht, die Werte auf Balken, Linien oder Kreissegmenten sind nur bei wenigen Datenpunkten sinnvoll.

WISSEN

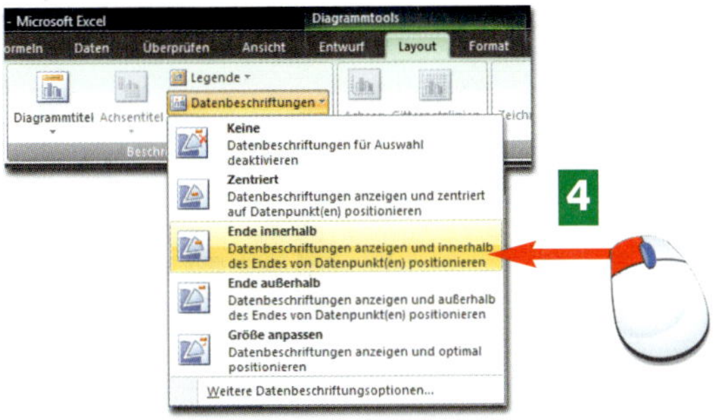

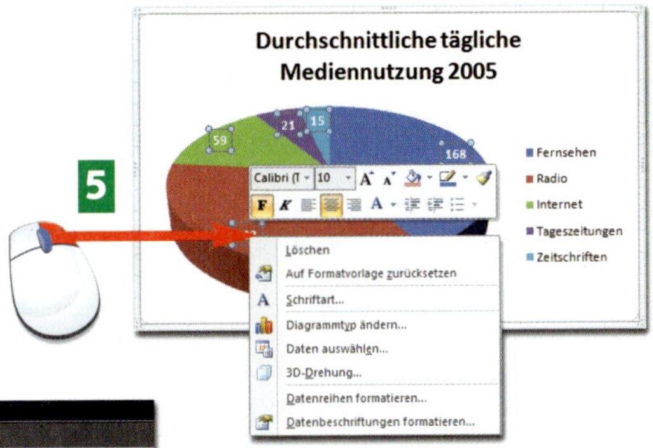

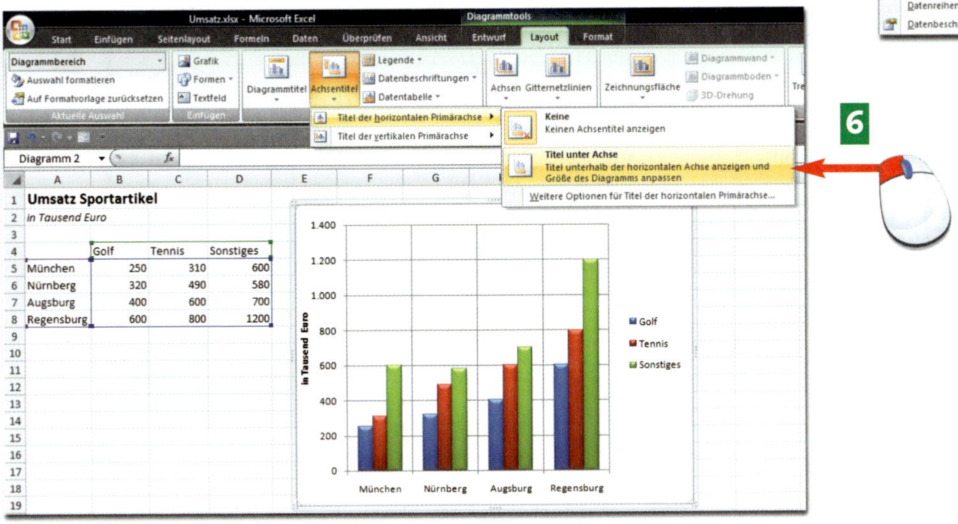

4 Mit *Datenbeschriftungen* setzen Sie die Zahlenwerte auf oder an die Datenpunkte (Balken, Säulen oder hier im Kreisdiagramm Kreissegmente).

5 Die Beschriftungen werden zum Element. Klicken Sie es mit der rechten Maustaste an und formatieren Sie alle Datenpunkte über das Kontextmenü.

6 In Säulen-, Balken-, Liniendiagrammen (u. a.) kann die Legende ein- und ausgeblendet werden. Beschriften Sie vor allem die Achsen.

Ende

Um eine Beschriftung zu löschen, klicken Sie das Element an und drücken die Entf-Taste.
Setzen Sie die *Datentabelle* unter das Diagramm, wenn Sie die Zahlen aus dem Tabellenblatt übernehmen wollen.

HINWEIS

Alle Datenbeschriftungen sind ein Element. Wenn Sie eine einzelne Beschriftung formatieren, verschieben oder löschen wollen, klicken Sie zuerst auf alle Beschriftungen und dann ein zweites Mal auf den gewünschten Wert.

HINWEIS

Unter *Weitere Datenbeschriftungsoptionen* können statt Werten auch Kategorien oder Rubrikenbeschriftungen stehen.

HINWEIS

Start

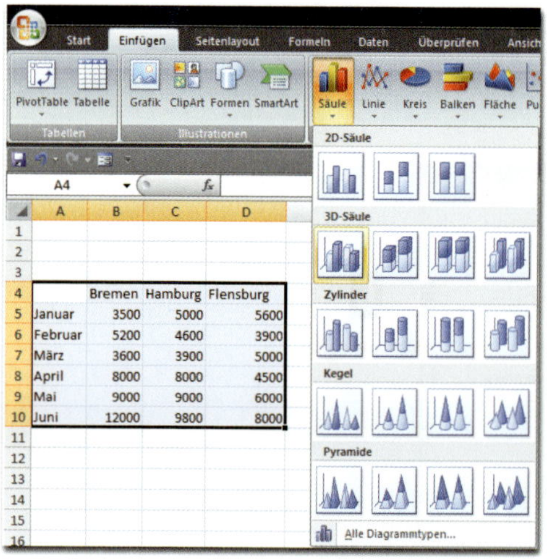

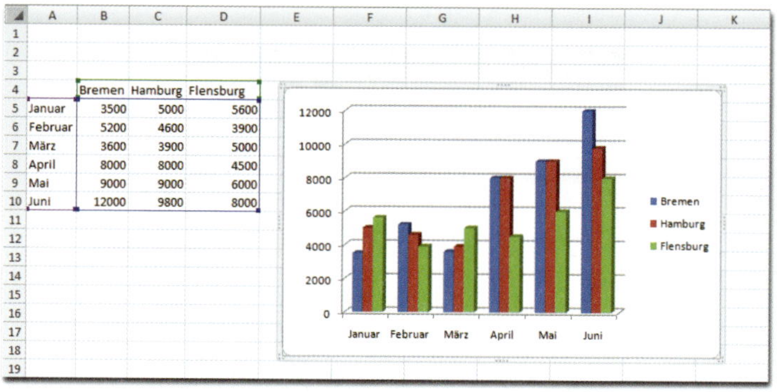

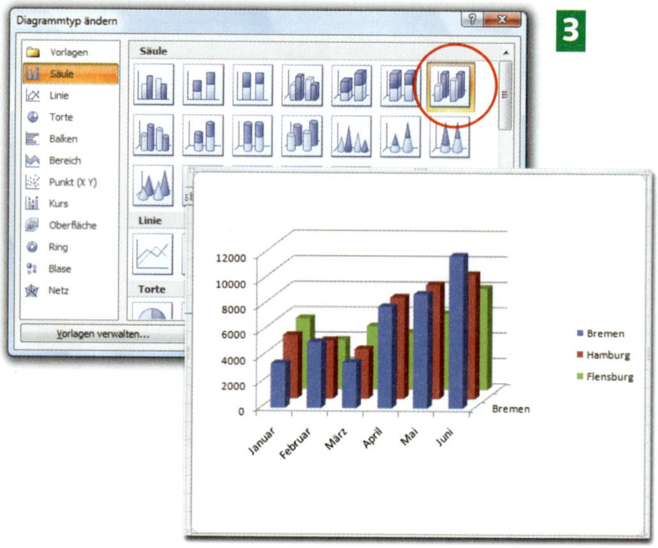

1 Die Liste der Diagrammtypen unter *Einfügen/Diagramme* bietet auch Säulen, Balken, Linien, Zylinder und Kegel im 3D-Look an.

2 Das Standard-3D-Diagramm zeigt die Säulen mit einer optischen Tiefe.

3 Schalten Sie auf den Typ *3D-Säulen* um, erhält das Diagramm eine dritte Achse, die Tiefenachse.

3D-Diagramme sehen meist etwas spektakulärer aus, sind aber mit Vorsicht zu genießen. Achten Sie darauf, dass die Information nicht der Optik zum Opfer fällt. Drehen Sie Ihr Diagramm in die richtige Perspektive und beschriften Sie alle Achsen.

WISSEN

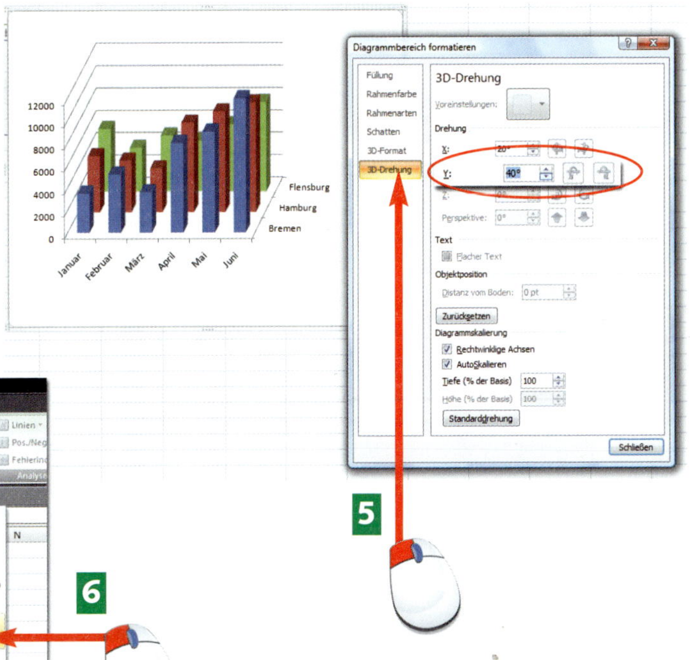

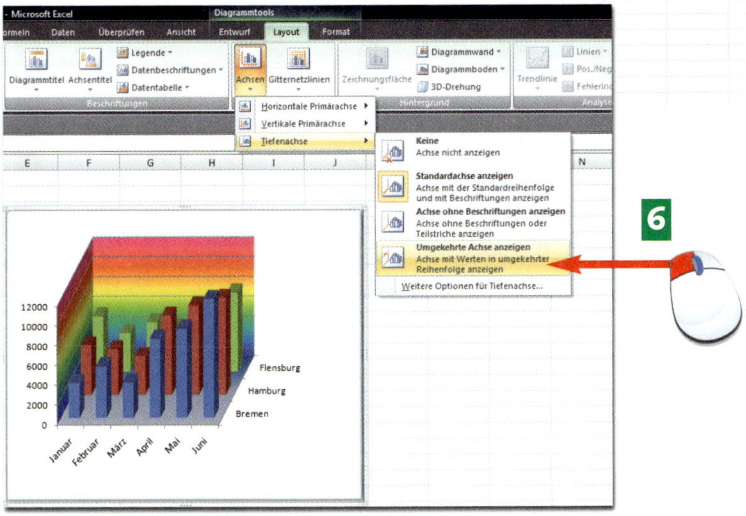

4 Mit *3D-Drehung* unter *Diagrammtools/Layout/Hintergrund* blenden Sie ein Dialogfenster mit Drehschaltflächen für die passende Perspektive ein.

5 Drehen Sie das Diagramm und ändern Sie die Perspektive so, dass alle Datenreihen und Beschriftungen erkennbar sind.

6 Unter *Diagrammtools/Layout* können Sie Diagrammwand und -boden formatieren und alle drei Achsen formatieren und beschriften.

Ende

Löschen Sie die Legende, wenn Sie eine dritte Achse in das 3D-Diagramm einziehen.

HINWEIS

Stellen Sie mit *Umgekehrte Achse anzeigen* in der Formatierung der Tiefenachse die Reihen mit kleineren Werten nach vorne.

HINWEIS

Start

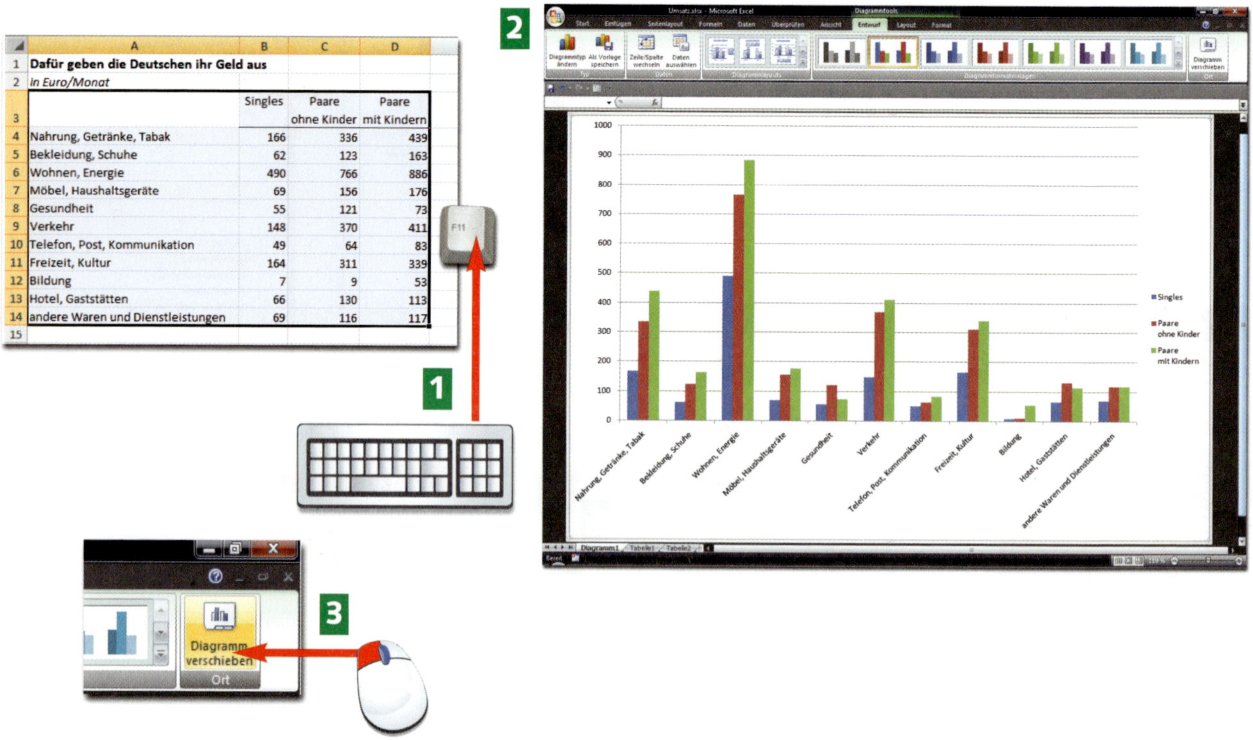

	A	B	C	D
1	**Dafür geben die Deutschen ihr Geld aus**			
2	*in Euro/Monat*			
3		Singles	Paare ohne Kinder	Paare mit Kindern
4	Nahrung, Getränke, Tabak	166	336	439
5	Bekleidung, Schuhe	62	123	163
6	Wohnen, Energie	490	766	886
7	Möbel, Haushaltsgeräte	69	156	176
8	Gesundheit	55	121	73
9	Verkehr	148	370	411
10	Telefon, Post, Kommunikation	49	64	83
11	Freizeit, Kultur	164	311	339
12	Bildung	7	9	53
13	Hotel, Gaststätten	66	130	113
14	andere Waren und Dienstleistungen	69	116	117
15				

1 Legen Sie Ihr nächstes Diagramm in einem Diagrammblatt an. Markieren Sie dazu die Daten inklusive Beschriftungen und drücken Sie die Taste F11.

2 Das Diagrammblatt wird erstellt, Excel weist dem Diagramm den Standarddiagrammtyp *Säule* zu.

3 Unter *Diagrammtools/Entwurf* können Sie das Diagramm verschieben.

Diagrammobjekte erweisen sich als unpraktisch, wenn das Schaubild zu viele Datenpunkte oder zu aufwändige Beschriftungen enthält. Weichen Sie auf das Diagrammblatt aus. Mit einem einzigen Tastendruck ist das Diagramm angelegt, auf dem Diagrammblatt haben Sie mehr Platz für Gestaltung und Design.

WISSEN

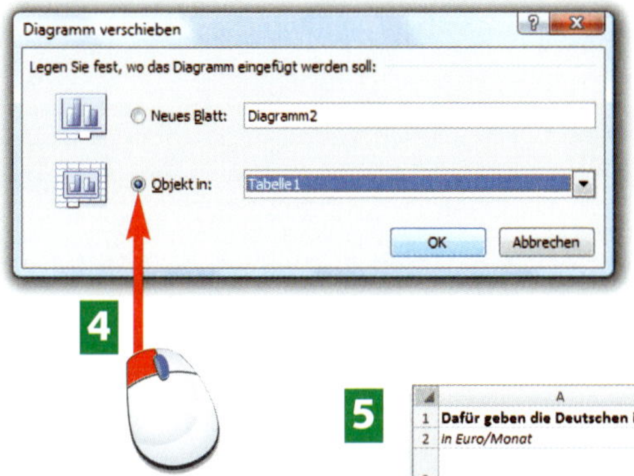

5

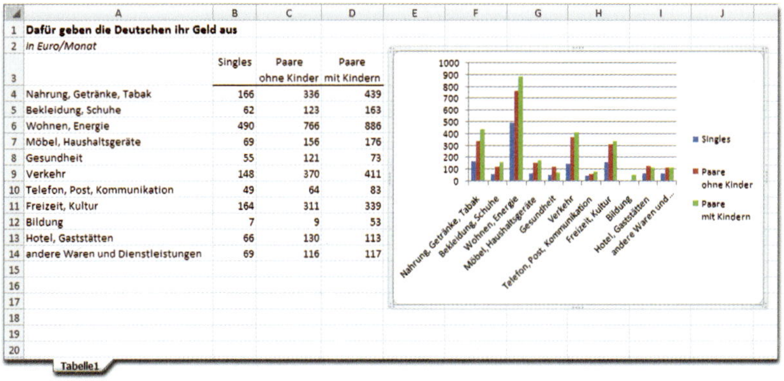

	A	B	C	D
1	**Dafür geben die Deutschen ihr Geld aus**			
2	*in Euro/Monat*			
3		Singles	Paare ohne Kinder	Paare mit Kindern
4	Nahrung, Getränke, Tabak	166	336	439
5	Bekleidung, Schuhe	62	123	163
6	Wohnen, Energie	490	766	886
7	Möbel, Haushaltsgeräte	69	156	176
8	Gesundheit	55	121	73
9	Verkehr	148	370	411
10	Telefon, Post, Kommunikation	49	64	83
11	Freizeit, Kultur	164	311	339
12	Bildung	7	9	53
13	Hotel, Gaststätten	66	130	113
14	andere Waren und Dienstleistungen	69	116	117

6

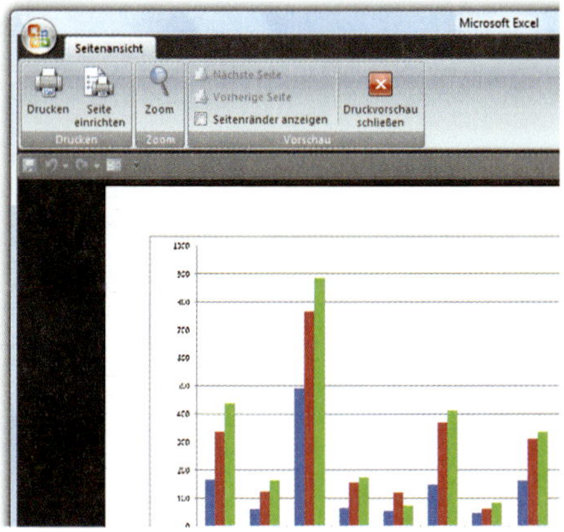

4 Schalten Sie auf die zweite Option und wählen Sie das Tabellenblatt, auf das Sie das Objekt zeichnen wollen.

5 Das Diagrammobjekt wird eingefügt, auf die gleiche Art können Sie es wieder zum Diagrammblatt machen.

6 Um nur das Diagramm zu drucken, setzen Sie es in ein Diagrammblatt oder markieren das Objekt und starten den Druckbefehl oder die Seitenansicht.

Ende

Sie können den Diagrammbereich auf dem Blatt verkleinern und so Platz schaffen für weitere Objekte, zum Beispiel Grafiken oder Kopien von Tabellenbereichen.

HINWEIS

Wählen Sie *Drucken* im Office-Menü und schalten Sie auf *Seitenansicht*. Ist das Diagrammobjekt markiert, wird nur dieses gedruckt.

HINWEIS

10

Diagramme.xlsx - Microsoft Excel
Start
Einfügen
Seitenlayout
Formeln
Daten
Überprüfen
Ansicht
PivotTable
Tabelle
Grafik
ClipArt
Formen
SmartArt
Säule
Linie
Kreis
Balken
Fläche
Punkt
Andere Diagramme
Hyperlink
Textfeld
Kopf- und Fußzeile
WordArt
Signaturzeile
Objekt
Symbol
Tabellen
Hyperlinks
Text
Zuletzt verwendete Formen
Linien
Rechtecke
Standardformen
Blockpfeile
Formelformen
D21
ClipArt
Suchen nach:
zeichnen
OK
Suchen in:
Alle Sammlungen
Ergebnisse:
Ausgewählte Mediadateitypen
Organisieren von Clips...
ClipArt auf Office Online
Tipps zum Suchen von Clips
[Text]
• [Text]
WordArt
Tabelle2
Tabelle4

Grafik und WordArt

Start

1

2

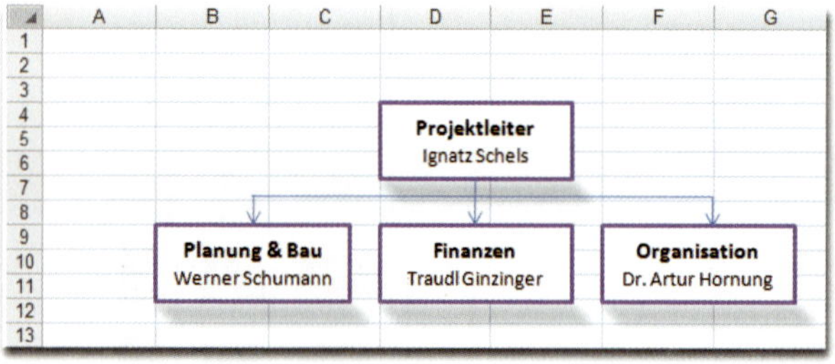

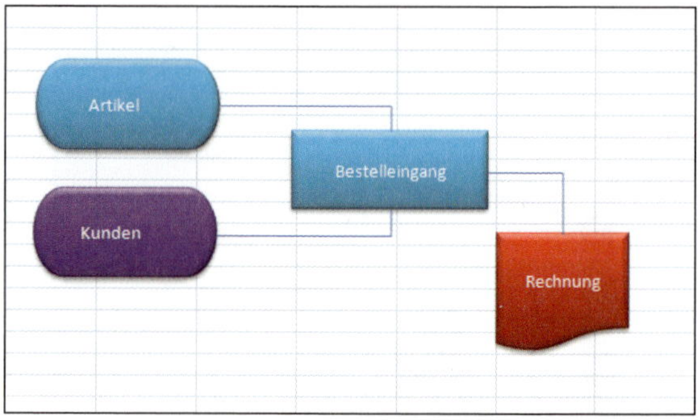

3

1 Mit Grafiken, Bildern und gezeichneten Objekten bringen Sie mehr Optik in Ihre Tabellen.

2 Excel bietet Zeichenwerkzeuge für geometrische Objekte mit Verbindungslinien, zum Beispiel für Organigramme.

3 Für Ablaufdiagramme und Datenflusspläne stehen ebenfalls Formen und Werkzeuge bereit.

Tabellen müssen nicht langweilig sein. Excel bietet viele Programmfunktionen zur Illustration von Zahlen und Gestaltung von Schaubildern. Lassen Sie Ihrer Fantasie freien Lauf bei der Anwendung der Grafikwerkzeuge.

WISSEN

4

5

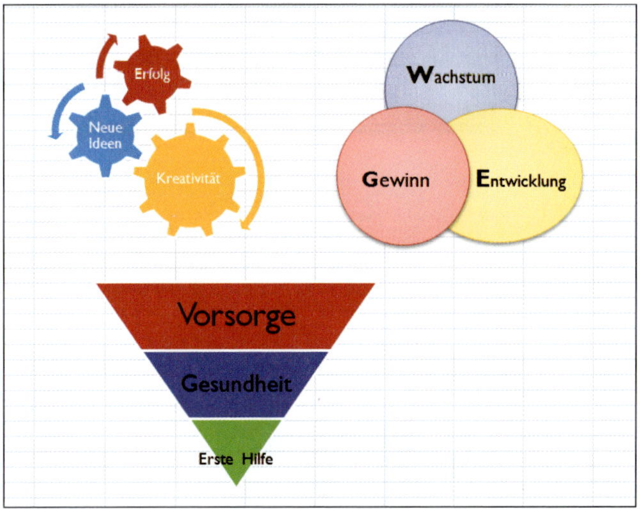

6

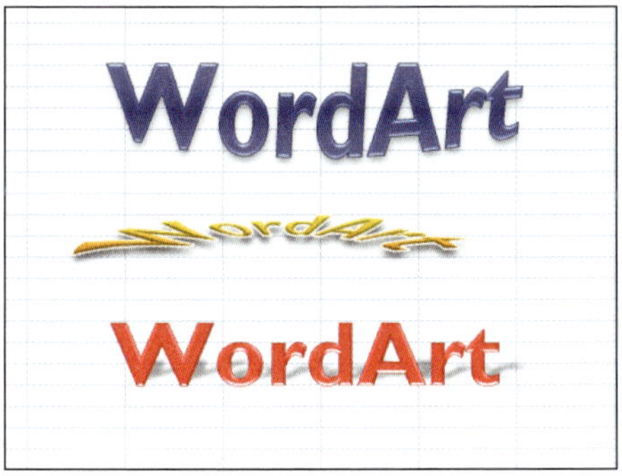

4 Zeichnen und formen Sie Objekte und weisen Sie Schatten, 3D-Effekte und neue Perspektiven zu.

5 SmartArt-Grafiken geben Ihren Präsentationen ein völlig neues Gesicht.

6 Mit WordArt-Schrifteffekten bekommt Ihr Text ganz neue Dimensionen.

Ende

Grafische Objekte werden auf die Tabelle gezeichnet, nicht in die Zellen. Sie sind aber mit diesen verbunden und ändern ihre Größe mit der Tabelle (einstellbar in den Objekteigenschaften).

HINWEIS

Um eine Grafik als Blatthintergrund zu definieren, wählen Sie *Seitenlayout/Seite einrichten/Hintergrund*.

HINWEIS

Start

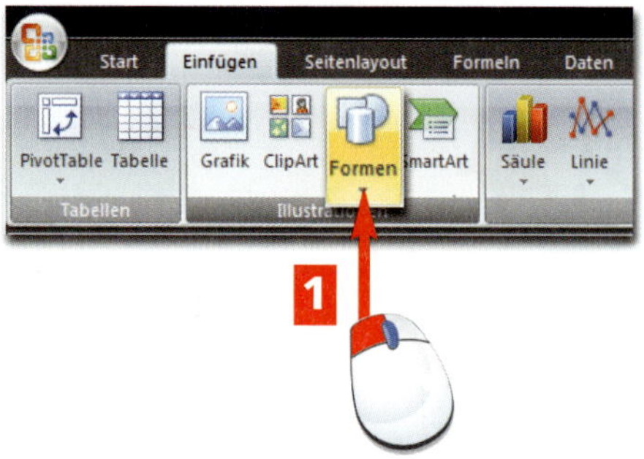

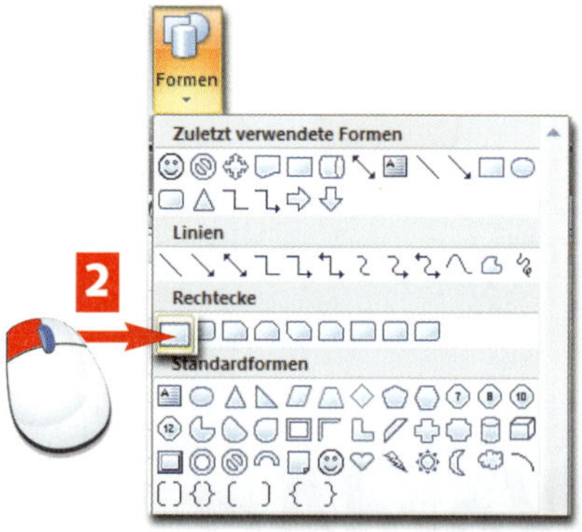

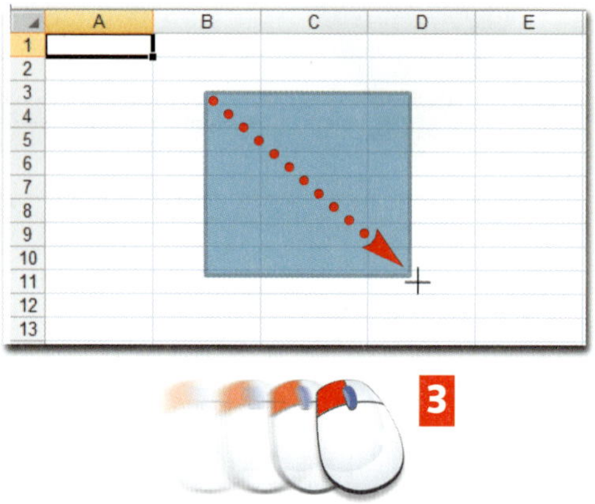

1 Schalten Sie um auf das Register *Einfügen* und klicken Sie auf *Illustrationen/Formen*.

2 Klicken Sie das gewünschte Formwerkzeug an …

3 … und zeichnen Sie die Form mit gedrückter Maustaste in die Tabelle.

Auf der Registerkarte *Einfügen* finden Sie eine große Auswahl an Formen vom einfachen Rechteck bis zum Stern mit 32 Zacken. Zeichnen Sie mit diesen Werkzeugen Objekte in die Tabelle und bearbeiten Sie die Formen über die „Ziehpunkte".

WISSEN

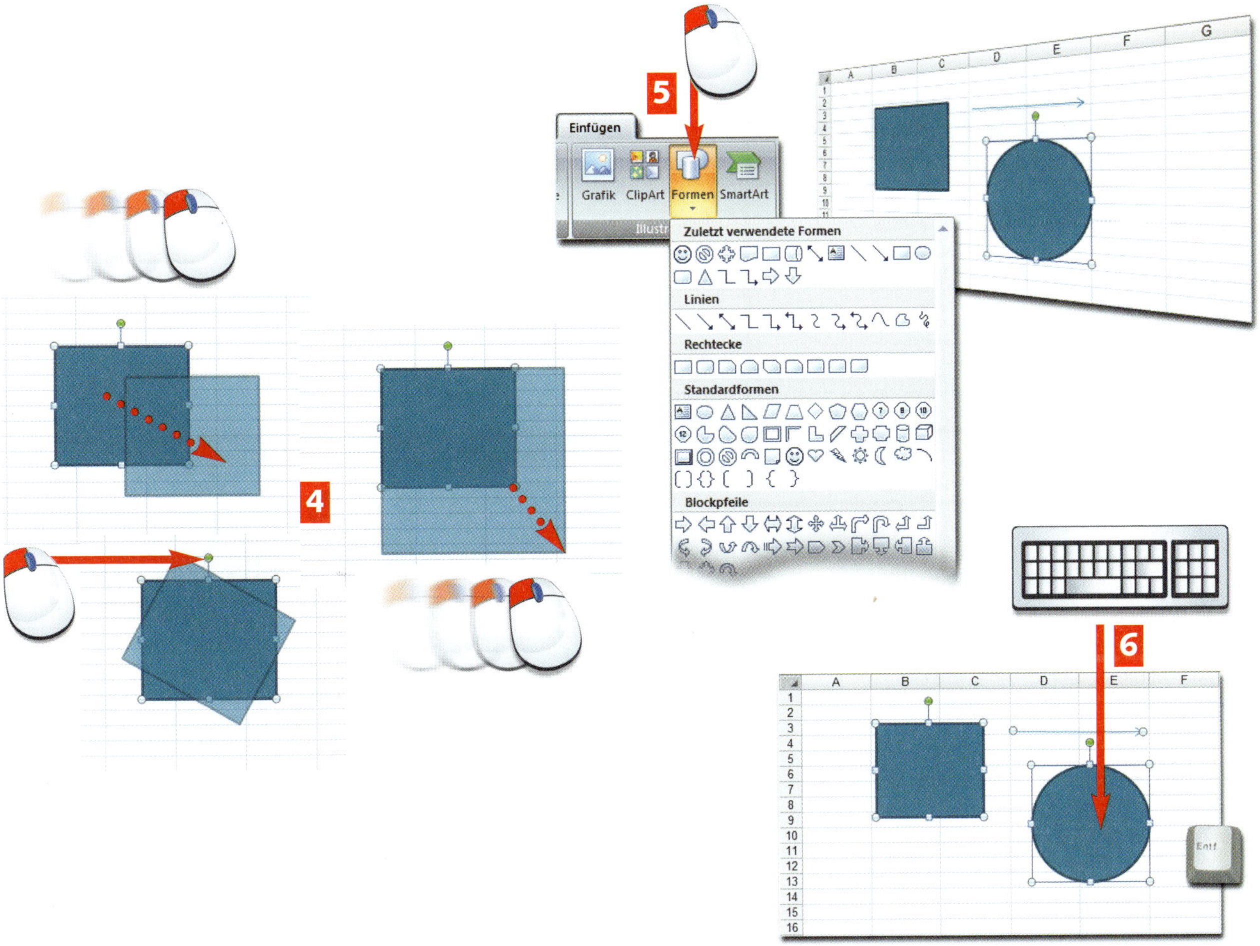

4 Zum Verschieben des Objekts zeigen Sie auf den Rahmen, vergrößert und verkleinert wird mit den Ziehpunkten. Der grüne Punkt ist der Rotationspunkt.

5 Zeichnen Sie weitere Formen wie Linien, Pfeile, Kreise, Pfeile oder Standardformen.

6 Markieren Sie mehrere Objekte mit gedrückter ⇧-Taste und drücken Sie die Entf-Taste, um alle markierten Objekte zu löschen.

Ende

Halten Sie die ⇧-Taste gedrückt, wenn Sie Kreise statt Ellipsen und Quadrate anstelle von Rechtecken zeichnen wollen. Mit gedrückter Strg-Taste zeichnen Sie aus der Mitte.

TIPP

Start

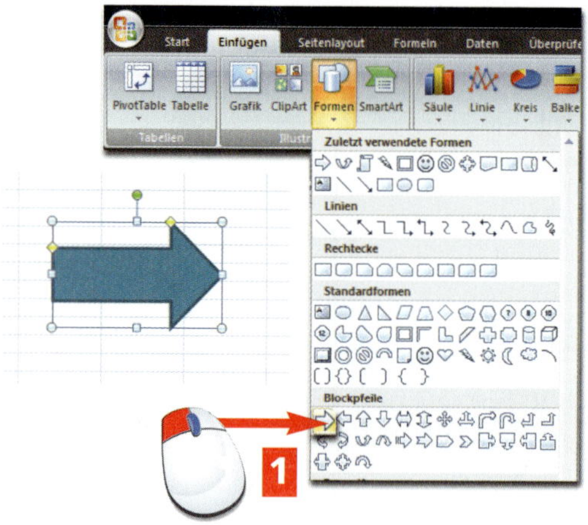

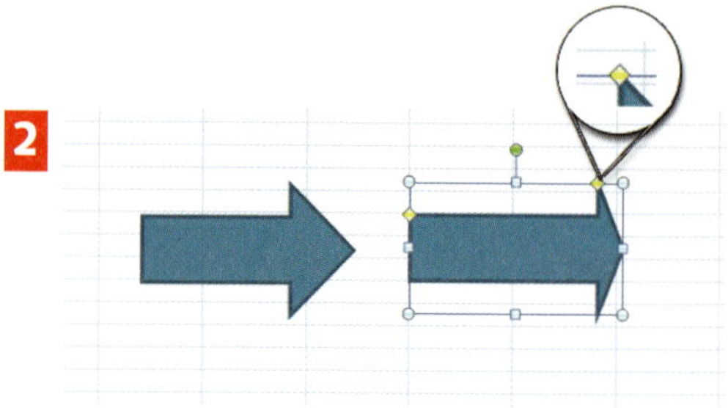

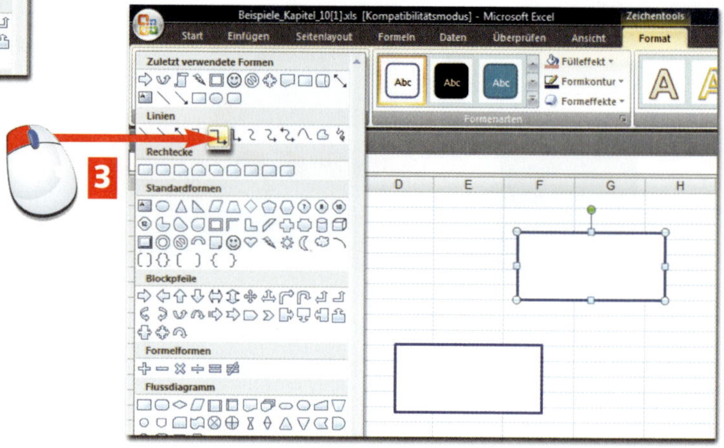

1 Zeichnen Sie über *Einfügen/Illustrationen/Formen* einen Pfeil auf das Tabellenblatt.

2 Das neue Objekt bietet kleine gelbe Rauten an. Ziehen Sie diese, um die Objektbreite oder die Größe der Pfeilspitze zu ändern.

3 Zeichnen Sie zwei Rechtecke und holen Sie eine Verbindungslinie aus der Formenbibliothek.

Pfeile und viele andere Formen bieten zusätzliche Markierungen zur Nachbearbeitung von Form und Perspektive. Mit Verbindungslinien, die an Ziehpunkten automatisch einrasten, stellen Sie Organigramme mit immer korrekt verbundenen Kästchen her.

WISSEN

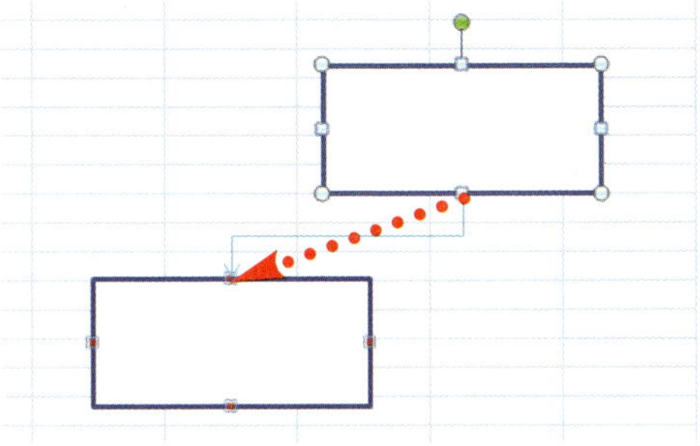

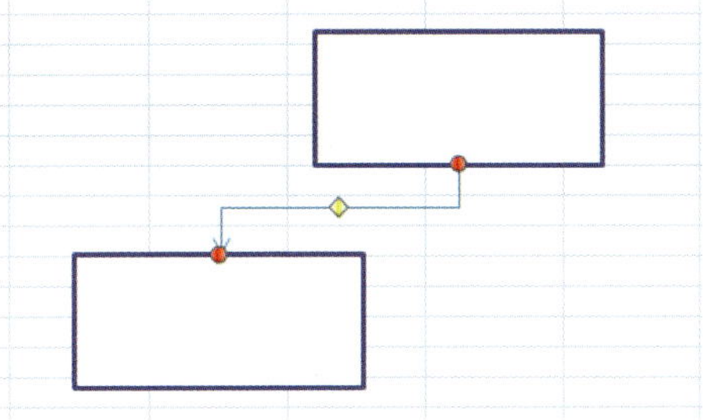

4

5

6

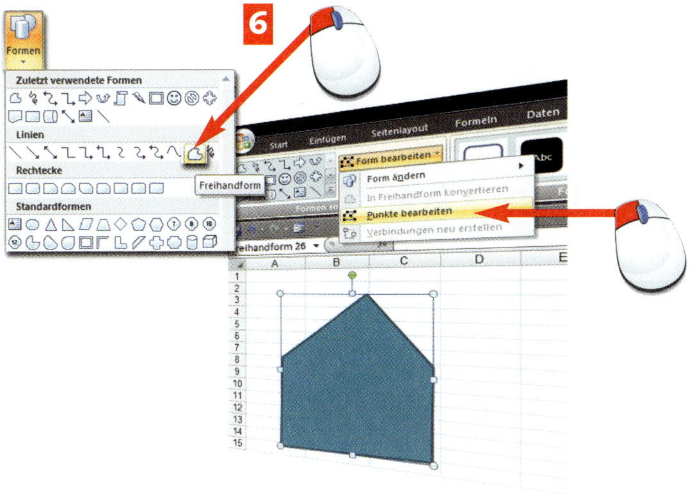

4 Ziehen Sie die Linie von ersten Ziehpunkt zum zweiten. Achten Sie auf die rote Markierung, sie signalisiert einen Einrastpunkt.

5 Lassen Sie die Maustaste los, wird die Verbindungslinie exakt von einem Punkt zum anderen gezogen, und die Objekte sind auch nach einer Verschiebung verbunden.

6 Mit dem Freihandformen-Werkzeug zeichnen Sie Polygone. Klicken Sie auf *Form bearbeiten* und ändern Sie das gezeichnete Objekt punkteweise.

Ende

Kopieren Sie das erste Rechteck, indem Sie es mit gedrückter Maustaste und Strg-Taste an eine neue Position ziehen.

TIPP

Start

1

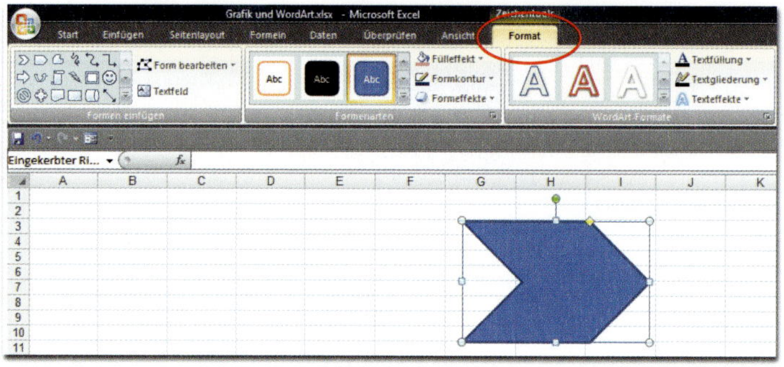

2

3

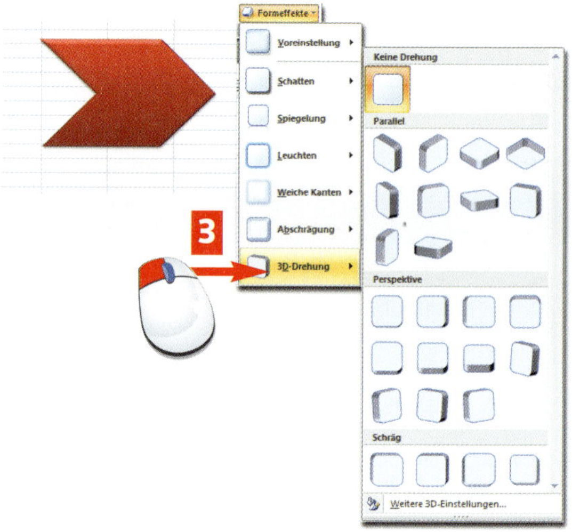

1 Sobald ein Objekt gezeichnet und markiert ist, bietet Excel eine weitere Registerkarte *Zeichentools* mit der Gruppe *Format* an.

2 Wählen Sie unter *Format/Formenarten* eine Formatvorlage für das Objekt …

3 … und ändern Sie einzelne Details wie Fülleffekt, Kontur, Schatten, 3D-Perspektive und andere Effekte über die Symbole in dieser Gruppe.

Jedes Objekt, das Sie mit den Werkzeugen aus der Formenbibliothek zeichnen, lässt sich beschriften und in vielen Varianten formatieren. Mit 3D-Effekten und Formatvorlagen zaubern Sie die tollsten Grafiken auf Ihre Tabellen.

WISSEN

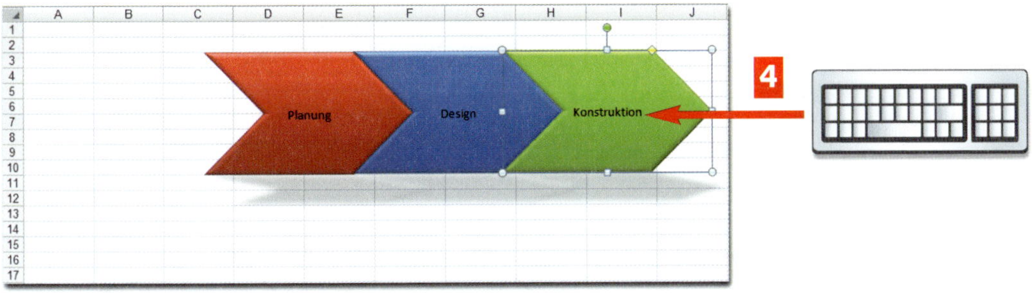

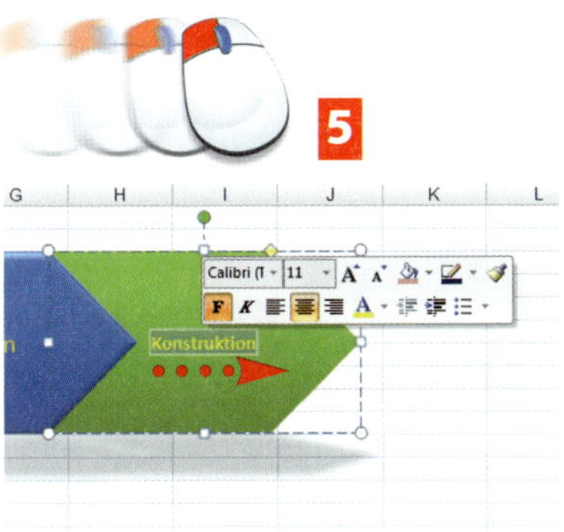

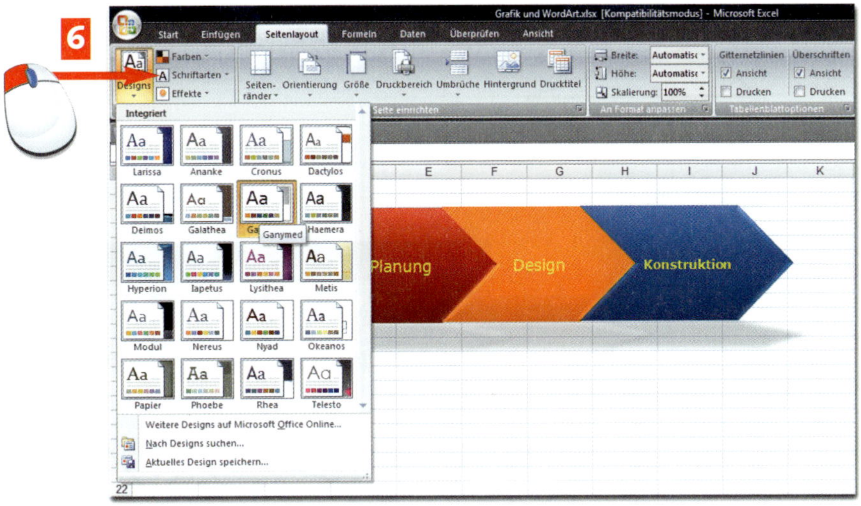

4 Um ein Objekt zu beschriften, markieren Sie es und geben den Text direkt über Tastatur ein. Der Text wird im Objekt zentriert.

5 Markieren Sie den Text im Objekt, stehen sofort die Textformate am Mauszeiger zur Verfügung.

6 Ändern Sie im Register *Seitenlayout* das Design, wenn Sie andere Farbkombinationen zur Verfügung haben wollen.

Ende

Achten Sie darauf, dass eine Designauswahl alle Objekte in der aktiven Tabelle beeinflusst und sämtliche Farben, Formen und Beschriftungen ändert. Suchen Sie deshalb zuerst ein passendes Design, bevor Sie Objekte zeichnen.

HINWEIS

Zur Formatierung von Objekttext können Sie auch auf die Registerkarte *Start* umschalten.

HINWEIS

Start

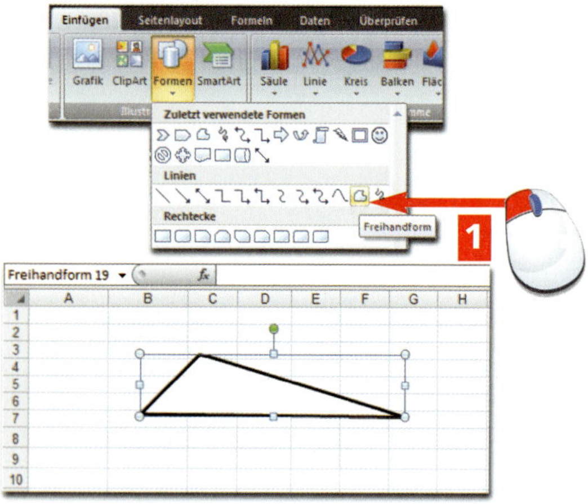

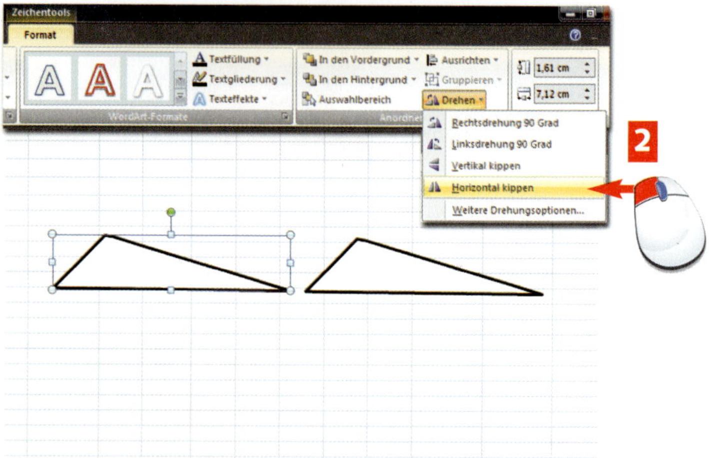

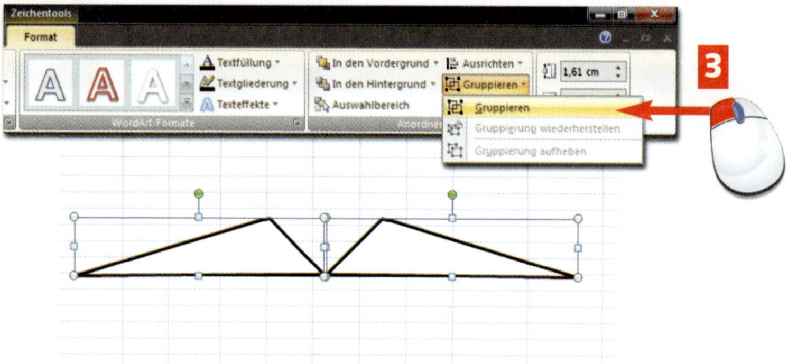

1 Zeichnen Sie das Grundobjekt mit dem Formwerkzeug *Freihandform*.

2 Ziehen Sie mit gedrückter [Strg]-Taste eine Kopie des Objekts und spiegeln Sie diese über *Zeichentools/Format/Anordnen*.

3 Markieren Sie beide Objekte mit der [⇧]-Taste und gruppieren Sie sie.

Üben Sie die wichtigsten Techniken der Objektbearbeitung an einem praktischen Beispiel: Zeichnen Sie eine Windrose aus einem einzigen Grundobjekt.

WISSEN

4

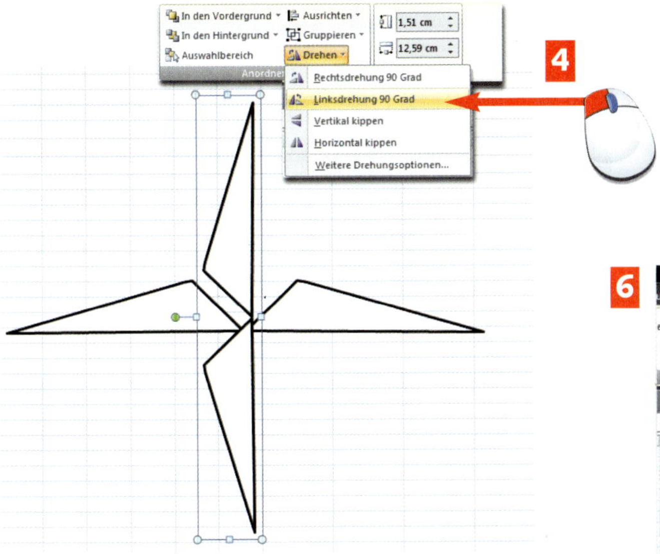

6

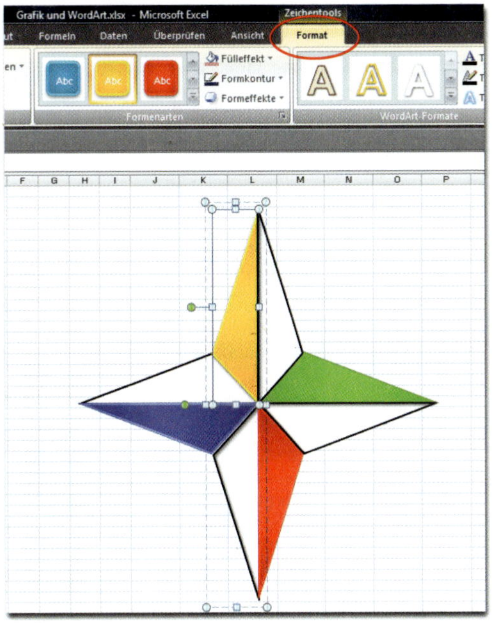

5

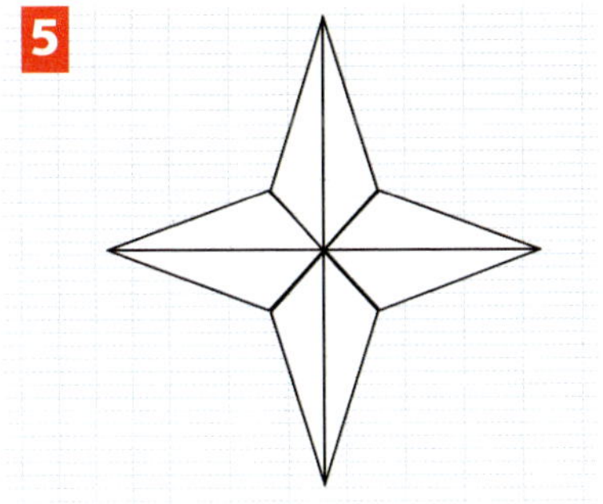

4 Ziehen Sie eine weitere Kopie und drehen Sie diese um 90 Grad.

5 Kopieren Sie das Objekt noch einmal, drehen und spiegeln Sie es, und das Grundgerüst der Windrose ist fertig.

6 Fehlen nur noch die Farben, und die weisen Sie über *Zeichentools/ Format/Formenarten* zu.

Ende

HINWEIS

Objekte liegen in der Reihenfolge übereinander, in der sie gezeichnet wurden. Sie können mit *Zeichentools/Format/ Anordnen* arbeiten oder einfach das Objekt ausschneiden (Strg+X) und wieder einfügen (Strg+V).

TIPP

Die schnelle Taste, um den letzten Befehl zu wiederholen: F4

Start

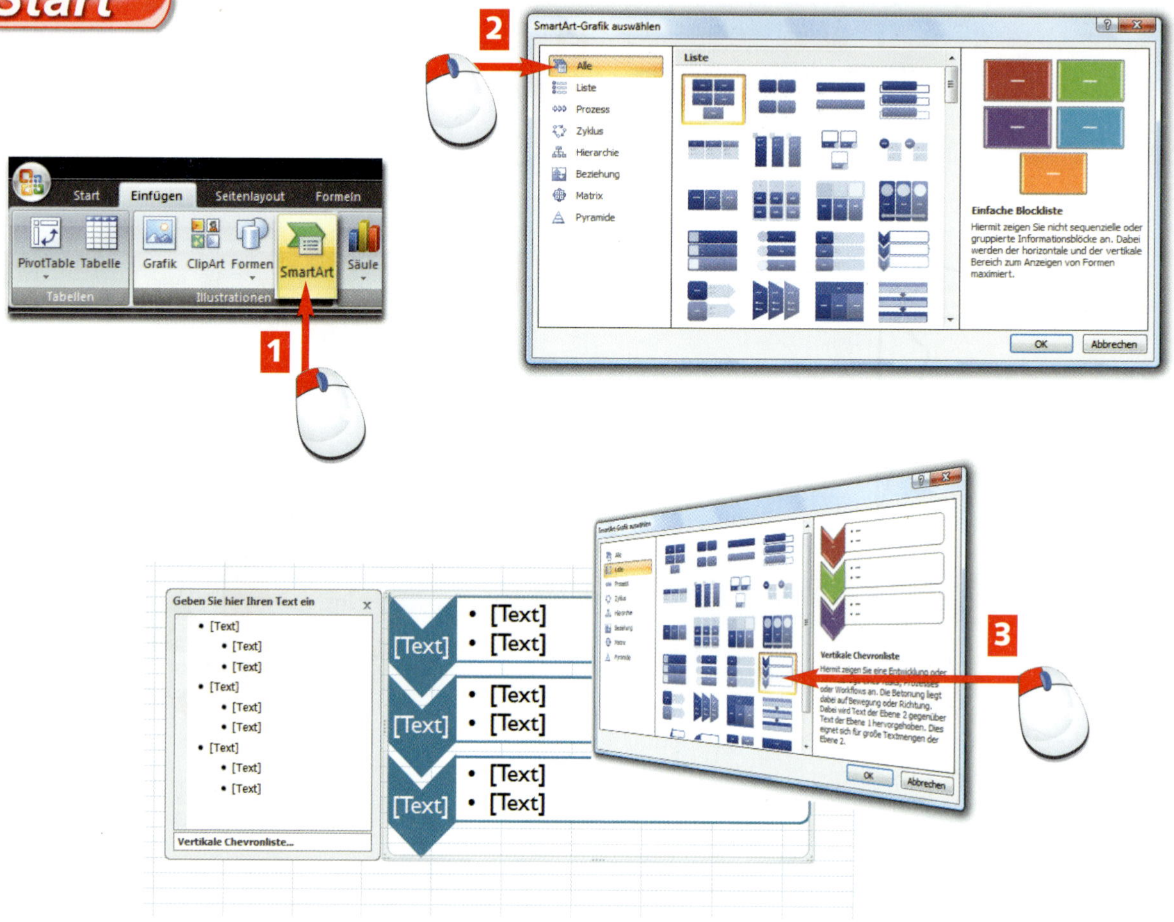

1 Schalten Sie um auf das Register *Einfügen* und wählen Sie *Illustrationen/SmartArt*.

2 Sieben Kategorien stehen zur Auswahl, klicken Sie die passende an …

3 … und suchen Sie eine Diagrammart für Ihr Schaubild, zum Beispiel eine Chevronliste.

SmartArts sind Illustrationsvorlagen für Schaubilder, die nicht wie Diagramme Zahlenwerte sammeln oder vergleichen, sondern Schlagworte, Botschaften, Abläufe oder Prozessbeschreibungen enthalten. Sehen Sie sich das Angebot an, Sie werden überrascht sein, wie viele SmartArts es gibt.

WISSEN

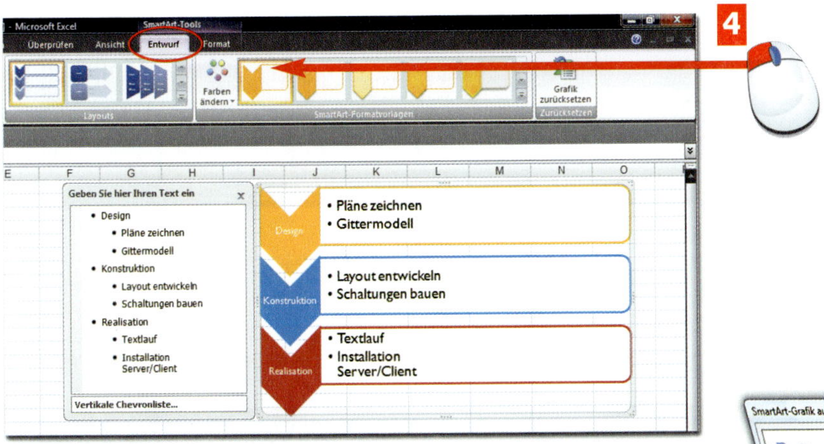

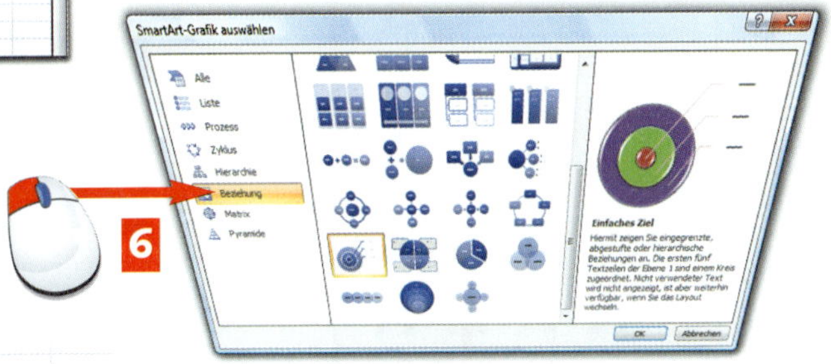

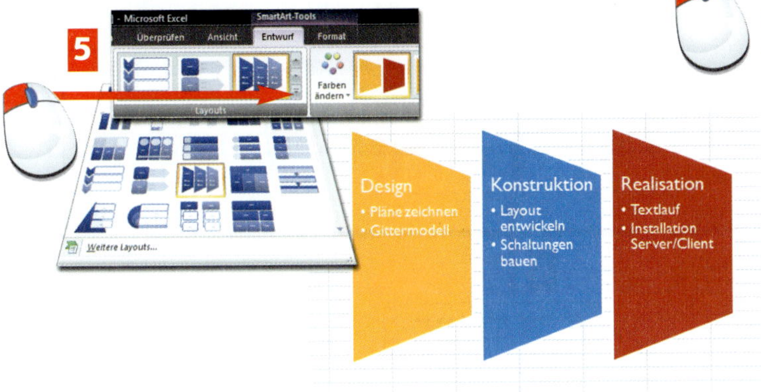

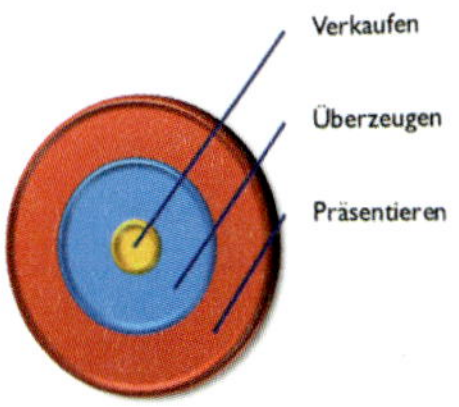

4 In der Multifunktionsleiste taucht ein neues Register *SmartArt-Tools* auf, wählen Sie unter *Entwurf* eine Formatvorlage.

5 Zu jeder SmartArt-Vorlage stehen mehrere Layouts zur Auswahl.

6 Sehen Sie sich auch die anderen Kategorien an und testen Sie die variantenreichen SmartArts, die hier angeboten werden.

Ende

SmartArt ist ein Office-Programm, es steht auch für Word und PowerPoint zur Verfügung.

HINWEIS

Achten Sie auf die Beschreibung im Fenster *SmartArt auswählen*. Sie zeigt, zu welchem Zweck und mit welcher Botschaft die jeweilige SmartArt-Vorlage zum Einsatz kommt.

HINWEIS

Start

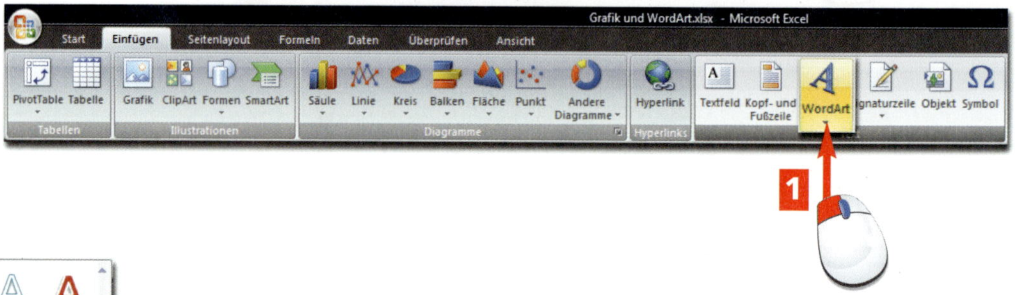

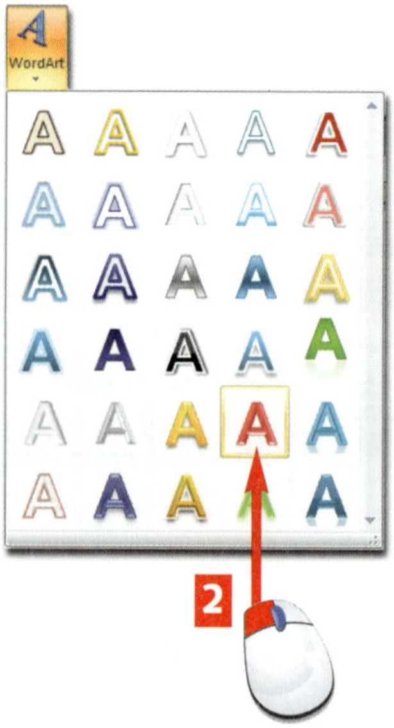

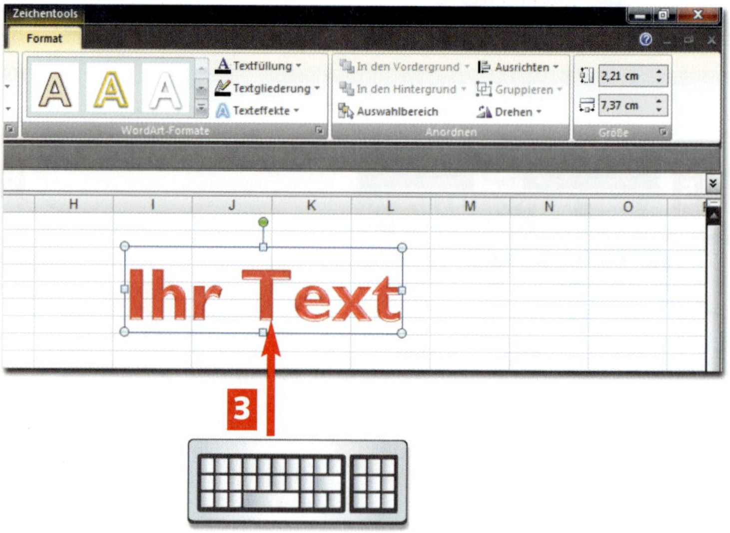

1. Wählen Sie *Einfügen/Text/WordArt.*
2. Markieren Sie eine Formatvorlage für Ihren Designtext …
3. und überschreiben Sie den Standardtext „Ihr Text“ per Eingabe über die Tastatur.

Auch Überschriften oder andere Texte auf der Tabelle müssen nicht langweilig sein. Gestalten Sie Ihre Texte doch einmal wie auf dem Werbeplakat mit Füllmustern, gedrehten Perspektiven und 3D-Effekten.

WISSEN

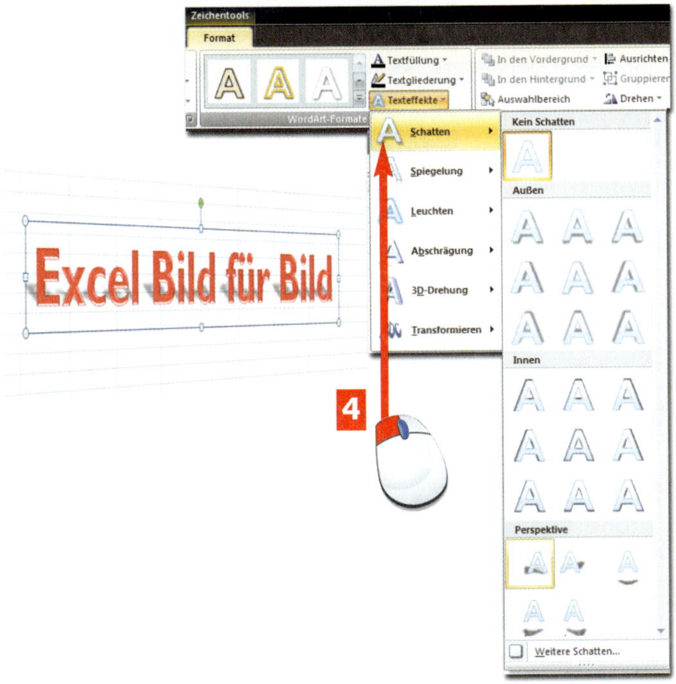

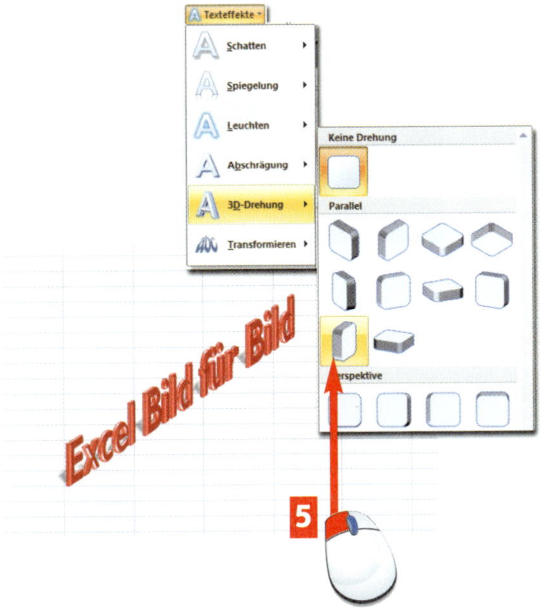

4 Die neue Registerkarte *Zeichentools* bietet neben den WordArt-Formaten auch Textfüllungen und Texteffekte.

5 Mit dem Effekt *3D-Drehung* präsentieren Sie den Text in einer ganz neuen Perspektive.

6 Hier noch einige Beispiele für WordArt-Text mit unterschiedlichen Texteffekten.

Ende

Schrift und Schriftformate ändern Sie am besten im Kontextmenü. Klicken Sie den WordArt-Text mit der rechten Maustaste an.

TIPP

WordArt ist ein Office-Programm, es steht auch für Word und PowerPoint zur Verfügung.

HINWEIS

Start

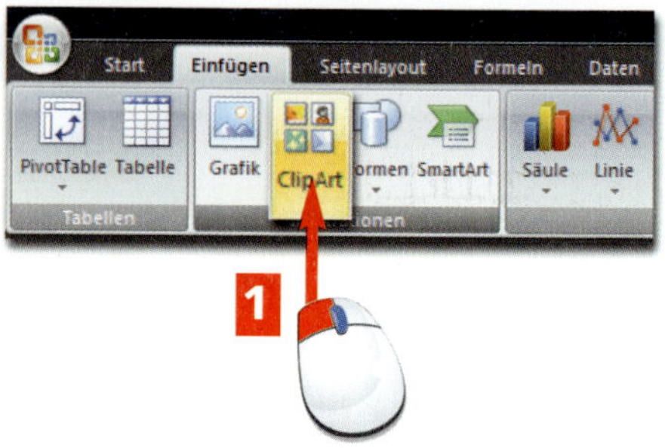

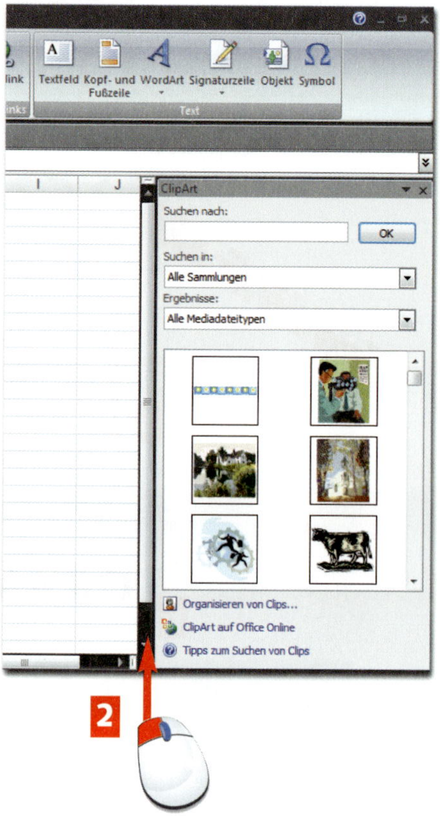

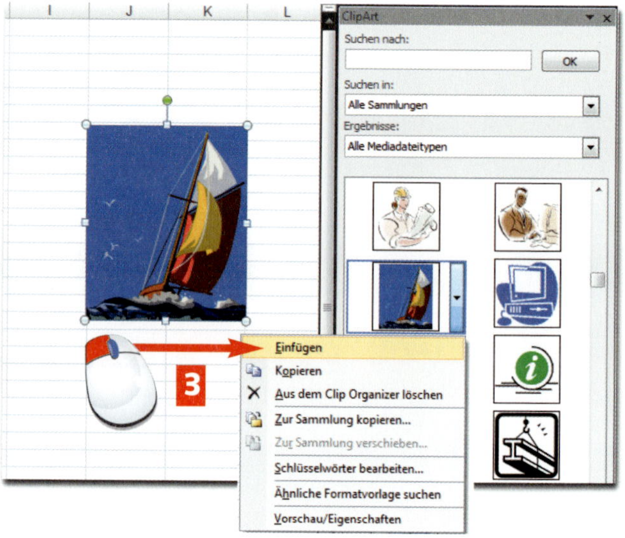

1 Schalten Sie auf die Registerkarte *Einfügen* um und wählen Sie *Illustrationen/ClipArts*.

2 Am rechten Bildschirmrand wird ein Aufgabenbereich eingeblendet. Blättern Sie die Liste der angezeigten ClipArts durch, …

3 … klicken Sie auf den Pfeil neben dem Bild und wählen Sie *Einfügen* aus dem Kontextmenü.

ClipArts sind ursprünglich digitale Zeichnungen, mittlerweile gibt es auch viele hochwertige Fotos in den ClipArts-Sammlungen. Suchen Sie in den Office-ClipArts nach passenden Bildvorlagen und illustrieren Sie Ihre Tabellen und Diagramme damit.

WISSEN

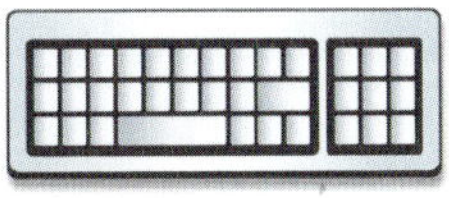

4

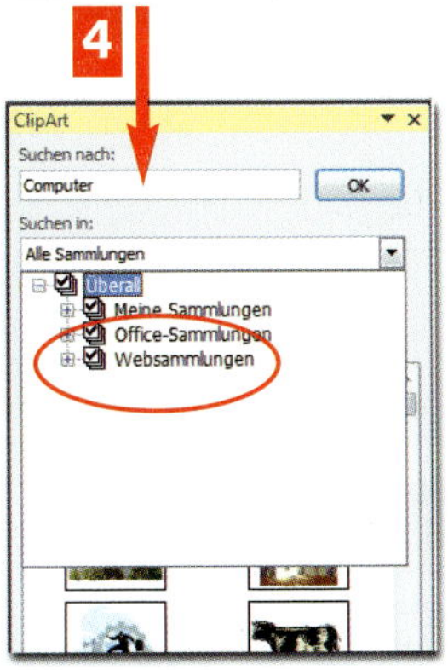

5

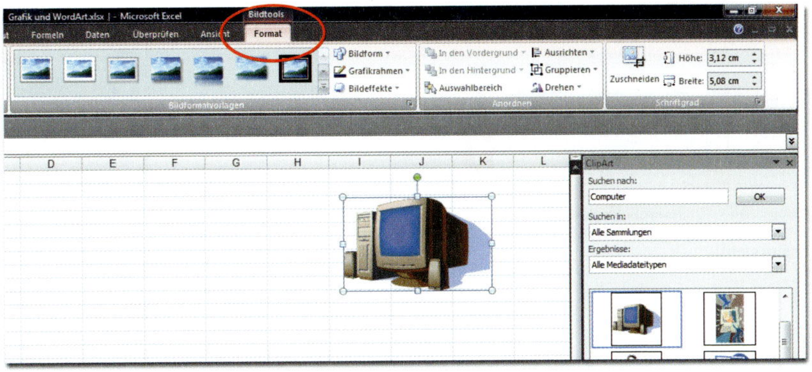

6

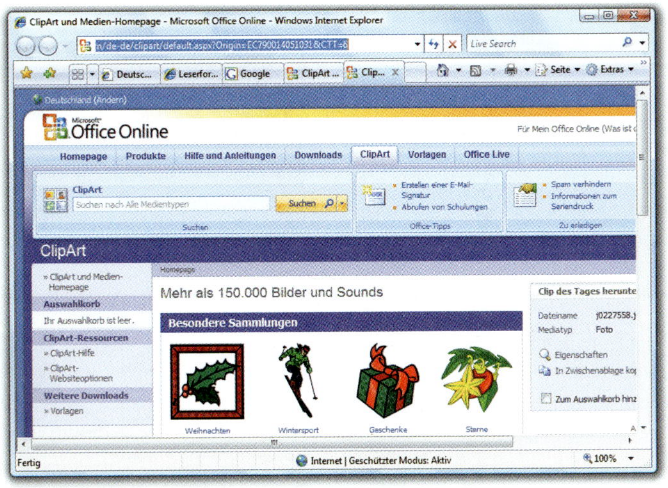

4 Geben Sie in das Suchfeld oben einen Begriff ein, wenn Sie nach Bildern einer bestimmten Kategorie suchen, und schalten Sie auch die Websammlung mit dazu.

5 Zur Bearbeitung des ClipArt-Bilds stellt Excel eine neue Registerkarte *Bildtools* zur Verfügung. Wählen Sie eine Formatvorlage.

6 Mit dem Link *ClipArts auf Office Online* schalten Sie auf die Internetseite von Microsoft um, auf der viele weitere ClipArts zum Download bereitstehen.

Ende

Klicken Sie ein Vorschaubild an, wird es sofort in die Tabelle eingefügt.

HINWEIS

Mit *Organisieren von ClipArts* können Sie auch Ihre eigenen Bilder in die ClipArt-Bibliothek einbinden.

HINWEIS

Wenn Sie unter *Websammlungen* die Option *Microsoft Online* ankreuzen, werden die Internetbilder automatisch als Miniaturansichten geladen.

HINWEIS

Start

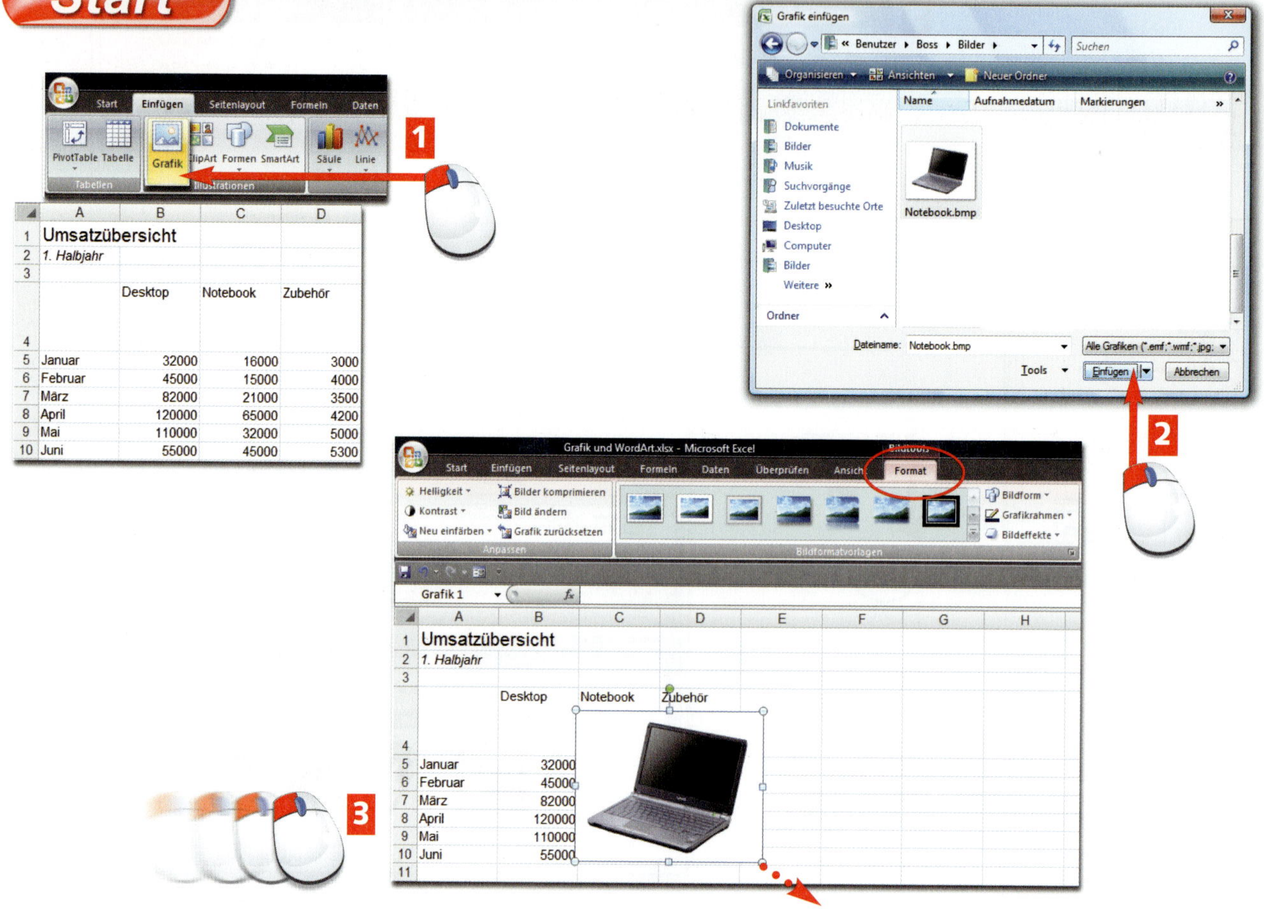

1 Schmücken Sie Ihre Tabelle mit einer Grafik aus einer Grafikdatei, wählen Sie dazu *Einfügen/Illustration/Grafik*.

2 Schalten Sie auf den Ordner, in dem das Bild gespeichert ist, markieren Sie die Grafik und klicken Sie auf *Einfügen*.

3 Das Bild wird eingefügt, Sie können es über die Ziehpunkte verkleinern und vergrößern oder mit den *Bildtools* bearbeiten.

Fotos, Schaubilder, Logos und andere Grafiken speichern Sie als Dateien, meist im Standardformat JPG. Importieren Sie diese Grafiken und illustrieren Sie damit Ihre Tabellen und Diagramme. Wenn die Grafik nicht passend ist, bearbeiten Sie sie vorher mit dem Microsoft Office Picture Manager.

WISSEN

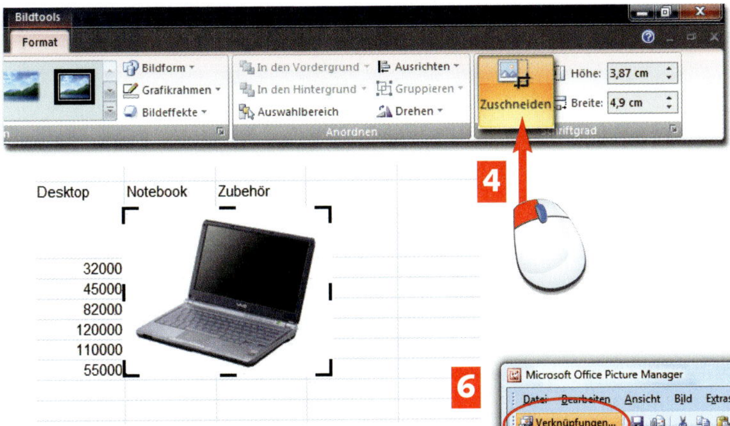

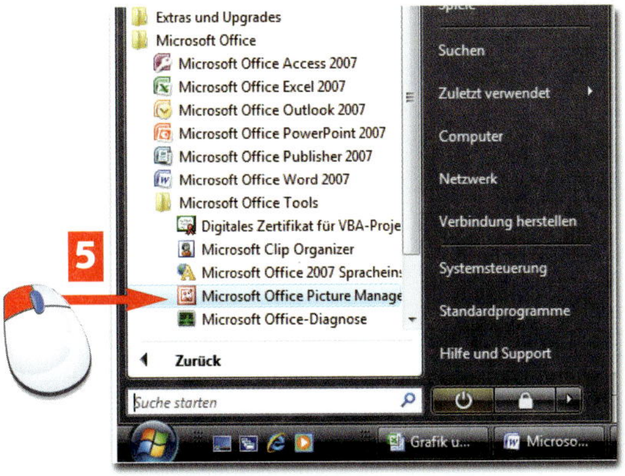

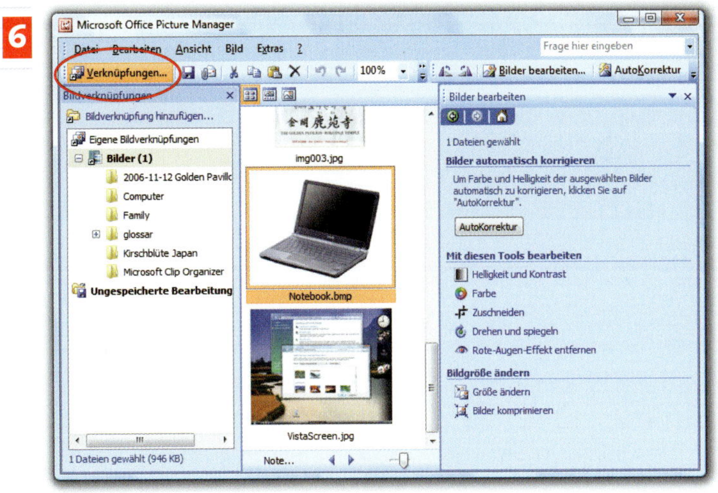

4 Klicken Sie auf das Schneidewerkzeug unter *Format/Schriftart* und ziehen Sie die Randmarkierungen, um das Bild zu beschneiden.

5 Mit dem *Microsoft Office Picture Manager*, den Sie unter *Start/Alle Programme/ Microsoft Office/Microsoft Office-Tools* finden, …

6 … können Sie alle Bilder auf Ihrer Festplatte bearbeiten, bevor sie in Excel-Tabellen importiert werden.

Ende

HINWEIS

Wählen Sie statt *Einfügen* im Dateidialog *Mit Datei verknüpfen*, wird das Objekt mit der Datei verknüpft und automatisch angepasst, wenn das Bild neu gespeichert wird.

TIPP

Digitale Fotos mit 2500 x 2000 Pixel sind im Tabellenblatt etwa 80 x 100 cm groß und belegen 50 Spalten und 160 Zeilen. Mit *Größe und Eigenschaften* im Kontextmenü reduzieren Sie die Größe.

HINWEIS

Grafiken für Excel-Tabellen können in allen gängigen Formaten (BMP, JPG, GIF, WMF u. a.) vorliegen. Der Dateidialog bietet alle Dateitypen zur Auswahl an.

11

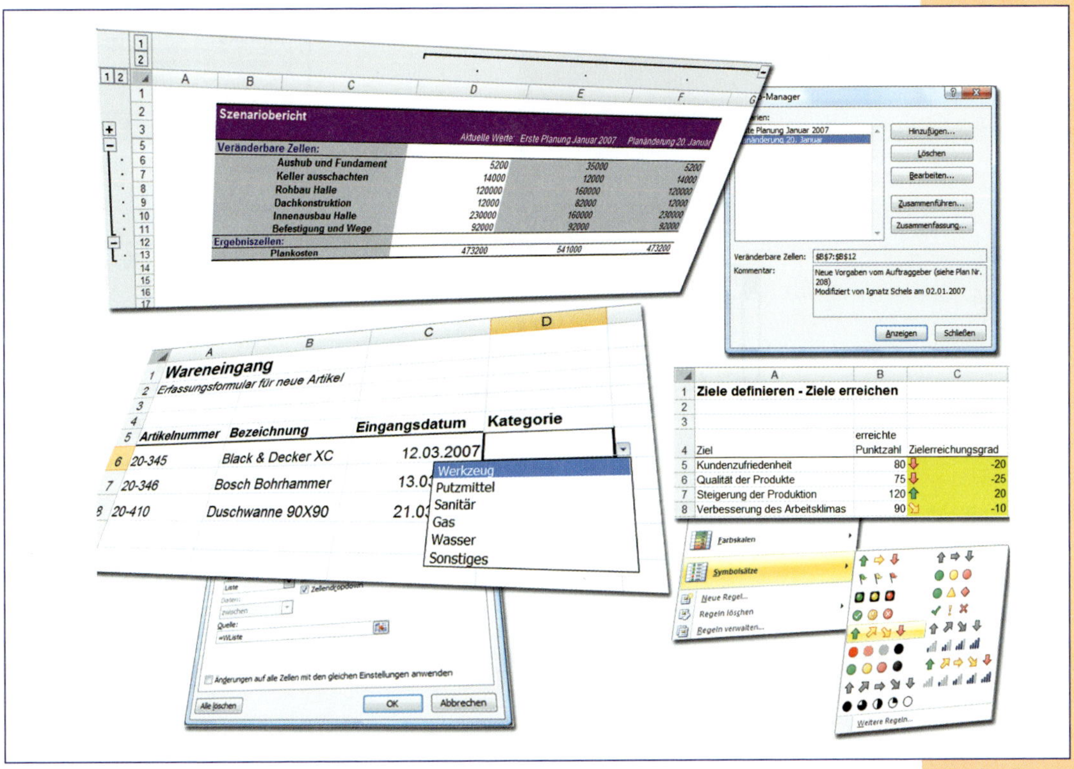

Szenariobericht
Veränderbare Zellen:
Aushub und Fundament
Keller ausschachten
Rohbau Halle
Dachkonstruktion
Innenausbau Halle
Befestigung und Wege
Ergebniszellen:
Plankosten
Wareneingang
Erfassungsformular für neue Artikel
Artikelnummer
Bezeichnung
Eingangsdatum
Kategorie
20-345
Black & Decker XC
12.03.2007
20-346
Bosch Bohrhammer
20-410
Duschwanne 90X90
Werkzeug
Putzmittel
Sanitär
Gas
Wasser
Sonstiges
Ziele definieren - Ziele erreichen
Ziel
erreichte Punktzahl
Zielerreichungsgrad
Kundenzufriedenheit
Qualität der Produkte
Steigerung der Produktion
Verbesserung des Arbeitsklimas
Farbskalen
Symbolsätze
Neue Regel...
Regeln löschen
Regeln verwalten...
Weitere Regeln...
OK
Abbrechen
Anzeigen
Schließen

Spezialtechniken

Start

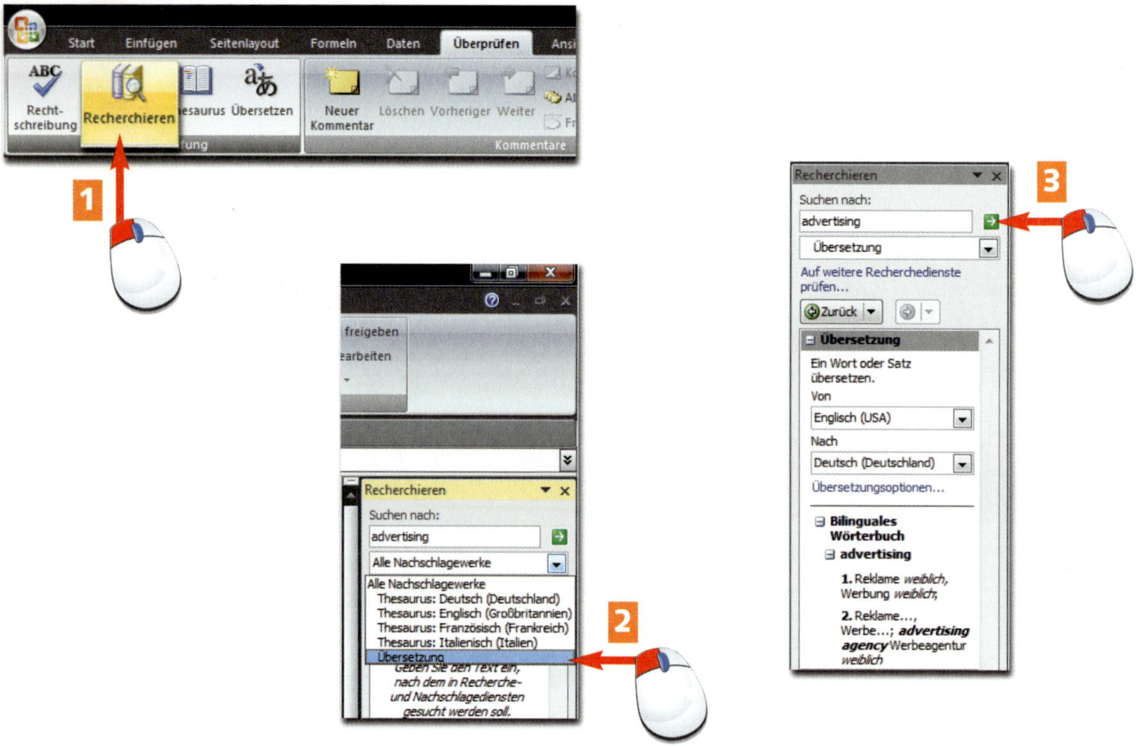

1 Schalten Sie um auf die Registerkarte *Überprüfen* und wählen Sie *Dokumentprüfung/ Recherchieren*.

2 Der Aufgabenbereich wird am rechten Rand eingeblendet, geben Sie einen Suchbegriff ein und schalten Sie auf *Übersetzung*.

3 Wählen Sie die Wörterbücher für Such- und Zielbegriff und starten Sie die Übersetzung mit einem Klick auf das Pfeilsymbol.

Das Symbol *Recherchieren* fasst mehrere Aufgaben zusammen: Sie können einen fremdsprachigen Begriff eingeben und mit Hilfe der Wörterbücher (Englisch, Französisch u. a.) übersetzen lassen oder im Synonymwörterbuch *Thesaurus* einen ähnlichen Begriff zu einem deutschsprachigen Wort suchen.

WISSEN

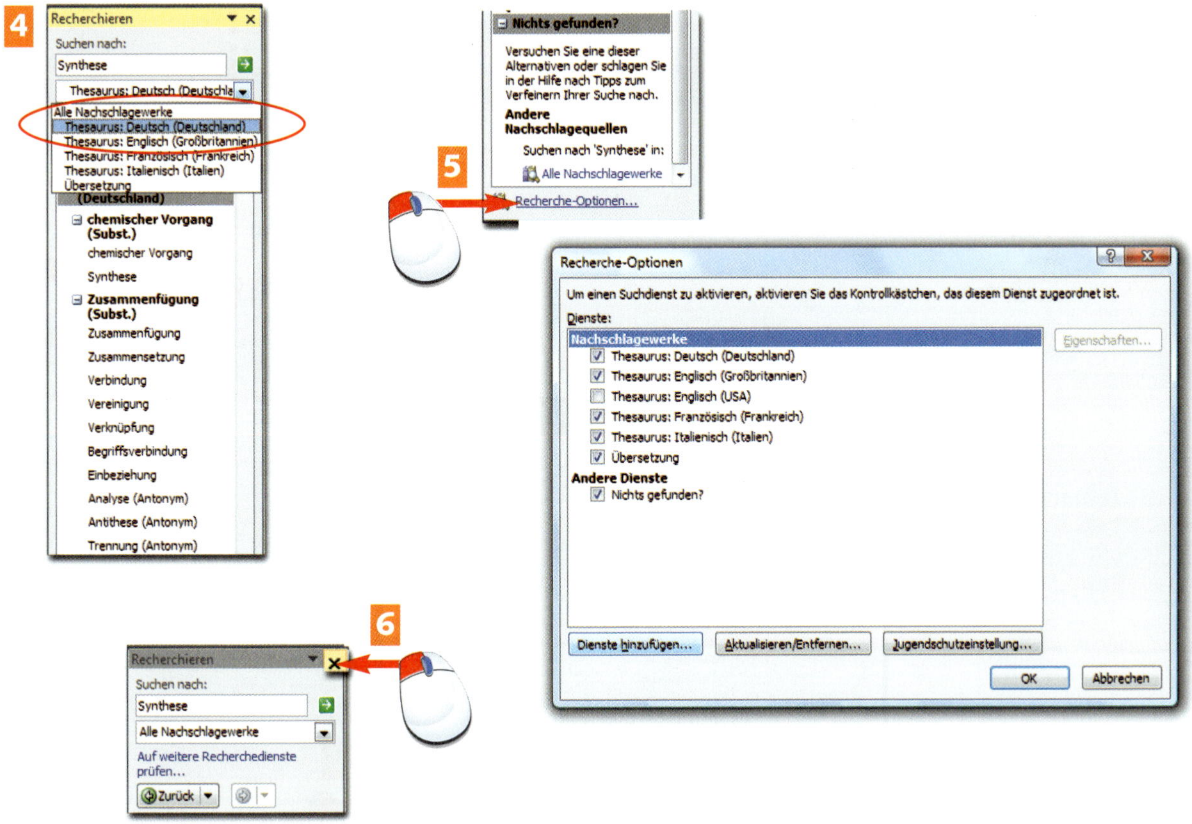

4 Der Thesaurus ist ein Synonymwörterbuch, er zeigt ähnliche und sinnverwandte Begriffe zum Suchbegriff an.

5 In den *Recherche-Optionen* finden Sie weitere fremdsprachige Wörterbücher oder zusätzliche Dienste.

6 Mit einem Klick auf das Kreuzsymbol schließen Sie den Aufgabenbereich *Recherchieren* wieder.

Ende

TIPP

Der Schnellstart für die Recherche: Geben Sie den Begriff in eine Zelle ein, markieren Sie diese und drücken Sie die [Alt]-Taste.

HINWEIS

Wenn der Suchbegriff in der aktiven Zelle steht, wird er beim Start der Recherche bereits im Suchfenster vorgeschlagen.

HINWEIS

Fehlende Wörterbücher lassen sich über den Office-Setup nachinstallieren. Kreuzen Sie die Option *Office-Tools* an.

Benutzerdefinierte Füllreihen

Start

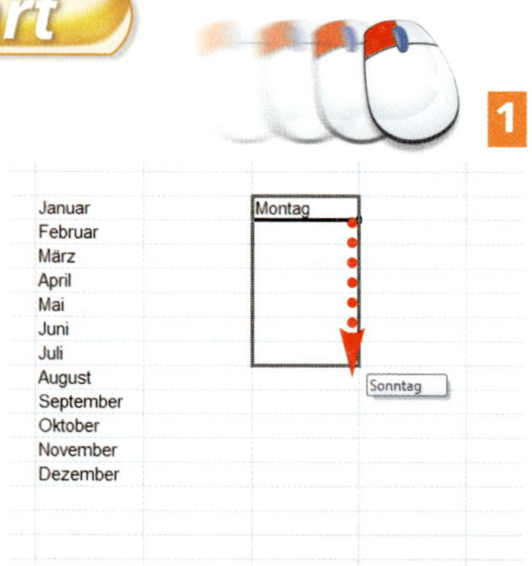

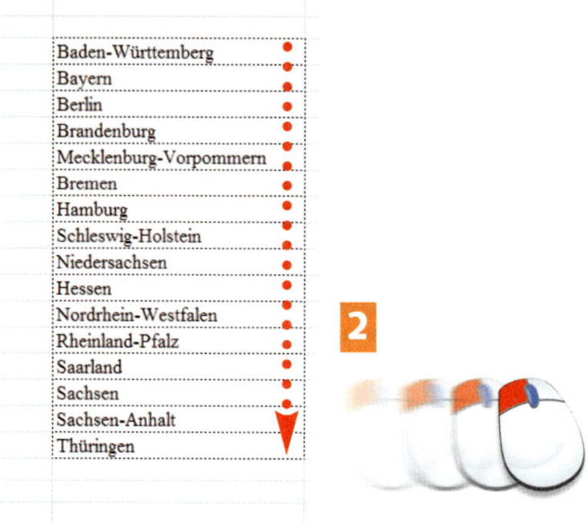

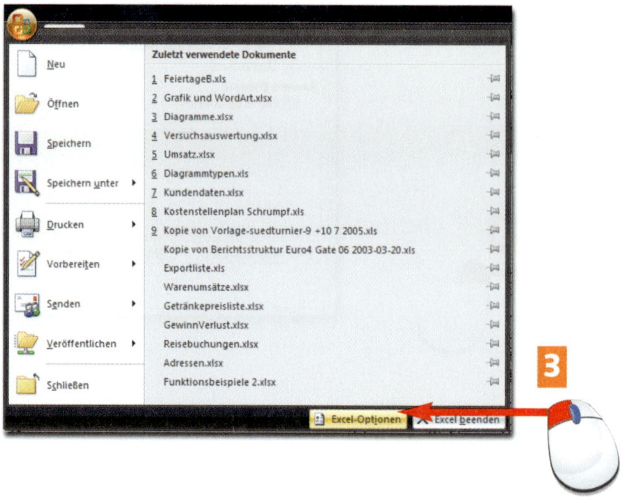

1 Füllreihen werden, wie in Kapitel 3 gezeigt, mit dem Ausfüllkästchen erzeugt. Ziehen Sie es mit gedrückter Maustaste nach unten.

2 Monate und Wochentage sind vordefiniert, Sie können auch Ihre eigenen Füllreihen erzeugen. Schreiben Sie die Reihe in ein Tabellenblatt und markieren Sie sie.

3 Aktivieren Sie die Excel-Optionen im Office-Menü …

Excel stellt automatische Füllreihen für Monate (Januar bis Dezember) und Wochentage (Montag bis Sonntag) zur Verfügung. Schreiben Sie Ihre eigenen Füllreihen und speichern Sie diese in den Excel-Optionen ab.

WISSEN

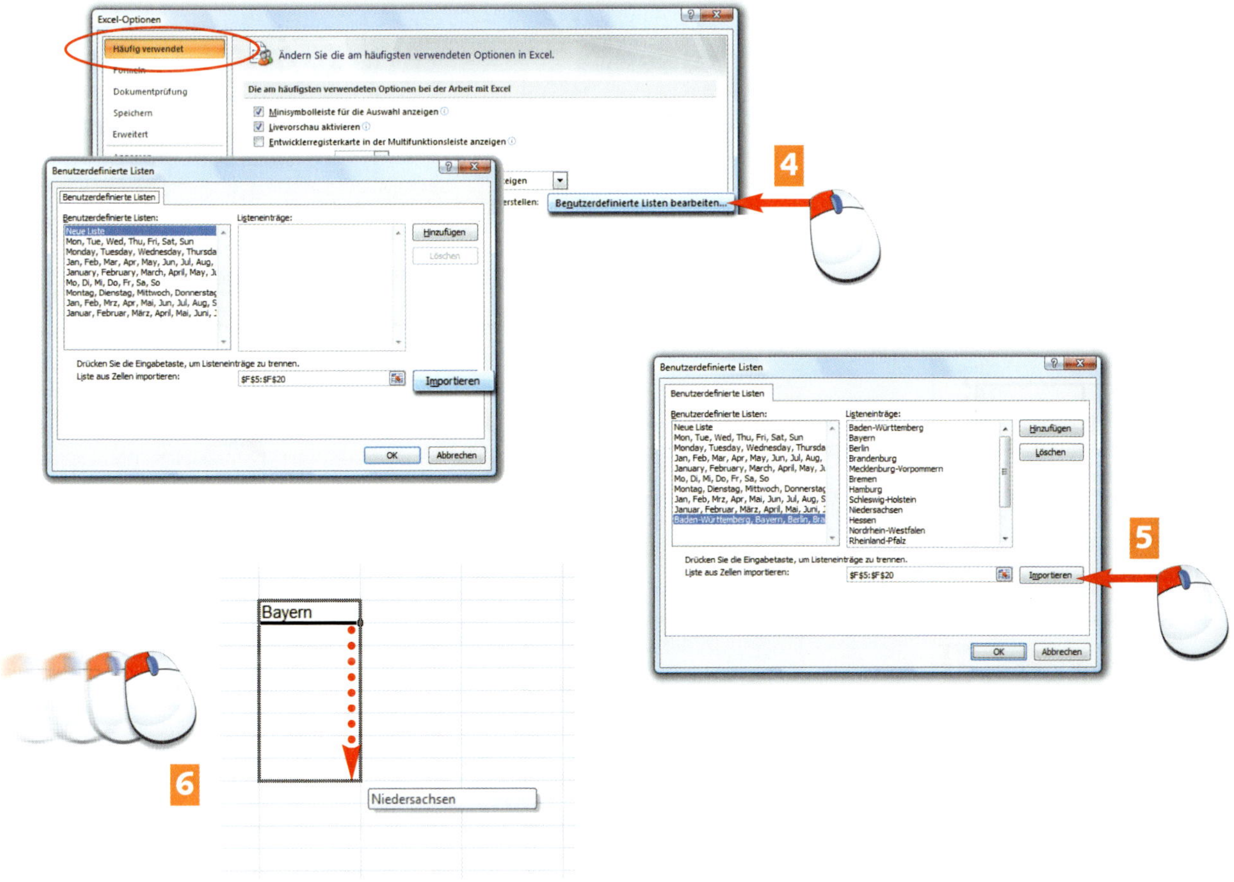

4 … und klicken Sie auf *Benutzerdefinierte Listen bearbeiten* in der Kategorie *Häufig verwendet*.

5 Hier werden alle Listen gespeichert und verwaltet. Mit *Importieren* holen Sie die markierte Zellreihe als neue Füllreihe in die Liste.

6 Jetzt können Sie mit einem Begriff aus der Füllreihe (hier ein Bundesland) und dem Füllkästchen die ganze Reihe erzeugen.

Ende

Zusätzliche Füllreihen werden nicht in der aktuellen Arbeitsmappe, sondern global für die Excel-Oberfläche gespeichert. Sie stehen damit allen anderen und neuen Mappen zur Verfügung.

HINWEIS

Start

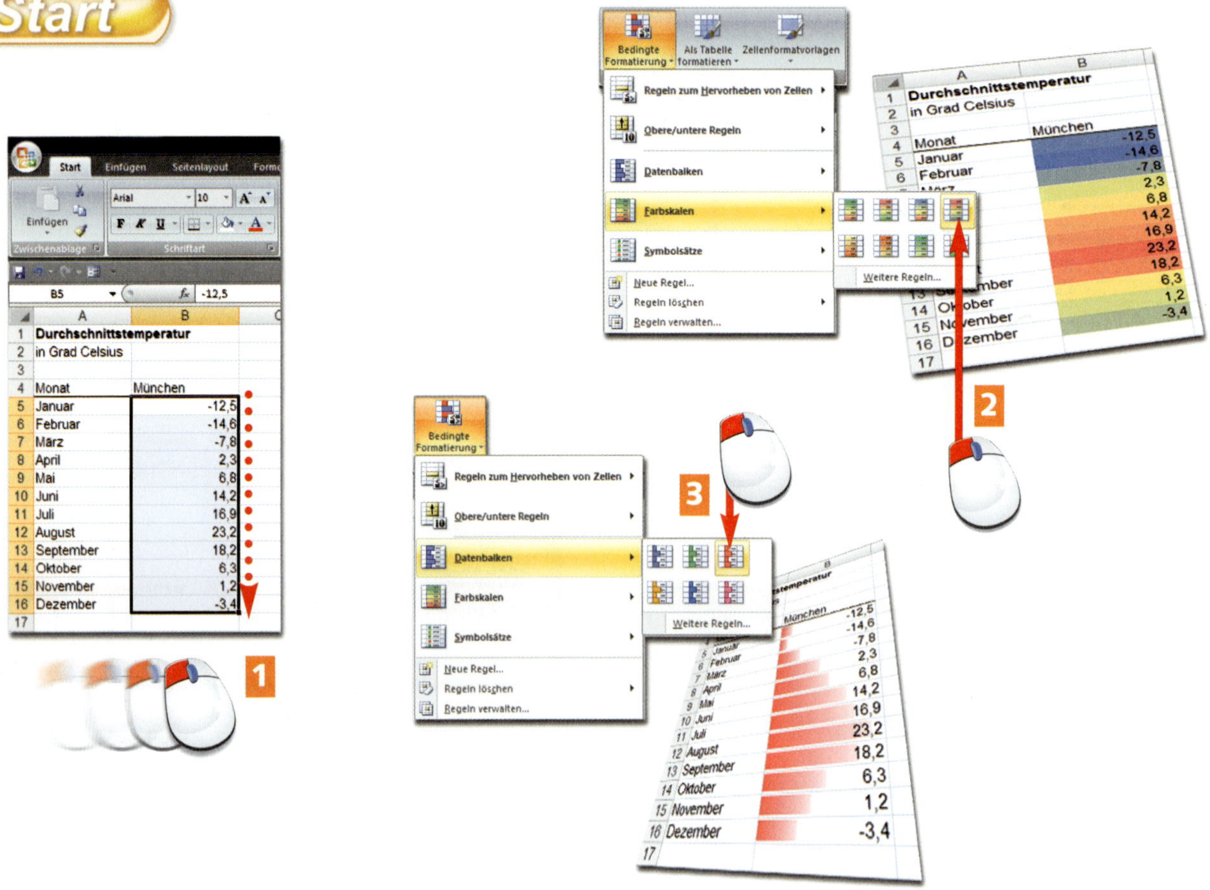

1 Markieren Sie die Zahlen, die Sie mit einem Bedingungsformat formatieren wollen.

2 Wählen Sie *Start/Formatvorlagen/Bedingte Formatierung*. Weisen Sie den Zahlen beispielsweise eine Farbskala zu, …

3 … oder eine Datentabelle mit farbigen Balken, deren Größe vom Zahlenwert abhängig ist.

Die bedingte Formatierung hebt Wertigkeiten, Differenzen oder Abhängigkeiten zwischen Zahlenwerten in der Tabelle optisch hervor. Mit der Ampelfunktion können Sie die Zahlen mit farbigen Symbolen versehen.

WISSEN

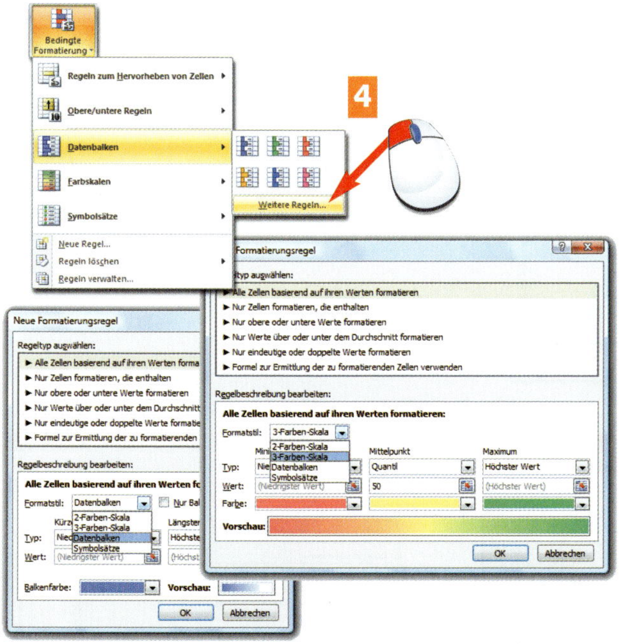

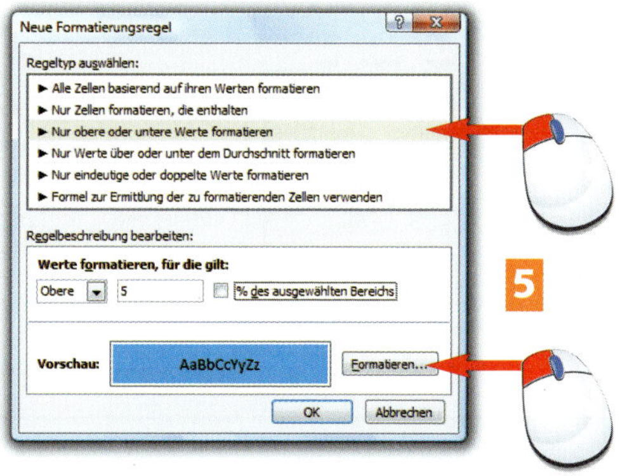

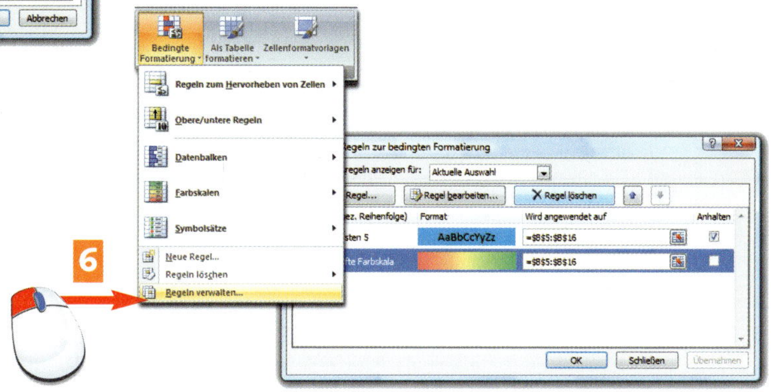

4 Schalten Sie auf die Option *Weitere Regeln*, finden Sie alle Farbskalen und Datenbalken in einem Dialogfenster. Passen Sie Farben und Bedingungen an.

5 Probieren Sie auch die anderen Formatierregeln, die hier angeboten werden. Mit einem Klick auf *Formatieren* weisen Sie das Format (Muster, Schrift) zu.

6 Wählen Sie *Bedingte Formatierung/Regeln verwalten* für eine Übersicht über alle Regeln. Hier können Regeln geändert und gelöscht werden.

Bedingungsformate ersetzen allgemeine Formatierungen wie Hintergrundfarben, falls diese zur Formatregel gehören.

HINWEIS

Markieren Sie immer alle Zahlen, die Sie formatieren wollen, bevor Sie die Bedingungsformate zuweisen.

HINWEIS

Achten Sie auf den Unterschied zwischen relativen und absoluten Adressen: Ein Bezug mit $-Zeichen bleibt unverändert, und das gilt auch für Bedingungsformate.

HINWEIS

7

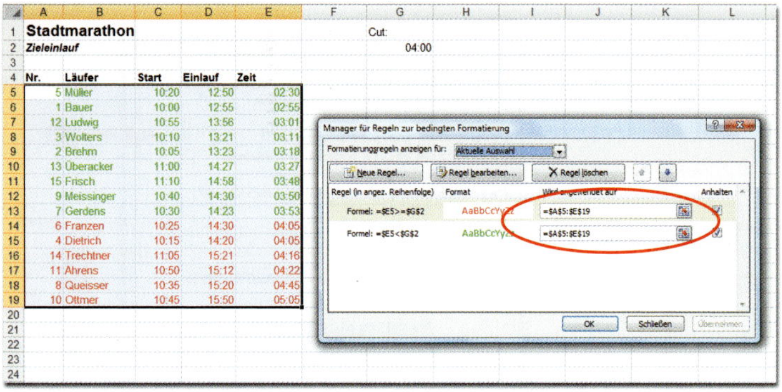

8

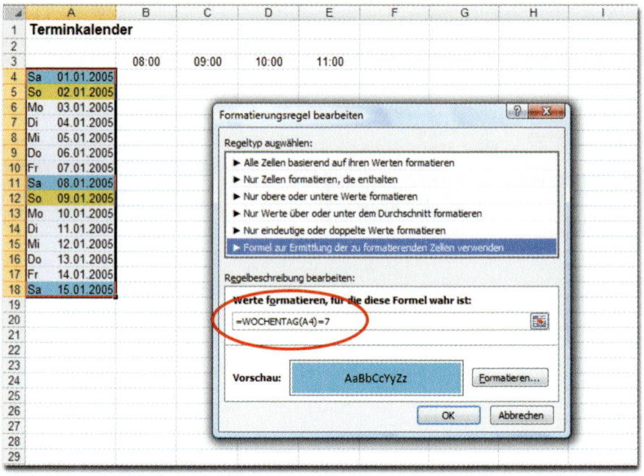

9

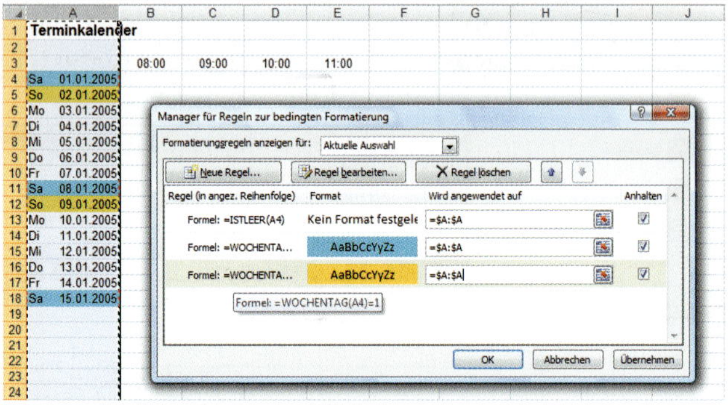

7 Hier ein Beispiel, wie Regeln Vergleiche zwischen Zellbezügen ziehen. Formatieren Sie in der Marathonliste die Datensätze unter dem „Cut" mit roter Schrift.

8 Im Terminkalender verwenden Sie die Funktion WOCHENTAG, um die Samstage und Sonntage farbig hervorzuheben.

9 Der Regel-Manager bietet die Möglichkeit, Regeln zu sortieren, zu bearbeiten und zu löschen. Hier muss die erste Regel an oberster Stelle stehen.

Weit mehr als nur Farbunterscheidungen nach Zahlengrößen bietet die formelbedingte Formatierung: Vergleichen Sie den Zellinhalt mit einer Formel, die mit logischen Operatoren (größer, kleiner, ...) arbeitet oder Funktionen verwendet.

WISSEN

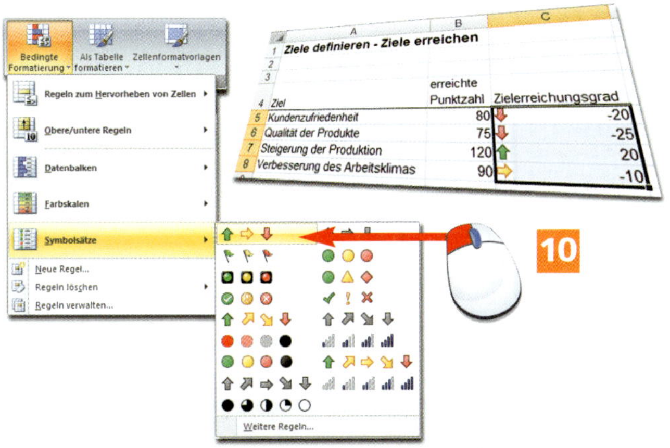

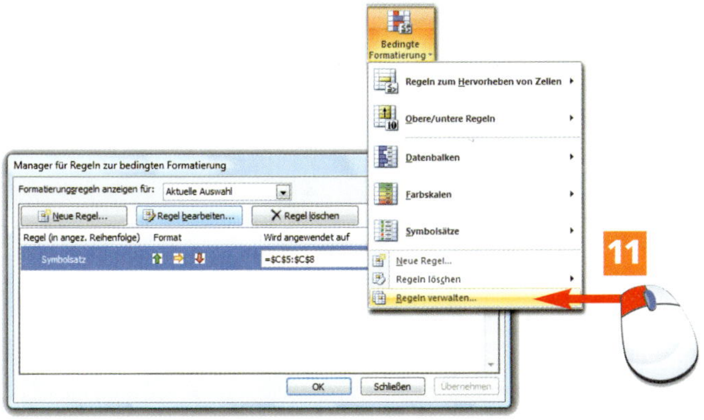

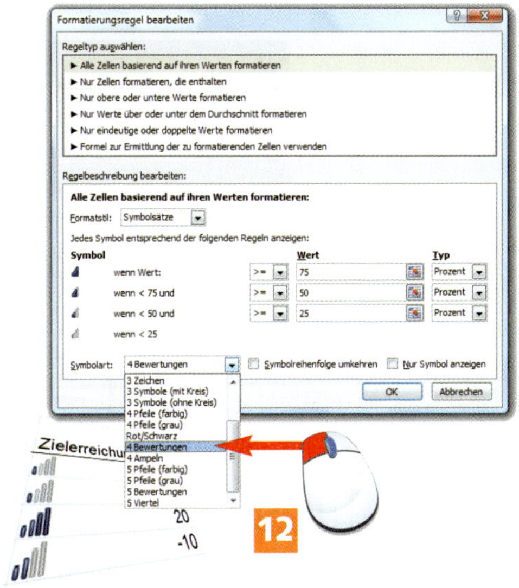

10 Um die Zellen nach dem Prinzip der Ampelformatierung mit Symbolen zu versehen, wählen Sie *Bedingte Formatierung/Symbolsätze*.

11 Mit dem Befehl *Regeln verwalten* aktivieren Sie den Regel-Manager.

12 Hier können Sie alle Regelbedingungen, die Symbolarten und die Sortierreihenfolge festlegen.

Ende

Mit *Nur Symbol anzeigen* im Regel-Manager blenden Sie den Zellinhalt aus.

TIPP

Wenn Sie mit Funktionen arbeiten, achten Sie darauf, dass die Zellbezüge in den Argumenten relativ (ohne $) angegeben werden. Nur so gilt die Funktion für alle markierten Zellen.

HINWEIS

Start

1 Markieren Sie den Bereich in der Tabelle, dem Sie eine Datenüberprüfung zuweisen wollen.

2 Wählen Sie *Daten/Datentools/Datenüberprüfung*.

3 Stellen Sie das Gültigkeitskriterium (hier Datum) ein und bestimmen Sie die Gültigkeitsregel (hier sind nur Datumswerte bis zum Tagesdatum erlaubt).

Die Datenüberprüfung schützt Ihre Tabelle vor falschen Datentypen, was besonders für Listen und PivotTables wichtig ist. Weisen Sie einzelnen Zellbereichen eine Datenüberprüfung zu, die erfasste Daten abprüft und falsche Eingaben zurückweist.

WISSEN

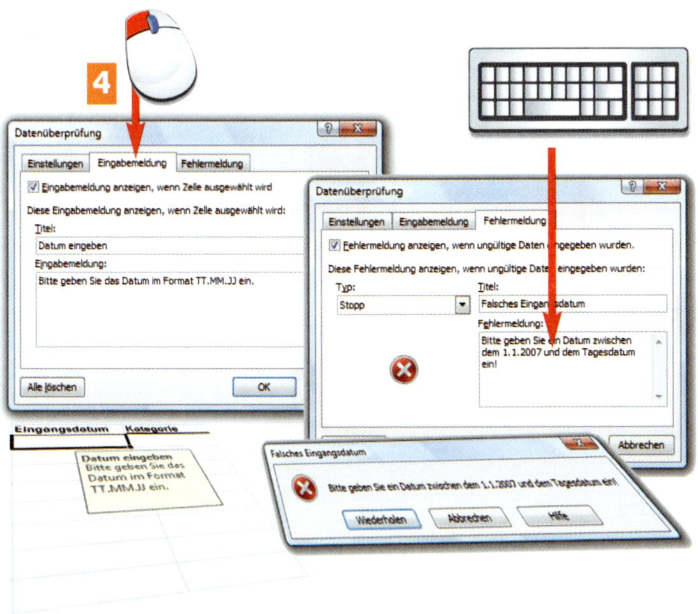

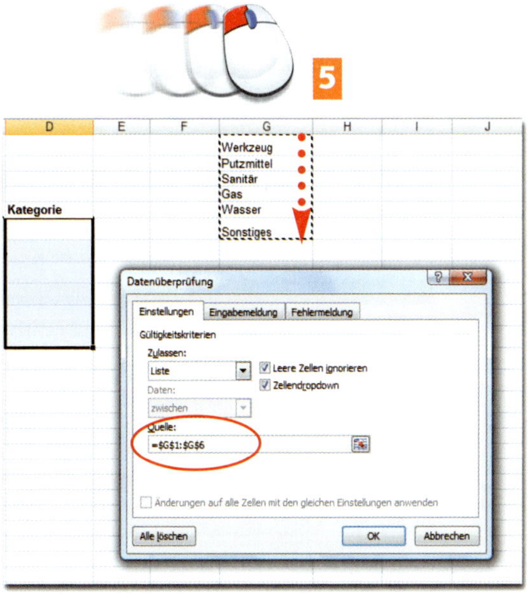

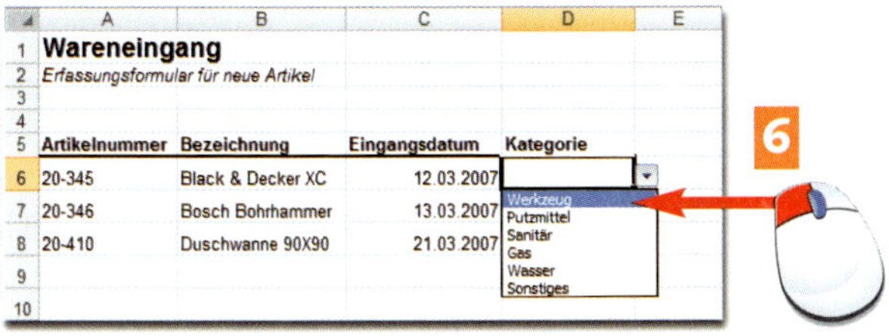

4 Unter *Eingabemeldung* legen Sie fest, was die QuickInfo am Zellzeiger anzeigt, und die Fehlermeldung erscheint, wenn die Gültigkeitsregel verletzt wird.

5 Für eine Gültigkeitsliste schalten Sie unter *Zulassen* auf *Liste* und geben den Listeninhalt als *Quelle* an.

6 Jetzt bieten die Zellen mit dieser Datenüberprüfung mit einem Klick auf das Pfeilsymbol die Listenelemente an.

Ende

Tastenkombination für eine Gültigkeitsliste: Alt-Pfeiltaste.

TIPP

Die Quelle für die Gültigkeitsliste kann nur aus der gleichen Tabelle stammen, wenn Sie mit Bezügen arbeiten. Weisen Sie den Zellen in der anderen Tabelle aber einen Namen zu, können Sie diesen als Bezug für die Quelle angeben: =*Werkzeugliste*.

HINWEIS

Die Optionen *Ungültige Daten einkreisen* und *Gültigkeitskreise löschen* brauchen Sie, um Daten zu markieren, die vor der Zuweisung der Datenüberprüfung erfasst waren oder per Makro eingefügt werden.

HINWEIS

Start

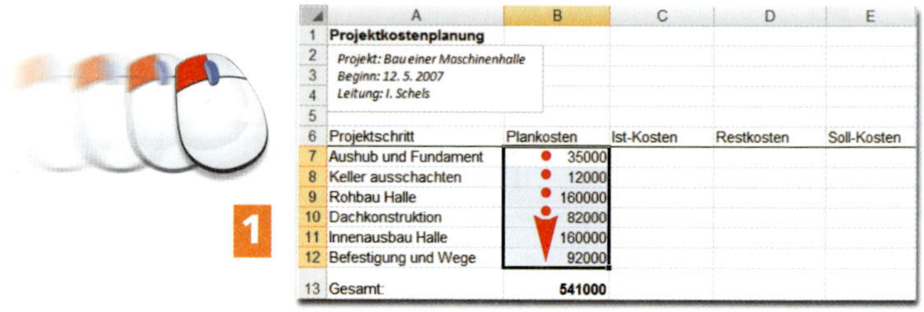

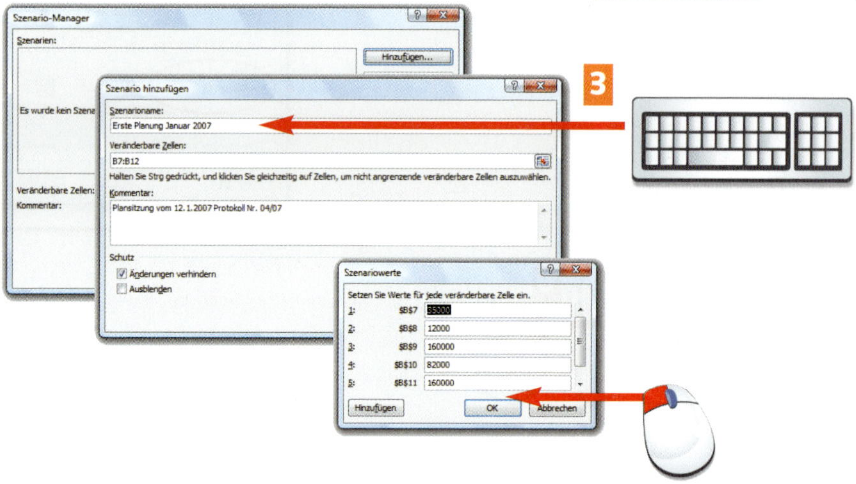

1 Erstellen Sie eine Tabelle mit Projektplankosten und markieren Sie die Zahlenwerte.

2 Wählen Sie *Daten/Datentools/Was-wäre-wenn-Analyse* und aktivieren Sie den Szenario-Manager.

3 Klicken Sie auf *Hinzufügen* und tragen Sie den Namen des ersten Szenarios mit Beschreibung ein. Die Werte aus der Markierung werden vorgeschlagen.

Wer mit Excel Planungen erstellt, wird häufig mit kleineren Änderungen konfrontiert sein. Bevor Sie ein neues Tabellenblatt erstellen, probieren Sie den Szenario-Manager: Er speichert Ihre alten Zahlen und stellt diese per Klick auf eine Schaltfläche wieder her. So können Sie Excel als flexibles Planungswerkzeug einsetzen.

WISSEN

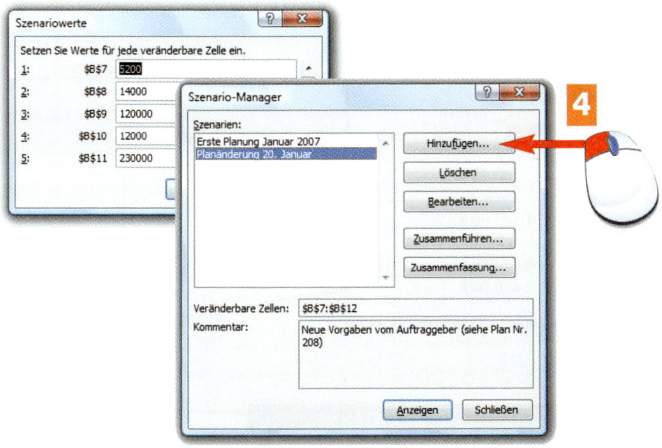

4

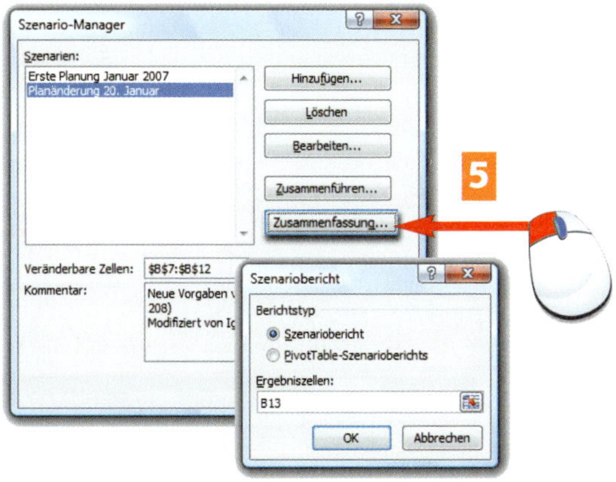

5

6

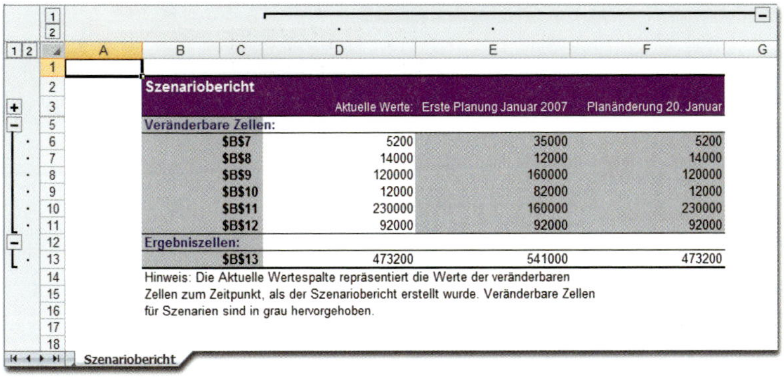

Szenariobericht			
	Aktuelle Werte:	Erste Planung Januar 2007	Planänderung 20. Januar
Veränderbare Zellen:			
$B$7	5200	35000	5200
$B$8	14000	12000	14000
$B$9	120000	160000	120000
$B$10	12000	82000	12000
$B$11	230000	160000	230000
$B$12	92000	92000	92000
Ergebniszellen:			
$B$13	473200	541000	473200

Hinweis: Die Aktuelle Wertespalte repräsentiert die Werte der veränderbaren Zellen zum Zeitpunkt, als der Szenariobericht erstellt wurde. Veränderbare Zellen für Szenarien sind in grau hervorgehoben.

Szenariobericht

4 Erstellen Sie ein weiteres Szenario mit veränderten Werten und neuer Beschreibung. Mit *Anzeigen* schalten Sie zwischen den beiden Planungen um.

5 Wählen Sie für einen Szenariobericht *Zusammenfassung* und geben Sie die Formelzelle als Ergebniszelle an.

6 Der Bericht wird in einem neuen Tabellenblatt erstellt, mit den Gliederungssymbolen können Sie Teile ein- und ausblenden.

Ende

Die Szenarien beschränken sich auf das aktive Tabellenblatt. Mit *Zusammenführen* im Szenario-Manager kopieren Sie Szenarien in andere Blätter.

HINWEIS

Die Anzahl möglicher Szenarien ist von der Größe des Arbeitsspeichers abhängig, die Anzahl veränderbarer Zellen ist auf 32 beschränkt.

HINWEIS

Start

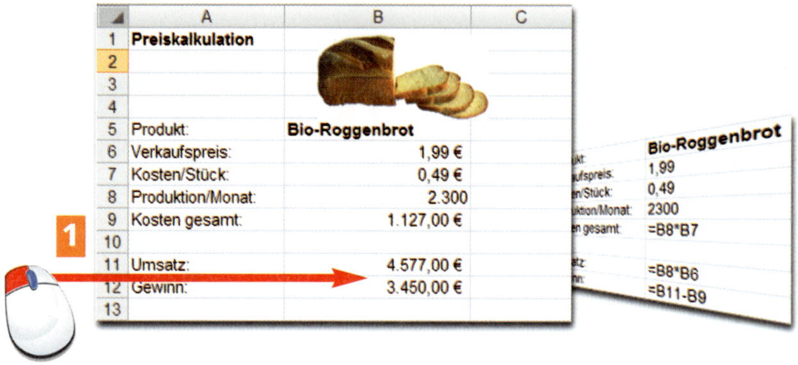

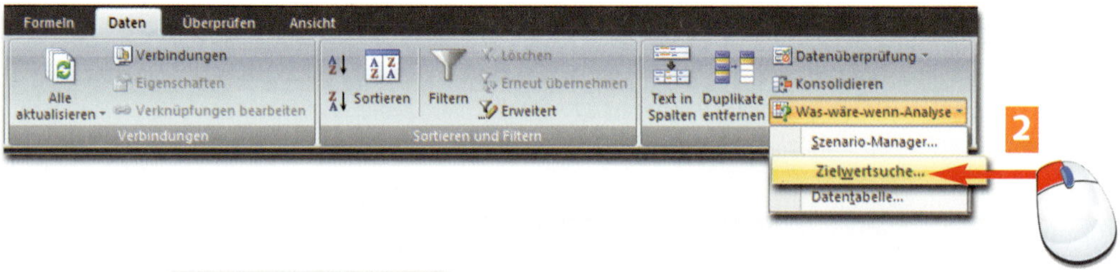

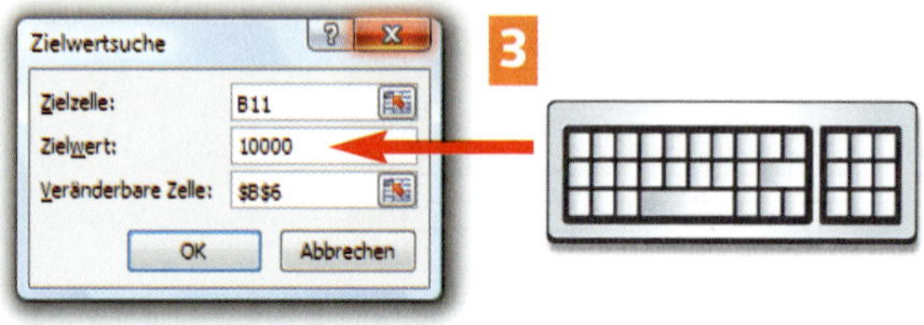

1 Wie teuer muss das Produkt sein, damit Sie 10.000 € Gewinn erwirtschaften? Markieren Sie die Zelle mit der Formel.

2 Wählen Sie *Daten/Datentools/Was wäre wenn-Analyse/Zielwertsuche*, …

3 … und tragen Sie den Bezug auf die Zielzelle (Zelle mit Formel), den Zielwert und die veränderbare Zelle ein.

Diese beiden Analysewerkzeuge arbeiten mit Iterationen: Ein für eine Formelzelle vorgegebener Zielwert wird im Iterationsverfahren angenähert, die Faktoren gibt der Benutzer vor. Das Ergebnis kann in die Tabelle übernommen oder verworfen werden.

WISSEN

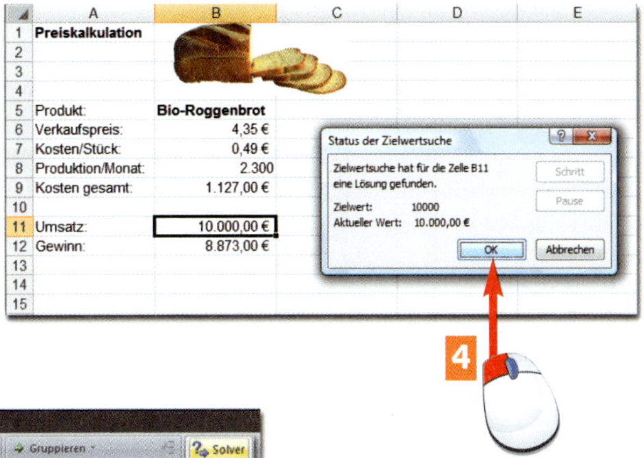

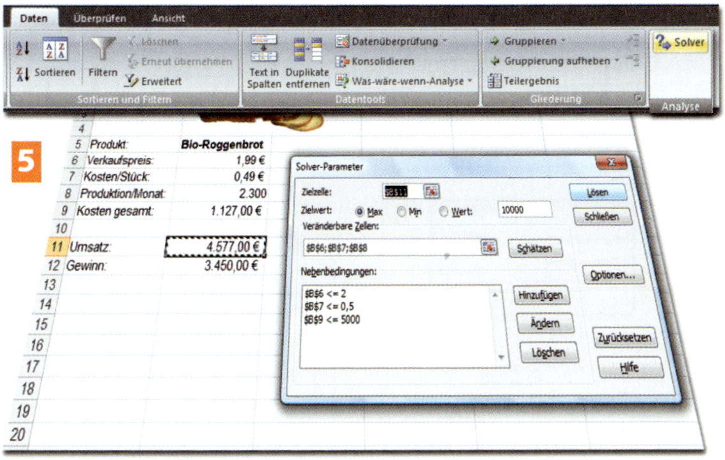

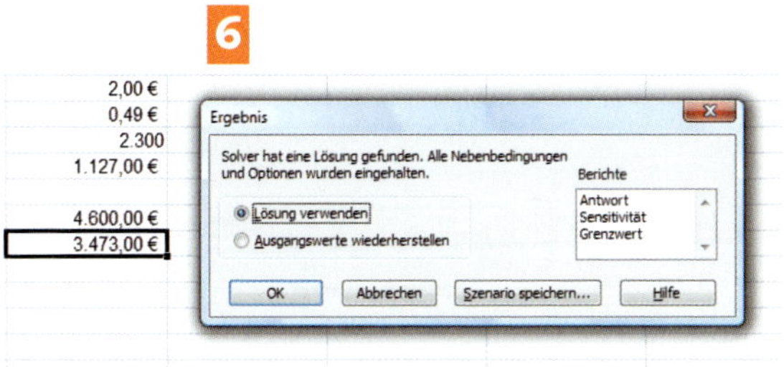

4 Nach Abschluss mit *OK* präsentiert die Zielwertsuche eine Lösung, die Sie übernehmen oder verwerfen können.

5 Mit dem Solver, den Sie unter *Daten/Analyse* starten, können mehrere Bedingungen definiert werden.

6 Klicken Sie auf *Lösen*, wird der Solver versuchen, eine Lösung zu finden, die alle Bedingungen einhält.

Ende

Der Zielwert für die Zielwertsuche wird immer händisch eingetragen, er kann nicht aus einem Zellbezug stammen.

HINWEIS

Der Solver ist ein Add-In, das in den Excel-Optionen (Office-Menü) aktiviert und ggf. installiert werden muss. Klicken Sie unten neben der Anzeige *Excel-Add-Ins* auf *Gehe zu* und schalten Sie den Solver ein.

HINWEIS

Die Lösung, die der Solver errechnet, kann als Szenario gespeichert werden.

HINWEIS

Start

1

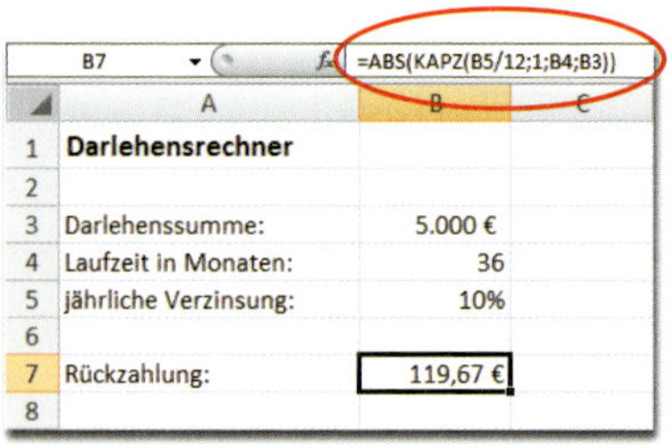

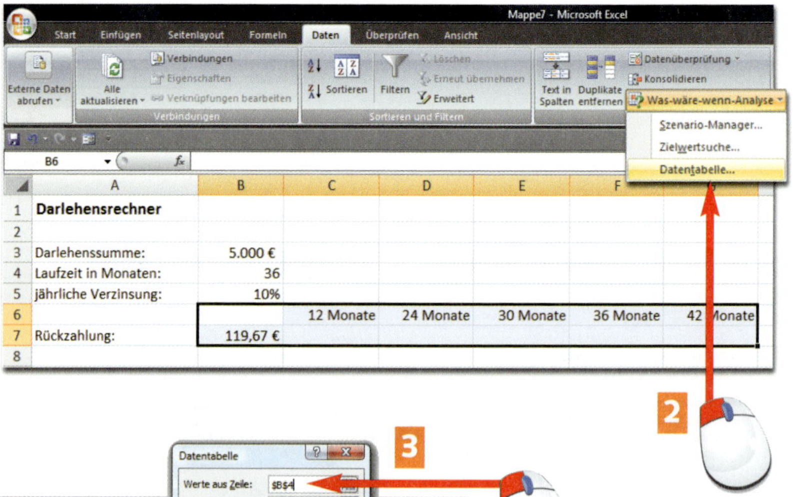

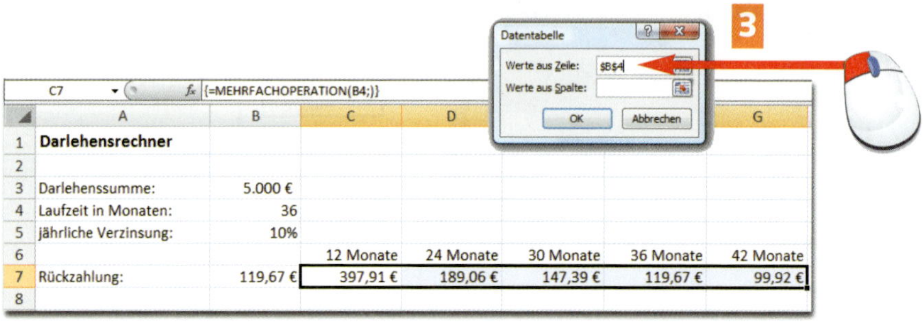

1 Mit der Funktion KAPZ berechnen Sie die erste Rückzahlungsrate für ein Darlehen unter Angabe der Laufzeit und des Zinssatzes.

2 Schreiben Sie Varianten für die Laufzeit in eine horizontale Reihe, markieren Sie den Bereich und wählen Sie *Daten/Datentools/Datentabelle*.

3 Geben Sie im Feld *Werte aus Zeile* die Zelle mit der Laufzeit an und bestätigen Sie mit *OK*. Die Varianten werden per Mehrfachoperation berechnet.

Eine Datentabelle (frühere Bezeichnung: Mehrfachoperation) ist ein Bereich, der Varianten einer Formel berechnet und anzeigt. Dazu wird zeilen- und spaltenweise je eine Variantenliste erstellt, die Datentabelle rechnet im Schnittpunkt mit diesen Varianten.

WISSEN

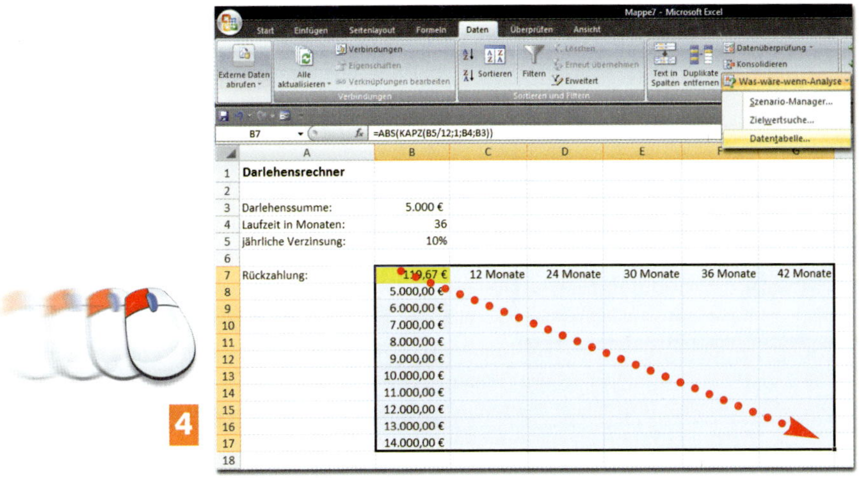

4

5

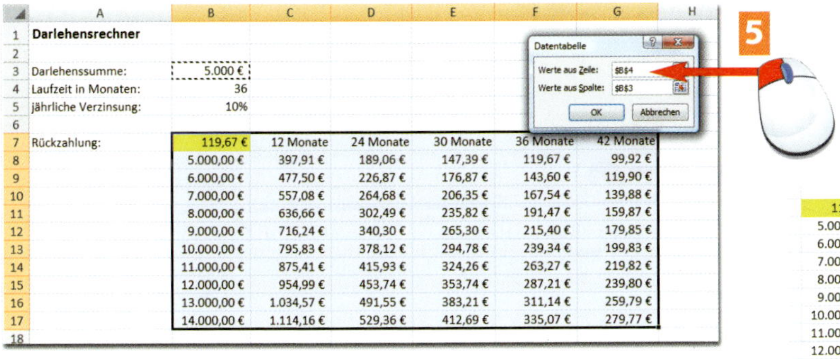

6

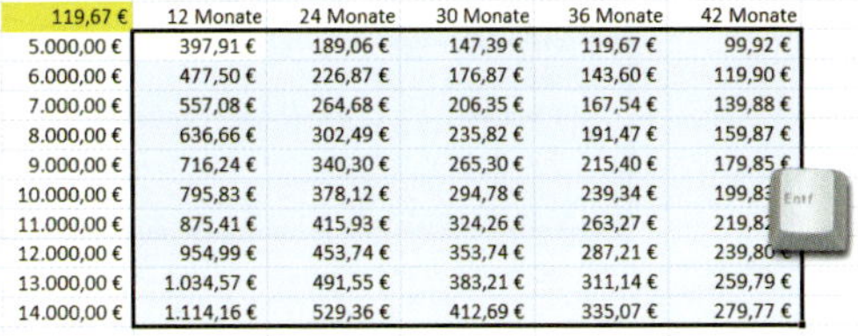

119,67 €	12 Monate	24 Monate	30 Monate	36 Monate	42 Monate
5.000,00 €	397,91 €	189,06 €	147,39 €	119,67 €	99,92 €
6.000,00 €	477,50 €	226,87 €	176,87 €	143,60 €	119,90 €
7.000,00 €	557,08 €	264,68 €	206,35 €	167,54 €	139,88 €
8.000,00 €	636,66 €	302,49 €	235,82 €	191,47 €	159,87 €
9.000,00 €	716,24 €	340,30 €	265,30 €	215,40 €	179,85 €
10.000,00 €	795,83 €	378,12 €	294,78 €	239,34 €	199,83 €
11.000,00 €	875,41 €	415,93 €	324,26 €	263,27 €	219,82 €
12.000,00 €	954,99 €	453,74 €	353,74 €	287,21 €	239,80 €
13.000,00 €	1.034,57 €	491,55 €	383,21 €	311,14 €	259,79 €
14.000,00 €	1.114,16 €	529,36 €	412,69 €	335,07 €	279,77 €

4 Rechnen Sie in einer mehrdimensionalen Datentabelle mit alternativen Darlehensbeträgen. Markieren Sie den Bereich …

5 … und geben Sie *Werte aus Zeile* (Laufzeit) und *Werte aus Spalte* (Darlehen) an.

6 Die Datentabelle wird in einem Matrixbereich berechnet. Um die Zahlen wieder zu löschen, markieren Sie die gesamte Matrix und drücken die [Entf]-Taste.

Ende

Die Varianten für die Datentabelle müssen unmittelbar bei der Formel stehen. Varianten für die Spalte geben Sie zeilenweise ein, die Formel steht dann rechts oben über der Nebenspalte.

HINWEIS

Matrixbereiche sind mit geschweiften Klammern in der Formel gekennzeichnet.

HINWEIS

Start

1

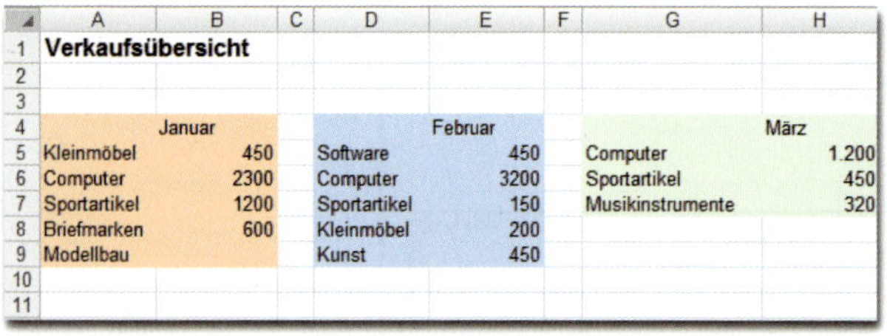

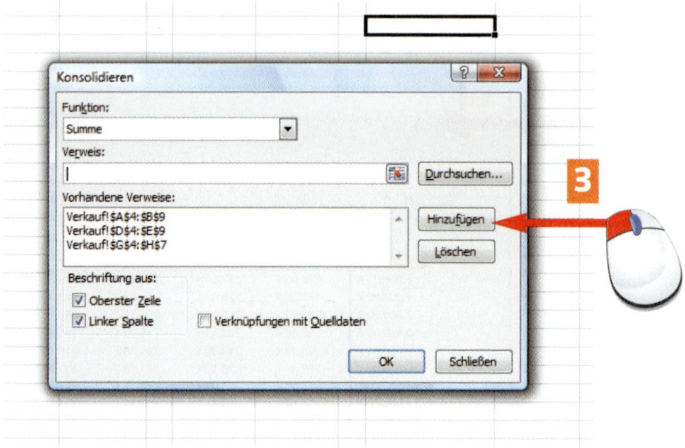

1 Die Verkaufsübersicht des eBay-Shoppers enthält die Verkäufe für die ersten drei Monate.

2 Wählen Sie *Daten/Konsolidieren*, …

3 … markieren Sie nacheinander die drei Bereiche inklusive Beschriftungen und klicken Sie auf *Hinzufügen*.

Die Konsolidierung ist weniger eine Was-wäre-wenn-Analyse, auch wenn sie in dieser Gruppe zu finden ist. Mit diesem Werkzeug fassen Sie Daten aus unterschiedlichen Zellbereichen zusammen und bilden sie in einer neuen Liste ab. Doppelte Datensätze werden dabei zusammengefasst (konsolidiert).

WISSEN

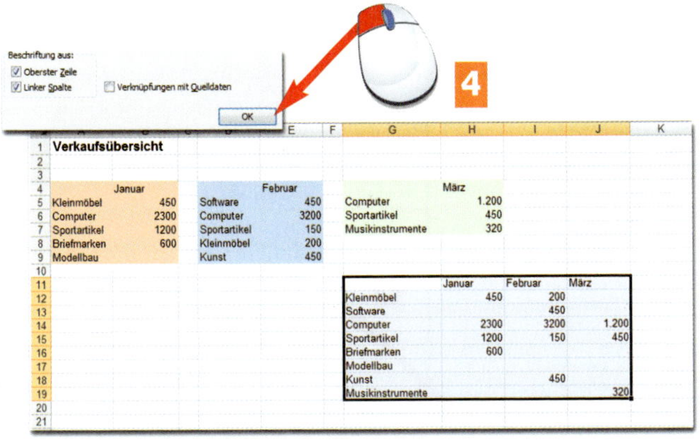

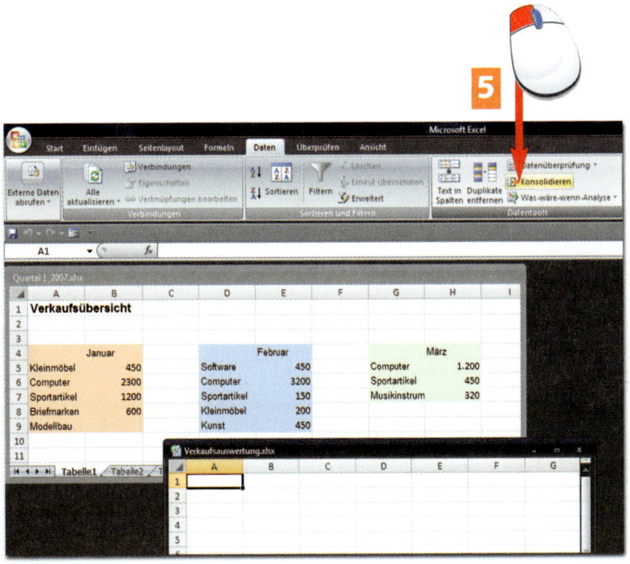

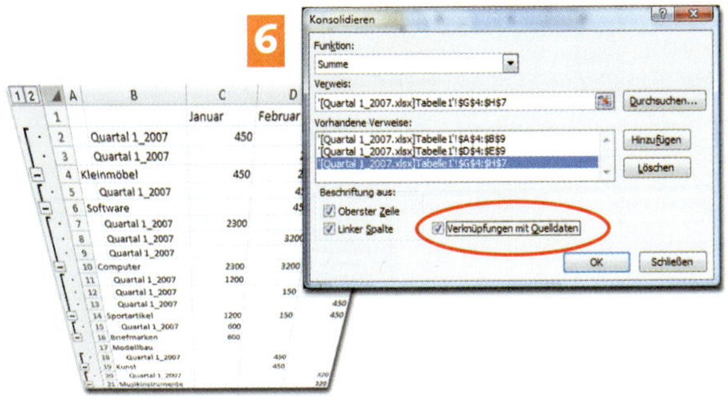

4 Kreuzen Sie die Optionen *Beschriftung aus oberster Zeile/Linker Spalte* an und starten Sie die Konsolidierung mit einem Klick auf *OK*.

5 Für die Verknüpfung mit den Quelldaten wechseln Sie auf ein neues Tabellenblatt oder eine neue Arbeitsmappe. Starten Sie die Konsolidierung …

6 … und holen Sie die Bereiche aus dem anderen Fenster. Das Ergebnis ist eine untergliederte Liste mit Verknüpfungen auf die Quelldaten.

Ende

Unter *Ansicht/Fenster* können Sie die Fenster nebeneinander anordnen.

TIPP

Sehen Sie sich auch die anderen Konsolidierungsformeln an. Neben *Summe* stehen auch statistische Funktionen (Mittelwert, Standardabweichung etc.) zur Auswahl.

HINWEIS

Die Konsolidierung merkt sich Ihre Daten im Zielbereich. Setzen Sie den Zellzeiger in diesen und starten Sie erneut, werden alle Verknüpfungen angezeigt.

HINWEIS

Start

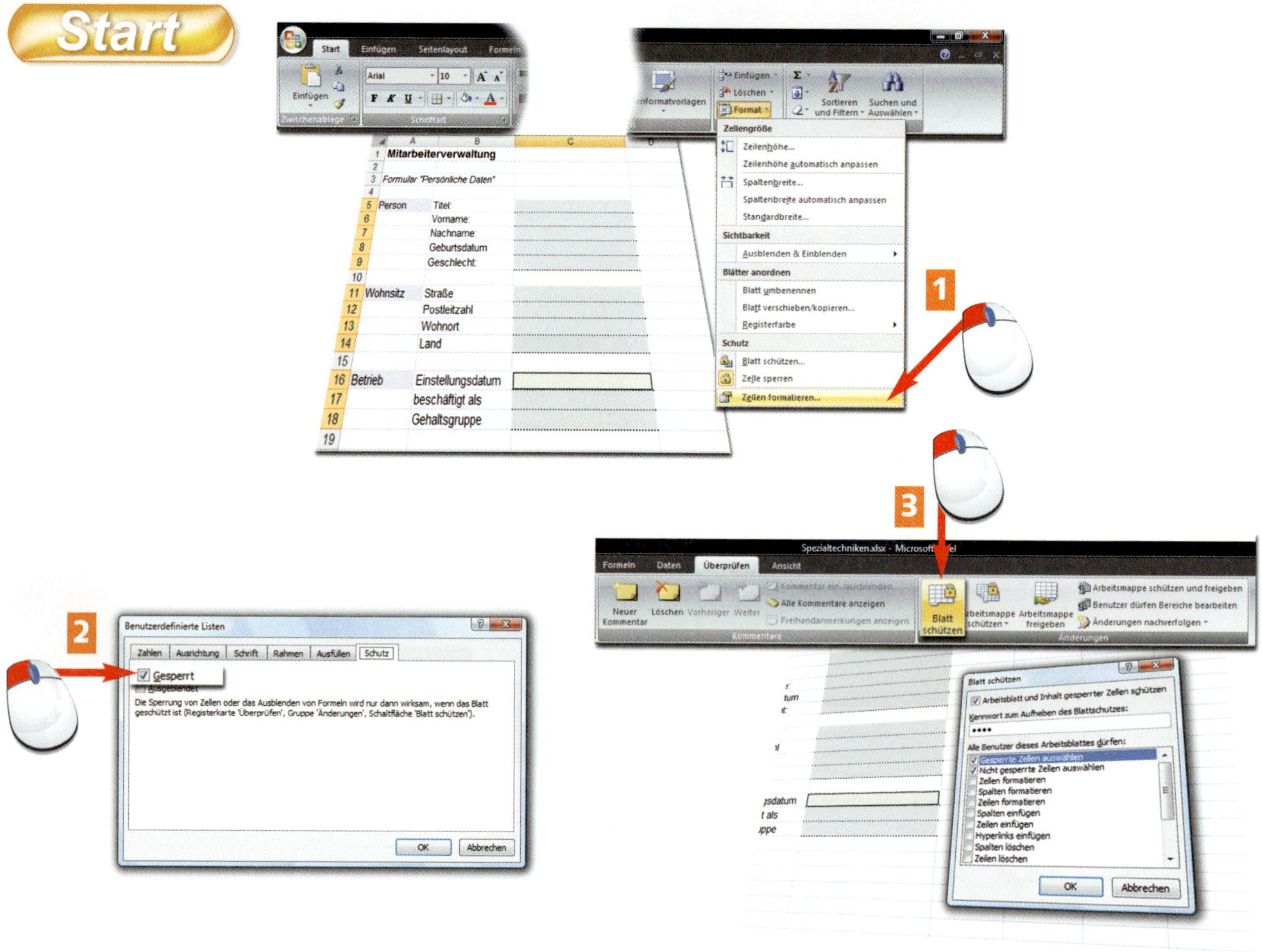

1 Um bestimmte Zellen in einem Tabellenblatt für die Eingabe frei zu geben, markieren Sie diese und wählen *Start/Zellen/Format/Zellen formatieren*.

2 Entfernen Sie auf der Registerkarte *Schutz* das Häkchen vor der Option *Gesperrt*.

3 Wenn Sie anschließend unter *Überprüfen/Änderungen* das Blatt schützen, können nur noch die ungesperrten Zellen bearbeitet werden.

Der Blatt- und Arbeitsmappenschutz sorgt dafür, dass Ihre wertvolle Arbeit nicht – mit oder ohne Absicht – zerstört wird. Schalten Sie zunächst den Zellschutz für einzelne Zellen aus und aktivieren Sie dann den Schutzmechanismus.

WISSEN

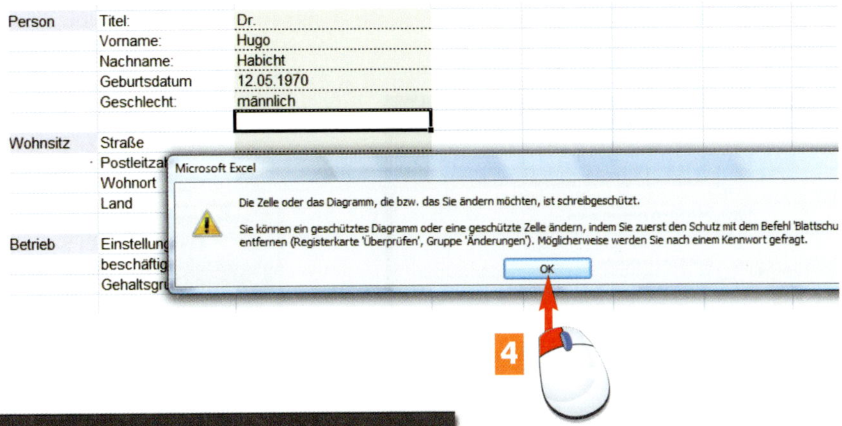

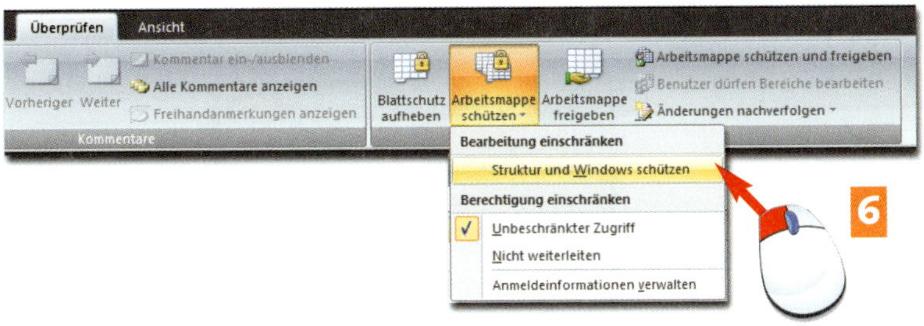

4 Eine Fehlermeldung weist darauf hin, dass Sie versuchen, eine gesperrte Zelle zu bearbeiten.

5 Unter *Überprüfen/Änderungen* wird der Blattschutz wieder aufgehoben.

6 Mit *Arbeitsmappe schützen* schalten Sie den Schutz für die gesamte Mappe ein. Geben Sie diese zusätzlich frei, können mehrere Benutzer darin arbeiten.

Ende

Um den Schutz von allen Zellen zu entfernen, klicken Sie auf das Kästchen links oben im Zeilen-/Spaltenkopf und entfernen den Zellschutz.

HINWEIS

In einem Tabellenblatt sind anfangs alle Zellen geschützt. Nehmen Sie den Schutz von allen Zellen, die Sie weiterbearbeiten wollen.

HINWEIS

Das Kennwort ist nicht zwingend, muss aber wieder eingegeben werden, wenn der Blatt- oder Arbeitsmappenschutz aufgehoben wird.

HINWEIS

Start

1 Wählen Sie im Office-Menü *Speichern unter*, um die aktive Mappe zu speichern.

2 Schalten Sie im Speicherdialog unter *Tools* auf *Allgemeine Optionen*.

3 Hier können Sie ein Kennwort für den Dateizugriff und ein Änderungs- oder Schreibschutzkennwort eingeben.

Schützen Sie Ihre Excel-Dateien vor unerwünschten Zugriffen, weisen Sie ihnen einen Kennwortschutz zu. Stellen Sie im Vertrauensstellungscenter die Makrosicherheit und ActiveX-Warnungen ein, damit Ihre Mappen vor Makroviren sicher sind.

WISSEN

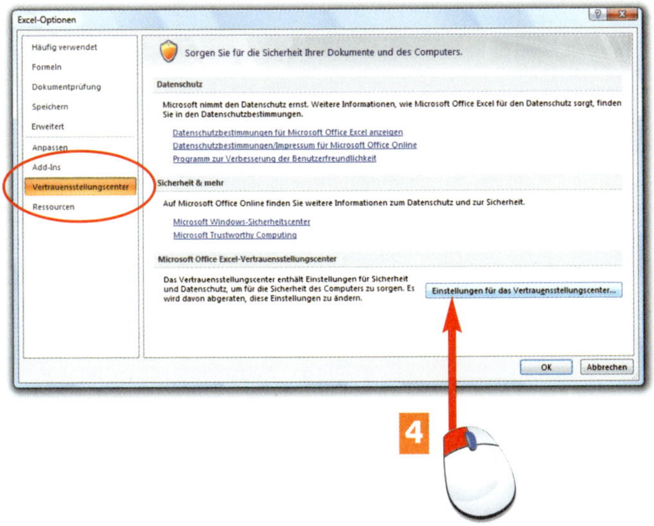

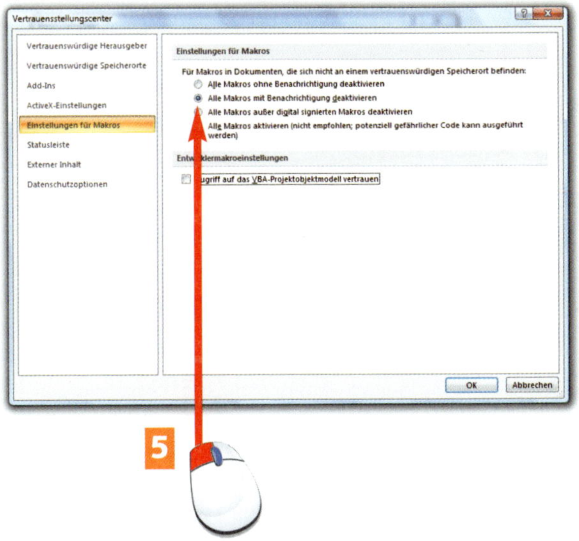

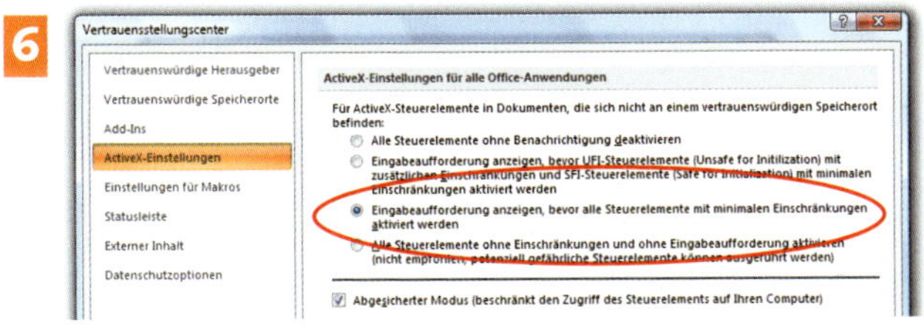

4 Aktivieren Sie in den Excel-Optionen das Vertrauensstellungscenter und klicken Sie auf die Schaltfläche für die Einstellungen.

5 Schalten Sie die Option mit Benachrichtigungen für Makros ein, damit Makros in geöffneten Arbeitsmappen nicht ohne Bestätigung starten können.

6 Kontrollieren Sie auch die übrigen Sicherheitseinstellungen, u. a. die Behandlung von ActiveX-Komponenten.

Ende

Das Kennwort zum Öffnen wird benötigt, um die Datei zu öffnen. Das Änderungskennwort muss nicht eingegeben werden, die Datei wird dann aber schreibgeschützt geöffnet.

HINWEIS

Makros sind Programme, die als Startmakros auch beim Öffnen einer Arbeitsmappe aktiv werden können. Mit ActiveX können Elemente programmiert werden, die selbstständig Aktionen durchführen.

HINWEIS

12

Artikelverwaltung.xlsx - Microsoft Excel (Test)
Serienbrief Kunden.docx - Microsoft Word (Test)
tbl_Kunden
Name Vorname Strasse PLZ
Burg Andreas Wiesenweg 4 70311
Gärtner Brigitte Hafenstrasse 45 72321
Greininger Daniela Goetheplatz 55 89311
Höchel Dirk Esslinger Str. 56 70333
Jagelsberger Monika Weilheimer Str. 78 80344
Kramm Monika Alte Heide 12a 82366
«Vorname» «Name»
«Strasse»
«PLZ» «Wohnort»
{ TIME \@ "dd.MM.yyyy" }
Sehr geehrter Kunde,

Externe Daten und Office-Verknüpfungen

Start

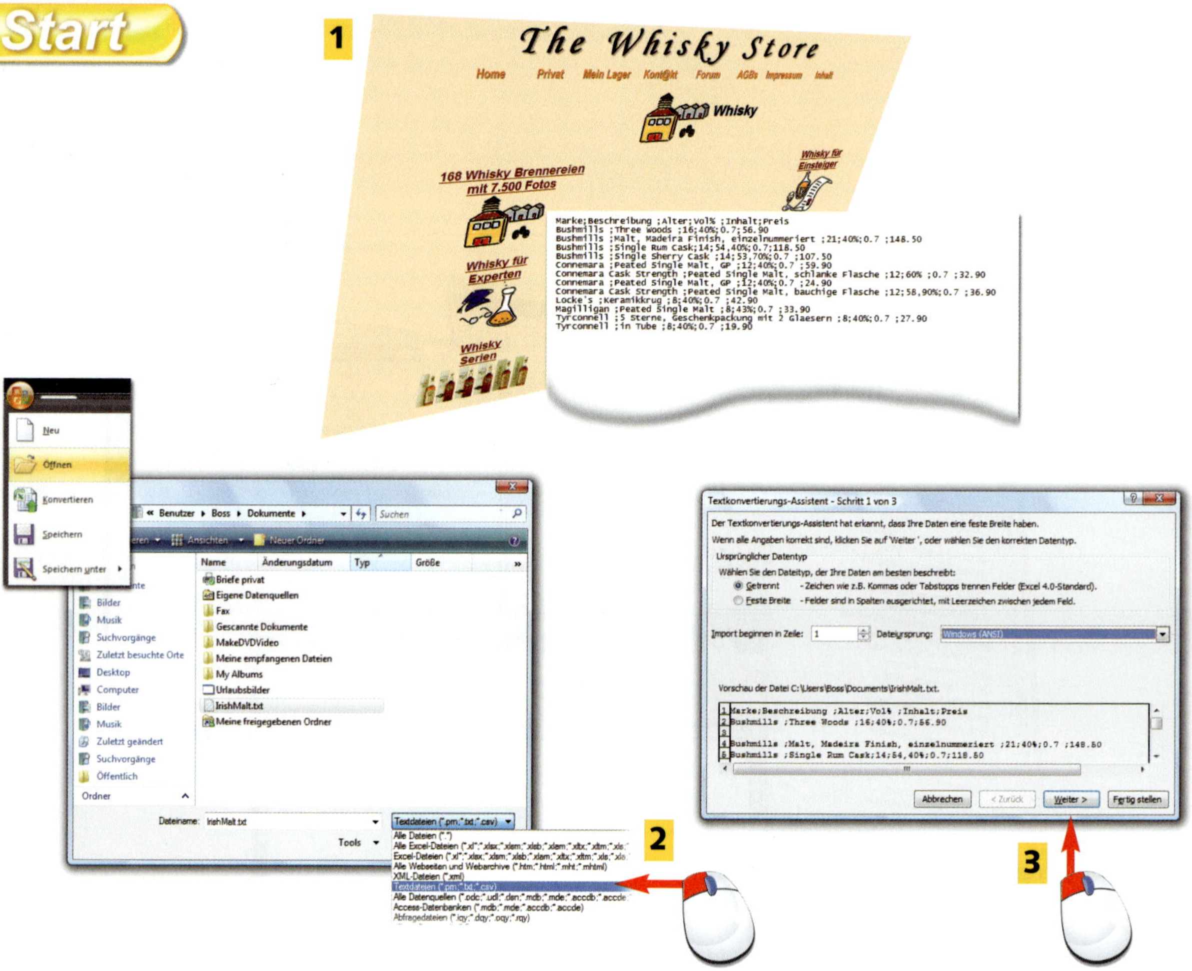

1 Die Preisliste vom Whisky Store liegt vor, leider nur als Textdatei. Die einzelnen Spalten sind aber erkennbar mit einem Semikolon unterteilt.

2 Wählen Sie *Office/Datei öffnen*, schalten Sie auf den Dateityp *Textdateien* um und holen Sie die Datei ins Excel-Fenster.

3 Der Textkonvertierungs-Assistent startet. Geben Sie den Dateityp *Getrennt* an und wählen Sie den passenden Dateiursprung.

Mit dem Textkonvertierungs-Assistenten wandeln Sie Textdaten in Excel-Listen um, vorausgesetzt, eine Spalteneinteilung ist erkenn- oder einsetzbar. Excel erkennt auch fremde Zahlen- und Währungsformate.

WISSEN

4

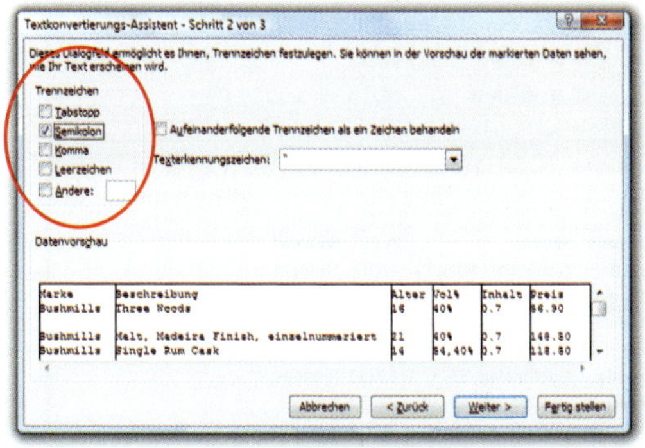

5

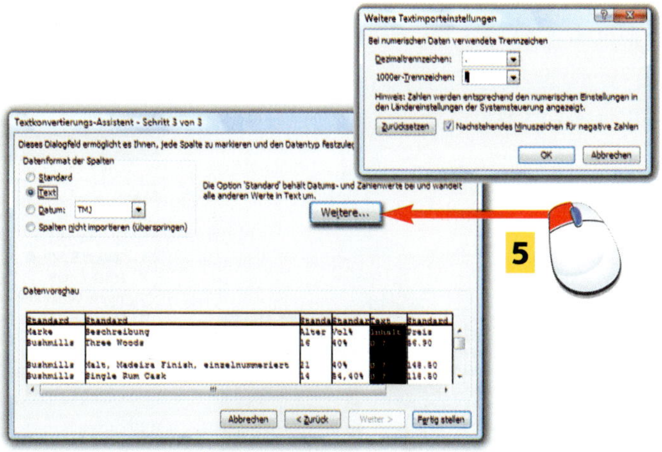

6

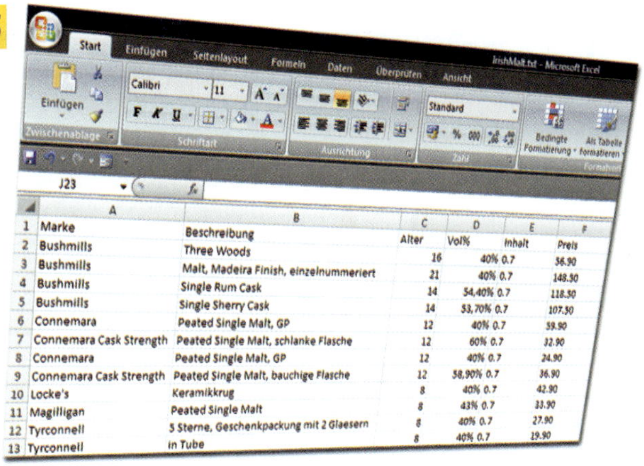

4 Im zweiten Schritt bestimmen Sie das Trennzeichen (hier Semikolon). Texterkennungszeichen sind Anführungsstriche, die geschlossene Textstellen markieren.

5 Im letzten Schritt können Sie das Format der Spalten festlegen und Spalten ausschließen. Mit *Weitere* bestimmen Sie das Trennzeichen der Dezimalzahlen.

6 Die Textdatei wird eingelesen und an den Trennstellen auf die Spalten verteilt. Speichern Sie die Datei im Excel-Format.

Ende

Achten Sie bei der ersten Anzeige der Textdatei auf die Vorschau: Wenn Umlaute oder Sonderzeichen falsch interpretiert werden, schalten Sie den Dateiursprung auf *MS-DOS (PC-8)*.

HINWEIS

Der Datentyp *Feste Breite* liegt vor, wenn alle Datensätze identische Spaltenbreiten in allen Zeilen haben. Ziehen Sie in diesem Fall die Spaltenlinien manuell ein, klicken Sie einfach in die Vorschau oder verschieben Sie Linien in der Liste.

HINWEIS

Start

1

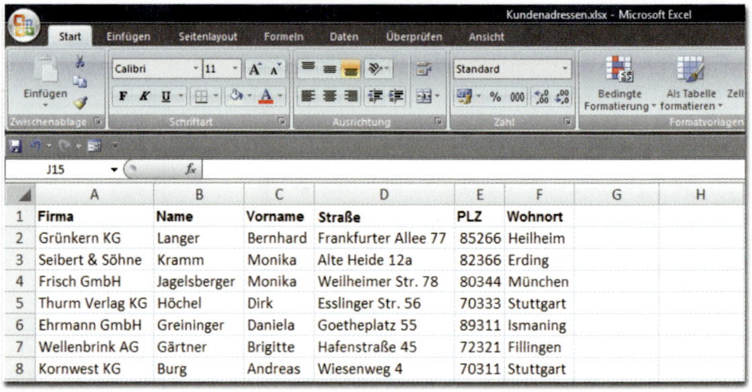

	A	B	C	D	E	F
1	Firma	Name	Vorname	Straße	PLZ	Wohnort
2	Grünkern KG	Langer	Bernhard	Frankfurter Allee 77	85266	Heilheim
3	Seibert & Söhne	Kramm	Monika	Alte Heide 12a	82366	Erding
4	Frisch GmbH	Jagelsberger	Monika	Weilheimer Str. 78	80344	München
5	Thurm Verlag KG	Höchel	Dirk	Esslinger Str. 56	70333	Stuttgart
6	Ehrmann GmbH	Greininger	Daniela	Goetheplatz 55	89311	Ismaning
7	Wellenbrink AG	Gärtner	Brigitte	Hafenstraße 45	72321	Fillingen
8	Kornwest KG	Burg	Andreas	Wiesenweg 4	70311	Stuttgart

2

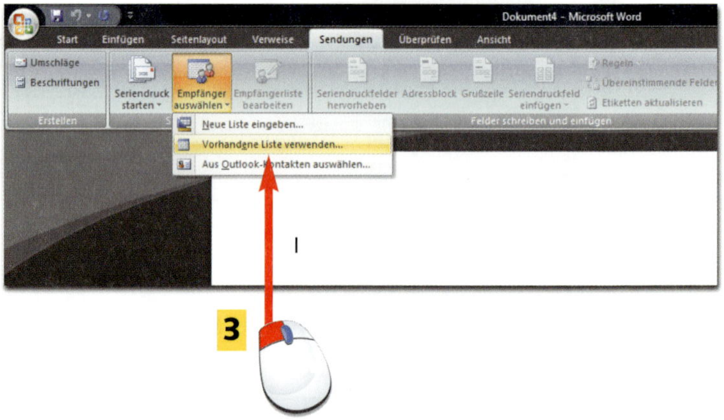

3

1 Legen Sie Ihre Kundenadressen in einer Liste mit Kopfzeile an, speichern und schließen Sie die Arbeitsmappe.

2 Starten Sie Microsoft Word aus der Gruppe der Office-Programme unter *Start/Alle Programme*.

3 Mit *Sendungen/Seriendruck starten* legen Sie einen neuen Serienbrief an. Bestimmen Sie die gespeicherte Excel-Liste zur Empfängerliste.

Word und Excel sind ein ideales Gespann. Das Textverarbeitungsprogramm ist für Briefe, Angebote und andere Korrespondenz zuständig, aus der Tabellenkalkulation werden die Daten für die Serienbriefe geliefert, zum Beispiel die Kundenadressen.

WISSEN

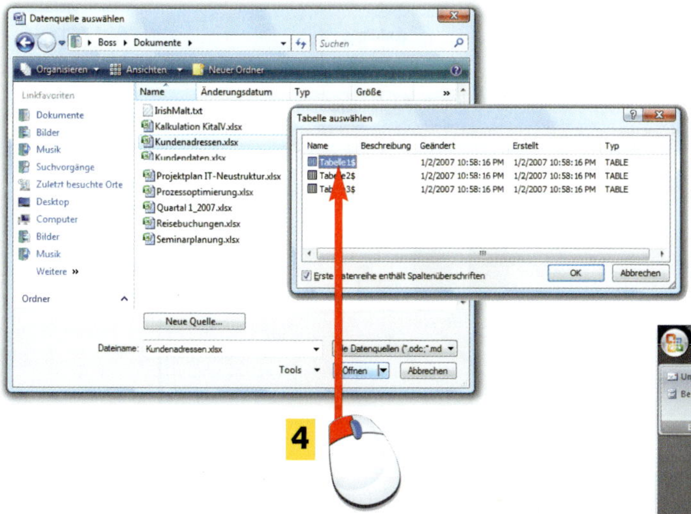

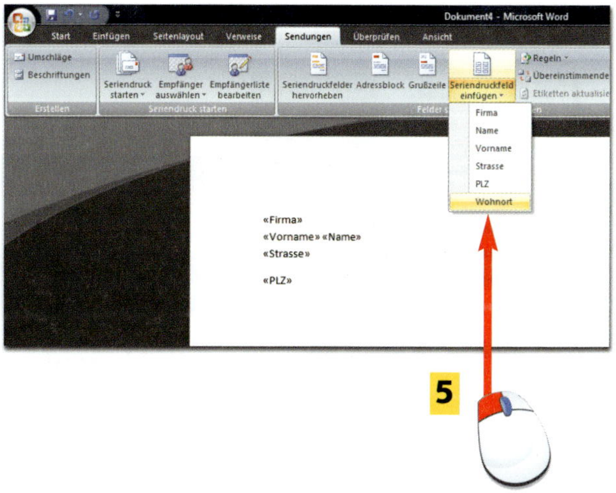

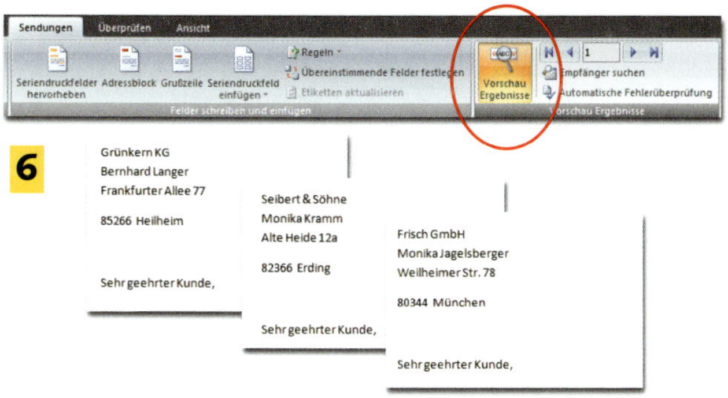

4 Geben Sie den Dateinamen und – nach Auswahl – den Namen der Tabelle an, in der sich die Serienbriefdaten befinden.

5 Unter *Sendungen/Felder schreiben und einfügen* können Sie die Felder einzeln oder im Adressblock in das Dokument holen.

6 Die Vorschau zeigt die Ergebnisse an, blättern Sie die Datensätze durch und drucken Sie Ihre Serienbriefe unter *Fertig stellen*.

Ende

Weisen Sie Ihren Adressdaten den Bereichsnamen *Datenbank* zu, erkennt Word diese Liste sofort.

TIPP

Die Excel-Daten sind dynamisch mit dem Word-Serienbrief verbunden. Ändert sich die Liste, weil neue Datensätze hinzukommen oder Datensätze gelöscht wurden, hat der Serienbrief automatisch den neuesten Stand.

HINWEIS

Unter *Seriendruck starten* können Sie die Empfängerliste bearbeiten und einzelne Datensätze abwählen.

HINWEIS

Start

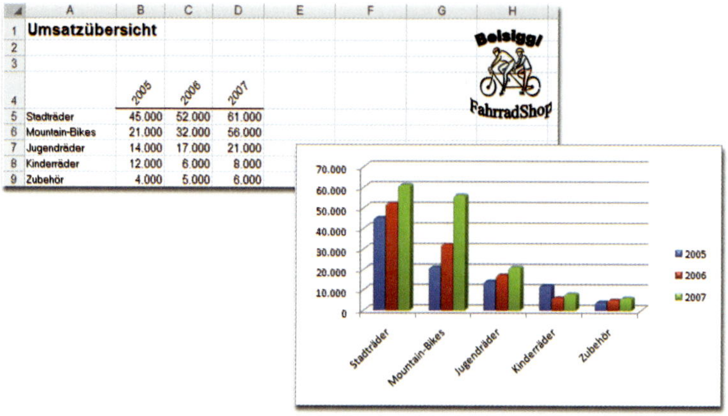

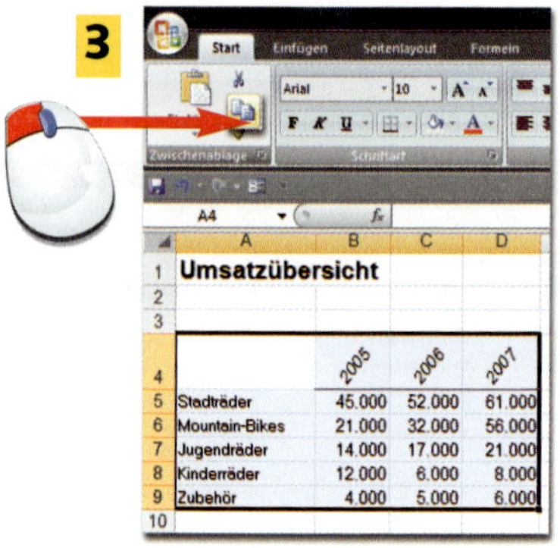

1 Erstellen Sie für eine Verkaufspräsentation eine Umsatztabelle und das passende Diagramm dazu.

2 Starten Sie PowerPoint und legen Sie nach der Titelfolie eine Folie mit Überschrift ohne weitere Elemente bereit.

3 Wechseln Sie zurück zu Excel und kopieren Sie die Tabellendaten in die Zwischenablage.

Präsentieren Sie Ihre Zahlen und Diagramme mit PowerPoint, dem Office-Programm für Bildschirmpräsentationen und Folienvorträge. Die Excel-Daten können Sie bequem über die Zwischenablage übertragen und auf Wunsch dynamisch verknüpfen.

WISSEN

4

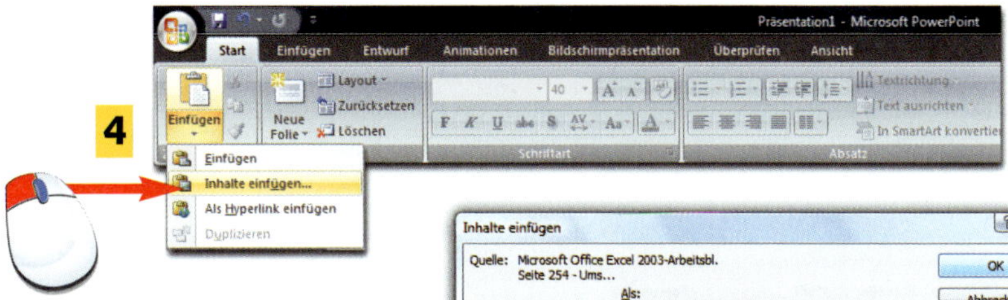

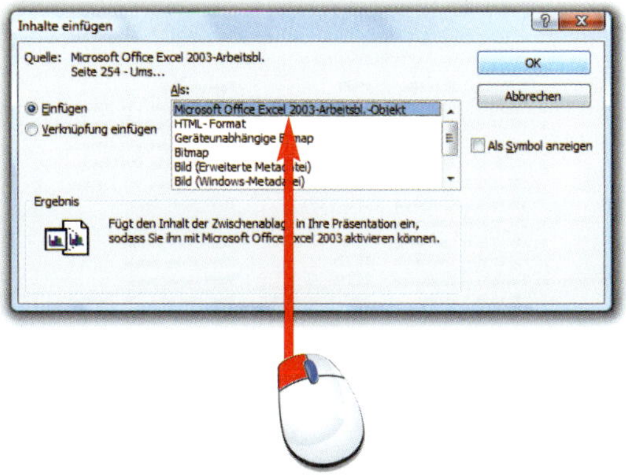

5

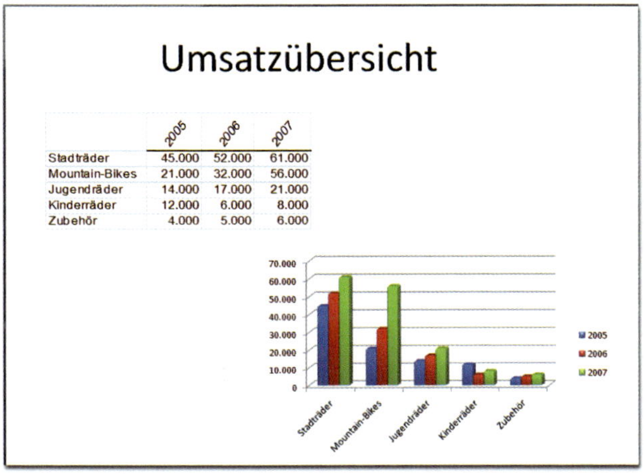

6

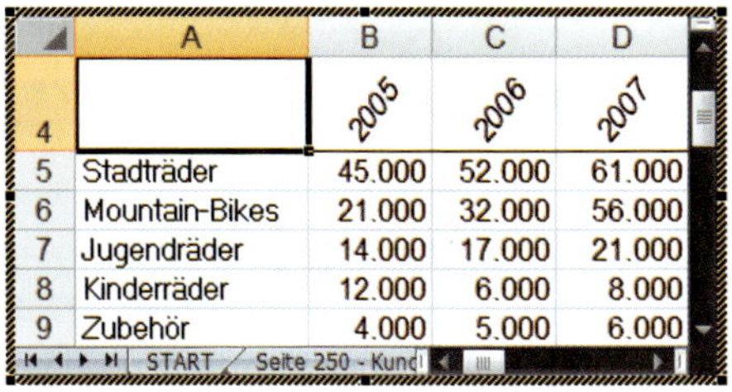

4 Im PowerPoint-Fenster wählen Sie *Start/Zwischenablage/Einfügen/Inhalte einfügen*. Holen Sie das Arbeitsblattobjekt in die Folie.

5 Die Tabelle wird eingefügt, holen Sie auch das Diagramm als Grafikobjekt über die Zwischenablage in die Folie.

6 Ein Doppelklick auf das Objekt öffnet innerhalb des PowerPoint-Fensters die Excel-Registerkarten zur Bearbeitung oder schaltet (bei Verknüpfung) um zu Excel.

Mit *Verknüpfung einfügen* fügen Sie die Excel-Daten verknüpft ein, Tabelle und Diagramm aktualisieren sich damit automatisch, wenn sie sich in Excel ändern.

HINWEIS

PowerPoint bietet unter *Einfügen/Tabellen* auch die Möglichkeit, eine (leere) Excel-Tabelle zu erzeugen. Nach einem Doppelklick auf diese Tabelle können Sie sie mit den Excel-Werkzeugen bearbeiten.

HINWEIS

Start

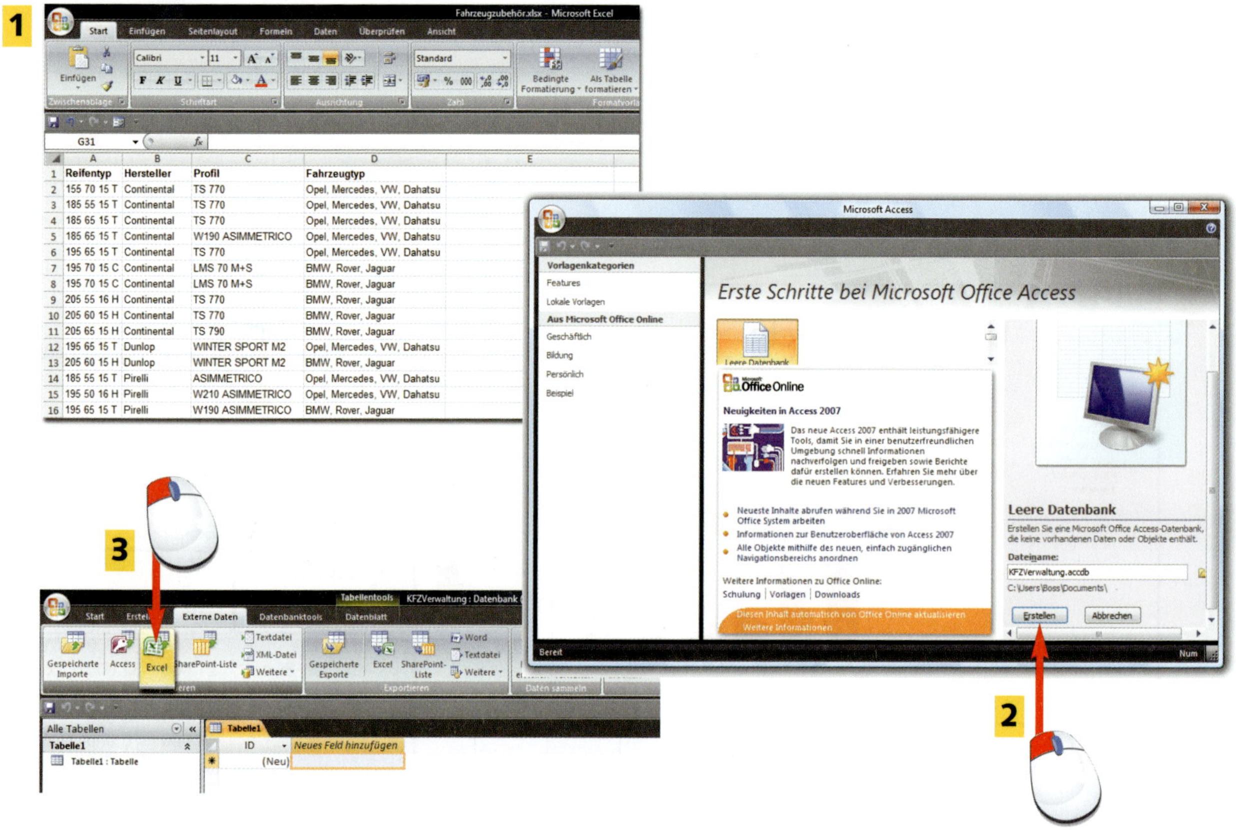

1 Excel-Daten, die in Access-Datenbanken importiert werden, müssen nach den Regeln einer Liste aufgebaut sein (Kopfzeile, einheitliche Datentypen).

2 Starten Sie Microsoft Access und legen Sie eine neue Datenbank an.

3 Wählen Sie *Externe Daten/Importieren* und klicken Sie auf das Excel-Symbol.

Mit dem Datenbankprogramm Access versteht sich Excel sehr gut. Excel-Tabellen können von Access importiert und verknüpft werden, vorausgesetzt, sie liegen in Listenform vor.

WISSEN

4

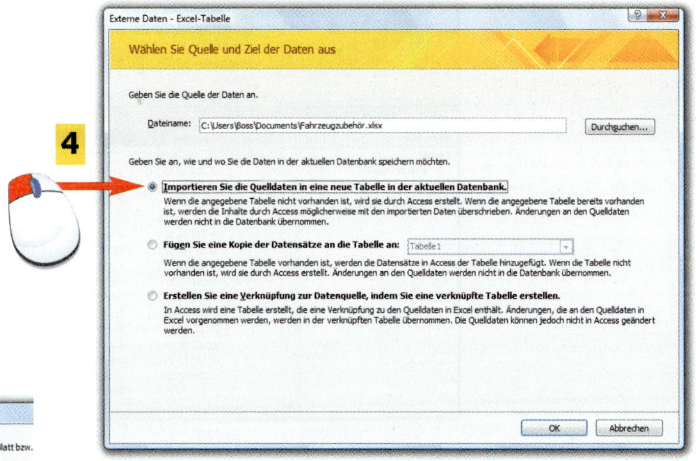

5

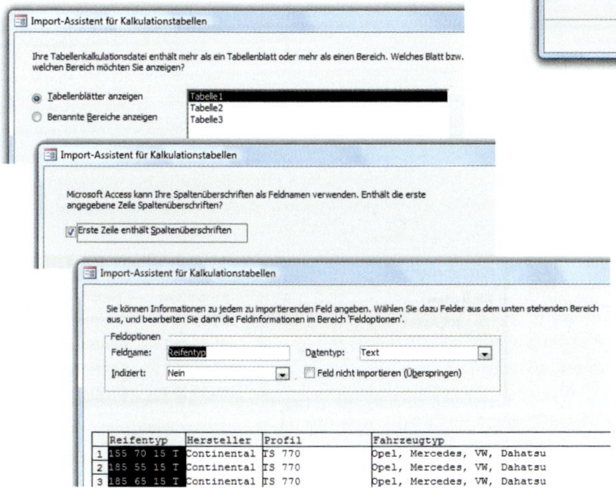

6

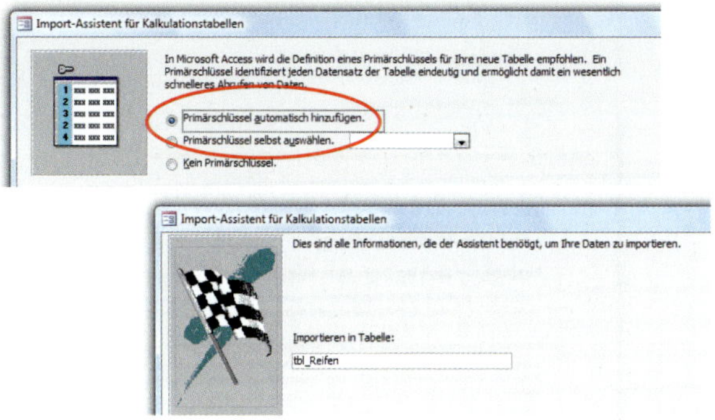

4 Für den Import stehen drei Optionen zur Auswahl, verwenden Sie die erste Option, um die Tabelle zu importieren.

5 Beantworten Sie alle Fragen des Import-Assistenten, der die Daten analysiert und für den Import aufbereitet.

6 Fügen Sie einen Primärschlüssel hinzu, wenn Sie für die neue Tabelle eine ID-Spalte mit laufender Nummer brauchen.

Verwenden Sie keine Leerzeichen oder Sonderzeichen in den Feldnamen der Excel-Liste. Die Tabelle sollte auch keine weiteren Daten enthalten, wenn ja, weisen Sie der Liste einen Bereichsnamen zu und importieren Sie diesen.

HINWEIS

Das Datenbankprogramm Access ist erst ab der Version Office Professional im Office-Paket enthalten.

HINWEIS

7

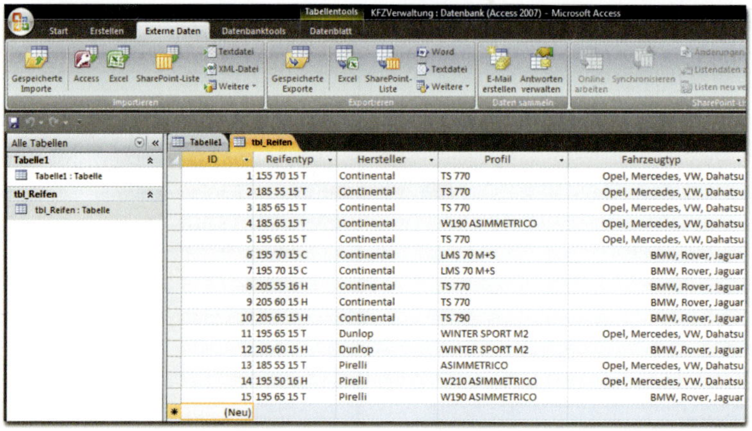

8

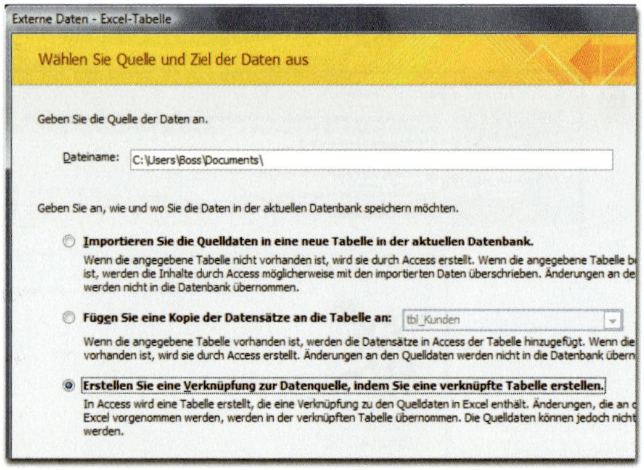

9

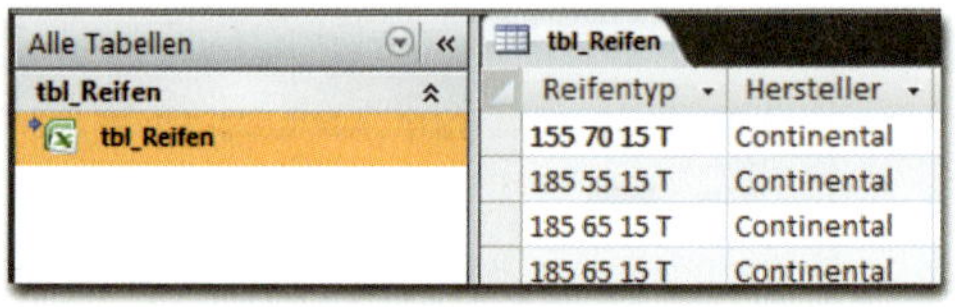

7 Und das ist das Ergebnis des Excel-Imports. Die neue Tabelle steht im Tabellenmodul bereit.

8 Wählen Sie beim nächsten Import die Verknüpfungsoption, ...

9 ... zeigt das Tabellenobjekt anschließend ein Excel-Symbol. Alle Änderungen in Excel werden automatisch in die Access-Tabelle übernommen.

Der Export einer Access-Tabelle nach Excel ist spielend einfach: Mit zwei Klicks wird aus der Datenbanktabelle eine Arbeitsmappe im Excel-Format.

WISSEN

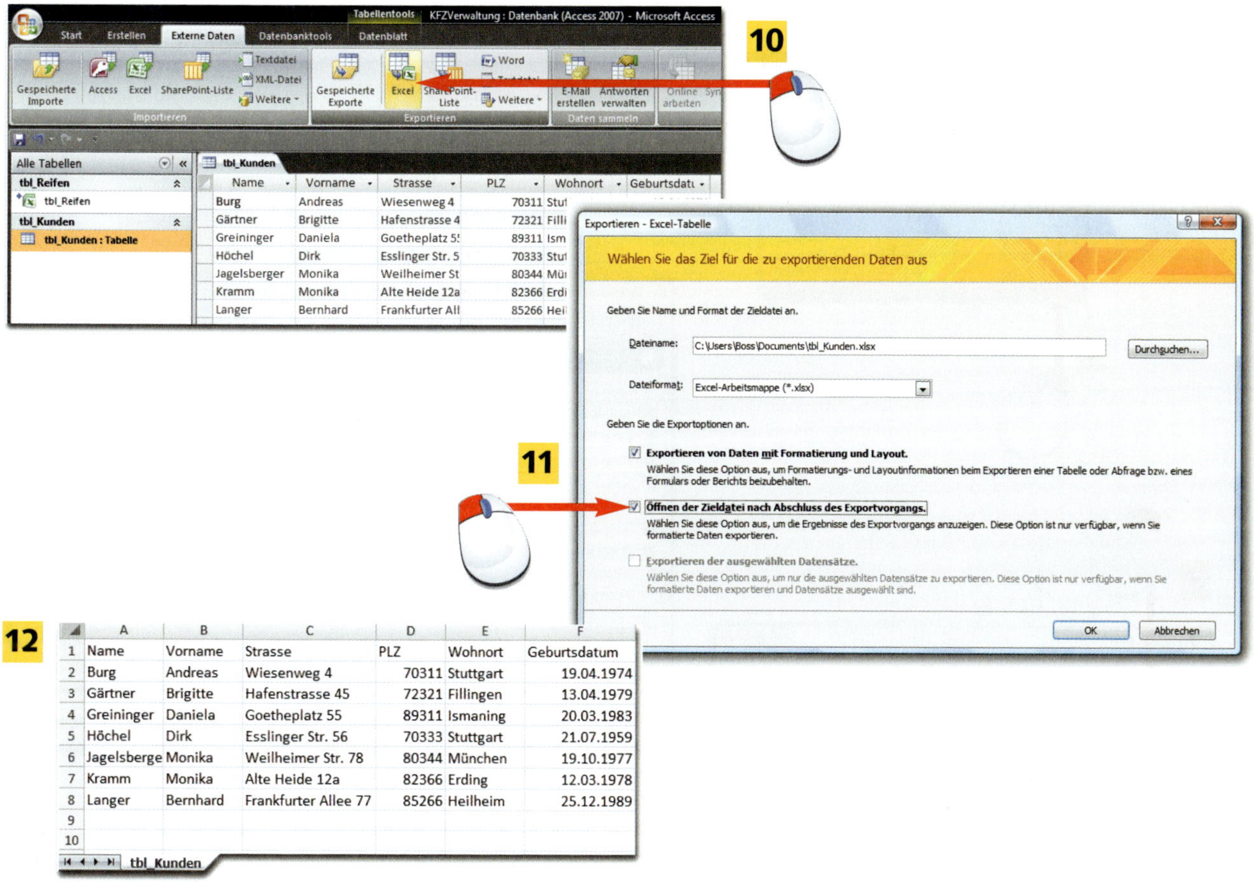

10 Und so wird eine Access-Tabelle nach Excel exportiert: Markieren Sie das Objekt im Tabellenmodul und wählen Sie *Externe Daten/Exportieren/Excel*.

11 Geben Sie Dateiname und Dateiformat an und kreuzen Sie die Optionen an, damit die Daten formatiert exportiert und anschließend geöffnet werden.

12 Das Ergebnis: Die Tabelle wird in eine neue Arbeitsmappe kopiert, Tabellenblatt und Mappe haben die gleiche Bezeichnung.

Ende

Eine verknüpfte Excel-Importtabelle kann im Access-Fenster nicht im Entwurfsmodus geändert werden. Die Verknüpfung können Sie in den *Datenbanktools* mit dem *Tabellenverknüpfungs-Manager* kontrollieren.

HINWEIS

Start

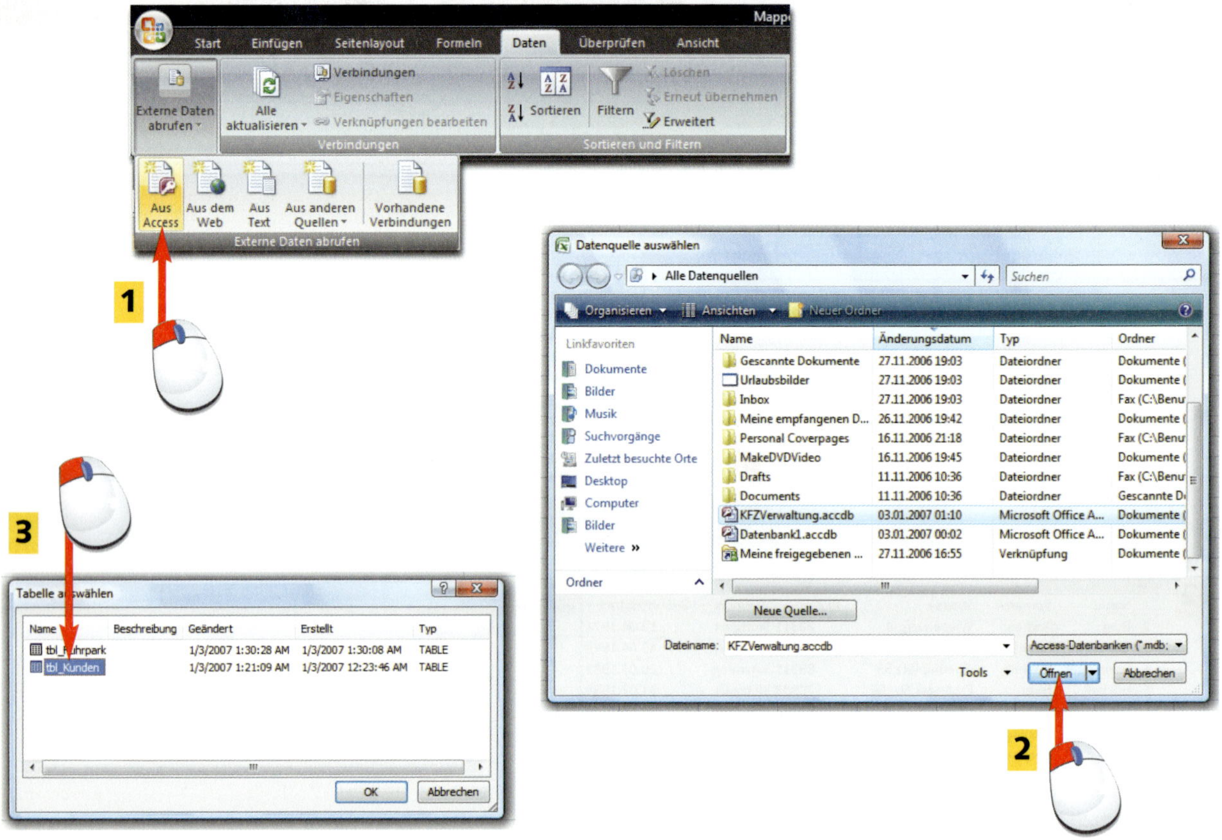

1 Wählen Sie *Daten/Externe Daten abrufen* und markieren Sie das Symbol des Datenlieferanten (hier Access).

2 Suchen Sie die Datenbankdatei und klicken Sie auf *Öffnen*.

3 Wählen Sie eine Tabelle aus der Tabellenliste.

Für eine verknüpfte Verbindung mit einer Datenbank, die sich automatisch immer den neuesten Stand holt, arbeiten Sie mit ODBC (open database connectivity). So heißt die Technik, die Sie beim Abruf externer Daten einsetzen.

WISSEN

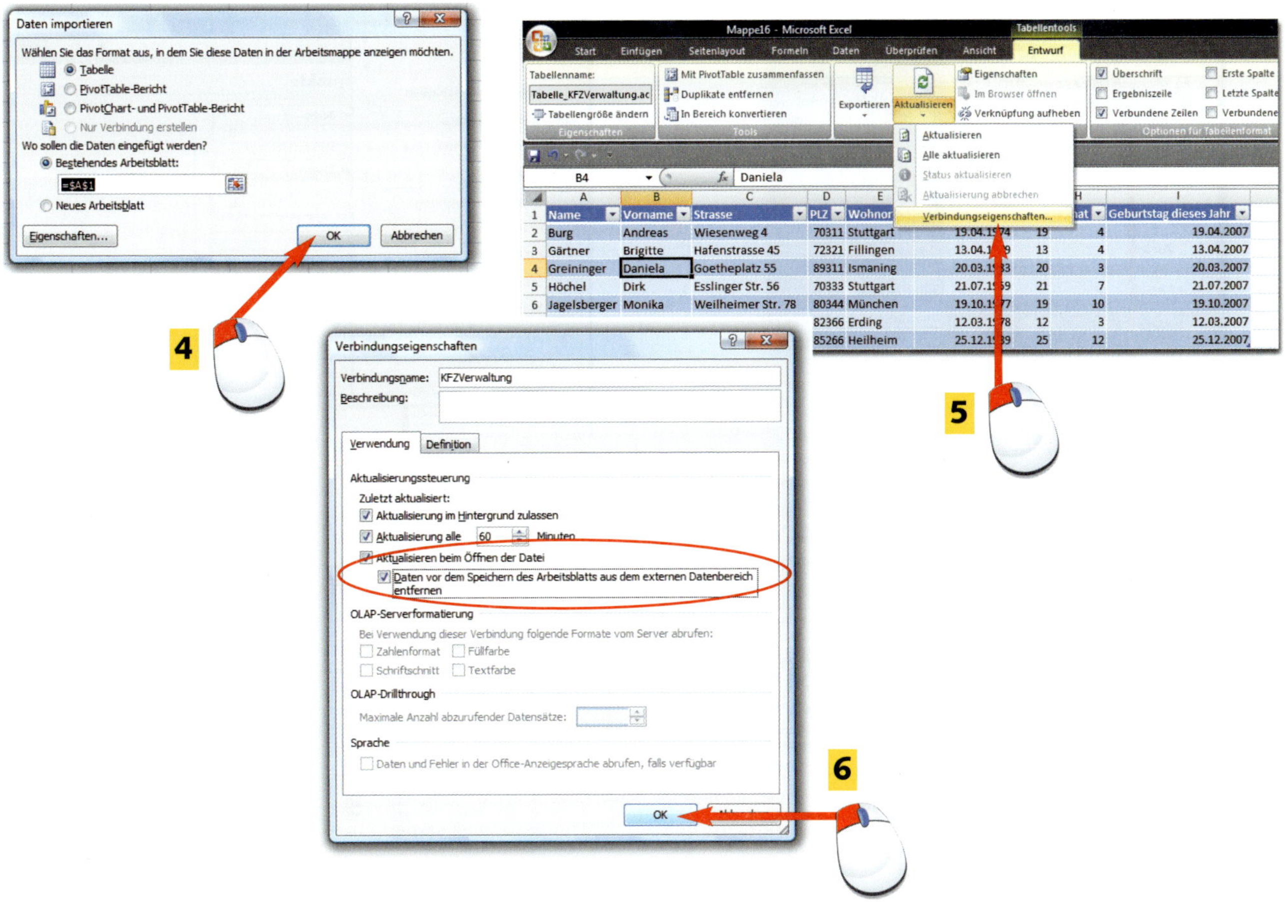

4 Setzen Sie den Zellzeiger im Hintergrund in die Zelle, an der die Daten einfließen sollen, und bestätigen Sie mit einem Klick auf *OK*.

5 Die externen Daten werden importiert und verknüpft und als formatierte Tabelle eingebunden. Unter *Aktualisieren* finden Sie die Verbindungseigenschaften.

6 Steuern Sie die Aktualisierung, bestimmen Sie ein Zeitintervall und nehmen Sie die Daten vor dem Speichern aus der Tabelle heraus.

Ende

Die verknüpften Daten werden als formatierte Tabelle in das Blatt geholt und mit einem Namen versehen. Kontrollieren Sie den Bereichsnamen unter *Formeln/Namens-Manager*. Wenn Sie die Tabelle in einen Bereich konvertieren, geht die Verknüpfung verloren.

HINWEIS

Sie können die Daten aus der externen Quelle auch gleich in einen PivotTable-Bericht einbinden.

HINWEIS

Start

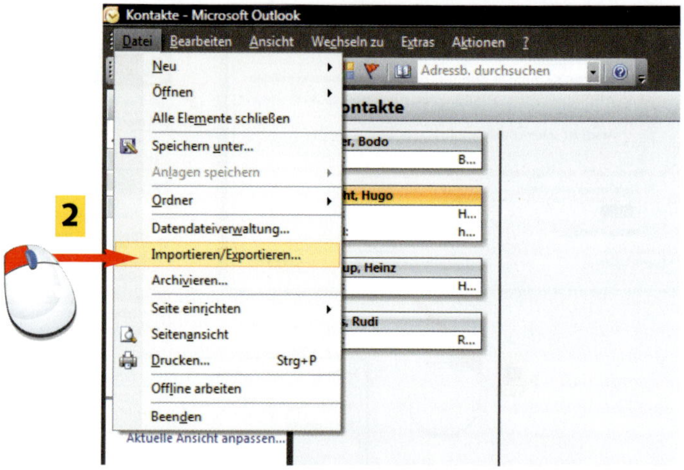

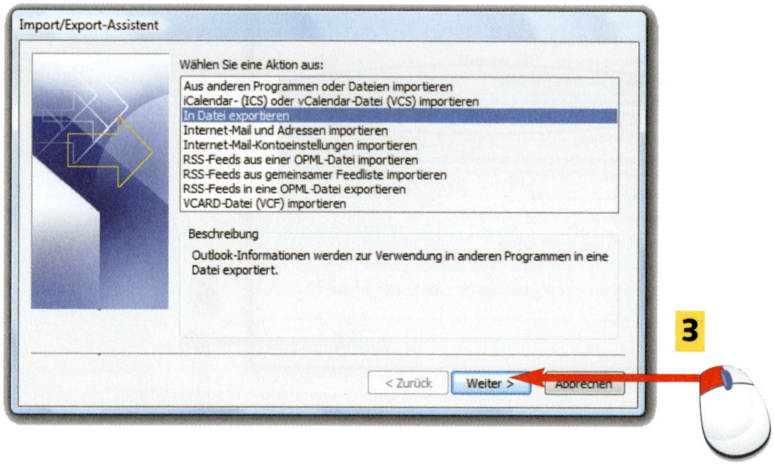

1 Holen Sie die Kontaktadressen aus Outlook in eine Excel-Mappe. Starten Sie dazu Outlook aus dem Office-Ordner ...

2 ... und wählen Sie *Datei/Importieren/Exportieren*.

3 Der Assistent bietet mehrere Optionen an, wählen Sie *In Datei exportieren*.

Excel kann mit dem Mailprogramm Outlook Adressdaten und andere Informationen austauschen. Exportieren Sie beispielsweise die Adressen aus dem Kontakte-Ordner in eine Excel-Tabelle.

WISSEN

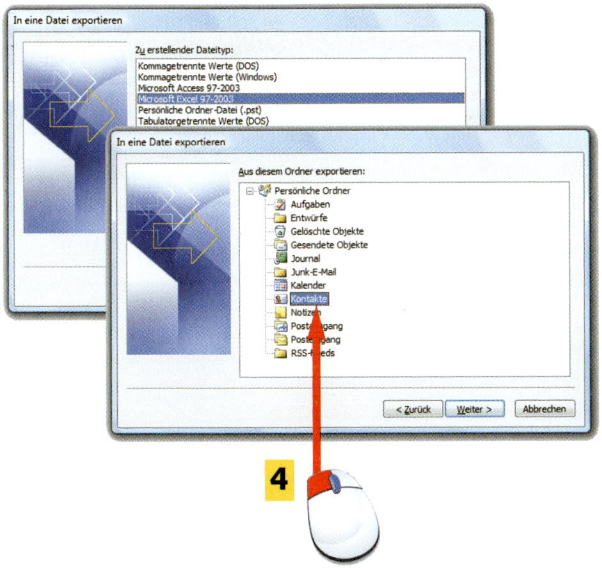

4

5

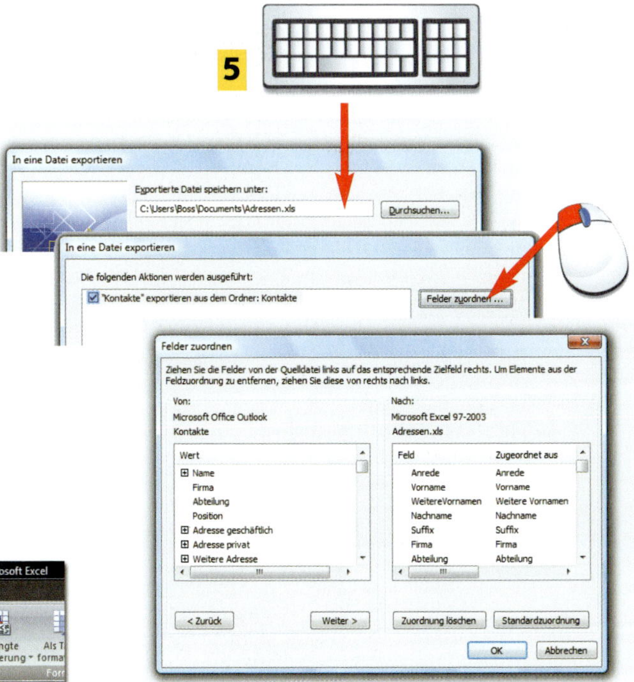

6

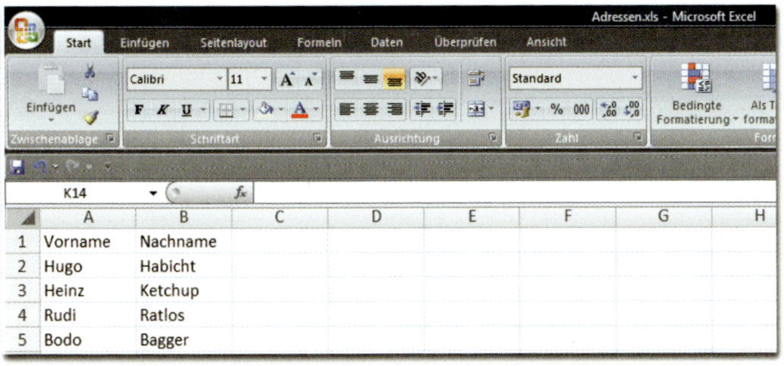

4 Bestätigen Sie das Dateiformat (Excel, nur die Vorgängerversion ist möglich) und die Quelle, den Kontakte-Ordner.

5 Geben Sie den gewünschten Dateinamen ein und aktivieren Sie die Feldauswahl.

6 Nach Zuordnung der Felder werden die Adressen in die Excel-Arbeitsmappe kopiert.

Ende

Die Arbeitsmappe, die Sie als Ziel angeben, darf beim Start der Exportaktion nicht offen sein.

HINWEIS

Reduzieren Sie die Feldauswahl auf die nötigsten Felder. Outlook-Kontakte enthalten 92 (!) Felder.

HINWEIS

13

Projektplanung
Projektplan Projekt "IT-Neustrukturierung"
Projektschritt
Beginn geplant
Ende geplant
Dauer
Annalyse der IT-Struktur
12.03.2007
16.03.2007
4 Tage
Vorlage Konzept
15.03.2007
17.03.2007
2 Tage
Auswertung Datenflußplan
17.03.2007
22.03.2007
Adaption integrierte Systeme
21.03.2007
Implementation SAP
Programmierung
Testphase
Realbetrieb
VAIO

Excel und das Internet

Start

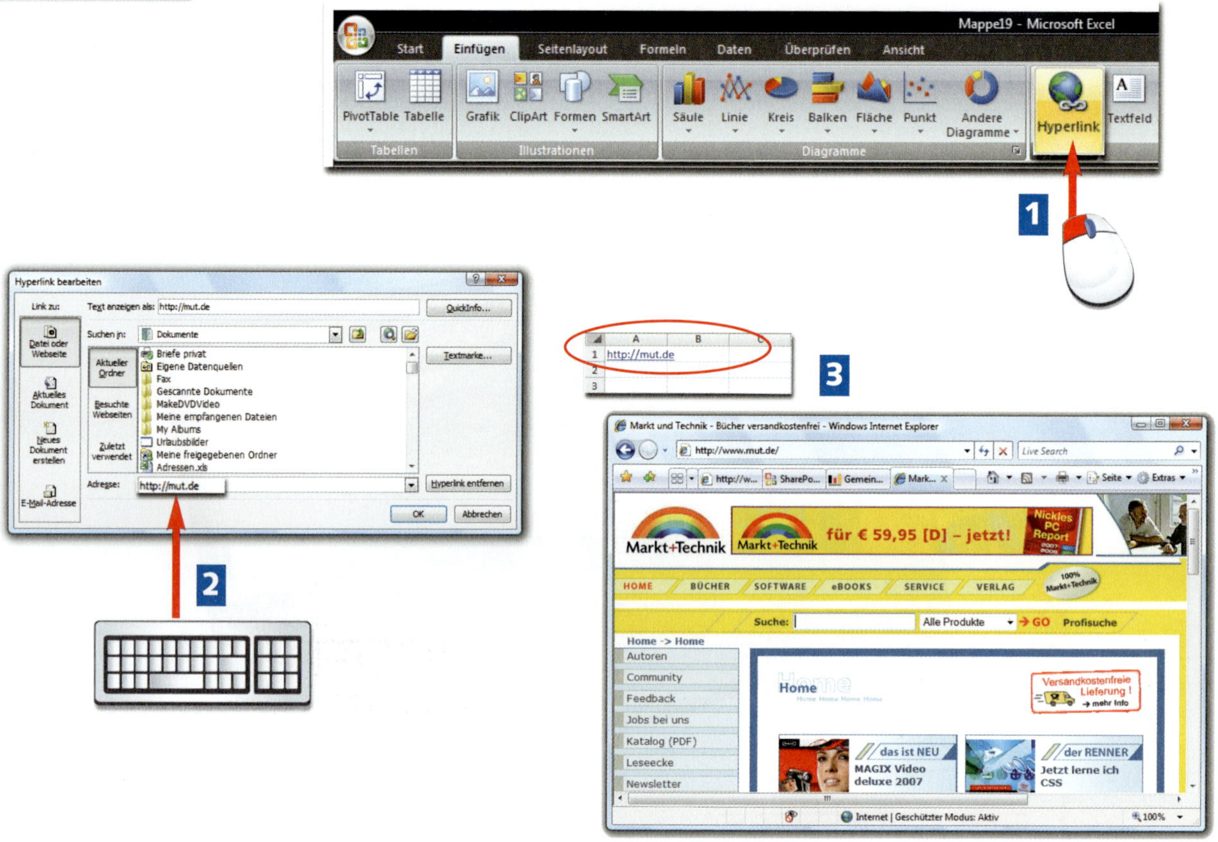

1 Setzen Sie den Zellzeiger in die Zelle, die den Hyperlink enthalten soll, und klicken Sie unter *Einfügen/Hyperlink* auf das Hyperlink-Symbol.

2 Geben Sie die Internetadresse (URL) ein und bestätigen Sie mit einem Klick auf *OK*.

3 Der Hyperlink steht in der Zelle, ein Klick darauf startet die Webseite, auf die der Link im Windows-Browser (hier Internet Explorer) verweist.

Was für den Internetbrowser und den Windows-Explorer längst Standard ist, können Sie auch in Excel realisieren: die Steuerung von Dateien, Tabellen oder Internetzugriffen mit Hyperlinks. Tragen Sie Hyperlinks direkt ein oder konstruieren Sie sie über eine Funktion.

WISSEN

4

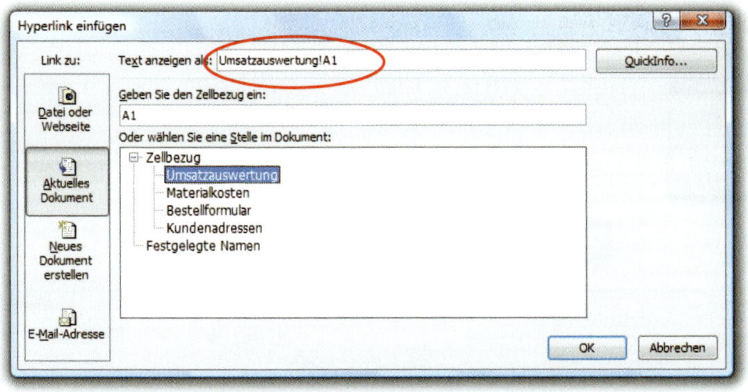

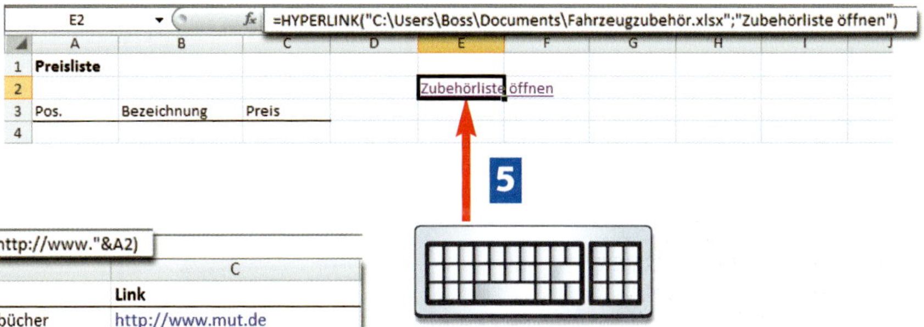

6

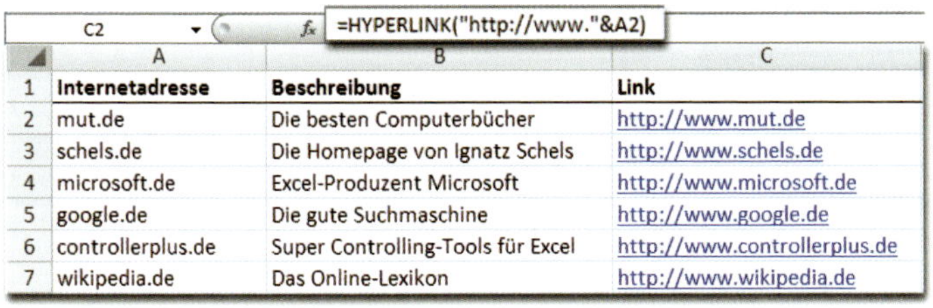

	A	B	C
1	Internetadresse	Beschreibung	Link
2	mut.de	Die besten Computerbücher	http://www.mut.de
3	schels.de	Die Homepage von Ignatz Schels	http://www.schels.de
4	microsoft.de	Excel-Produzent Microsoft	http://www.microsoft.de
5	google.de	Die gute Suchmaschine	http://www.google.de
6	controllerplus.de	Super Controlling-Tools für Excel	http://www.controllerplus.de
7	wikipedia.de	Das Online-Lexikon	http://www.wikipedia.de

4 Ein Hyperlink kann auch auf einen Bereich oder auf eine andere Tabelle verweisen, hier auf die Zelle A1 der Tabelle *Umsatzauswertung*.

5 Besonders variabel sind Hyperlinks, die über die gleichnamige Funktion erstellt werden. Hier ein Beispiel, wie per Hyperlink eine Mappe geöffnet wird.

6 Legen Sie sich mit Hyperlinks Ihre persönliche Linkliste mit den besten Webadressen an.

Ende

Halten Sie die Maustaste länger gedrückt, wenn Sie eine Zelle mit Hyperlink markieren wollen, oder verwenden Sie einfach die Pfeiltasten.

TIPP

Hyperlinks, die auf Zellbereiche verweisen, müssen immer den kompletten Pfad mit Laufwerk, Datei und Bereich enthalten. Verwenden Sie besser Bereichsnamen.

HINWEIS

Die Sicherheitseinstellungen für Hyperlinks finden Sie in den Excel-Optionen (Office-Menü) im Vertrauensstellungscenter.

HINWEIS

Start

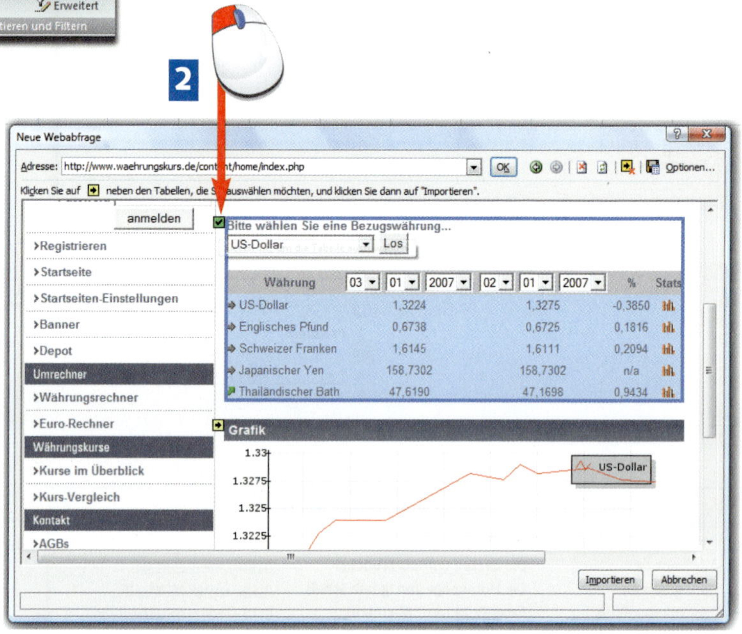

1 Für eine Webabfrage wählen Sie *Daten/Externe Daten abrufen/Aus dem Web*.

2 Die Webabfrage wird aktiviert, geben Sie die Adresse (URL) ein und markieren Sie die HTML-Tabelle, die Sie importieren wollen.

3 Klicken Sie auf *Importieren* und bestätigen Sie die Zielzelle oder markieren Sie im Hintergrund eine Zelle, an die die Daten eingefügt werden.

Tabellen aus Internetseiten müssen nicht mühsam kopiert werden. Binden Sie die Webinhalte einfach per Webabfrage in Ihr Tabellenblatt ein. Ein Klick genügt, und die Daten sind wieder aktuell.

WISSEN

4

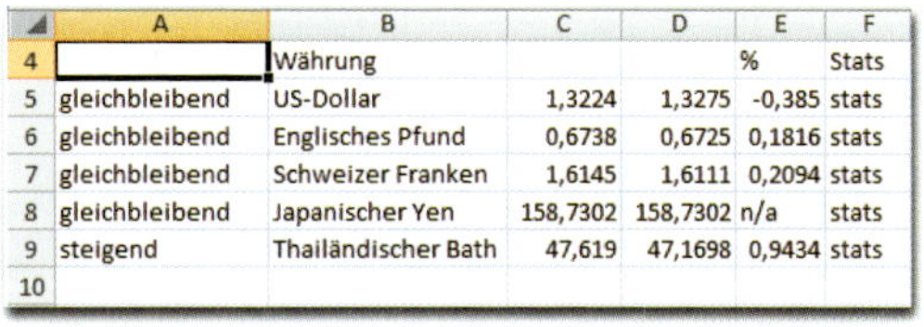

	A	B	C	D	E	F
4		Währung			%	Stats
5	gleichbleibend	US-Dollar	1,3224	1,3275	-0,385	stats
6	gleichbleibend	Englisches Pfund	0,6738	0,6725	0,1816	stats
7	gleichbleibend	Schweizer Franken	1,6145	1,6111	0,2094	stats
8	gleichbleibend	Japanischer Yen	158,7302	158,7302	n/a	stats
9	steigend	Thailändischer Bath	47,619	47,1698	0,9434	stats
10						

5

6

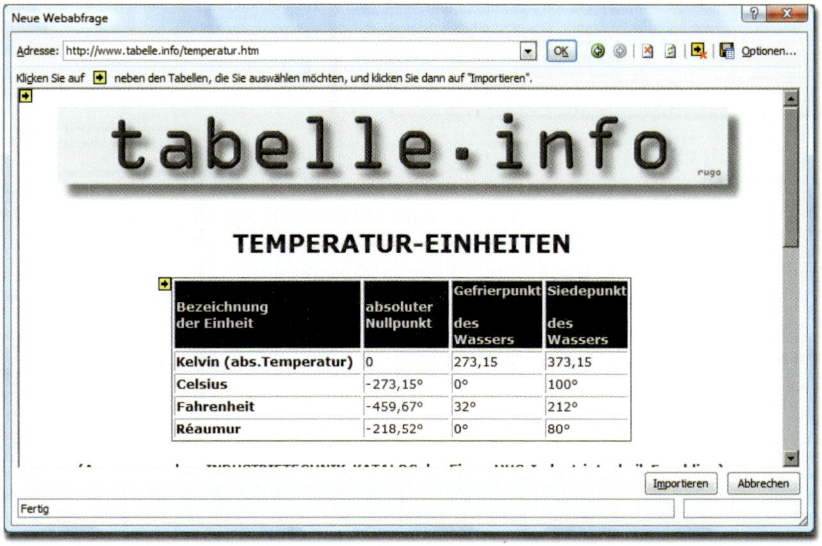

4 Die Tabelle wird eingefügt, der Bereich ist dynamisch mit der Internetseite verknüpft.

5 Klicken Sie auf *Daten/Verbindungen/Alle aktualisieren*, um alle Internetverknüpfungen zu aktualisieren.

6 Hier eine Internetseite, auf der viele HTML-Tabellen zu finden sind.

Ende

Das Ergebnis der Webabfrage wird automatisch mit einem Bereichsnamen versehen. Suchen Sie diesen unter *Formeln/Namens-Manager* und markieren Sie ihn im Namensfeld, um den Bereich schnell anzusteuern.

HINWEIS

Mit *Daten/Verbindungen/Eigenschaften* können Sie die Webverknüpfung bearbeiten und die Abfrage wieder öffnen.

HINWEIS

Tabellen als Internetseiten speichern

Start

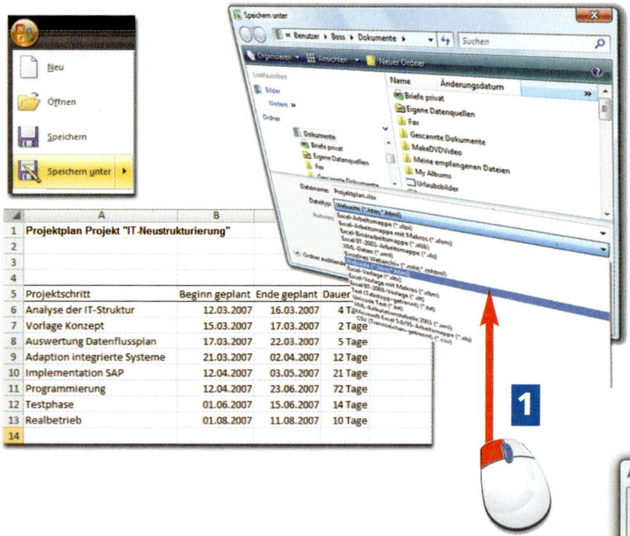

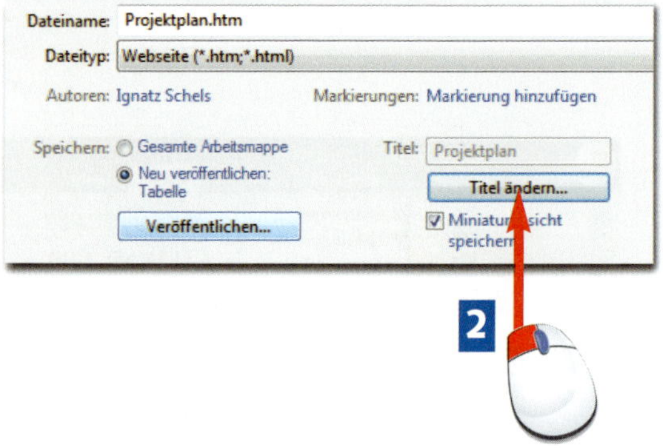

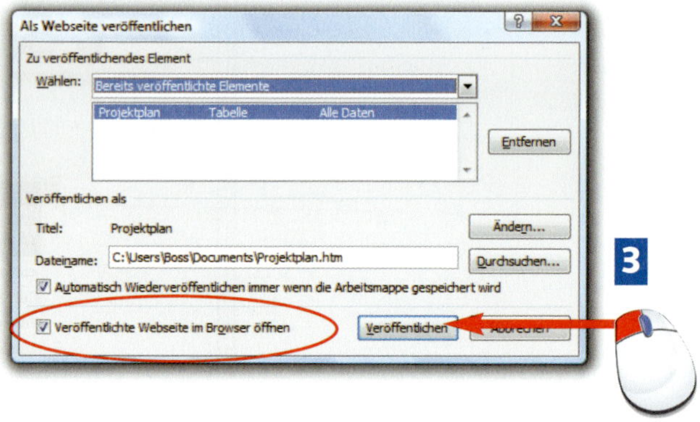

1 Wählen Sie im Office-Menü *Speichern unter* und schalten Sie auf den Dateityp *Webseite* um.

2 Tragen Sie einen Titel ein und klicken Sie auf *Veröffentlichen*.

3 Bestimmen Sie die Tabelle, die Sie als Webseite veröffentlichen wollen, und lassen Sie diese gleich im Browser anzeigen.

Für die Gestaltung von Internet- oder Intranetseiten müssen Tabellen ins HTML-Format konvertiert werden. Speichern Sie Excel-Daten in diesem Format und lassen Sie das Ergebnis gleich im Browser anzeigen. Mit den SharePoint Services können mehrere Benutzer auf Ihre Tabellen zugreifen.

WISSEN

4

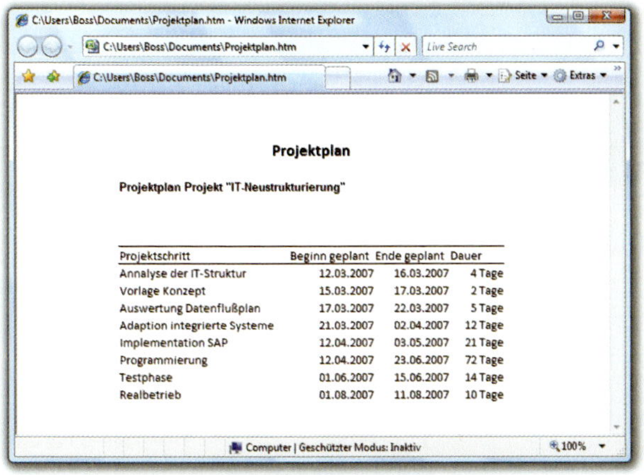

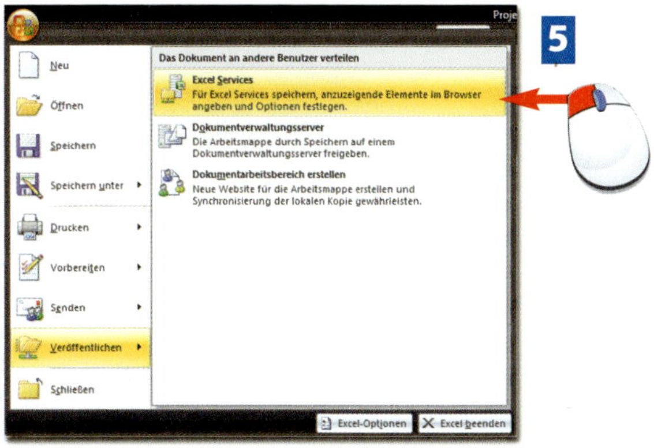

5

6

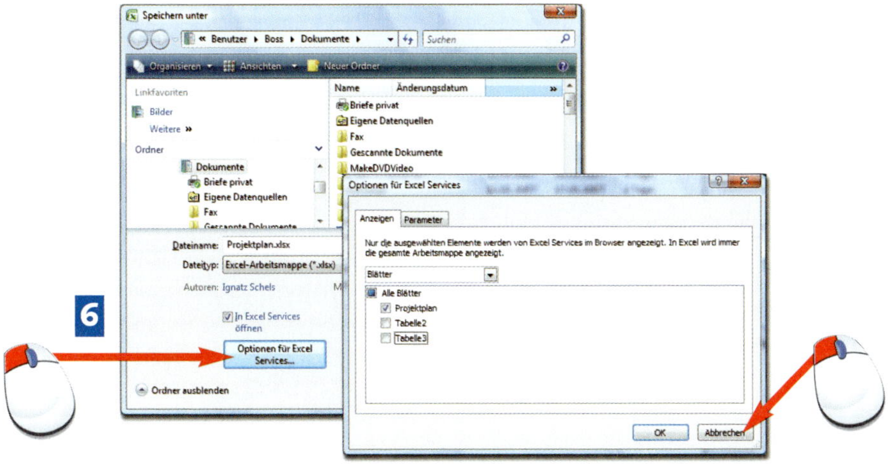

4 Sofort nach dem Speichern der Tabelle im HTML-Format wird sie im Browser (hier Internet Explorer) angezeigt.

5 Um eine Datei auf dem SharePoint-Server zu veröffentlichen, wählen Sie im Office-Menü *Veröffentlichen/Excel Services*.

6 Klicken Sie auf die *Optionen*-Schaltfläche und bestimmen Sie die Tabellen, die Sie auf dem Server veröffentlichen wollen.

Ende

Die Windows SharePoint Services sind Vorlagen für Windows Server. Der Microsoft Office SharePoint Server ist ein Portal für Formulare und Anwendungen, auf die mehrere Mitarbeiter zugreifen können.

HINWEIS

Bezug

So wird in Excel eine Zelladresse bezeichnet, wenn sich eine Formel darauf bezieht.

Bitmap

Ein (älteres) Format für Grafikdaten, in dem Bilder Punkt für Punkt gespeichert werden. Bitmap-Grafiken können als Dateien in Excel-Tabellen integriert werden.

Blattschutz

Ein Schutzmechanismus, der im Register Überprüfen aktiviert werden kann und alle Zellen mit dem Zellformat Schutz/Gesperrt vor Überschreibung schützt.

Calibri

Die Standardschriftart für Tabellen. In den Excel-Optionen im Office-Menü

Lexikon

Add-In

Zusätzliche Funktionen oder Makros werden in Dateien mit der Endung XLA gespeichert. Sie werden in den Excel-Optionen verwaltet und sind für den Benutzer unsichtbar.

Arbeitsmappe

In dieser Datenform speichert Excel seine Tabellen. Standardmässig sind drei Tabellen in einer neuen Mappe. Die Anzahl Tabellen ist beliebig, die Dateiendung ist XLSx.

Arbeitsmappen-schutz

Schutzmechanismus, der alle Zellen in der Mappe vor Überschreibung schützt, die mit der Formatierung Schutz/Gesperrt ausgestattet sind.

Aufgaben-bereich

Randleiste links oder rechts am Tabellenrand, in der Werkzeuge angeboten werden. Der rechte Aufgabenbereich wird für die Anzeige und Verwaltung von ClipArts und für Dokumentprüfungen benutzt, links erscheint der Inhalt der Zwischenablage.

Ausfüllkästchen

Das kleine schwarze Quadrat unten am Zellzeiger. Es wird zur Produktion von Füllreihen oder zum Kopieren von Zellen in eine Richtung mit dem Mauszeiger gezogen.

AutoFilter

Die Filterpfeile, die mit der Zuweisung einer Tabelle oder mit dem Aufruf der Filterfunktion im Kopfbereich einer Liste angezeigt werden.

AutoSumme

Das Symbol mit dem Sigma-Zeichen in der Gruppe Start/Bearbeiten. Es bietet neben der SUMME-Funktion noch weitere Standardfunktionen an.

AutoVervollständigen

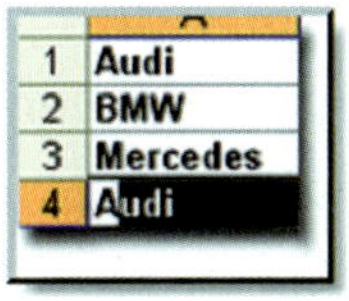

Bietet bei der Datenerfassung den Zellinhalt einer übergeordneten Zelle an, wenn die Anfangsbuchstaben übereinstimmen.

Balkendiagramm

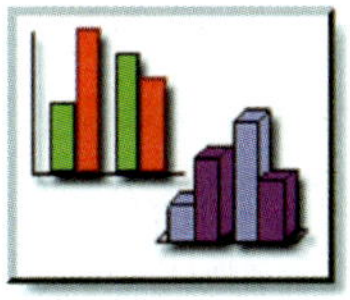

Diagrammtyp mit horizontalen Balken und vertikaler Größenachse. Kann mit Linien kombiniert werden.

Bearbeitungsleiste

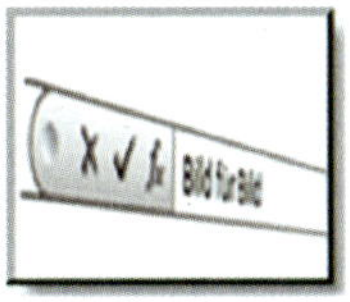

Die Leiste zwischen der Multifunktionsleiste und der Tabelle. Sie zeigt den Inhalt der aktiven Zelle und zwei Symbole für die Bearbeitung an.

Bedingte Formatierung

Eine Zellformatierung (Farbe, Muster, Schrift, Rahmen), die angezeigt wird, wenn eine dafür hinterlegte Bedingung erfüllt ist.

Benutzerdefinierte Füllreihe

Eine Füllreihe, die vom Benutzer selbst angelegt und zur Liste der Standard-Füllreihen hinzugefügt wurde (Office-Menü).

Benutzername

Frei wählbarer Name, wird in den Excel-Optionen eingetragen und steht als Eigenschaft Autor in jeder von diesem Benutzer gespeicherten Arbeitsmappe.

Bereichsname

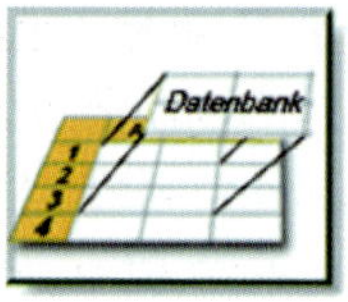

Eine Bezeichnung, die einem Zellbereich zugewiesen wird. Der Benutzer kann diese an Stelle des Zellbezuges benutzen, um den Bereich anzusteuern oder in Formeln zu adressieren.

Bezug

So wird in Excel eine Zelladresse bezeichnet, wenn sich eine Formel darauf bezieht.

Bitmap

Ein (älteres) Format für Grafikdaten, in dem Bilder Punkt für Punkt gespeichert werden. Bitmap-Grafiken können als Dateien in Excel-Tabellen integriert werden.

Blattschutz

Ein Schutzmechanismus, der im Register Überprüfen aktiviert werden kann und alle Zellen mit dem Zellformat Schutz/Gesperrt vor Überschreibung schützt.

Calibri

Die Standardschriftart für Tabellen. In den Excel-Optionen im Office-Menü kann eine andere Schrift für neue Tabellen eingestellt werden.

Datei

Die Speicherform für Daten allgemein. In Excel werden alle Tabellen in Form einer Arbeitsmappendatei mit der Dateiendung XLSX gespeichert. Dateien können auch als Grafikobjekte in die Tabelle geholt werden.

Datenmaske

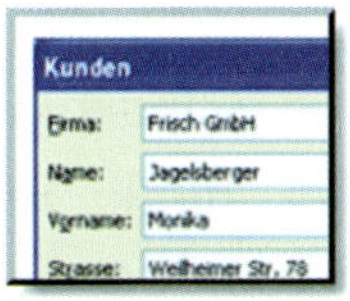

Ein Dialogfenster, das den Inhalt einer Liste zur Bearbeitung anbietet. Steht nicht mehr in Registern oder Menüs zur Auswahl, kann aber in die Symbolleiste für den Schnellzugriff integriert werden.

Datentabellen

Eine Form der Was-wäre-wenn-Analyse (früher: Mehrfachoperation), in der Varianten einer Formel in Matrixform berechnet werden.

Design

Eine Gruppe einheitlicher Gestaltungselemente mit Farben, Schrift und Objektgestaltung. Designs werden programmübergreifend für die Office-Programme Excel. Word und PowerPoint gestaltet.

Diagramm

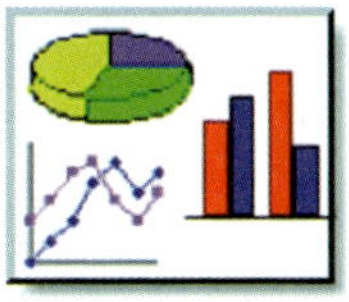

Die grafische Darstellung von Tabellendaten in verschiedenen Formen (Säulen, Balken, Linien, Torten usw.).

Diagrammblatt

Ein Tabellenblatt, das nur Diagramme und grafische Objekte enthalten kann. Wird im A4-Querformat angelegt.

Diagrammobjekt

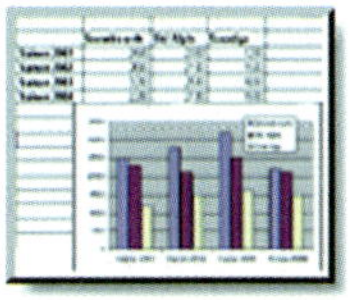

Ein Diagramm, das in einem Objektrahmen in die Tabelle gezeichnet wird. Kann in ein Diagrammblatt verschoben werden.

Direkte Zellbearbeitung

Option in den Excel-Optionen, die sicherstellt, dass Zellinhalte per Doppelklick direkt in der Tabelle bearbeitet werden können.

Druckbereich

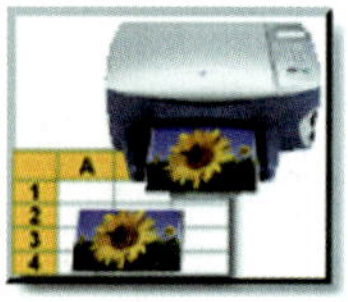

Bereichsname für den druckbaren Tabellenbereich. Wird über das Seitenlayout zugewiesen und wieder aufgehoben.

Drucktitel

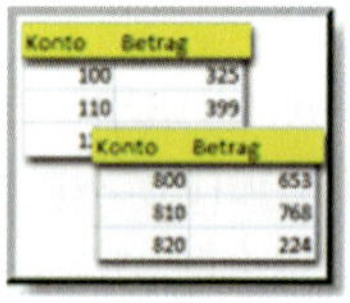

Ein Zellbezug, der im Seitenlayout eingetragen wird und die Zeilen des Druckbereiches enthält, die auf jeder Seite eines mehrseitigen Ausdrucks gedruckt werden.

Fehlerwert

Wird in der Zelle angezeigt, wenn eine Formel falsch rechnet (z.B. #WERT!, #DIV/0 oder #ZAHL!).

Feld

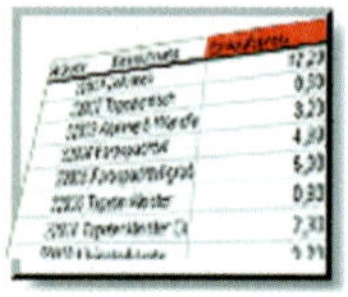

In Listen oder Datenbanken wird eine Spalte als Feld bezeichnet. Die Spaltenüberschrift ist der Feldname.

Formatvorlage

Die Sammlung mehrerer Formatierungen (Schrift, Zahlenformat, Ausrichtung …), wird unter einer Bezeichnung gespeichert und Zellen Zellenformatvorlage), Diagrammen (Diagrammformatvorlage) oder SmartArts (Schnellformatvorlage) zugewiesen.

Formel

Ein Rechenausdruck, der mit einem =-Zeichen oder +-Zeichen eingeleitet wird und zur Berechnung neben Zahlen und Text mathematische, logische Operatoren, Zellbezüge und Bereichsnamen verwendet.

Formelüberwachung

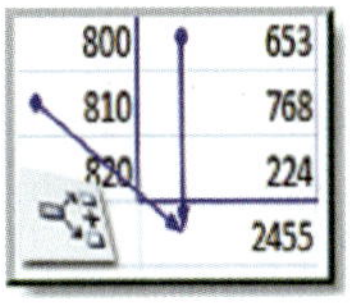

Eine Sammlung von Werkzeugen zum Aufspüren von Fehlern und zur Kennzeichnung von Bezügen in Formeln.

Funktionstasten

Tastenreihe am oberen Rand der Standardtastatur. Einige Funktionstasten sind mit Excel-Funktionen belegt (z. B. F2 = Zelle öffnen, F12 = Speichern unter).

Gitternetzlinien

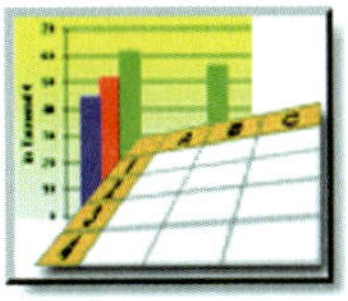

1. Horizontale und vertikale Linien in der Tabelle, die den Schnittpunkt von Zeilen und Spalten, die Zellen, markieren.
2. Linien an den Achseneinteilungen eines Diagramms, wahlweise als Hauptgitternetz oder Hilfsgitternetz.

Grafikobjekt

Bilder, Fotos, ClipArts und andere grafische Elemente, die als Objekte auf Tabellen importiert und platziert werden.

Gruppierung und Gliederung

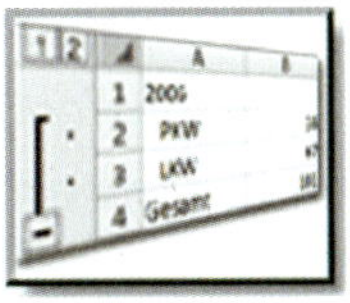

Damit werden Zeilen und Spalten in Tabellen in Ebenen eingeordnet. Mit Gliederungssymbolen am Tabellenrand (oben und links) werden die Ebenen geöffnet und geschlossen.

Kennwort

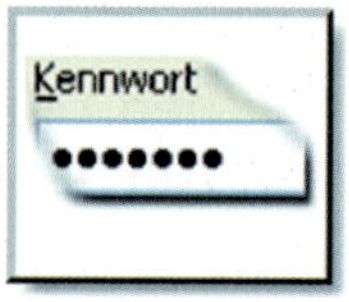

Wird beim Blattschutz oder Arbeitsmappenschutz oder beim Speichern der Datei angefordert und muss eingegeben werden, um die Mappe/das Blatt öffnen und bearbeiten zu können.

Kommentar

Ein gelber Textkasten mit Text und dem Benutzernamen in der ersten Zeile. Wird einer Zelle zugewiesen und erscheint, wenn der Mauszeiger auf die Zelle zeigt. Der Kommentarindikator weist auf den Kommentar hin.

Kopf/Fußzeilencodes

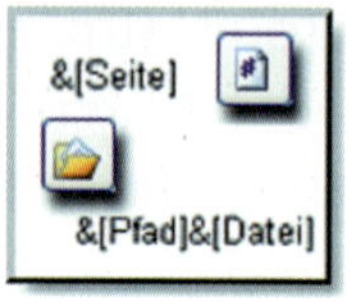

Textcodes, beginnend mit &-Zeichen, die in Kopf- und Fußzeilen eine automatische Information vertreten. Beispiele: &S (Seitenzahl), &D (Dateiname).

Kopfzeile/Fußzeile

Der Bereich zwischen oberem bzw. unterem Blattrand und Tabelle. Die Größe wird in der Seiteneinrichtung festgelegt, der Inhalt kann auf drei Bereiche verteilt werden.

Kreisdiagramm

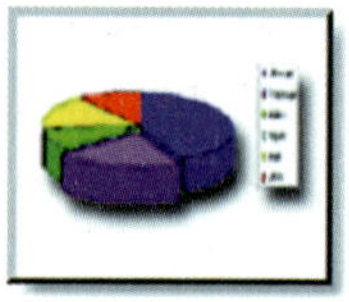

(auch Tortendiagramm). Diagrammform zur Verdeutlichung der Verteilung einer Gesamtmenge auf mehrere Teilmengen. Hat keine Achsen und kann nur eine einzelne Datenreihe visualisieren.

Liniendiagramm

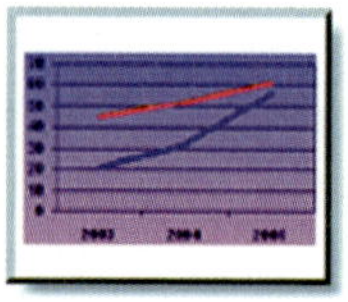

Diagrammform, in der die Datenreihen in Linienform einer Achse entlang führen. Verdeutlicht meist einen zeitlichen Ablauf oder Schwankungen in einem Wertebereich.

Liste

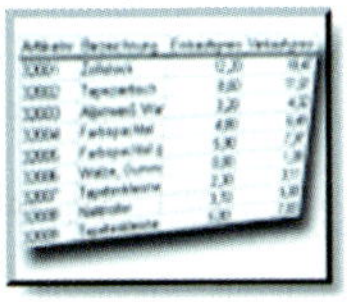

Bezeichnung für einen geschlossenen Zellenbereich als Sammlung von Datensätzen in eindeutig klassifizierten Spalten (Feldern). Viele Excel-Werkzeuge wie Filter, Sortierung und Pivot-Tables setzen Listen voraus.

Makro

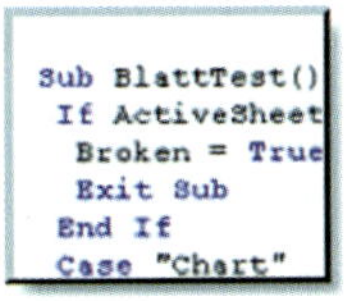

Ein Programm, geschrieben in der Programmiersprache Visual Basic for Applications (VBA), das Ereignisse und Abläufe rund um Zellen, Tabellen, Objekte und Mappen steuern kann.

Makrorecorder

Mit dem Makrorecoder werden Aktionen in der Excel-Oberfläche aufgezeichnet und in ausführbaren VBA-Code umgewandelt. Die aufgezeichneten Codezeilen werden im VBA-Editor bearbeitet.

Mehrfach-markierung

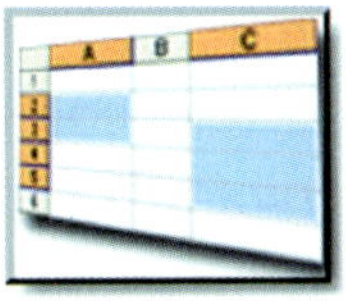

Eine Markierung in der Tabelle, die mindestens zwei Bereiche umfasst. Dazu wird die zweite und nächste Markierung mit gedrückter Strg-Taste gesetzt.

Multifunktions-leiste

Die große Leiste mit den Registern, die in Gruppen unterteilt sind. Sie lässt sich ein- und ausblenden und passt die Gruppen- und Symbolgrößen an die Fenstergröße an.

Objekt

Alle Elemente einer Tabelle, die nicht in Zellen stehen, werden als Objekte bezeichnet. Dazu gehören Grafiken, ClipArts und Diagramme.

Pfad

So wird die Textkette bezeichnet, die Position und Bezeichnung einer Datei mit allen Laufwerken, Ordnern und Unterordnern enthält. Beispiel: C:\Users/Boss/Daten/Umsatz.xlsx

PivotChart

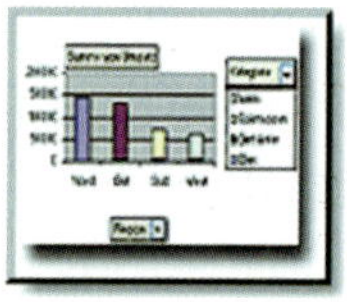

Die grafische Form der PivotTable mit Rubriken-, Reihen- und Datenbereich. Wird immer zusammen mit einer PivotTable erzeugt.

PivotTable

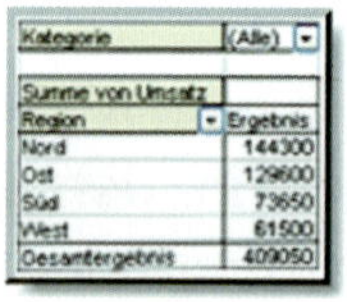

Die Spezialform einer Tabelle, die Daten aus Listen in Seiten-, Zeilen-, Spalten- und Datenbereich einordnet und die Ergebnisse kumuliert. Die Anordnung der Feldnamen bestimmt die Art der Berechnung.

Prozentzeichen

Excel dividiert ein Formelergebnis durch 100, wenn ein Faktor das Prozentzeichen enthält. Im Zahlenformat verwendet, multipliziert das angezeigte Zeichen das Ergebnis optisch.

Punktdiagramm

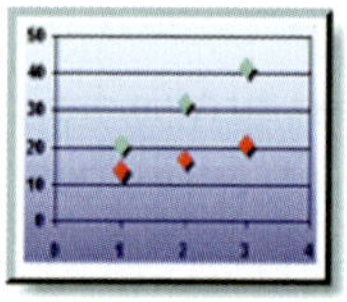

Diagrammform mit zwei Größenachsen. Die Datenpunkte werden horizontal wie vertikal an der numerischen Skala aufgetragen.

Quick-Info

Der kleine Hilfstext, der am Mauszeiger auftaucht, wenn eine Formel erstellt wird oder wenn dieser etwas länger auf ein Symbol oder ein Objekt zeigt.

Rechtschreibprüfung

Mit diesem Werkzeug prüft Excel alle Zellinhalte auf falsch geschriebene Begriffe. Zum Abgleich dient ein umfangreiches Wörterbuch, das für alle Office-Programme gilt.

Register

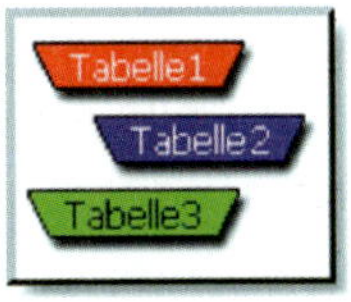

Die Ordnungsform für Tabellenblätter. Register werden am unteren Rand des Tabellenfensters angezeigt, sie dienen zur Benennung der Tabellen und für die Verwaltung der Blätter (Kopieren, Verschieben, Löschen).

Ringdiagramm

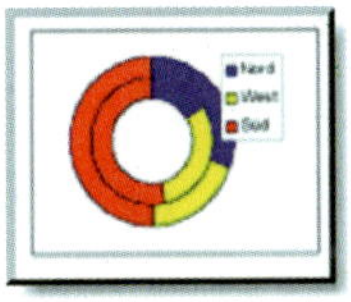

Diagrammform, die zur Visualisierung der Größenverhältnisse mehrerer Datenreihen dient.

Säulendiagramm

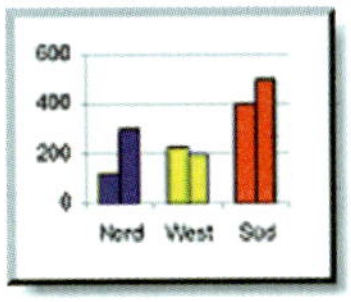

Diagrammform, die alle Werte eines Zellbereiches in Säulenform entlang der Größenachse anzeigt. Säulendiagramme werden meist für Größenvergleiche eingesetzt.

Schrift, Schriftgrad

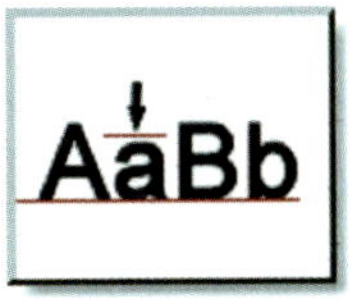

Excel verwendet das Schriftenangebot von Windows. Der Schriftgrad bezeichnet die Größe der Schrift, gemessen im typografischen Maß Punkt (1 Punkt = 0,352 mm).

Seitenansicht

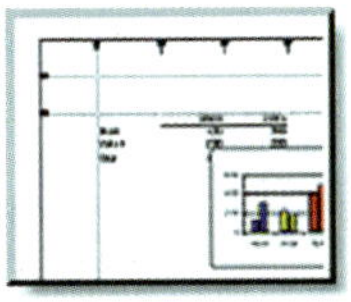

In dieser Ansicht werden Tabellen so gezeigt, wie sie gedruckt werden. Randlinien und Spaltenbreiten können manuell verändert werden, zur Bearbeitung von Zellen muss die Ansicht wieder ausgeschaltet werden.

Seitenlayout

Unter diese Bezeichnung fallen alle Einstellungen, die sich auf die gedruckte Form einer Tabelle beziehen (Papierformat, Kopf/Fußzeilen, Druckbereich etc.).

Seitenumbruch

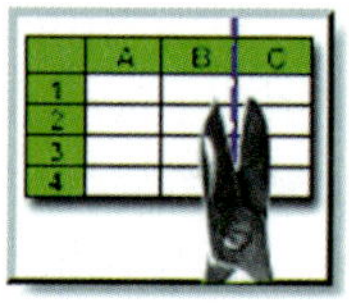

Wird links von einer Spalte oder über einer Zeile eingefügt und ersetzt damit den automatischen, vom Papierformat erzwungenen Seitenumbruch. Seitenumbrüche sind an gestrichelten Linien erkennbar.

SmartTag

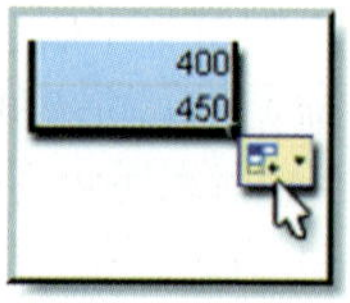

Das kleine Kästchen, das neben dem Zellzeiger auftaucht, wenn eine Aktion beendet wurde, zum Beispiel eine Füllung mit dem Füllkästchen. Der SmartTag bietet Alternativen zur Aktion oder zum Zellinhalt.

Sortieren

Listen und Tabellen können zeilen- oder spaltenweise sortiert werden, wahlweise über Sortiersymbole oder einen Sortierdialog, in dem beliebig viele Sortierschlüssel angegeben werden.

Spalten

Die horizontale Einteilung einer Tabelle. Excel-Tabellen enthalten 16.384 (2^{14}) Spalten.

Spaltenbreite

Wird über Format-Symbole oder durch Ziehen der rechten Spaltenlinie im Spaltenkopf angepasst. Das in der Quick-Info gezeigte Maß ist die Anzahl Zeichen und (in Klammern) die Breite in Pixel. Maßstab für die Anzahl Zeichen ist das breiteste Zeichen.

Standardspeicherort

Laufwerk und Ordner, die Excel beim Öffnen oder Speichern einer Arbeitsmappe automatisch ansteuert. Kann in den Excel-Optionen eingetragen werden.

Statusleiste

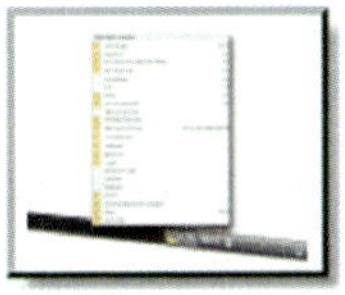

Die Leiste am unteren Fensterrand, in der die Ansichtssymbole und die Zoomleiste steht. Mit der rechten Maustaste lassen sich zahlreiche Informationen für diese Leiste ein- und ausblenden.

Storno

Das Kästchen am linken Rand der Bearbeitungsleiste. Damit wird die Bearbeitung der Zelle abgebrochen (auch mit der Esc-Taste).

Szenarien

Die mit dem Szenario-Manager gespeicherten und mit einem Namen versehenen Werte eines Zellbereiches mit bis zu 32 Zellen.

Tabelle

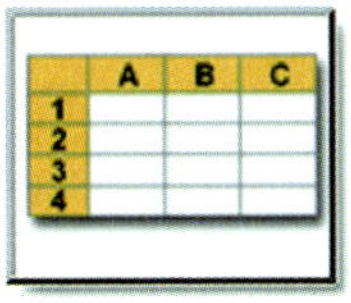

Bezeichnung für eine Sonderform von Bereichen im Tabellenblatt (früher: Liste). Excel-Tabellen sind geschlossene Listen mit Kopfzeile und identischen Datentypen in den einzelnen Spalten. Sie können in Bereiche zurückkonvertiert werden.

Teilergebnis

1. Werkzeug aus Daten/Gliederung, mit dem Zwischensummen in Listen eingezogen werden.
2. Funktion zur Auswertung von gefilterten oder gegliederten Daten.

VBA

Visual Basic for Applications. Die Programmiersprache im Office-Paket, mit der Ereignisse und Abläufe gesteuert werden können. VBA ist die Basis für Makros.

Verknüpfung

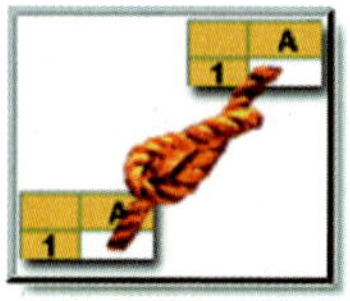

Eine Formel, die sich auf Inhalte von Zellen oder Objekten in anderen Tabellen oder Arbeitsmappen bezieht.

Vertrauensstellungscenter

Zentrale Sammelstelle in den Excel-Optionen für Datenschutz und Sicherheitseinstellungen. Regelt den Zugriff von Makros, Verknüpfungen, ActiveX, Objekte u.a. und prüft Mappen auf Sicherheitslücken.

Währung

So heißt das Symbol in der Liste der Zahlenformate, das den markierten Daten das Währungsformat zuweist.

Was-wäre-wenn

Eine Gruppe von Analyse-Werkzeugen in der Gruppe Daten/Datentools (Szenario-Manager, Zielwertsuche und Datentabelle).

Zahlenformat

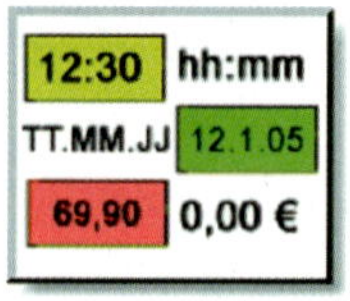

Formatierung für Zahlenwerte in Zellen, wahlweise als Dezimalzahl, Währung, Datum oder benutzerspezifisch. Das Zahlenformat regelt auch die Anzahl sichtbarer Nachkommastellen, des Währungszeichens und des Prozentzeichens.

Zeilen

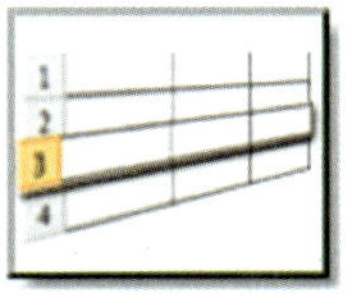

Die vertikale Einteilung einer Tabelle. Excel-Tabellen enthalten 1.048.576 (2^{20}) Zeilen.

Zeilenhöhe

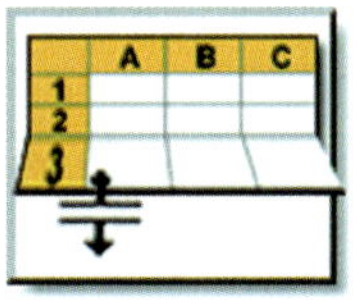

Wird mit dem Format-Symbol oder durch Ziehen der unteren Randlinie der Zeile im Zeilenkopf eingestellt. Die zeilenhöhe wird im typografischen Maß Punkt (1 Punkt = 0,352 mm) gemessen, die Quick-Info zeigt sie auch in Pixel.

Zelle

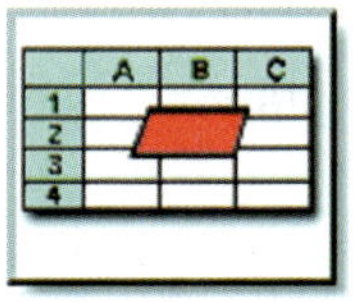

Der Schnittpunkt von Zeile und Spalte in der Tabelle. Eine Excel-Tabelle enthält 17.179.869.184 Zellen.

Zellschutz

Ein Zellenformat, das die Zelle als geschützt deklariert. In neuen Tabellen sind alle Zellen geschützt, der Schutz wird aber erst mit der Aktivierung von Blatt- oder Arbeitsmappenschutz wirksam.

Zielwertsuche

Eine Was-wäre-wenn-Analyse, die im Iterationsverfahren einen Zielwert berechnet.

Zoom

Das Größenmaß für die angezeigte Tabelle oder die Bezeichnung für das Werkzeug, das die angezeigte Größe ändert. Der Zoom-Faktor ist der Grad der Vergrößerung/Verkleinerung.

Stichwortverzeichnis

T

U

V

W

Z